(이론 / 실무)

특수 법인등기실무 [I]

법무사 조 순 구

Law BUB 법률&출판

머리말

법률상 "인(人)"에는 자연인(自然人)과 법인(法人)이 있는데, "법인"이라 함은 자연인 이외의 것으로 권리 · 의무의 주체(단체 또는 재산)가 될 자격이 인정된 단체를 말합니다.
법인제도는 구성원과는 독립된 주체로서 단체에 법인격을 부여하여 법인명의로 법률행위를 하고, 그 법적책임을 지게 하는 제도입니다.
법인은 등기함으로써 법인격을 취득하게 되는데, 법인을 적용되는 법률적으로 구분한다면 상사법인, 민법법인, 특수법인으로 구분할 수 있습니다.
이 책에서는 " 특수법인등기"를 다루었습니다.
"특수법인등기"는 특별법에 의하여 설립되는 법인에 관한 등기를 말합니다.
특수법인은 해당 법인의 설립 근거법률의 입법목적에 따라 허가주의 또는 준칙주의 등을 취하고 있습니다.

이 책에서는 위와 같은 법인설립의 특성에 따라 주무관청의 허가(인가)를 받는 절차를 시작으로 "특수법인등기"에서는 영농 · 영어조합법인의 설립과 변경등기, 농업회사법인 설립과 변경등기, 농업협동조합의 설립과 변경등기, 새마을금고, 재건축 정비사업 조합, 회계법인, 의료법인, 사회복지법인의 설립과 변경, 종중의 설립등을 다루었고 지방세법의 조문개정으로 인한 신청서 습니다.

이 책에 사용 된 신청서 등은 필자가 실무에서 사용하였던 실제사례로 구성하였음을 말씀드리고, 이 책이 아무쪼록 업무자료집으로써 실무자들에게 조금이나마 도움이 되어 주길 바라며 많은 격려와 지도편달을 바라겠습니다. 부족한 부분은 계속하여 보완을 할 것이며, 이 자리를 빌어 그동안 도움을 주신 선후배와 이 책의 출간을 맡아주신 법률&출판사 양갑수 사장님께 고마움을 전합니다.

2012. 7. .

저자 조 순 구

<제목 차례>

특수법인등기 [1]

제1장 총 설

제2장 영농·영어조합법인 설립과 변경등기

제2, 지점설치·이전, 폐지

제3장 농업회사법인의 설립과 변경등기

제2절 농업회사법인 주식 · 유한 · 합명 · 합자회사설립

특 수 법 인

특수법인

제1장 총 설

1. 서 설

"특수법인"이란 법인 중에서 국가정책상 필요나 공공의 이익을 달성하기 위하여 민법 또는 상법 외의 특별법에 의하여 설립되는 법인을 가장 넓은 의미에서의 '특수법인'이라 부르고 있다.

현행법상 특수법인은 "민법 및 상법 외의 법령에 의하여 설립된 법인(비송사건절차법 제67조제1항), 또는 "특별법에 의하여 설립된 특수법인(농어업경영체 육성 및 지원에 관한 법률, 농업협동조합법, 사립학교법, 사내근로복지기금법, 한국은행법 등)" 등으로 규정되고 있다.

법인등기에 관하여 규정한 대법원 규칙인 "민법법인 및 특수법인 등기처리규칙"에서도 "특별법에 의하여 설립된 법인"을 특수법인으로 규정하고 있다(제1조).

특수법인은 공법인 · 사법인 · 중간적 법인으로 분류할 수 있고, 재단법인 · 사단법인 · 법인아닌 사단·재단의 법인으로 분류할 수도 있다.

2. 특수법인의 설립규정

가. 목적 또는 설립 규정

법인은 법률의 규정에 의하지 아니하면 성립할 수 없으므로(민법 제31조), 특수법인을 설립하고자 하는 경우에는 각 특별법에 그 설립 근거가 있으므로, 먼저 각 특별법을 기준으로 적용하고, 그 법령에 특별한 규정이 있거나 성질상 허용되지 아니하는 때에는 적용하지 아니한다(비송사건철차법 제67조 후단).

개별 설립법률인 경우에는 설립에 관한 규정의 조의 제목을 "목적"으로 표현하며 제1조에 규정한다. 그러나 법률의 일부 조항에 특수법인의 설립 규정을 두는 경우에는 보통은

"설립" 규정을 둔다.

설립목적이 비영리목적이라도 그 법인의 설립근거법령이 별도로 있는 법인은 특수법인으로 분류하고, 이에 대하여는 비송사건절차법 중 특수법인등기규정과 민법법인 및 특수법인 등기규칙이 적용된다.[1)]

나. 준용규정 등

특수법인이 경제주체로서 활동하려면 설립등기 및 변경등기, 그 밖의 등기를 할 필요가 있는데, 이에 관하여 설립법에 어느 범위까지 이를 규정하여야 하는지 문제가 된다.

비송사건절차법 제67조는 "이 법중 법인의 등기에 관한 규정은 민법 및 상법 외의 법령에 의하여 설립된 특수법인의 등기에 대하여도 이를 적용한다. 그러나 그 법령에 특별한 규정이 있거나 성질상 허용되지 아니하는 때에는 그러하지 아니하다"고 규정하고 있다. 여기서 "법인의 등기에 관한 규정"이라 함은 비송사건절차법 제5장 "법인의 등기(제60조~제67조)"를 말한다.

특수법인을 설립하는 현행 입법례 중에는 설립등기사항만을 직접 법률에서 정하고 그 밖의 등기에 관하여는 민법 또는 상법을 준용하도록 한 경우, 설립등기·이전등기·변경등기 및 그 밖의 등기에 관하여 필요한 사항을 대통령령에 위임한 경우 등 다양한 입법형식이 있다. 해당 법률에서 달리 정하여야 할 특별한 필요가 없으면 법인의 설립등기에 관한 필요최소한의 사항만을 정하고 그 밖의 등기에 관한 사항은 특수법인의 성격에 따라 민법 또는 상법에 따르도록 한다.

특수법인의 설립근거가 된 법률에는 법인등기를 게을리 한 경우에 관하여 과태료를 부과하는 조항이 없더라도, 그 법률이 민법을 준용하도록 규정하고 있는 경우에는 등기해태시의 과태료에 관한 민법 제97조 제1호의 규정이 준용될 것이다(등기선례6-708, 1999. 1. 5. 등기 3402-6 질의회답).

---

1) 육법사 발행 권오복 민법법인과 등기 354면 참조

제2장 영농·영어조합법인 설립과 변경등기

제1절 영농조합법인의 설립

1. 총 설

가. 의 의

"영농조합법인"은 협업적(協業的) 농업경영을 통하여 생산성을 높이고 농산물의 출하, 가공, 수출 등을 공동으로 하고자 할 경우 농어업경영체 육성 및 지원에 관한 법률 제16조의 규정에 의하여 설립하는 법인이다.

영농조합법인에 관하여 농어업경영체 육성 및 지원에 관한 법률에서 규정한 사항 외에는 민법 중 조합에 관한 규정을 준용한다(농어업경영체 육성 및 지원에 관한 법률 제16조 제7항).

나. 법인의 성격

영농조합법인 "협업적 농업경영체"로, 민법상 조합에 관한 규정과 상업등기법을 준용하나(농어업경영체 육성 및 지원에 관한 법률 제16조 제6항, 제7항), 민법법인과는 달리 법인이 농지를 소유하면서 협업적 영농을 하는 제도로서 상사영리법인은 아니나 그 이익을 구성원에게 분배하므로 법인세법 적용에 있어서 영리법인으로 취급된다.

영농조합법인은 농어업·농어촌 및 식품산업 기본법에 의한 특수법인으로서 법인설립에 따른 별도의 인가나 허가가 필요 없다.

다. 사업목적

"영농조합법인"은 협업적 농업경영을 통하여 생산성을 높이고 조합원의 소득증대를 위하여 다음사업을 영위한다(농어업경영체 육성 및 지원에 관한 법률 시행령 제11조 제1항).

1. 농업의 경영 및 그 부대사업
2. 농업과 관련된 공동이용시설의 설치·운영

3. 농산물의 공동 출하·가공 및 수출
4. 농작업의 대행
5. 그 밖에 영농조합법인의 목적을 달성하기 위하여 정관에서 정하는 사업

라. 조합원과 준조합원

(1) 개 설

농업인 또는 농업 관련 생산자단체(농어업·농어촌 및 식품산업 기본법 제3조 제4호, 이하 "농업생산자단체"라 한다)는 5인 이상을 조합원으로 하여 영농조합법인(營農組合法人)을 설립할 수 있으며(농어업경영체 육성 및 지원에 관한 법률 제16조 제1항), 영농조합법인은 농업인과 농업생산자단체 중 정관으로 정하는 자를 조합원으로 한다(농어업경영체 육성 및 지원에 관한 법률 제17조 제1항).

⑵ 조합원

(가) 농업인

"농업인"이란 농업을 경영하거나 이에 종사하는 자로서 대통령령으로 정하는 기준에 해당하는 자를 말한다(농어업·농어촌 및 식품산업 기본법 제3조 제2호 가목).

여기서 "대통령령으로 정하는 기준에 해당하는 자"란 다음 각 호의 어느 하나에 해당하는 사람을 말한다(농어업·농어촌 및 식품산업 기본법 시행령 제3조 제1항).

1. 1천제곱미터 이상의 농지(「농어촌정비법」 제98조에 따라 비농업인이 분양받거나 임대받은 농어촌 주택 등에 부속된 농지는 제외한다)를 경영하거나 경작하는 사람
2. 농업경영을 통한 농산물의 연간 판매액이 120만원 이상인 사람
3. 1년 중 90일 이상 농업에 종사하는 사람
4. 「농어업경영체 육성 및 지원에 관한 법률」 제16조제1항에 따라 설립된 영농조합법인의 농산물 출하·유통·가공·수출활동에 1년 이상 계속하여 고용된 사람
5. 「농어업경영체 육성 및 지원에 관한 법률」 제19조제1항에 따라 설립된 농업회사법인의 농산물 유통·가공·판매활동에 1년 이상 계속하여 고용된 사람

(나) 농업생산자단체

"생산자단체"란 농어업 생산력의 증진과 농어업인의 권익보호를 위한 농어업인의 자주적인 조직으로서 대통령령으로 정하는 단체를 말한다(농어업·농어촌 및 식품산업 기본법 제3조 제4호).

여기서 "대통령령으로 정하는 단체"란 다음 각 호의 단체를 말한다(농어업·농어촌 및 식품산업 기본법 시행령 제4조).

1. 「농업협동조합법」에 따른 조합 및 그 중앙회
2. 「산림조합법」에 따른 산림조합 및 그 중앙회
3. 「엽연초생산협동조합법」에 따른 엽연초생산협동조합 및 그 중앙회
4. 「수산업협동조합법」에 따른 조합 및 그 중앙회
5. 농수산물을 공동으로 생산하거나 농수산물을 생산하여 공동으로 판매·가공 또는 수출하기 위하여 농어업인 5명 이상이 모여 결성한 법인격이 있는 전문생산자 조직으로서 농림수산식품부장관이 정하는 요건을 갖춘 단체

(3) 준조합원

농업인이 아닌 자로서 대통령령으로 정하는 자는 정관으로 정하는 바에 따라 영농조합법인에 출자하고 준조합원으로 가입할 수 있다. 이 경우 의결권은 행사하지 못한다(농어업경영체 육성 및 지원에 관한 법률 제17조 제2항).

영농조합법인에 준조합원으로 가입할 수 있는 자는 다음 각 호와 같다(농어업경영체 육성 및 지원에 관한 법률 시행령 제14조 제1항).

1. 영농조합법인에 생산자재를 공급하거나 생산기술을 제공하는 자
2. 영농조합법인에 농지를 임대하거나 농지의 경영을 위탁하는 자
3. 영농조합법인이 생산한 농산물을 대량으로 구입·유통·가공 또는 수출하는 자
4. 그 밖에 농업인이 아닌 자로서 영농조합법인의 사업에 참여하기 위하여 영농조합법인에 출자를 하는 자

(4) 영농조합법인의 생산자단체 가입

영농조합법인은 대통령령으로 정하는 농업생산자단체의 조합원 또는 준조합원으로 가입할 수 있다(농어업경영체 육성 및 지원에 관한 법률 제17조 제3항).

영농조합법인이 조합원 또는 준조합원으로 가입할 수 있는 농업생산자단체는 농업협동조합·산림조합 및 엽연초생산협동조합으로 한다(농어업경영체 육성 및 지원에 관한 법률 시행령 제15조).

마. 출 자

(1) 개 설

영농조합법인의 조합원은 정관에서 정하는 바에 따라 농지, 현금 및 그 밖의 현물로 출자할 수 있으며(농어업경영체 육성 및 지원에 관한 법률 시행령 제10조 제1항), 출자한도는 조합원이나 준조합원도 제한이 없다.

영농조합법인은 기본 성격이 민법상의 조합이기 때문에 조합원은 출자액에 따라 의결권의 수에 차이가 없이 모두 1인 1표씩 동일하다.

출자를 불입한 조합원에게는 대표이사 명의로 출자증서를 발급하고 출자증서에도 출자좌수, 출자액, 출자재산의 표시(토지의 경우 지번, 지목, 면적을 말함)등을 기재하여야 한다.

(2) 출자자산의 내역을 기재한 서류

영농조합법인의 설립등기를 신청할 때에 첨부하는 '출자자산의 내역을 기재한 서류'로는 반드시 금융기관이 발행한 납입금보관증명서 등 출자내역을 증명하기에 족한 서류를 첨부하여야 하는 것은 아니고, 영농조합법인을 대표할 조합원이 작성한 출자자산의 내역을 기재한 서류를 첨부하면 된다(등기선례6-702, 2000. 5. 23. 등기 3402-367 질의회답).

(3) 현물출자

영농조합법인에 농지가 아닌 토지를 현물출자 할 수 있을 것이며, 등기원인을 현물출자로 하여 영농조합법인 명의로 소유권이전등기신청도 가능하다(등기선례5-353, 1997. 1. 21. 등기 3402-47 질의회답).

(4) 의결권

영농조합법인은 기본 성격이 민법상의 조합이기 때문에 조합원은 출자액에 따라 의결권의 수에 차이가 없이 모두 1인 1표씩 동일하다.

바. 세제지원

(1) 영농조합법인 등에 대한 법인세의 면제 등

농어업경영체 육성 및 지원에 관한 법률에 따른 영농조합법인(이하 "영농조합법인"이라 한다)에 대해서는 2012년 12월 31일 이전에 끝나는 과세연도까지 작물재배업에서 발생하는 소득(이하 "농업소득"이라 한다) 전액과 농업소득 외의 소득 중 대통령령으로 정하는 범위의 금액에 대하여 법인세를 면제한다(조세특례제한법 제66조 제1항).

농업소득외의 소득 중 법인세가 면제되는 소득금액은 농어업경영체 육성 및 지원에 관한 법률 시행령 제11조제1항에 따른 영농조합법인의 사업에서 발생한 소득으로서 각 사업연도별로 {1천200만원 ×조합원 수 ×(사업연도월수/12)} 산식에 의하여 계산한 금액이하의 금액으로 한다(조세특례제한법 시행령 제63조 제1항).

법인세를 면제받고자 하는 영농조합법인은 과세표준신고와 함께 기획재정부령이 정하는 세액면제신청서 및 면제세액계산서를 납세지 관할세무서장에게 제출하여야 한다. 다만, 납부할 법인세가 없는 경우에는 그러하지 아니하다(조세특례제한법 시행령 제63조 제7항).

(2) 배당소득

(가) 영농조합법인의 조합원이 영농조합법인으로부터 2012년 12월 31일까지 받는 배당소득 중 농업소득에서 발생한 배당소득 전액과 농업소득 외의 소득에서 발생한 배당소득 중 대통령령으로 정하는 범위의 금액에 대해서는 소득세를 면제한다. 이 경우 농업소득에서 발생한 배당소득과 농업소득 외의 소득에서 발생한 배당소득의 계산은 대통령령으로 정하는 바에 따른다(조세특례제한법 제66조 제2항).

(나) 소득세가 면제되는 배당소득은 과세연도별로 1천200만원이하의 금액으로 한다(조세특례제한법 시행령 제63조 제2항).

(다) 농업소득 외의 소득에서 발생한 배당소득은 각 배당시마다 {영농조합법인으로부터 지급받은 배당소득 ×(배당확정일이 속하는 사업연도의 직전 사업연도의 농업소득외의 소득금액/배당소득확정일이 속하는 사업연도의 직전사업연도의 총소득금액)}의 산식에 의하여 계산한 금액으로 하고, 농업소득에서 발생한 배당소득은 배당소득 총액중 농업소득외의 소득에서 발생한 배당소득을 차감한 금액으로 한다(조세특례제한법 시행령 제63조 제3항).

(라) 배당소득에 대한 소득세를 면제받고자 하는 자는 당해 배당소득을 지급받는 때에 기획재정부령이 정하는 세액면제신청서를 영농조합법인에 제출하여야 한다. 이 경우 영농조합법인은 배당금을 지급한 날이 속하는 달의 다음달 말일까지 조합원이 제출한 세액면제신청서를 원천징수 관할세무서장에게 제출하여야 한다(조세특례제한법 시행령 제63조 제8항).

(마) 영농조합법인이 조합원에게 지급하는 배당소득 중 소득세가 면제되는 금액을 제외한 배당소득으로서 2012년 12월 31일까지 받는 소득에 대한 소득세의 원천징수세율은 소득세법 제129조에도 불구하고 100분의 5로 하고, 이에 대해서는 지방소득세 소득분을 부과하지 아니하며, 그 배당소득은 소득세법 제14조제2항에 따른 종합소득과세표준에 합산하

지 아니한다(조세특례제한법 제66조 제3항).

(3) 농지 또는 초지를 현물출자함으로써 발생하는 소득

(가) 대통령령으로 정하는 농업인이 2012년 12월 31일 이전에 농지 또는 초지법에 따른 초지(이하 "초지"라 한다)를 영농조합법인에 현물출자함으로써 발생하는 소득에 대해서는 양도소득세를 면제한다(조세특례제한법 제66조 제4항).

"대통령령으로 정하는 농업인"이란 농어업·농어촌 및 식품산업 기본법 제3조 제2호 가목에 따른 농업인으로서 현물출자하는 농지·초지 또는 부동산(이하 이 조에서 "농지등"이라 한다)이 소재하는 시·군·구(자치구인 구를 말한다. 이하 이 조에서 같다), 그와 연접한 시·군·구 또는 해당 농지 등으로부터 직선거리 20킬로미터 이내에 거주하면서 직접 경작한 자를 말한다(조세특례제한법 시행령 제63조 제4항).

현물출자함으로써 발생한 소득에 대하여 양도소득세가 면제되는 농지는 전·답으로서 지적공부상의 지목에 관계없이 실제로 경작에 사용되는 토지와 그 경작에 직접 필요한 농막·퇴비사·양수장·지소·농로·수로등에 사용되는 토지로 한다. 다만, 조세특례제한법 시행령 제66조 제4항 각호의 1에 해당하는 농지를 제외한다(조세특례제한법 시행령 제63조 제5항).

(나) 양도소득세를 면제받은 자가 그 출자지분을 출자일부터 3년 이내에 다른 사람에게 양도하는 경우에는 그 양도일이 속하는 과세연도의 과세표준신고를 할 때 대통령령으로 정하는 바에 따라 계산한 세액을 양도소득세로 납부하여야 한다. 다만, 대통령령으로 정하는 경우에는 그러하지 아니하다(조세특례제한법 제66조 제5항).

세액의 납부는 농지를 현물출자하기 전에 자경하였던 기간과 현물출자후 출자지분 양도시까지의 기간을 합한 기간이 8년 미만인 경우에 납부하되, 납부하여야 하는 세액은 당해 농지에 대한 감면세액에 총출자지분에서 3년 이내에 양도한 출자지분이 차지하는 비율을 곱하여 계산한다. 이 경우 상속받은 농지의 경작기간을 계산함에 있어서 피상속인이 경작한 기간은 상속인이 이를 경작한 기간으로 본다(조세특례제한법 시행령 제63조 제6항).

(다) 조세특례제한법 제66조 제4항에 따라 면제받은 양도소득세를 동법 제5항 본문에 따라 납부하는 경우에는 대통령령으로 정하는 바에 따라 계산한 이자 상당액을 가산한다(조세특례제한법 제66조 제6항).

여기서 "대통령령으로 정하는 바에 따라 계산한 이자상당액"이란 조세특례제한법 제66조 제5항에 따라 납부하여야 할 세액에 상당하는 금액에 다음의 제1호의 기간과 제2호의 율을 곱하여 계산한 금액으로 한다(조세특례제한법 시행령 제63조 제9항).

1. 감면을 받은 과세연도의 종료일 다음 날부터 조세특례제한법 제66조제5항에 해당하는 사유가 발생한 과세연도의 종료일까지의 기간

2. 1일 1만분의 3

(4) 부동산을 현물출자하는 경우

대통령령으로 정하는 농업인이 2012년 12월 31일 이전에 영농조합법인에 농어업·농어촌 및 식품산업 기본법 제3조 제1호 가목에 따른 농작물재배업·축산업 및 임업에 직접 사용되는 부동산(제4항에 따른 농지 및 초지는 제외한다)을 현물출자하는 경우에는 이월과세를 적용받을 수 있다(조세특례제한법 제66조 제7항).

여기서 "대통령령으로 정하는 농업인"이란 농어업·농어촌 및 식품산업 기본법 제3조제2호가목에 따른 농업인으로서 현물출자하는 농지·초지 또는 부동산(이하 이 조에서 "농지 등"이라 한다)이 소재하는 시·군·구(자치구인 구를 말한다. 이하 이 조에서 같다), 그와 연접한 시·군·구 또는 해당 농지 등으로부터 직선거리 20킬로미터 이내에 거주하면서 직접 경작한 자를 말한다(조세특례제한법 시행령 제63조 제4항).

(5) 농어촌특별세

영농조합법인(조세특례제한법 제66조), 영어조합법인(조세특례제한법 제67조), 농업회사법인(조세특례제한법 제68조)에 대한 법인세, 출자 및 배당소득 등에 따른 세제의 면제의 경우에는 농어촌특별세도 부과하지 아니한다(농어촌특별세법 제4조).

(6) 세액면제신청

양도소득세를 면제받거나 이월과세를 적용받고자 하는 자는 과세표준신고와 함께 기획재정부령이 정하는 세액면제신청서 또는 이월과세적용신청서에 현물출자계약서 사본 1부와 당해 농지의 등기부등본 1부를 첨부하여 납세지 관할세무서장에게 제출하여야 한다. 이 경우 이월과세적용신청서는 영농조합법인과 함께 제출하여야 한다(조세특례제한법 시행령 제63조 제10항).

(7) 영농조합법인의 농지 취득

영농조합법인도 농지를 취득할 때 원칙적으로 농지취득자격증명을 발급받아야 한다. 다만, 농지의 공동이용 또는 집단이용을 목적으로 구성된 단체로서 농지의 공동이용 또는 집단이용에 관한 사항이 규약으로 정하여지고 그 구성원인 농업인 또는 농업법인의 수가 10

인 이상인 단체가 농지법 제16조의 규정에 의한 농지이용증진사업계획에 의하여 농지를 취득하는 경우에는 농지취득자격증명을 첨부하지 않고도 농지를 취득할 수 있다. 따라서 농업인 10인 이상으로 구성된 1개의 농업법인만으로는 농지법시행령 제18조 제6호의 단체에 해당되지 않으며, 또한 구성원인 농업인 또는 농업법인의 수가 10인 이상인 단체라 하더라도 농지법 제16조의 규정에 의한 농지이용증진사업계획에 의하여 농지를 취득하는 것이 아니라면 그 단체가 농지를 취득할 때 농지취득자격증명을 첨부하여야 할 것이다(등기선례5-721, 1997. 7. 13. 등기 3402-517 질의회답).

2. 설립등기절차

가. 개 설

영농조합법인은 농업인 5인 이상이 발기인이 되어 그 주된 사무소의 소재지에서 설립등기를 함으로써 성립한다(농어업경영체 육성 및 지원에 관한 법률 제16조 제3항). 설립등기는 조합법인을 대표할 조합원이 신청한다(농어업경영체 육성 및 지원에 관한 법률 시행령 제9조 제1항).

영농조합법인은 농어업·농어촌 및 식품산업 기본법에 의한 특수법인으로서 법인설립에 따른 별도의 인가나 허가가 필요 없다.

나. 신청서의 기재사항

조합법인의 설립등기신청서의 기재사항(등기사항)에 관하여는 농어업경영체 육성 및 지원에 관한 법률 시행령 제9조 제2항이 규정하고 있다. 다음과 같다.

1. 명칭
2. 목적
3. 사업
4. 사무소의 소재지
5. 출자액의 납입방법·산정방법과 조합원 1명이 출자할 수 있는 출자액의 최고한도에 관한 사항
6. 해산 사유를 정한 경우 그 사유에 관한 사항
7. 조합법인을 대표할 조합원 및 임원(이사와 감사를 두는 조합법인만 해당한다)의 주소와 성명
8. 2명 이상의 조합원이 공동으로 조합법인을 대표할 것을 정한 경우에는 그 규정

9. 출자 총좌수와 납입할 총출자액

다. 정관의 기재사항

정관이란 영농조합법인의 조직, 사업, 관리, 운영 등 영농조합법인에 관한 기본적인 사항을 정하는 자치규범으로서 조합법인 설립시 발기인 5인 이상이 공동으로 작성하여야 한다.

조합법인의 정관에는 다음 각 호의 사항이 포함되어야 한다(농어업경영체 육성 및 지원에 관한 법률 시행령 제12조 제1항).

1. 명칭(조합법인은 그 명칭 중에 반드시 영농조합법인이라는 명칭을 사용하여야 하며 영농조합법인이 아니면 동명칭을 사용하지 못한다)
2. 목적
3. 사업
4. 사무소의 소재지
5. 조합원(준조합원을 포함한다. 이하 이 항에서 같다)의 자격에 관한 사항
6. 조합원의 가입, 탈퇴 및 제명(除名)에 관한 사항
7. 조합원의 탈퇴 및 제명의 경우 지분의 계산에 관한 사항
8. 출자액의 납입방법 · 산정방법과 조합원 1명이 출자할 수 있는 출자액의 최고한도에 관한 사항

농지출자에 따른 문제로 영농조합법인 가입을 주저하는 조합원이 있을 경우에는 영농조합법인 실정에 따라 출자농지는 출자한 조합원의 동의없이 처분할 수 없도록 하고, 조합원이 탈퇴할 경우 출자한 농지로 지분을 환불할 수 있도록 정관으로 정할 수 있다.

9. 이익금과 손실금의 처리에 관한 사항
10. 적립금의 비율과 그 적립방법에 관한 사항
11. 회계연도와 회계에 관한 사항
12. 총회나 그 밖의 의결기관과 임원의 정수, 선출 및 해임에 관한 사항
13. 해산 사유를 정한 경우 그 사유에 관한 사항

라. 창립총회

정관, 기타 설립에 필요한 행위는 창립총회의 의결을 거쳐 최종확정된다. 창립총회에서는 다음의 사항을 의결하여야 한다.

1) 정관의 승인

2) 정관에서 정한 임원의 선임(이사회의 구성) {임원(이사)은 조합원 중에서 선임한다}
3) 출자납입에 관한 사항
4) 설립당해년도 사업계획의 승인 등

마. 첨부서면 등

등기신청서에는 다음 각 호의 서류를 첨부하여야 한다(농어업경영체 육성 및 지원에 관한 법률 시행령 제9조 제3항).

1. 창립총회 의사록
2. 정관
3. 출자자산의 명세를 적은 서류

금전출자에 대하여는 반드시 은행에 납입하여야 하는 것은 아니고, 대표조합원(대표이사)이 영수하였음을 증명하여도 된다. 농지 등 현물출자에 대하여는 등기등록에 필요한 서류를 교부하여야 한다.

농지원부는 등기시 필요없으나 비과세 신청시 관할 군청에서 요구하는 경우 있으며, 감정평가서의 경우도 원칙적으로는 필요없으나, 이를 요구하는 등기소가 있다.

현물출자시 부동산 이전등기에 필요한 서류를 제출하여야 하고, 이 경우 취득세, 등록면허세, 국민주택채권, 양도세 등을 감면 또는 면제를 신청한다.

4. 조합법인을 대표할 조합원임을 증명하는 서류
5. 발기인 전원의 인감증명서 1통, 인감도장
6. 법인의 대표이사, 이사, 감사로 될 자의 인감증명서1통, 주민등록등본1통, 인감도장(발기인과 위 임원이 중복될 경우 각각 준비)
7. 조합원이 농업인이라는 사실을 증명하는 서면은 영농조합법인 설립등기 신청시의 첨부서면이 아니다(등기선례 200403-17, 2004. 3. 3. 공탁법인 3402-55 질의회답).

바. 인증

법인이 등기를 신청할 때 그 신청서에 첨부되는 총회의사록은 그 법인이 공증인법시행령의 의사록인증 제외대상법인에 해당하는 공법인 또는 비영리법인이 아닌 한 공증인의 인증을 받아야 하므로 영농조합법인이 그 설립등기를 신청하는 경우에도 공증인의 인증을 받은 창립총회 의사록을 첨부하여야 한다(등기선례4-888, 1994. 5. 27. 등기 3402-476 질의

회답). 구체적인 인증절차는 114면 참조

사. 등록면허세 등

(1) 등록면허세

농어업경영체 육성 및 지원에 관한 법률 제16조에 따른 영농조합법인과 같은 법 제19조에 따른 농업법인의 설립등기에 대하여는 등록면허세를 각각 2012년 12월 31일까지 면제한다(지방세특례제한법 제11조 제1항). 농어촌특별세도 부과하지 아니한다(농어촌특별세법 제4조 제2호).

등록면허세의 비과세 또는 감면으로 등기 또는 등록하려는 경우에는 등록면허세의 납세지를 관할하는 시장·군수의 비과세 또는 감면 확인을 받아야 한다(지방세법 시행규칙 제15조).

(2) 등기신청수수료

설립등기의 경우 등기신청수수료는 30,000원이다. 법원구내 및 등기소 가까운 금융기관(농협, 신한은행)에서 구입할 수 있으며 등기신청서의 "을"지 즉, "신청등기소 및 등록면허세/수수료"란에 붙인다.

□ 영농조합법인 설립절차

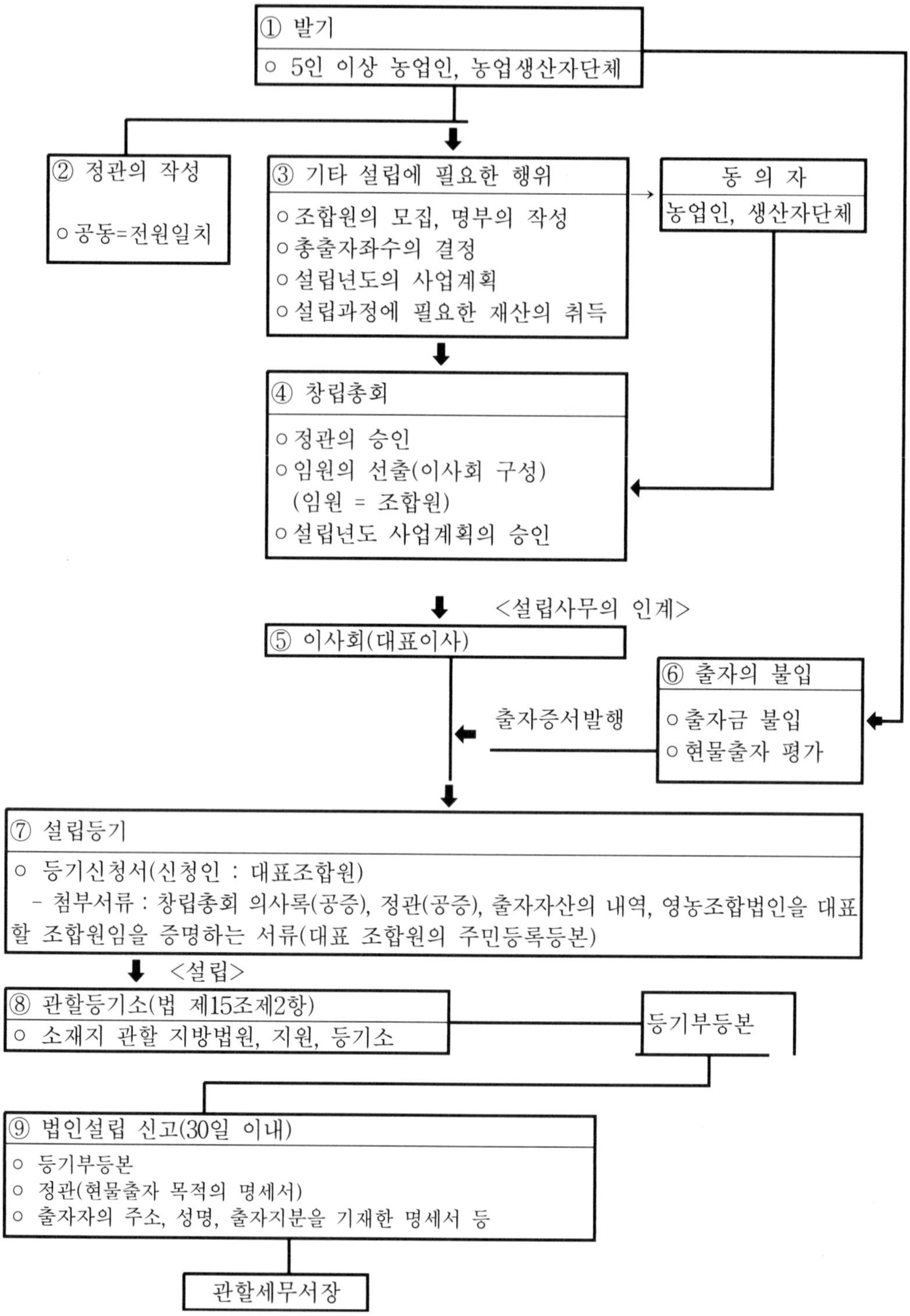
① 발기
○ 5인 이상 농업인, 농업생산자단체
② 정관의 작성
○ 공동=전원일치
③ 기타 설립에 필요한 행위
○ 조합원의 모집, 명부의 작성
○ 총출자좌수의 결정
○ 설립년도의 사업계획
○ 설립과정에 필요한 재산의 취득
동 의 자
농업인, 생산자단체
④ 창립총회
○ 정관의 승인
○ 임원의 선출(이사회 구성)
(임원 = 조합원)
○ 설립년도 사업계획의 승인
<설립사무의 인계>
⑤ 이사회(대표이사)
⑥ 출자의 불입
○ 출자금 불입
○ 현물출자 평가
출자증서발행
⑦ 설립등기
○ 등기신청서(신청인 : 대표조합원)
- 첨부서류 : 창립총회 의사록(공증), 정관(공증), 출자자산의 내역, 영농조합법인을 대표할 조합원임을 증명하는 서류(대표 조합원의 주민등록등본)
<설립>
⑧ 관할등기소(법 제15조제2항)
○ 소재지 관할 지방법원, 지원, 등기소
등기부등본
⑨ 법인설립 신고(30일 이내)
○ 등기부등본
○ 정관(현물출자 목적의 명세서)
○ 출자자의 주소, 성명, 출자지분을 기재한 명세서 등
관할세무서장

[사례] 영농조합법인 설립등기신청서

영농조합법인 설립등기신청

접수	년 월 일	처리인	접 수	조 사	기 입	교 합	각종통지
	제 호						

등 기 의 목 적	영농조합법인 설립
등 기 의 사 유	농어업경영체 육성 및 지원에 관한 법률의 규정에 의하여 영농조합법인을 설립하기 위하여 20○○년 ○월 ○○일 정관을 작성하고 20○○년 ○월 ○○일 출자금를 납입하여 창립총회결의를 거쳐 영농조합법인의 설립절차를 종료하였으므로 다음 사항의 등기를 구함
본/지점 신청구분	1. 본점신청 ☐ 2. 지점신청 ☐ 3. 본・지점 일괄신청 ☐
등 기 할 사 항	
명 칭	○○영농조합법인
주 사 무 소	○○시 ○○군 ○○읍 ○○리 ○○
이사·감사의 성명, 주민등록번호	이사 ○○○(0000000-0000000) 이사 ○○○(0000000-0000000) 이사 ○○○(0000000-0000000) 감사 ○○○(0000000-0000000)
법인을 대표할 조합원(대표이사)의 성명 주민등록번호, 주소	대표이사 ○○○(-) ○○시 ○○구 ○○동 00-0
목 적	본 조합법인은 협업적 농업경영을 통하여 생산성을 높이고 농산물의 출하・가공・수출 등을 통하여 조합원의 소득증대를 도모함을 목적으로 다음의 사업을 한다. 1. 집단재배 및 공동작업에 관한 사업 2. 농업에 관련된 공동이용시설의 설치 및 운영 3. 농기계 및 시설의 대여사업 4. 농작업의 대행 5. 농산물의 공동출하・가공 및 수출 6. 위 사업에 관련된 부대사업일체

분 사 무 소	서울시 ○○구 ○○동 00-0
출자 총좌수와 납입할 총출자액	총출좌수 : ○○○좌 납입할 총출자액 : 금○○○원
출자액의 납입방법·산정방법과 조합원 1명이 출자할 수 있는 출자액의 최고한도에 관한 사항	출자액의 납입방법 : 현금(또는 농지, 농기계 등 현물)으로 이사회에서 정하는 납입일자에 일시납입한다. 출자액의 산정방법 : 농지・농기계 등 현물의 출자액 산출은 이사회(설립시는 창립총회)에서 정하는 평가율에 의하여 환가한다. 조합원 1명이 출자할 수 있는 출자액의 최고한도 : 총출자좌수의 ○분의○
해산사유	1. 총회에서 해산 및 합병을 의결한 경우 2. 파산한 경우 및 법원의 해산명령을 받은 경우 3. 조합원이 5인 미만이 된 후 1년 이내에 5인 이상이 되지 아니한 경우
기 타	

신청등기소 및 등록면허세/수수료						
순번	신청등기소	구분	등록면허세 지방교육세	농어촌특별세	세액합계	등기신청수수료
			금 000원 금 000원		금000원	금 30,000원
합 계						
등기신청수수료 은행수납번호						
과 세 표 준 액	금 000 원					

첨 부 서 면

1. 정 관	1통	1. 주민등록표등본(임원)	각1통
1. 창립총회의사록	1통	1. 법인인감발급카드신청서	1통
1. 이사취임승낙서와 인감증명서	각1통	1. 등록면허세영수필확인서	1통
1. 출자내역을 기재한 서면	1통	1. 위임장	1통
1. 대표자의 인감신고서 및 인감증명	각1통	<기타>	

20○○년 ○월 ○○일

신 청 인 명 칭 ○○영농조합법인

주사무소 ○○시 ○○군 ○○읍 ○○리 ○○

대 표 이 사 성 명 ○ ○ ○ (인) (전화 :)

주 소 ○○시 ○○구 ○○동 111

대 리 인 성 명 법무사 ○ ○ ○ (인) (전화 :)

주 소 ○○시 ○○구 ○○동 112

○○지방법원 ○○등기소 귀중

- 신청서 작성요령 및 등기수입증지 첨부란 -

1. 해당란이 부족할 때에는 별지를 이용합니다.
1. 해당 등기신청과 관계없는 사항에 대하여는 "해당없음"으로 기재하거나 삭제하고, 필요한 사항은 추가 기재합니다.
1. 등기신청수수료 상당의 대법원등기수입증지를 이 난에 붙입니다.

○ 농업법인 및 어업법인의 설립등기에 대하여는 등록면허세를 면제하고(지방세특례제한법 제11조 제1항), 농어촌특별세도 부과하지 아니한다(농어촌특별세법 제4조 제2호).

[사례] 설립등기 위임장

위　　임　　장

법무사　이 장 수

○○시 ○○구 ○○동 00

전화 000-1235

본인은 위 사람을 대리인으로 정하고 다음의 권한을 위임함.

다　　음

1. 영농조합법인 설립등기 신청 및 취하에 관한 일체의 행위.

20○○년 10 월 1 일

위임인 ○○ 영농조합법인

○○시 ○○구 ○○동 00

대표이사 ○ ○ ○ (인)

○○시 ○○구 ○○동 111

※ 법무사에게 위임을 한 경우 첨부하는 서면이다.

[사례] 영농조합법인 정관(예)2)

정 관

제 1 장 총칙

제1조(명칭)

본 조합법인은 농어업 경영체 육성 및 지원에 관한 법률 제16조에 의하여 설립된 영농조합법인으로서 그 명칭은 ○○영농조합법인(이하 "조합법인"이라 한다)이라 한다

※ 명칭 중에는 반드시「영농조합법인」이라는 명칭을 사용하여야 한다.

제2조(목적)

본 조합법인은 협업적 농업경영을 통하여 생산성을 높이고 농산물의 출하・가공・수출 등을 통하여 조합원의 소득증대를 도모함을 목적으로 한다.

※ 조합법인의 목적을 구체적으로 표현할 수 있으나, 농어업경영체 육성 및 지원에 관한 법률 제16조 제1항의 규정에 부합되어야 한다.

제3조(사무소의 소재지)

본 조합법인의 사무소는 ○○(시・군) ○○(구・읍・면) ○○(동・리)에 둔다.

※ 별도의 (분)사무소를 두는 조합법인은「본 조합법인의 사무소는」을「본 조합법인의 주된 (주)사무소는」으로 고치고 제1항으로 하며 제2항을 다음과 같이 한다.

② 본 조합법인의 분사무소는○○(시・군) ○○(구・읍・면) ○○(동・리)에 둔다.

제4조(사업)

본 조합법인은 생산성향상을 위한 협업적 농업의 경영과 ○○사업을 주사업으로 하며 다음 각 호의 사업을 부대사업으로 한다.

1. 집단재배 및 공동작업에 관한 사업
2. 농업에 관련된 공동이용시설의 설치 및 운영
3. 농기계 및 시설의 대여사업

---

2) 농림수산부는 농어업 경영체 육성 및 지원에 관한 법률 시행령 제12조 제2항의 규정에 의거 영농조합법인 정관(예)을 다음과 같이 일부 개정하여 고시하였는바(전부개정 2010.01.14, 농림수산식품부고시 제2010-9호), 그 원문을 싣는다.

4. 농작업의 대행
5. 농산물의 공동출하·가공 및 수출

※ 1. 각 사업별 용어의 정의는 다음 각 호와 같다.

가. 농업의 경영 : 조합법인이 직접 농산물을 생산하여 생산지에서 판매하기까지의 전 과정을 포함함.

나. 집단재배 및 공동작업에 관한 사업 : 조합법인의 농업경영에 부수하여 조합원 또는 조합원이외의 자의 농작업을 협력하고 수수료를 받는 경제활동을 말함

다. 농업에 관련된 공동이용시설의 설치 및 운영 : 조합법인이 공동경영을 위하여 농사·창고·축사·퇴비사 등 공동이용시설을 설치하여 운영하고, 부수적으로 조합원 이외의 자에게 이용하게 하여 사용료 등을 받는 경제활동을 말함.

라. 농기계 및 시설의 대여사업 : 조합법인이 농기계·농기구·건조시설 등을 보유하여 이용하면서 부수적으로 조합원 이외의 자에게 대여·사용하게 하고 사용료 및 임대료를 받는 경제활동을 말함.

마. 농작업의 대행 : 조합법인이 조합원이외의 자로부터 농작업의 전부 또는 일부를 위탁받아 이를 대행하고 수수료를 받는 경제활동을 말함.

바. 농산물의 공동출하·가공 및 수출 : 조합법인의 조합원(혹은 조합법인)이 생산한 농산물을 조합법인을 통하여 공동으로 판매하거나, 가공 또는 수출하는 경제활동을 말함.

2. 제1호 내지 제5호에 열거한 사업이외의 사업도 제2조의 목적과 부합되는 것은 적절히 열거할 수 있으며 부대사업을 명기할 수 있다.

예) 6. 관광농업

제5조(협동조합에의 가입)

본 조합법인은 □□○○협동조합에 준조합원으로 가입한다.

※ 가입하는 협동조합은 농어업 경영체 육성 및 지원에 관한 법률 시행령 제15조에서 규정된 협동조합중에서 사업실시와 관련하여 적당하다고 인정되는 조합을 선택하여 정한다.

제6조(공고방법)

① 본 조합법인의 공고는 본 조합법인의 사무소 게시판에 게시하고 필요하다고 인정할 때에는 서면으로 조합원과 준조합원에게 통지하거나 일간신문 등에 게재할 수 있

다.

② 제1항의 공고기간은 7일 이상으로 한다.

제7조(규정의 제정)

이 정관에서 정한 것 이외에 업무의 집행, 회계, 직원의 채용 기타 필요한 사항은 별도의 규정으로 정할 수 있다.

제 2 장 조합원 및 준조합원

제8조(조합원의 자격)

① 본 조합법인의 조합원이 될 수 있는 농업인은 다음 각 호의 요건을 갖춘 자로 한다.

1. 1천 제곱미터 이상의 농지를 경영 또는 경작하는 자나 농업경영을 통한 농산물의 연간 판매액이 100만원 이상인 자 또는 1년중 90일 이상 농업에 종사하는 자
2. 만○○세 이상의 성년으로서 본 조합법인의 설립취지에 찬동하는 자
3. 200만원 이상의 현금 또는 이에 상응하는 농지, 농기계, 가축, 기타의 현물을 출자한 자

② 본 조합법인의 조합원이 될 수 있는 농산물의 생산자단체는 ○○협동조합, ○○○○법인으로 한다.

※ 1. 제1항 제1호의 경우는 조합법인의 실정에 따라 그 요건을 강화할 수 있음.
2. 제1항 제2호의 ○○은 20세 이상으로 하되 조합실정에 따라 자율적으로 결정한다.
3. 제1항 제3호의 경우 조합법인이 출자를 허용하고자 하는 것만을 기재한다.
4. 제2항의 협동조합, 법인은 농어업·농어촌 및 식품산업 기본법 시행령 제4조에 의한 농산물 생산자단체임.

제9조(준조합원의 자격)

본 조합법인의 준조합원이 될 수 있는자는 다음 각호의 요건을 갖춘자로 한다.

1. 본조합법인에 생산자재를 공급하거나 생산기술을 제공하는 자
2. 본조합법인에 농지를 임대하거나 농지의 경영을 위탁하는 자
3. 본조합법인이 생산한 농산물을 대량으로 구입·유통·가공 또는 수출하는 자
4. 그 밖에 농업인이 아닌자로서 영농조합법인의 사업에 참여하기 위하여 영농조합

법인에 출자를 하는 자

※ 준조합원의 자격은 제1호 내지 제3호 중에서 조합실정에 따라 정할 수 있으며 그 범위내에서 구체적으로 기술할 수 있음.

제10조(가입)

① 본 조합법인에 조합원으로 가입하고자 하는 자는 다음 각호의 사항을 기재한(혹은 증명할 수 있는 서류를 첨부한) 가입신청서를 본 조합법인에 제출하여야 한다. 단, 생산자단체의 경우는 제3호 및 사업자등록증(혹은 법인등기부 등본)을 제출한다.

1. 주소, 성명, 주민등록번호
2. 가족관계
3. 납입 혹은 인수하고자 하는 출자좌수 및 출자의 목적인 재산
4. 경영규모(경지면적, 농산물의 연간판매액) 및 연중 농업종사일 수

② 본 조합법인에 준조합원으로 가입하고자 하는 자는 제1항제1호 내지 제3호 및 제9조에 의한 준조합원의 자격에 해당함을 증명할 수 있는 서류를 제출하여야 한다. 단, 사업자 등록이 된자(법인포함)는 제1항제1호 및 제2호 대신 사업자등록증(혹은 법인등기부 등본)을 제출한다.

③ 조합법인은 제1항 및 제2항에 의한 조합원 또는 준조합원의 가입신청서를 접수하였을 경우에는 총회에서 그 가입여부를 결정하고, 가입을 승인한 때에는 가입신청자에게 통지하여 출자의 불입(출자의 목적인 재산을 양도하고 등기·등록 기타 권리의 설정 또는 이전이 필요한 경우에는 이에 관한 서류를 완비하여 교부하는 것을 말한다. 이하 같다)을 하게 한 후 조합원 또는 준조합원 명부에 기재한다.

④ 가입신청자는 제3항의 규정에 의하여 출자를 불입함으로써 조합원 또는 준조합원의 자격을 갖는다.

⑤ 출자좌수를 늘리려는 조합원 또는 준조합원에 대해서는 제1항 내지 제4항의 규정을 준용한다.

※ 조합원 또는 준조합원 가입허용 여부를 이 조에서 특별히 규정하고자 하는 경우에는 제3항의 내용을 적절히 수정 기입할 수 있다.

제11조(권리)

① 본 조합법인의 조합원의 권리는 다음 각호와 같다.

1. 조합법인의 공동작업에 종사하여 노동에 대한 응분의 대가를 받을 권리
2. 지분 환불에 대한 청구권
3. 조합법인 해산시 잔여재산 분배청구권
4. 조합법인의 임원의 선거권 및 피선거권
5. 조합법인의 제반회의에 참석하여 의결할 권리
6. 조합법인의 운영에 참여하여 의견을 제시할 권리
7. 조합법인의 업무집행에 대한 감독 및 감사의 권리

② 제1항 제1호의 조합원의 노동과 대가에 대한 사항을 별도의 규정으로 정한다.

③ 조합원은 출자의 다소에 관계없이 1개의 의결권과 선거권을 가진다.

④ 본 조합법인의 준조합원은 제1항 제2호, 제3호 및 제6호의 권리를 갖는다.

※ 조합원의 의결권을 출자의 비율에 따라 가지도록 정하고자 하는 조합법인은 제3항을 다음과 같이 수정한다.

③ 조합원은 출자지분에 따라 그 비례대로 의결권과 선거권을 가진다.

제12조(의무)

① 본 조합법인의 조합원의 의무는 다음 각호와 같다.

1. 정관 및 제규정을 준수할 의무
2. 조합법인에 대한 출자의무
3. 조합법인의 제반 노동에 참가하고 노동규정을 준수할 의무
4. 총회에 출석할 의무와 총회의 의결사항을 준수할 의무
5. 조합법인의 발전을 위하여 노력할 의무

② 본조합법인의 준조합원의 의무는 제1항의 제1호, 제2호 및 제5호와 같으며 제4호 중 총회의 의결사항을 준수할 의무도 있다.

※ 조합법인의 사업, 규모 등에 따라 의무사항을 적절히 추가하여 정할 수 있다.

제13조(탈퇴)

① 탈퇴를 원하는 조합원 또는 준조합원은 60일전에 탈퇴의사를 서면으로 본 조합법인에 예고하여 탈퇴하며 그에 따른 모든 정산은 당해 회계년도 말에 한다.

② 조합원 또는 준조합원은 다음 각호의 1에 해당하는 사유가 발생하였을 때에는 자연탈퇴 된다.

1. 제8조에 의한 조합원 및 제9조에 의한 준조합원의 자격을 상실하였을 경우
2. 사망
3. 파산(법인의 경우 파산 또는 해산)
4. 금치산 선고
5. 제명
6. 지분을 전부 양도하였을 경우

③ 제2항제1호의 자격상실은 총회의 결의에 의한다.

④ 조합원 또는 준조합원은 제1항의 규정에 불구하고 부득이한 사유없이 조합법인이 경영상 어려움에 처해 있는 시기에 탈퇴하지 못한다.

제14조(제명)

① 조합원 또는 준조합원이 다음 각호의 1에 해당하는 경우에는 총회의 의결로써 제명할 수 있다.

1. 제12조에서 규정한 의무를 이행하지 아니한 경우
2. 고의 또는 중대한 과실로 조합법인에 상당한 손해를 입힌 경우
3. 조합을 빙자하여 부당이익을 취한 경우

② 조합법인은 제1항 각호의 사유로 인한 제명대상 조합원 또는 준조합원에게 총회 개최 10일전에 제명의 사유를 통지하고, 총회에서 변명할 기회를 주어야 하며, 제명을 결정한 때에는 서면으로 통지하여야 한다.

※ 제명의 사유를 추가로 정하고자 하는 경우에는 제1항에 제4호부터 추가하여 열거한다.

제 3 장 출자와 적립금 및 지분

제15조(출자)

① 본 조합법인에의 출자는 농지·농기계·현금·기타 현물로 할 수 있다.

② 농지·농기계 등 현물의 출자액 산출은 이사회(설립시는 창립총회)에서 정하는 평가율에 의하여 환가한다.

③ 1좌의 금액은 1만원으로 한다.

④ 조합원은 ○○좌이상의 출자를 불입하여야 하며, 준조합원은 ○○좌이상의 출자를 불입하여야 한다.

⑤ 제1항의 규정에 의하여 본 조합법인에 농지를 출자하는 조합원 및 준조합원의 성명, 출자대상 농지 및 그 평가액과 농지출자 좌수를 별표와 같이 한다.

⑥ 현물로 출자한 농지는 해당 농지를 출자한 조합원 또는 준조합원의 동의가 없으면 처분하지 못한다.

※ 축산업을 주업으로 하는 조합법인은 제1항중「기타의 현물」을 가축(축종명시), 초지, 축산, 축산기계 등으로 적절히 규정할 수 있으며, 그 외의 조합법인도 「기타의 현물」을 구체적으로 정할 수 있다.

제16조(출자증서의 발행)

① 조합법인은 출자를 불입한 조합원 및 준조합원에게 지체없이 출자증서를 발급하여야 한다.

② 출자증서는 대표이사 명의로 발급하고 출자좌수, 출자액, 출자재산의 표시(토지의 경우 지번, 지목, 면적을 말한다) 등을 기재하여야 한다.

③ 조합법인이 토지 등을 취득하여 조합원과 준조합원에게 증좌 배분하는 경우에 대해서도 제1항과 제2항의 규정을 준용한다.

※ 출자증서의 발행은 출자지분의 상속공제 등 세금과 관련되어 있으므로 반드시 출자재산 특히 토지의 경우는 지번, 지목, 면적 등이 기재된 출자증서를 발행하여야 한다.

제17조(출자의 균등화)

조합원의 출자를 균등화할 목적으로 소액 출자자에게는 그 사정을 고려하여 총회의 의결로써 회계년도말에 증좌를 허용할 수 있다.

제18조(법정적립금)

본 조합법인은 출자총액과 같은 금액이 될 때까지 매회계년도 이익금의 100분의 10 이상을 법정적립금으로 적립한다.

※ 법정적립금으로 출자총액의 2배를 적립하고자 할 경우에는「출자총액과 같은 금액이 될때까지」를「출자총액의 2배에 달할때까지」로 수정한다.

제19조(사업준비금)

본 조합법인은 장기적인 사업확장 및 다음년도의 사업운영을 위하여 매회계년도 이익금의 100분의 ○○을 사업준비금으로 적립한다.

※ ○○은 10이상 50이내에서 정한다.

제20조(자본적립금)

본 조합법인은 다음 각호의 1에 의하여 생기는 금액을 자본적립금 으로 적립한다.

1. 재산 재평가 차익
2. 합병에 의한 차익
3. 인수재산 차익
4. 외부로부터 증여된 현물 및 현금
5. 국고 보조금 등
6. 감자에 의한 차익
7. 고정자산에 대한 보험차익

제21조(적립금등의 사용 및 처분)

① 제18조의 규정에 의한 법정적립금(이하 "법정 적립금"이라 한다)과 제20조의 규정에 의한 자본적립금(이하 "자본적립금"이라 한다)은 조합법인의 결손을 보전하는데 사용한다.

② 법정적립금과 자본적립금은 조합원 또는 준조합원의 탈퇴나 제명시 지분으로 환불할 수 없다.

③ 제19조의 규정에 의한 사업준비금(이하 "사업준비금"이라 한다)은 조합원 또는 준조합원이 가입한 날부터 5년이내에 탈퇴하거나 제명되는 경우에는 환불할 수 없다.

제22조(지분의 계산)

본 조합법인의 재산에 대한 조합원과 준조합원의 지분은 다음의 기준에 의하여 계산한다.

1. 납입출자금에 대하여는 납입한 출자액에 따라 매회계년도마다 이를 계산한다. 다만, 그 재산이 납입출자액의 총액보다 감소되었을 경우에는 각 조합원과 준조합원의 출자액에 따라 감액하여 계산한다.

2. 사업준비금은 매회계년도마다 전조합원과 준조합원에게 분할하여 가산하되 제35조 제2항의 규정을 준용한다.

※ 제2호의 사업준비금 배분을 출자지분에 비례하여야 할 경우에는 제2호를 다음과 같이 한다.

2. 사업준비금은 매회계연도마다 전조합원 과 준조합원에게 분할하여 가산하되 조합원의 출자지분의 비율에 따라 배분한다.

제23조(지분의 상속)

① 조합원 또는 준조합원의 상속인으로서 조합원 또는 준조합원의 사망으로 인하여 지분환불권의 전부 또는 일부를 취득한 자가 즉시 조합법인에 가입을 신청하고 조합법인이 이를 승인한 경우에는 상속인은 피상속인의 지분을 승계한다.

② 제1항의 규정에 의한 상속인의 가입신청과 조합법인의 가입승인은 제10조 제1항 내지 제4항의 규정을 준용한다.

제24조(조합의 지분취득금지)

본 조합법인은 조합원 또는 준조합원의 지분을 취득하거나 또는 담보의 목적으로 수입하지 못한다.

제25조(지분의 양도, 양수 및 공유금지)

조합원 및 준조합원은 총회의 승인의결 없이는 그 지분을 양도·양수 할 수 없으며 공유할 수 없다.

제26조(탈퇴시의 지분환불)

① 조합원 또는 준조합원이 탈퇴하는 경우에는 그 조합원의 지분을 현금 또는 현물로 환불한다.

② 환불재산 가운데 토지나 건물 등이 조합법인의 공동경영조직을 깨뜨릴 염려가 있어 환불이 곤란한 경우에는 그에 상당하는 다른 토지 및 현금으로 지불할 수 있다.

③ 탈퇴 조합원 및 준조합원이 출자한 토지가 공동경영의 결과로 인하여 지력이 증대되었거나, 노력과 자본의 투자로 인하여 가치가 상승하였을 경우에는 이에 상당하는 금액을 토지를 환불받는 자로부터 징수한다.

④ 탈퇴 조합원 또는 준조합원이 조합법인에 대하여 채무가 있는 경우에는 환불해야 될 지분에서 상계할 수 있다.

⑤ 지분의 환불은 당해 회계년도말에 한다.

제27조(출자액의 일부 환불)

① 조합원 또는 준조합원은 부득이한 사유가 있는 경우에는 조합법인에 대하여 출자액의 일부의 환불을 요구할 수 있다.

② 제1항의 규정에 의하여 환불요구를 받은 조합법인은 총회의 의결이 있는 경우에 회계년도말에 환불할 수 있다. 다만, 부득이한 사유가 있는 경우에는 회계년도중에 환불하고, 회계년도말에 정산한다.

제 4 장 회계

제28조(회계년도)

본 조합법인의 회계년도는 매년 1월1일에 시작하여 12월 31일에 종료한다.

※ 조합법인의 사업성격에 따라「매년 4월1일에 시작하여 다음해 3월 31일에 종료한다」로 정하는 등 회계년도를 다르게 정할 수 있다.

제29조(자금관리)

본 조합법인의 여유자금은 다음 각호의 방법에 따라 운용한다.

1. 농업협동조합, 축산업협동조합, 수산업협동조합, 은행, 신용금고에의 예치
2. 국채, 지방채, 정부보증채권 등 금융기관이 발행하는 채권의 취득

※ 제1호의 경우 주로 거래하고자 하는 금융기관을 구체적으로 정할 수 있다.

제30조(경리공개)

본 조합법인의 모든 장부는 사무소에 비치하여 항상 조합원 및 준조합원에게 공개하며 주요계정에 대한 내역은 정기적으로 게시한다.

※ 주요계정에 대한 내역의 정기적 게시시기를 구체적으로 정하고자 할 경우에는 「정기적으로」를 「매월」「분기마다」등으로 정한다.

제31조(사용료 및 수수료)

① 본 조합법인은 조합법인이 행하는 사업에 대하여 사용료 또는 수수료를 징수 할 수 있다.

② 제1항의 규정에 의한 사용료 및 수수료에 관하여는 별도의 규정으로 정할 수 있

다.

※ 조합법인의 사업에서 조합원이 아닌자가 부수적으로 사업을 이용하는 경우, 조합법인이 농작업을 수탁하여 대행한 경우와 농기계 및 시설의 공공이용 등에 대하여 사용료 및 수수료를 징수하고자 하는 조합법인은 반드시 규정하여야 한다.

제32조(선급금제)

조합법인은 조합원에게 지불할 노임을 회계년도말 결산전에 선급금으로 지불할 수 있다.

제33조(차입금)

조합법인은 제4조의 사업을 위하여 필요한 경우 자금을 차입할 수 있다.

제34조(수익배분순위)

본 조합법인의 총수익은 다음 각호의 순서로 배분한다.

1. 제세공과금
2. 생산자재비, 임차료, 고용노임 및 생산부대비용(제잡비를 말한다)
3. 차입금에 대한 원리금 상환
4. 조합원노임
5. 자산설비에 대한 감가상각
6. 이월결손금 보전

제35조(이익금의 처분)

① 조합법인의 결산결과 발생된 매회계년도의 이익금은 제18조의 규정에 의한 법정적립금, 제19조의 규정에 의한 사업준비금을 공제하고 나머지에 대해서는 조합원과 준조합원에게 배당한다.

② 제1항의 배당은 배당할 이익금의 총액을 전조합원과 준조합원의 출자지분의 비율에 따라 배당한다.

※ 제2항의 배당을 달리 하고자 할 경우에는 제2항을 다음과 같이 한다.

② 제1항의 배당은 배당할 이익금의 100분의 30은 전조합원에게 배당하고 나머지 100분의 70은 전조합원 및 준조합원의 출자지분의 비율에 따라 배당한다.

제36조(손실금의 처리)

조합법인의 결산결과 손실이 발행하였을 경우에는 사업준비금으로 보전하고 사업준비금으로도 부족할 때에는 법정적립금 및 자본적립금이 순서로 보전하며 그 적립금으로도 부족할 때에는 차년도에 이월한다.

제 5 장 임원

제37조(임원의 수)

본 조합법인은 다음 각호의 임원을 둔다.

1. 대표이사 1인
2. 이사 ○인
3. 감사 ○인
4. 총무 ○인
5. 부장 ○인

※ 1. 조합법인의 조합원수, 사업규모 등에 따라 이사 및 감사의 정수를 정한다.
 2. 제5호의 부장은 조합법인의 사업에 따라 영농부장, 축산부장, 구매부장, 판매부장, 가공부장 등으로 명기한다.

제38조(인원의 선출)

임원은 총회의 의결로 조합원중에서 선출한다.

제39조(이사회)

① 이사회는 대표이사, 이사 및 총무로 구성하며 대표이사가 그 의장이 된다.

② 이사회는 대표이사가 필요하다고 인정하는 경우 또는 이사 2인 이상의 요구가 있는 경우 소집한다.

제40조(이사회의 기능)

이사회는 다음 각호의 사항을 재적이사 과반수의 찬성으로 의결한다.

1. 총회의 소집과 총회에 부의할 안건
2. 업무를 운영하는 기본방침에 관한 사항
3. 고정자산의 취득 또는 처분에 관한 사항

4. 총회에서 위임된 사항의 의결
5. 기타 조합법인의 운영상 필요한 사항
※ 조합법인의 형편에 따라 이사회의 의결사항을 추가하여 정할 수 있다.

제41조(이사회 의사록)

이사회에서 의결된 사항은 총무가 기록하여 이사회에 참석한 이사가 기명 날인한 후 보관한다.

제42조(임원의 임무)

① 대표이사는 본 조합법인을 대표하고 조합법인의 각종회의의 의장이 되며 조합의 업무를 총괄하고 조합법인의 경영성과에 대해 책임을 진다.

② 감사는 회계년도마다 조합의 재산과 업무집행상황을 1회이상 감사하여 그 결과를 총회 및 대표이사에게 보고하여야 한다.

③ 이사는 이사회에서 미리 정한 순서에 따라 조합장 유고시 그 직무를 대리하고 궐위된 때에는 그 직무를 대행한다.

④ 총무는 이사중에서 선임하며 조합법인의 일반사무와 회계사무를 담당한다.

⑤ 각 부장은 조합장과 총무를 보좌하며 각 부의 업무를 관장・집행한다.

※ 제 5항의 경우 각부의 업무관장의 범위를 구체적으로 정할 수 있다.

제43조(임원의 책임)

① 본 조합법인의 임원은 법령, 법령에 의한 행정기관의 처분과 정관・규정・사업지침 및 총회와 이사회의 의결사항을 준수하여 본 조합법인을 위하여 그 직무를 성실히 수행하여야 한다.

② 임원이 그 직무를 수행함에 있어 태만, 고의 또는 중대한 과실로 조합법인이나 다른 사람에게 끼친 손해에 대하여는 단독 또는 연대하여 손해배상의 책임을 진다.

③ 이사회가 불법행위 또는 중대한 과실로 조합법인에 손해를 끼친 경우에는 그 불법행위 또는 중대한 과실에 관련된 이사회에 출석한 구성원은 그 손해에 대하여 조합법인에 연대하여 책임을 진다. 다만, 그 회의에서 명백히 반대의사를 표시한 구성원은 그러하지 아니한다.

④ 제2항내지 제3항의 구상권의 행사는 이사회에 대하여는 대표이사가, 대표이사와

이사에 대하여는 감사가, 임원 전원에 대하여는 조합원의 3분의 1이상의 동의를 얻은 조합원 대표가 이를 행한다.

※ 제4항의 경우 조합법인의 형편에 따라 「조합원의 3분의 1이상」을 적절히 정할 수 있다.

제44조(임원의 임기)

① 임원의 임기는 3년으로 하되, 감사의 임기는 2년으로 한다.

② 제1항의 임원의 임기는 전임자의 임기만료일의 다음날부터 기산한다.

③ 보궐선거에 의한 임원의 임기는 전임자의 잔임기간으로 한다.

※ 임원의 임기는 조정할 수 있으나, 감사와 감사이외의 임원 임기는 다르게 하여야 한다.

제45조(임원의 해임)

조합원이 임원을 해임하고자 하는 경우에는 조합원 3분의 1이상의 서면동의를 얻어 총회에 해임을 요구하고 총회의 의결로써 해임한다.

제46조(임원의 보수)

임원에 대한 보수는 지급하지 아니하며 여비 등 필요한 경비는 별도 규정에 의하여 실비로 지급할 수 있다.

제47조(서류비치의 의무)

① 대표이사는 다음 각호의 서류를 조합법인의 사무소에 비치하여야 한다.

1. 정관 및 규정
2. 조합원과 준조합원 명부 및 지분대장
3. 총회의사록
4. 기타 필요한 서류

② 대표이사는 정기총회 1주일전까지 결산보고서를 사무소에 비치하여야 한다.

제 6 장 회의의 운영

제48조(총회)

총회는 조합원으로 구성하며 정기총회와 임시총회로 구분한다.

제49조(총회의 소집)

① 정기총회는 회계년도마다 1회 ○월에 대표이사가 소집하며 대표이사는 총회소집 5일전까지 회의내용과 회의자료를 서면으로 조합원에게 통지하여야 한다.

② 임시총회는 조합원 3분의 1이상의 소집요구가 있거나 이사회가 필요하다고 인정하여 소집을 요구한 때, 대표이사가 필요하다고 인정한 때 대표이사가 소집한다.

③ 감사는 다음 각 호의 1에 해당하는 경우에는 임시총회를 소집한다.

1. 대표이사의 직무를 행할 자가 없을때
2. 제2항의 요구가 있는 경우에 대표이사가 정당한 이유없이 2주일이내에 총회소집의 절차를 취하지 아니한 때
3. 감사가 조합법인의 재산상황 또는 사업의 집행에 관하여 부정사실을 발견하여 이를 신속히 총회에 보고할 필요가 있을때

제50조(총회의 의결사항)

다음 각호의 사항은 총회의 의결을 얻어야 한다.

1. 정관의 변경
2. 규정의 제정 및 개정
3. 해산·합병 또는 분할
4. 조합원 및 준조합원의 가입·탈퇴 및 제명
5. 사업계획 및 수지예산의 승인·책정과 변경
6. 사업보고서, 결산서, 이익금 처분 및 결손금 처리
7. 출자에 관한 사항
8. 임원의 선출
9. 임기중 임원의 해임

※ 조합법인의 운영을 위하여 반드시 총회의 의결이 필요한 사항은 추가로 열거한다.

제51조(총회의 개의와 의결종족수)

① 총회는 조합원 과반수의 출석으로 개의하고 출석조합원 과반수의 찬성으로 의결한다.

② 다음 각호에 해당하는 사항은 총조합원 3분의 2이상의 출석과 출석조합원 3분의

2 이상의 찬성으로 의결한다.

1. 정관의 변경
2. 해산·합병 또는 분할
3. 조합원 및 준조합원의 가입 승인
4. 제14조의 규정에 의한 조합원 및 준조합원의 제명
5. 제45조의 규정에 의한 임원의 해임

③ 제1항의 총회소집이 정족수 미달로 유회된 경우에는 10일이내에 다시 소집하여야 한다.

제52조(의결권의 대리)

① 조합원은 대리인으로 하여금 의결권을 행사하게 할 수 있다.

② 대리인은 조합원과 동일세대에 속하는 성년이어야 하며, 대리인이 대리할 수 있는 조합원의 수는 1인에 한한다.

③ 제1항의 규정에 의한 대리인은 대리권을 증명하는 위임장을 조합법인에 제출하여야 한다.

제53조(의사록의 작성)

총회의 의사에 관하여는 의사의 경과 및 결과를 기재한 의사록을 작성하고, 대표이사 및 총회에 참석한 조합원 3분의 2이상이 서명날인 한다.

제54조(회의내용 공고)

총회의 의결사항은 제6조의 공고방법에 의하여 공고한다.

제 7 장 해산

제55조(해산)

본 조합법인은 다음 각호의 1에 해당하는 경우에는 해산된다.

1. 총회에서 해산 및 합병을 의결한 경우
2. 파산한 경우 및 법원의 해산명령을 받은 경우
3. 조합원이 5인 미만이 된 후 1년 이내에 5인 이상이 되지 아니한 경우

※ 조합법인의 해산에 관하여 특별히 정하고자 하는 경우에는 제4호부터 구체적으로

열거한다.

第56조(청산인)

본 조합법인이 해산하는 경우에는 파산으로 인한 경우를 제외하고는 청산인은 대표이사가 된다. 다만, 총회에서 다른 사람을 청산인으로 정한 경우에는 그러하지 아니한다.

第57조(청산인의 직무)

① 청산인은 취임후 지체없이 재산상황을 조사하여 재산목록과 대차대조표를 작성하고 재산처분의 방법을 정하여 총회의 승인을 얻어야 한다.

② 청산사무가 종결된 경우에는 청산인은 지체없이 결산보고서를 작성하여 총회의 승인을 얻어야 한다.

③ 청산인은 그 취임후 3주일이내에 해산의 사유 및 연월일과 청산인의 성명 및 주소를 등기 하여야 한다.

※ 조합법인이 해산하였을 경우에는 반드시 해산등기를 하여야 한다.

第58조(청산재산의 처리)

해산의 경우 조합법인의 재산은 채무를 완제하고 잔여가 있는 경우에는 다음 각호의 방법에 의하여 조합원과 준조합원에게 분배한다.

1. 출자금액은 출자조합원과 출자준조합원에게 환급하되 출자총액에 미달시는 출자액의 비례로 분배한다.

2. 자본적립금, 법정적립금, 사업준비금은 출자지분의 비율에 따라 분배한다.

부칙

본 정관은 창립총회의 의결을 얻은 날부터 시행한다.

발기인 ○

(발기인 전원이 기명 날인한다.)

※ 정관 작성시 유의사항

① 농어업 경영체 육성 및 지원에 관한 법률 및 동법 시행령과 민법 등의 규정에 의하여

정관례에서 정한 내용을 그대로 따라야 하는 사항.

1. 명칭 (제1조),
2. 목적 (제2조),
3. 조합원의 자격 (제8조),
4. 준조합원의 자격 (제9조),
5. 탈퇴 (제13조),
6. 출자 (제15조 제1항),
7. 해산(제55조),
8. 청산인의 직무(제57조) 등

② 농어업 경영체 육성 및 지원에 관한 법률 시행령 제12조의 규정에 의하여 반드시 규정하되 그 내용은 조합원의 합의에 의해 정관례와 다르게 정할 수 있는 사항.

1. 사무소의 소재지(제3조),
2. 사업(제4조),
3. 조합원 및 준조합원의 가입·탈퇴·제명(제10조, 제13조, 제14조),
4. 출자(제15조),
5. 적립금(제18조, 제20조),
6. 탈퇴시의 지분환불(제26조),
7. 회계(제4장) 임원 및 회의의 운영(제5장, 제6장),
8. 청산인(제56조),
9. 청산재산의 처리(제58조) 등

③ 상기 ① ② 이외에 정관례에서 정한 사항은 권장사항으로서 조합원의 합의에 의해 정관례와 다르게 정할 수 있음

[별표]

농지 등을 출자하는 조합원 및 준조합원의 성명, 출자대상 농지 등 및 평가액과 농지 등의 출자좌수(정관 제15조 제4항 관련)

[사례] 출자자명부

1좌당 금액10,000원

조합원성명	출자한 농지 및 농기계표시			평가액	현금출자액	총출좌수
	출자항목명	지목	면적			
○○○	○○시 ○○군 ○○읍 ○○리 ○○	답	987㎡	9,000,000원	1,000,000원	1,000좌
○○○	경운기1대 (제조사 : 대우)			8,000,0000원	2,000,000원	1,000좌
○○○	○○시 ○○군 ○○읍 ○○리 ○○	전	523㎡	8,000,000원	2,000,000원	1,000좌
○○○	○○시 ○○군 ○○읍 ○○리 ○○	답	863㎡	7,000,000원	3,000,000원	1,000좌
○○○	콤바인1대 (제조사 : 현대)			7,000,000원	3,000,000원	1,000좌
○○○	○○시 ○○군 ○○읍 ○○리 ○○	전	789㎡	9,000,000원	1,000,000원	1,000좌
○○○	○○시 ○○군 ○○읍 ○○리 ○○	답	564㎡	8,000,000원	2,000,000원	1,000좌
○○○	○○시 ○○군 ○○읍 ○○리 ○○	답	578㎡	7,000,000원	3,000,000원	1,000좌
○○○	트렉타1대 (제조사 : 현대)			10,000,000원		1,000좌
출자계						10,000좌

위와 같이 출자함이 틀림없으므로 이를 확인합니다.

20○○년 ○월 ○일

○○영농조합법인
○○시 ○○군 ○○읍 ○○리 ○○
대표이사 ○○○ (인)

[사례] 창립총회 의사록

창립총회 의사록

20○○년 ○월 ○일 11시 ○○시 ○○군 ○○읍 ○○리 ○○에서 창립총회를 개최하다.

발기인 ○명

출석 발기인 ○명

발기인 대표 ○○○은 위와 같이 발기인 전원이 출석하였으므로 본 총회는 적법하게 성립됨을 말하고 회의를 진행하기 전에 의장을 선임할 것을 구한바 발기인 전원 만장일치 합의로 발기인 중 ○○○를 의장으로 선임한 즉 동인은 그 취임을 승낙하고 의장석에 등단하여 개회를 선언한 후 다음 의안의 심의를 구하다.

제1호 의안 : 정관 승인의 건

의장은 농어업·농어촌 및 식품산업 기본법 및 농어업경영체 육성 및 지원에 관한 법률의 규정에 근거하여 농림수산부에서 고시한 정관례를 기준으로 하여 정관을 작성하였음을 설명하고 승인가부를 물은 즉 전원일치 원안대로 승인하다.

제2호 의안 : 임원 선임의 건

의장은 정관에 정하여진 대표이사, 이사 및 감사를 선임하여야 하는데 선임방법을 물은 바, 무기명 비밀투표로 선출하자고 전원 일치되어 즉시 투표한 결과 다음과 같이 선출되어 피선자 등은 즉석에서 그 취임을 승낙하였다.

대표이사 : ○○○

이　　사 : ○○○

이　　사 : ○○○

감　　사 : ○○○

제3호 의안 출자납입의 건

의장은 본 영농조합법인 설립당시의 출자납입에 대하여 심의를 요청한바, 별첨 출자자산 내역표와 같이 납입키로 전원일치합의로 의결되다.

제4호 의안 본점의 소재장소

의장은 본 영농조합법인의 주사무소를 설치할 장소를 결정하자고 제의한 바, 전원일치로 다음의 장소에 본점을 설치하기로 가결하였다.

본점 : ○○시 ○○군 ○○읍 ○○리 ○○

제5호 의안 설립당해년도 사업계획의 승인 등

의장은 본 영농조합법인의 설립당해년도 사업계획 및 예산서, 추정 대차대조표, 추정손익계산서를 별지로 배포하고 심의를 제의하니 참석 조합원들의 토의를 거쳐 사업계획안을 승인·가결하다.

이상으로서 금일 총회의 목적인 의안 전부를 심의 종료하였으므로 의장은 폐회를 선언하다. (폐회시각은 14시).

위 결의를 명확히 하기 위하여 이 의사록을 작성하고 의장과 출석한 발기인이 다음에 기명날인 또는 서명하다.

20○○년 8월 11일

○○ 영농조합법인

○○시 ○○군 ○○읍 ○○리 ○○

발기인 ○○○ (인)

발기인 ○○○ (인)

발기인 ○○○ (인)

발기인 ○○○ (인)

발기인 ○○○ (인)

[별지] 출자자산 내역표

1좌당 금액10,000원

조합원성명	출자한 농지 및 농기계표시			평가액	현금출자액	총출좌수
	출자항목명	지목	면적			
○○○	○○시 ○○군 ○○읍 ○○리 ○○	답	987㎡	9,000,000원	1,000,000원	1,000좌
○○○	경운기1대 (제조사 : 대우)			8,000,0000원	2,000,000원	1,000좌
○○○	○○시 ○○군 ○○읍 ○○리 ○○	전	523㎡	8,000,000원	2,000,000원	1,000좌
○○○	○○시 ○○군 ○○읍 ○○리 ○○	답	863㎡	7,000,000원	3,000,000원	1,000좌
○○○	콤바인1대 (제조사 : 현대)			7,000,000원	3,000,000원	1,000좌
○○○	○○시 ○○군 ○○읍 ○○리 ○○	전	789㎡	9,000,000원	1,000,000원	1,000좌
○○○	○○시 ○○군 ○○읍 ○○리 ○○	답	564㎡	8,000,000원	2,000,000원	1,000좌
○○○	○○시 ○○군 ○○읍 ○○리 ○○	답	578㎡	7,000,000원	3,000,000원	1,000좌
○○○	트렉타1대 (제조사 : 현대)			10,000,000원		1,000좌
출자계						10,000좌

위와 같이 출자함이 틀림없으므로 이를 확인합니다.

20○○년 ○월 ○일

○○영농조합법인
○○시 ○○군 ○○읍 ○○리 ○○
대표이사 ○○○ (인)

[사례] 취임승낙서

<table>
<tr><td>

취 임 승 낙 서

본인 등은 20○○년 8월 25일 귀 조합의 창립총회에서 이사, 감사로 각 선임되었으므로 그 취임을 승낙합니다.

20○○년 8월 25일

이사 ○○○ (인)
이사 ○○○ (인)
이사 ○○○ (인)
감사 ○○○ (인)

○○ 영농조합법인 귀중

</td></tr>
</table>

※ 취임승낙서에는 각 취임임원은 인감을 날인하고 인감증명서를 첨부하여야 한다.

[사례] 취임승낙서

<table>
<tr><td>

취 임 승 낙 서

본인은 20○○년 8월 25일 귀 조합의 창립총회에서 대표이사로 선임되었으므로 그 취임을 승낙합니다.

20○○년 8월 25일

대표이사 ○○○ (인)

○○ 영농조합법인 귀중

</td></tr>
</table>

※ 취임승낙서에는 인감을 날인하고 인감증명서를 첨부하여야 한다.

[사례] 출자증서

출자증서

출자좌수 : 1,000좌
1좌당 금액 : 10,000원
출자금액 : 금10,000,000원정(현금일천만원)

납입일 : 20○○년 ○월 ○일
납입장소 : ○○영농조합법인 창립사무소

위와 같이 출자금을 납입하고 ○○영농조합법인은 이를 영수하였으므로 본 출자증서를 발행합니다.

20○○년 ○월 ○일

○○영농조합법인
○○시 ○○군 ○○읍 ○○리 ○○
대표이사 ○○○ (인)

발기인 ○○○ 귀하

위 사실이 틀림없음을 확인함.
20○○년 ○월 ○일

○○영농조합법인
○○시 ○○군 ○○읍 ○○리 ○○
감사 ○○○ (인)

○ 출자를 불입한 조합원 등에게 대표이사 명의로 출자증서를 발급하고 출자증서에 출자좌수, 출자액, 출자재산의 표시(토지의 경우 지번, 지목, 면적을 기재)등을 기재

[사례] 현물출자계약서

현물출자계약서

(갑) ○○○
(을) ○○영농조합법인

부동산의 표시
○○시 ○○군 ○○읍 ○○리 ○○ 답 987㎡

위 부동산은 (갑)의 소유로 본인은 ○○영농조합법인의 조합원으로 현물을 출자하였으므로 다음과 같이 약정하다.

1. (갑)은 (을)의 정관의 기재내용을 충분히 숙지하고 승인하였다.

2. (갑)은 위 부동산을 금○○○원으로 환산하여 (을)에게 현물출자하기로 하고 본인은 본 조합의 주식(1좌당 금10,000원)○○○좌를 부여받기로 한다.

3. (갑)은 위 부동산을 소정절차가 완료되는 즉시 (을)명의로 소유권을 이전할 수 있도록 등기절차에 필요한 서류를 넘겨주기로 한다.

4. 위 사항과 같이 당사자 쌍방이 합의 되었으므로 후일을 위하여 본 계약서를 작성하고 각자 이에 기명날인하다.

20○○년 ○월 ○일

위 (갑) ○○○ (인)
○○시 ○○군 ○○읍 ○○리 ○○
위 (을) ○○영농조합법인
○○시 ○○군 ○○읍 ○○리 ○○
대표이사 ○○○ (인)

○ 조합원은 출자의 목적인 재산을 양도하고 등기, 등록 기타 권리의 설정이나 이전에 필요한 경우에는 이에 관한 서류를 완비하여 교부하여야 한다.

[사례] 인감신고서

인감 · 개인(改印) 신고서

(신고하는 인감날인란) (인감제출자에 관한 사항)

상 호(명칭)		○○영농조합법인	등기번호	
본점(주사무소)		○○시 ○○군 ○○읍 ○○리 ○○		
인감제출자	자격/성명	대표이사 ○○○		
	주민등록번호	123456-789123		
	주 소	○○시 ○○군 ○○읍 ○○리 ○○		

□ 위와 같이 인감을 신고합니다.
□ 위와 같이 개인(改印)하였음을 신고합니다.

20○○년 8월 27일 (개인인감 날인란)

신고인 본 인 성 명 (인)
대리인 성 명 (인)

지방법원 귀중

주 1. 개인인감 날인란에는 「인감증명법」에 의하여 신고한 인감을 날인하고 그 인감증명서(발행일로부터 3개월 이내의 것)를 첨부하여야 합니다. 개인(改印)신고의 경우, 개인인감을 날인하는 대신에 등기소에 신고한 유효한 종전 인감을 날인하여도 됩니다.
2. 인감·개인신고서에는 신고하는 인감을 날인한 인감대지를 첨부하여야 합니다.
3. 지배인이 인감을 신고하는 경우에는 인감제출자의 주소란에 지배인을 둔 장소를 기재하고, 「상업등기규칙」 제36조제4항의 보증서면(영업주가 등기소에 신고한 인감 날인)을 첨부하여야 합니다.

위 임 장

성 명 : 주민등록번호(-)
주 소 :

위의 사람에게, 위 인감신고 또는 개인신고에 관한 일체의 권한을 위임함.

200 년 월 일

인감(改印) 신고인 성 명 (인)

[사례] 인감대지

인 감 대 지

		상 호(명 칭) : ○○영농조합법인
		자격 및 성명 : 대표이사 ○○○
	신고하는 인감날인란	주민등록번호 : -

※ 인감의 제출방법

○ 대표의 권한이 있는 이사는 인감을 신고하여야 한다. 인감의 제출 또는 인감의 변경신고는, 인감(改印)신고서를 작성하여 관할 등기소에 제출하는 방식으로 한다. 인감(改印)신고서를 제출할 때에는 신고하는 인감을 찍은 인감대지(위 참조)3장을 만들어 함께 제출하여야 한다.

○ 인감은 가로·세로 2.4센티미터의 정사각형 안에 들어갈 수 있어야 한다(상업등기규칙 제36조제5항).

○ 인감(改印)신고서에는 발행일로부터 3개월 이내의 인감증명서를 첨부하여야 한다. 취임승락서에 인감증명법에 의한 인감을 첨부한 경우에는 그 인감을 원용 할 수 있다.

○ 인감대지의 자격란에는 인감신고자에 따라 대표이사(이사), 이사장, 지배인, 대리인, 상호사용자, 무능력자, 법정대리인 등으로 기재하고 성명을 기재한다.

[사례] 인감카드 등 (재)발급신청서

인감카드 등 (재)발급신청서

(인감제출자에 관한 사항)

<table>
<tr><td colspan="2">상호(명칭)</td><td>○○영농조합법인</td><td>등기번호</td><td></td></tr>
<tr><td colspan="2">본점(주사무소)</td><td colspan="3">○○시 ○○군 ○○읍 ○○리 ○○</td></tr>
<tr><td rowspan="2">인감
제출자</td><td>자격 / 성명</td><td colspan="3">대표이사 ○○○</td></tr>
<tr><td>주민등록번호</td><td colspan="3"></td></tr>
</table>

<table>
<tr><td colspan="2">발급사유</td><td colspan="2">□ 최초발급 □ 카드분실 □ 카드훼손 □ 인감증명서발급기능
□ 기타 (　　　　　　　　　　　)</td></tr>
<tr><td>매체구분</td><td>□ 인감카드　　□ HSM USB</td><td>인감카드 비밀번호</td><td></td></tr>
</table>

위와 같이 인감카드 등의 (재)발급을 신청합니다.

년　　월　　일

신청인 인감제출자 (본　인) 성　　　명　　　(인)　(전화 :　　　　　　)
(대리인) 성　　　명　　　(인)　(전화 :　　　　　　)

지방법원　　　　　등기소 귀중

접수번호		인감카드번호	

- 대법원수입증지를 붙이는 란 -

주 1. 인감카드 비밀번호란에는 (재)발급받아 사용할 인감카드의 비밀번호를 기재하며, 아라비아숫자 6자릿수를 기재하여야 합니다. 비밀번호는 인감카드와 함께 인감증명서의 발급을 신청할 권한이 있는 것으로 보게 되는 중요한 자료이므로 권한이 없는 사람이 알지 못하도록 주의하시기 바랍니다.
2. 인감카드의 재발급을 신청할 때에는 「등기부 등 · 초본 등 수수료규칙」 제5조의7에 의하여 5,000원 상당의 대법원수입증지를 이 란에 붙여야 합니다. 다만, 인감카드를 반납할 때에는 붙일 필요가 없습니다.

위 임 장

성 명 : 법무사 ○ ○ ○　　　　　주민등록번호(123456 - 7891234)
주 소 : ○○시 ○○군 ○○읍 ○○리 ○○

위의 사람에게, 위 (재)발급신청서에 기재된 인감카드 등의 발급신청과 그 수령 등에 관한 일체의 권한을 위임함.

200　년　　월　　일

인감신고인 성 명　　　　　　(인)

제2절 영어조합법인의 설립

1. 총 설

가. 의 의

"영어조합법인"은 협업적(協業的) 어업경영을 통하여 생산성을 높이고 수산물의 출하, 가공, 수출 등을 공동으로 하고자 할 경우 농어업경영체 육성 및 지원에 관한 법률 제16조의 규정에 의하여 설립하는 법인이다.

나. 법인의 성격

영어조합법인 "협업적 어업경영체"로, 민법상 조합에 관한 규정과 상업등기법을 준용하나(농어업경영체 육성 및 지원에 관한 법률 제16조 제6항, 제7항), 민법법인과는 달리 협업적 영어를 하는 제도로서 영리법인인 성격을 가지며, 법인세법 적용에 있어서 영리법인으로 취급된다.

다. 사업목적

"영어조합법인"은 협업적 수산업경영을 통하여 생산성을 높이고 조합원의 소득증대를 위하여 다음사업을 영위한다(농어업경영체 육성 및 지원에 관한 법률 시행령 제11조 제2항).

1. 어업의 경영 및 그 부대사업
2. 어업과 관련된 공동시설의 설치·운영
3. 수산물의 공동 출하·가공 및 수출
4. 그 밖에 영어조합법인의 목적을 달성하기 위하여 정관으로 정하는 사업

라. 조합원과 준조합원

(1) 개 설

어업인 또는 어업 관련 생산자단체(농어업·농어촌 및 식품산업 기본법 제3조 제4호, 이하 "어업생산자단체"라 한다)는 5인 이상을 조합원으로 하여 영어조합법인(營魚組合法人)을 설립할 수 있으며(농어업경영체 육성 및 지원에 관한 법률 제16조 제2항), 영어조합법인은 어업인과 어업생산자단체 중 정관으로 정하는 자를 조합원으로 한다. 다만, 「수산업

법」 제9조제2항에 따라 협동양식면허를 취득할 수 있는 영어조합법인의 조합원의 자격과 그 밖에 필요한 사항은 대통령령으로 정한다(농어업경영체 육성 및 지원에 관한 법률 제17조 제4항).

⑵ 조합원

(가) 어업인

"어업인"이란 어업을 경영하거나 어업을 경영하는 자를 위하여 수산자원을 포획·채취하거나 양식하는 일 또는 염전에서 바닷물을 자연 증발시켜 염을 제조하는 일에 종사하는 자로서 대통령령으로 정하는 기준에 해당하는 자를 말한다(농어업·농어촌 및 식품산업 기본법 제3조 제2호 나목)

여기서 "대통령령으로 정하는 기준에 해당하는 자"란 다음 각 호의 어느 하나에 해당하는 사람을 말한다(농어업·농어촌 및 식품산업 기본법 시행령 제3조 제2항).

1. 어업경영을 통한 수산물의 연간 판매액이 120만원 이상인 사람
2. 1년 중 60일 이상 어업에 종사하는 사람
3. 「농어업경영체 육성 및 지원에 관한 법률」 제16조제2항에 따라 설립된 영어조합법인의 수산물 출하·유통·가공·수출활동에 1년 이상 계속하여 고용된 사람
4. 「농어업경영체 육성 및 지원에 관한 법률」 제19조제3항에 따라 설립된 어업회사법인의 수산물 유통·가공·판매활동에 1년 이상 계속하여 고용된 사람

(나) 수산물의 생산자단체

"생산자단체"란 농어업 생산력의 증진과 농어업인의 권익보호를 위한 농어업인의 자주적인 조직으로서 대통령령으로 정하는 단체를 말한다(농어업·농어촌 및 식품산업 기본법 제3조 제4호).

여기서 "대통령령으로 정하는 단체"란 다음 각 호의 단체를 말한다(농어업·농어촌 및 식품산업 기본법 시행령 제4조).

1. 「농업협동조합법」에 따른 조합 및 그 중앙회
2. 「산림조합법」에 따른 산림조합 및 그 중앙회
3. 「엽연초생산협동조합법」에 따른 엽연초생산협동조합 및 그 중앙회
4. 「수산업협동조합법」에 따른 조합 및 그 중앙회
5. 농수산물을 공동으로 생산하거나 농수산물을 생산하여 공동으로 판매·가공 또는 수출하기 위하여 농어업인 5명 이상이 모여 결성한 법인격이 있는 전문생산자 조직으로서 농림

수산식품부장관이 정하는 요건을 갖춘 단체

(다) 협동양식어업면허를 취득할 수 있는 영어조합법인의 조합원 자격 등

수산업법 제9조제2항에 따라 협동양식어업면허를 취득할 수 있는 영어조합법인의 조합원은 다음 각 호의 어느 하나에 해당하는 자격을 가진 자로 한다(농어업경영체 육성 및 지원에 관한 법률 시행령 제16조).

1. 협동양식어업면허를 받으려는 수면을 구역으로 하는 어촌계의 계원
2. 제1호에 따른 어촌계 구역에 주소를 둔 지구별수산업협동조합의 조합원

(3) 준조합원

어업인이 아닌 자로서 영어조합법인의 정관으로 정하는 바에 따라 영어조합법인에 출자하고 준조합원으로 가입할 수 있다. 이 경우 의결권은 행사하지 못한다(농어업경영체 육성 및 지원에 관한 법률 제17조 제5항).

영어조합법인에 준조합원으로 가입할 수 있는 자는 다음 각 호와 같다(농어업경영체 육성 및 지원에 관한 법률 시행령 제14조 제2항).

1. 영어조합법인에 생산자재를 공급하거나 생산기술 및 자본을 제공하는 자
2. 영어조합법인이 생산한 수산물의 대량 실수요자·유통업자 및 가공업자

마. 출 자

영어조합법인의 조합원은 정관에서 정하는 바에 따라 어장, 현금 및 그 밖의 현물로 출자할 수 있다(농어업경영체 육성 및 지원에 관한 법률 시행령 제10조 제2항). 출자한도는 조합원이나 준조합원도 제한이 없다.

출자를 불입한 조합원에게는 대표이사 명의로 출자증서를 발급하고 출자증서에도 출자좌수, 출자액, 출자재산의 표시(토지의 경우 지번, 지목, 면적을 말함)등을 기재하여야 한다.

바. 세제지원

(1) 영어조합법인 등에 대한 법인세의 면제 등

농어업경영체 육성 및 지원에 관한 법률에 따른 영어조합법인[이하 "영어조합법인"(영어조합법인)이라 한다]에 대해서는 2012년 12월 31일 이전에 끝나는 과세연도까지 각 사업

연도의 소득 중 대통령령으로 정하는 범위의 금액에 대하여 법인세를 면제한다(조세특례제한법 제67조 제1항).

법인세가 면제되는 소득금액은 농어업경영체 육성 및 지원에 관한 법률 시행령 제11조 제2항에 따른 영어조합법인의 사업에서 발생한 소득으로서 각 사업연도별로 {1천200만원×조합원 수 ×(사업연도월수/12)}의 산식에 의하여 계산한 금액이하의 금액으로 한다(조세특례제한법 시행령 제64조 제1항).

법인세를 면제받고자 하는 영어조합법인은 과세표준신고와 함께 기획재정부령이 정하는 세액면제신청서 및 면제세액계산서를 납세지 관할세무서장에게 제출하여야 한다. 다만, 납부할 법인세가 없는 경우에는 그러하지 아니하다(조세특례제한법 시행령 제64조 제7항).

(2) 배당소득

영어조합법인의 조합원이 영어조합법인으로부터 2012년 12월 31일까지 받는 배당소득 중 대통령령으로 정하는 범위의 금액에 대해서는 소득세를 면제한다(조세특례제한법 제67조 제2항). 소득세가 면제되는 배당소득은 과세연도별로 1천200만원이하의 금액으로 한다(조세특례제한법 시행령 제64조 제2항).

배당소득에 대한 소득세를 면제받고자 하는 자는 당해 배당소득을 지급받는 때에 기획재정부령이 정하는 세액면제신청서를 영어조합법인에 제출하여야 한다. 이 경우 영어조합법인은 배당금을 지급한 날이 속하는 달의 다음달 말일까지 조합원이 제출한 세액면제신청서를 원청징수 관할세무서장에게 제출하여야 한다(조세특례제한법 시행령 제64조 제8항).

영어조합법인이 조합원에게 지급하는 배당소득 중 소득세가 면제되는 금액을 제외한 배당소득으로서 2012년 12월 31일까지 받는 소득에 대한 소득세의 원천징수세율은 소득세법 제129조에도 불구하고 100분의 5로 하고, 이에 대해서는 지방소득세 소득분을 부과하지 아니하며, 그 배당소득은 소득세법 제14조제2항에 따른 종합소득과세표준에 합산하지 아니한다(조세특례제한법 제67조 제3항).

(3) 현물출자함으로써 발생하는 소득

(가) 대통령령으로 정하는 어업인이 2012년 12월 31일 이전에 대통령령으로 정하는 어업용 토지 등을 영어조합법인과 농어업경영체 육성 및 지원에 관한 법률에 따른 어업회사법인에 현물출자함으로써 발생하는 소득에 대해서는 양도소득세를 면제한다(조세특례제한법 제67조 제4항).

여기서 "대통령령으로 정하는 어업인"이란 수산업법에 의한 어업인으로서 현물출자하는 어업용 토지 등이 소재하는 시·군·구(자치구인 구를 말한다. 이하 이 조에서 같다), 그와 연접한 시·군·구 또는 해당 어업용 토지 등으로부터 직선거리 20킬로미터 이내에 거주하면서 직접 어업에 종사하는 자를 말한다(조세특례제한법 시행령 제64조 제3항).

여기서 "대통령령으로 정하는 어업용 토지 등"이란 양식어업에 직접 사용되는 토지 및 건물을 말한다(조세특례제한법 시행령 제64조 제4항).

(나) 조세특례제한법 제67조 제4항에 따라 양도소득세를 면제받은 자가 그 출자지분을 출자일부터 3년 이내에 다른 사람에게 양도하는 경우에는 그 양도일이 속하는 과세연도의 과세표준신고를 할 때 대통령령으로 정하는 바에 따라 계산한 세액을 양도소득세로 납부하여야 한다. 다만, 대통령령으로 정하는 경우에는 그러하지 아니하다(조세특례제한법 제67조 제5항). 납부하여야 하는 세액은 당해 어업용 토지 등에 대한 감면세액에 현물출자로 취득한 총출자지분중 3년 이내에 양도한 출자지분이 차지하는 비율을 곱하여 계산한다(조세특례제한법 시행령 제64조 제5항).

여기서 "대통령령으로 정하는 경우"란 해외이주법에 의한 해외이주에 의하여 세대전원이 출국하는 경우를 말한다(조세특례제한법 시행령 제64조 제6항).

(다) 양도소득세의 면제신청을 하려고 하는 자는 해당 어업용 토지 등을 양도한 날이 속하는 과세연도의 과세표준신고와 함께 기획재정부령이 정하는 세액면제신청서에 현물출자계약서 사본 1부를 첨부하여 납세지 관할세무서장에게 제출(국세정보통신망에 의한 제출을 포함한다)하여야 한다. 이 경우 납세지 관할세무서장은 전자정부법 제36조제1항에 따른 행정정보의 공동이용을 통하여 해당 어업용 토지 등의 등기부 등본을 확인하여야 하며, 신청인이 확인에 동의하지 아니하는 경우에는 이를 제출하도록 하여야 한다(조세특례제한법 시행령 제64조 제9항).

(4) 농어촌특별세

영농조합법인(조세특례제한법 제66조), 영어조합법인(조세특례제한법 제67조), 농업회사법인(조세특례제한법 제68조)에 대한 법인세, 출자 및 배당소득 등에 따른 세제의 면제의 경우에는 농어촌특별세도 부과하지 아니한다(농어촌특별세법 제4조).

2. 설립등기절차

가. 개 설

영어조합법인은 어업인 5인 이상이 발기인이 되어 그 주된 사무소의 소재지에서 설립등기를 함으로써 성립한다(농어업경영체 육성 및 지원에 관한 법률 제16조 제3항). 설립등기는 조합법인을 대표할 조합원이 신청한다(농어업경영체 육성 및 지원에 관한 법률 시행령 제9조 제1항).

영어조합법인은 농어업·농어촌 및 식품산업 기본법에 의한 특수법인으로서 법인설립에 따른 별도의 인가나 허가가 필요 없다.

나. 신청서의 기재사항

조합법인의 설립등기신청서의 기재사항(등기사항)에 관하여는 농어업경영체 육성 및 지원에 관한 법률 시행령 제9조 제2항이 규정하고 있다. 다음과 같다.

1. 명칭
2. 목적
3. 사업
4. 사무소의 소재지
5. 출자액의 납입방법·산정방법과 조합원 1명이 출자할 수 있는 출자액의 최고한도에 관한 사항
6. 해산 사유를 정한 경우 그 사유에 관한 사항
7. 조합법인을 대표할 조합원 및 임원(이사와 감사를 두는 조합법인만 해당한다)의 주소와 성명
8. 2명 이상의 조합원이 공동으로 조합법인을 대표할 것을 정한 경우에는 그 규정
9. 출자 총좌수와 납입할 총출자액

다. 정관의 기재사항

정관이란 영어조합법인의 조직, 사업, 관리, 운영 등 영어조합법인에 관한 기본적인 사항을 정하는 자치규범으로서 조합법인 설립시 발기인 5인 이상이 공동으로 작성하여야 한다.

조합법인의 정관에는 다음 각 호의 사항이 포함되어야 한다(농어업경영체 육성 및 지원에 관한 법률 시행령 제12조 제1항).

1. 명칭(조합법인은 그 명칭 중에 반드시 영어조합법인이라는 명칭을 사용하여야 하며 영어조합법인이 아니면 동명칭을 사용하지 못한다)
2. 목적
3. 사업

4. 사무소의 소재지
5. 조합원(준조합원을 포함한다. 이하 이 항에서 같다)의 자격에 관한 사항
6. 조합원의 가입, 탈퇴 및 제명(除名)에 관한 사항
7. 조합원의 탈퇴 및 제명의 경우 지분의 계산에 관한 사항
8. 출자액의 납입방법 · 산정방법과 조합원 1명이 출자할 수 있는 출자액의 최고한도에 관한 사항
9. 이익금과 손실금의 처리에 관한 사항
10. 적립금의 비율과 그 적립방법에 관한 사항
11. 회계연도와 회계에 관한 사항
12. 총회나 그 밖의 의결기관과 임원의 정수, 선출 및 해임에 관한 사항
13. 해산 사유를 정한 경우 그 사유에 관한 사항

라. 창립총회

정관, 기타 설립에 필요한 행위는 창립총회의 의결을 거쳐 최종확정된다. 창립총회에서는 다음의 사항을 의결하여야 한다.

1) 정관의 승인
2) 정관에서 정한 임원의 선임(이사회의 구성) {임원(이사)은 조합원 중에서 선임한다}
3) 출자납입에 관한 사항
4) 설립당해년도 사업계획의 승인 등

마. 첨부서면

등기신청서에는 다음 각 호의 서류를 첨부하여야 한다(농어업경영체 육성 및 지원에 관한 법률 시행령 제9조 제3항).

1. 창립총회 의사록
2. 정관
3. 출자자산의 명세를 적은 서류

금전출자에 대하여는 반드시 은행에 납입하여야 하는 것은 아니고, 대표조합원(대표이사)이 영수하였음을 증명하여도 된다. 현물출자에 대하여는 등기등록에 필요한 서류를 교부하여야 한다.

현물출자시 이전등기에 필요한 서류를 제출하여야 하고, 이 경우 취득세, 등록면허세, 국

민주택채권, 양도세 등을 감면 또는 면제를 신청한다.

4. 조합법인을 대표할 조합원임을 증명하는 서류
5. 발기인 전원의 인감증명서 1통, 인감도장
6. 법인의 대표이사, 이사, 감사로 될 자의 인감증명서1통, 주민등록등본1통, 인감도장(발기인과 위 임원이 중복될 경우 각각 준비)
7. 조합원이 어업인이라는 사실을 증명하는 서면은 영어조합법인 설립등기 신청시의 첨부서면이 아니다(유추해석 등기선례 200403-17, 2004. 3. 3. 공탁법인 3402-55 질의회답).

바. 인증

법인이 등기를 신청할 때 그 신청서에 첨부되는 총회의사록은 그 법인이 공증인법시행령의 의사록인증 제외대상법인에 해당하는 공법인 또는 비영리법인이 아닌 한 공증인의 인증을 받아야 하므로 영농조합법인이 그 설립등기를 신청하는 경우에도 공증인의 인증을 받은 창립총회 의사록을 첨부하여야 한다(등기선례4-888, 1994. 5. 27. 등기 3402-476 질의회답). 인증의 구체적설명은 114면 참조

사. 등록면허세 등

(1) 등록면허세

농어업경영체 육성 및 지원에 관한 법률 제16조에 따른 영농조합법인과 같은 법 제19조에 따른 농업법인의 설립등기에 대하여는 등록면허세를 2012년 12월 31일까지 면제한다(지방세특례제한법 제11조 제1항). 농어촌특별세도 부과하지 아니한다(농어촌특별세법 제4조 제2호).

등록면허세의 비과세 또는 감면으로 등기 또는 등록하려는 경우에는 등록면허세의 납세지를 관할하는 시장·군수의 비과세 또는 감면 확인을 받아야 한다(지방세법 시행규칙 제15조).

(2) 등기신청수수료

설립등기의 경우 등기신청수수료는 30,000원이다. 법원구내 및 등기소 가까운 금융기관(농협, 신한은행)에서 구입할 수 있으며 등기신청서의 "을"지 즉, "신청등기소 및 등록면허세/수수료"란에 붙인다.

□ 영어조합법인 설립절차도

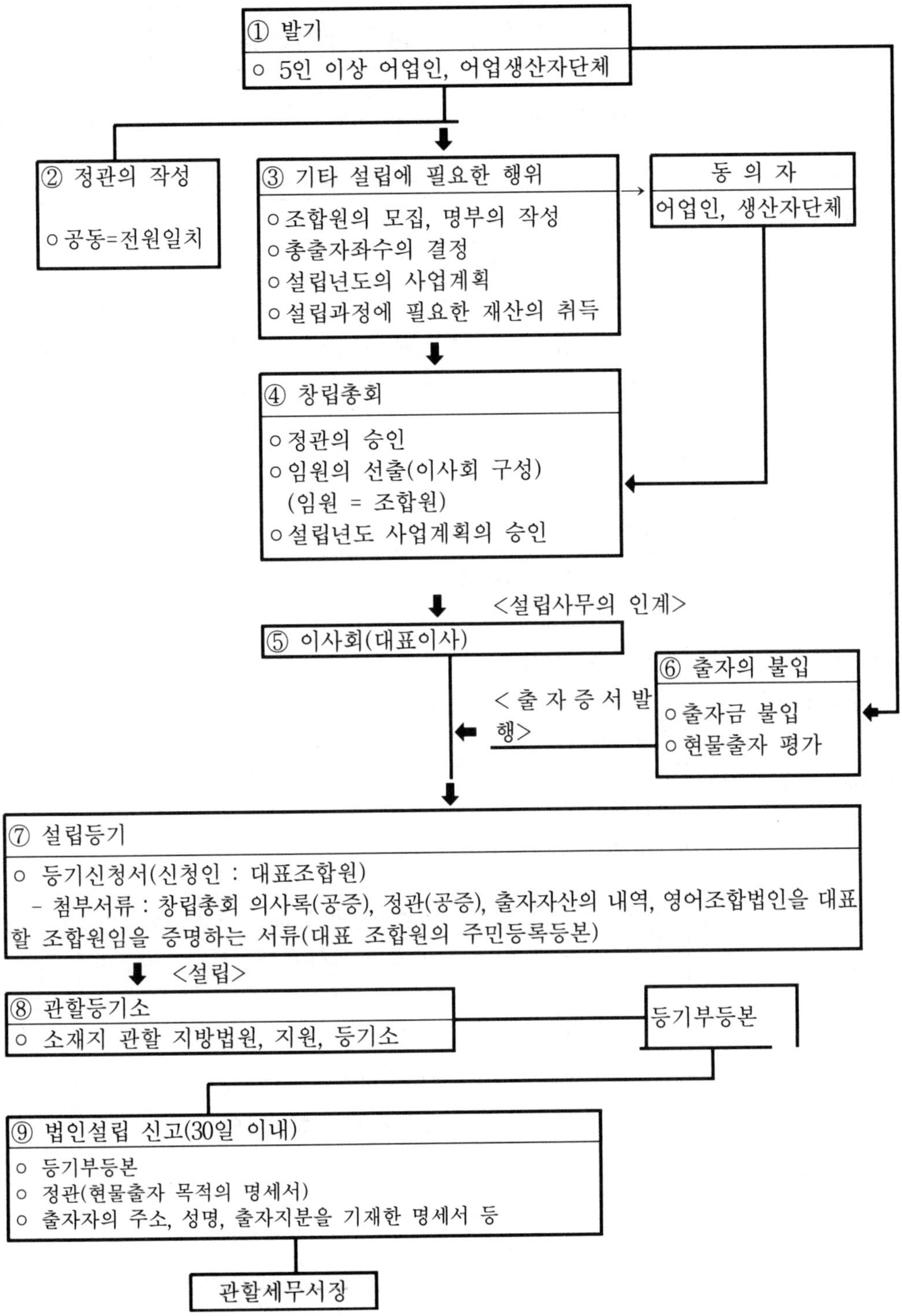

[사례] 영어조합법인 설립등기신청서

영어조합법인 설립등기신청

접수	년 월 일	처리인	접 수	조 사	기 입	교 합	각종통지
	제 호						

등 기 의 목 적	영어조합법인 설립
등 기 의 사 유	농어업경영체 육성 및 지원에 관한 법률의 규정에 의하여 영어조합법인을 설립하기 위하여 20○○년 ○월 ○○일 정관을 작성하고 20○○년 ○월 ○○일 출자금를 납입하여 창립총회결의를 거쳐 영어조합법인의 설립절차를 종료하였으므로 다음 사항의 등기를 구함
본/지점 신청구분	1. 본점신청 ☐ 2. 지점신청 ☐ 3. 본・지점 일괄신청 ☐
등 기 할 사 항	
명 칭	○○영어조합법인
주 사 무 소	○○시 ○○구 ○○동 ○○
이사·감사의 성명 주민등록번호	이사 ○○○(-) 이사 ○○○(-) 이사 ○○○(-) 감사 ○○○(-)
법인을 대표할 조합원(대표이사)의 성명 주민등록번호, 주소	대표이사 ○○○(-) ○○시 ○○구 ○○동 00-0
목 적	본 조합법인은 협업적 어업경영을 통하여 생산성을 높이고 수산물의 공동출하 및 가공・수출 등을 통하여 조합원의 소득증대를 도모함을 목적으로 한다. 1. 공동양식, 어로 및 공동작업에 관한 사업 2. 어업에 관련된 공동이용시설의 설치 및 운영 3. 어선 및 어업기자재와 시설의 대여사업 4. 어업작업의 대행 5. 수산물의 공동출하, 가공 및 수출 6. 위 사업에 관련된 부대사업일체

분 사 무 소	서울시 ○○구 ○○동 00-0
총출좌수와 납입할 총출자액	총 출자 좌수 : ○○○좌 납입할 총출자액 : 금○○○원
출자액의 납입방법·산정방법과 조합원 1명이 출자할 수 있는 출자액의 최고한도에 관한 사항	출자액의 납입방법 : 현금(또는 어장, 어선 등 현물)으로 이사회에서 정하는 납입일자에 일시납입한다. 출자액의 산정방법 : 어장·어선 등 현물의 출자액 산출은 이사회(설립시는 창립총회)에서 정하는 평가율에 의하여 환가한다. 조합원 1명이 출자할 수 있는 출자액의 최고한도 : 총출자좌수의 ○분의○
해산사유	1. 총회에서 해산 및 합병을 의결한 경우 2. 파산한 경우 및 법원의 해산명령을 받은 경우 3. 조합원이 5인 미만이 된 후 1년 이내에 5인 이상이 되지 아니한 경우
기 타	

신청등기소 및 등록면허세/수수료						
순번	신청등기소	구분	등록면허세	농어촌특별세	세액합계	등기신청수수료
			지방교육세			
			금 000원		금000원	금 30,000원
			금 000원			
합 계						
등기신청수수료 은행수납번호						
과 세 표 준 액	금 000 원					

첨 부 서 면	
1. 정 관 1통	1. 주민등록표등본(임원) 각1통
1. 창립총회의사록 1통	1. 법인인감발급카드신청서 1통
1. 이사취임승낙서와 인감증명서 각1통	1. 등록면허세영수필확인서 1통
1. 출자내역을 기재한 서면 1통	1. 위임장 1통
1. 대표자의 인감신고서 및 인감증명 각1통	<기타>

20○○년 ○월 ○○일

신 청 인 명 칭 ○○영어조합법인
주사무소 ○○시 ○○구 ○○동 00
대 표 이 사 성 명 ○ ○ ○ (인) (전화 :)
주 소 ○○시 ○○구 ○○동 111
대 리 인 성 명 법무사 ○ ○ ○ (인) (전화 :)
주 소 ○○시 ○○구 ○○동 112

○○지방법원 ○○등기소 귀중

- 신청서 작성요령 및 등기수입증지 첩부란 -

1. 해당란이 부족할 때에는 별지를 이용합니다.
1. 해당 등기신청과 관계없는 사항에 대하여는 "해당없음"으로 기재하거나 삭제하고, 필요한 사항은 추가 기재합니다.
1. 등기신청수수료 상당의 대법원등기수입증지를 이 난에 붙입니다.

○ 농업법인 및 어업법인의 설립등기에 대하여는 등록면허세를 면제하고(지방세특례제한법 제11조 제12조), 농어촌특별세도 부과하지 아니한다(농어촌특별세법 제4조 제2호).

[사례] 설립등기 위임장

위 임 장

법무사 이 장 수
○○시 ○○구 ○○동 00
전화 000-1235

본인은 위 사람을 대리인으로 정하고 다음의 권한을 위임함.

다 음

1. 본 영어조합법인 설립등기 신청 및 취하에 관한 일체의 행위.

20○○년 10 월 1 일

위임인 ○○ 영어조합법인
○○시 ○○구 ○○동 00
대표이사 ○ ○ ○ (인)
○○시 ○○구 ○○동 111

※ 법무사에게 위임을 한 경우 첨부하는 서면이다.

[사례] 영어조합법인의 정관

정 관

제 1 장 총 칙

제1조(명칭) 본 조합법인은 농어업 경영체 육성 및 지원에 관한 법률 제16조에 의하여 설립된 영어조합법인으로서 그 명칭은 ○○영어조합법인(이하 "조합법인"이라 한다)이라 한다.

※ 명칭 중에는 반드시 『영어조합법인』이라는 명칭을 사용하여야 한다.

제2조(목적) 본 조합법인은 협업적 어업경영을 통하여 생산성을 높이고 수산물의 공동출하 및 가공·수출 등을 통하여 조합원의 소득증대를 도모함을 목적으로 한다.

※ 조합법인의 목적을 구체적으로 표현할 수 있으나, 농어업경영체 육성 및 지원에 관한 법률 제16조 제2항의 규정에 부합되어야 한다.

제3조(사무소의 소재지) ① 본 조합법인의 사무소는 (시·도) (시·군) (구·읍·면) (동·리)에 둔다.

※ 별도의 (분)사무소를 두는 조합법인은 『본 조합법인의 사무소는』을 {본 조합법인의 주된(주)사무소는}으로 고치고 제1항으로 하며 제2항을 다음과 같이 한다.

② 본 조합법인의 분사무소는 (시·도) (시·군) (구·읍 ·면) (동·리)에 둔다.

제4조(사업) 본 조합법인은 생산성 향상을 위한 협업적 어업의 경영과 사업을 주 사업으로 하며 다음 각 호의 사업을 부대사업으로 한다.

1. 공동양식, 어로 및 공동작업에 관한 사업
2. 어업에 관련된 공동이용시설의 설치 및 운영
3. 어선 및 어업기자재와 시설의 대여사업
4. 어업작업의 대행
5. 수산물의 공동출하, 가공 및 수출

※ 1. 각 사업별 용어의 정의는 다음 각호와 같다.

가. 어업의 경영 : 조합법인이 직접 수산물을 생산하여 생산지에서 판매하기까지의 전 과정을 포함함.

나. 공동양식, 어로 및 공동작업에 관한 사업 : 조합법인의 어업경영에 부수하여 조합원 또는 조합원이외의 자의 어업에 협력하고 수수료를 받는 경제활동을 말함.

다. 어업에 관련된 공동이용시설의 설치 및 운영 : 조합법인이 공 동경영을 위하여 어선, 창고, 양식장, 냉동시설 등 공동이용시 설을 설치하여 운영하고, 부수적으로 조합원 이외의 자에게 이 용하게 하여 사용료 등을 받는 경제활동을 말함.

라. 어선 및 어업기자재와 시설의 대여사업 : 조합법인이 어선, 어 업기계, 어구, 건조시설 등을 보유하여 이용하면서 부수적으로 조합원 이외의 자에게 대여·사용하게 하고 사용료 또는 임대 료를 받는 경제활동을 말함.

마. 어업작업의 대행 : 조합법인이 조합원 이외의 자로부터 어업 작업의 전부 또는 일부를 위탁받아 이를 대행하고 수수료를 받는 경제활동을 말함

바. 수산물의 공동출하, 가공 및 수출 : 조합법인의 조합원(혹은 조합법인)이 생산한 수산물을 조합법인을 통하여 공동으로 판 매하거나 가공 또는 수출하는 경제 활동을 말함.

2. 제1호 내지 제5호에 열거한 사업이외의 사업도 제2조의 목적과 부합되는 것을 적절히 열거할 수 있다.

예) 6. 낚시유어사업

제5조(공고방법) ①본 조합법인의 공고는 본 조합법인의 사무소 게시판에 게시하고 필요하다고 인정할 때에는 서면으로 조합원에게 통지하거나 일간신문 등에 게재할 수 있다.

②제1항의 공고기간은 7일이상으로 한다.

제6조(규정의 제정) 이 정관에서 정한 것 이외에 업무의 집행, 회계, 직원의 채용, 기타 필요한 사항은 별도의 규정으로 정할 수 있다.

제 2 장 조합원 및 준조합원

제7조(조합원의 자격) 본 조합법인의 조합원이 될 수 있는 어업인은 다음 각호의 요건을 갖춘 자로 한다.

1. 연간 60일이상 어업을 경영하거나 이에 종사한 자
2. 만 ○세 이상의 성년으로서 본 조합법인의 설립취지에 찬동하는 자

3. 출자할 수 있는 어장, 어선, 육상양식・종묘시설, 현금 기타의 현물을 소유한 자.

※ 1. 제1항 제1호의 경우는 조합법인의 실정에 따라 그 요건을 강화할 수 있음

2. 제1항 제2호의 은 20세이상으로 하되 조합실정에 따라 자율적으로 결정한다.

3. 제1항 제3호의 경우 조합법인이 출자를 허용하고자 하는 것만을 기재한다.

제8조(준조합원의 자격) 본 조합법인의 준 조합원이 될 수 있는 자는 다음 각 호의 요건을 갖춘 자로 한다.

1. 본 조합법인에 생산자재를 공급하거나 생산기술 및 자본을 제공하는 자
2. 본 조합법인이 생산한 수산물을 대량으로 구입・유통 또는 가공하는 자

※ 준 조합원의 자격은 제1호 및 제2호 중에서 조합법인 실정에 따라 정할 수 있으므로 그 범위 내에서 구체적으로 기술할 수 있음.

제9조(가입) ①본 조합법인에 조합원으로 가입하고자 하는 자는 별지 제1호 서식에 다음 각 호의 사항을 기재한(혹은 증명할 수 있는 서류를 첨부한) 가입신청서를 본 조합법인에 제출하여야 한다.

1. 성명, 주민등록번호, 주소
2. 납입 혹은 인수하고자 하는 출자좌수 및 출자의 목적인 재산
3. 경영규모(어장면적, 어선 등) 및 연중 어업종사일수

②본 조합법인에 준 조합원으로 가입하고자 하는 자는 제1항제1호, 제2호 및 제8조에 의한 준조합원의 자격에 해당함을 증명할 수 있는 서류를 제출하여야 한다. 다만, 사업자등록이 된 자(법인포함)는 제1항제1호 및 제2호 대신 사업자등록증(혹은 법인등기부등본)을 제출한다.

③ 조합법인은 제1항 및 제2항에 의한 조합원 또는 준조합원의 가입신청서를 접수하였을 경우에는 총회에서 그 가입여부를 결정하고, 가입을 승인한 때에는 가입신청자에게 통지하여 출자의 불입(출자의 목적인 재산을 양도하고 등기・등록 기타 권리의 설정 또는 이전이 필요한 경우에는 이에 관한 서류를 완비하여 교부하는 것을 말한다. 이하 같다)을 하게 한 후 별지 제2호 서식의 조합원 또는 준 조합원 명부에 기재한다.

④ 가입신청자는 제 3항의 규정에 의하여 출자를 불입함으로써 조합원 또는 준 조합원의 자격을 갖는다.

⑤ 출자좌수를 늘리려는 조합원 또는 준 조합원에 대하여는 제1항 내지 제3항의 규정

을 준용한다.

※ 조합원 또는 준 조합원 가입 허용 여부를 이 조에서 특별히 규정하고자 하는 경우에는 제3항의 내용을 적절히 수정 기입할 수 있다

제10조(권리) ①본 조합법인의 조합원의 권리는 다음 각 호와 같다.

1. 조합법인의 공동작업에 종사하여 노동에 대한 응분의 대가를 받을 권리
2. 지분 환불에 대한 청구권
3. 조합법인 해산시 잔여재산 분배 청구권
4. 조합법인의 임원의 선거권 및 피선거권
5. 조합법인의 제반회의에 참석하여 의결할 권리
6. 조합법인의 운영에 참여하여 의견을 제시할 권리
7. 조합법인의 업무집행에 대한 감독 및 감사의 권리

②제1항 제1호의 조합원의 노동과 대가에 대한 사항은 별도의 규정으로 정한다.

③조합원은 출자의 다소에 관계없이 1개의 의결권과 선거권을 가진다.

④본 조합법인의 준 조합원은 제1항제2호, 제3호 및 제6호의 권리를 갖는다.

※ 조합원의 의결권을 출자의 비율에 따라 가지도록 정하고자 하는 조합법인은 제3항을 다음과 같이 수정한다.

③조합원은 출자지분에 따라 그 비례대로 의결권과 선거권을 가진다.

제11조(의무) ①본 조합법인의 조합원의 의무는 다음 각 호와 같다.

1. 정관 및 제규정을 준수할 의무
2. 조합법인에 대한 출자 의무
3. 조합법인의 제반 노동에 참가하고 노동 규정을 준수할 의무
4. 총회에 출석할 의무와 총회의 의결사항을 준수할 의무
5. 조합법인의 발전을 위하여 노력할 의무

②본 조합법인의 준 조합원은 제1항제1호・제2호・제5호 및 제4호 중 총회의 의결사항을 준수할 의무를 가진다.

※ 조합법인의 사업, 규모 등에 따라 의무사항을 적절히 추가하여 정할 수 있다.

제12조(탈퇴) ①탈퇴를 원하는 조합원 또는 준 조합원은 60일전에 탈퇴의사를 서면으

로 본 조합법인에 예고하여 탈퇴하며 그에 따른 모든 정산을 당해 회계연도 말에 한다.

②조합원 또는 준 조합원은 다음 각호의 1에 해당하는 사유가 발생하였을 때에는 자연 탈퇴된다.

1. 제7조에 의한 조합원 및 제8조에 의한 준 조합원의 자격을 상실하였을 경우
2. 사 망
3. 파 산 (법인의 경우 파산 또는 해산)
4. 금치산 선고
5. 제 명
6. 지분을 전부 양도하였을 경우

③제2항 제1호의 자격상실은 조합원의 경우는 총회의 결의, 준 조합원의 경우는 이사회의 결의에 의한다.

제13조(제명) ①조합원이 다음 각 호의 1에 해당하는 경우에는 총회의 의결로써 제명할 수 있다.

1. 제11조에서 규정한 의무를 이행하지 아니한 경우
2. 고의 또는 중대한 과실로 조합법인에 상당한 손해를 입힌 경우
3. 조합을 빙자하여 부당이익을 취한 경우

② 조합법인은 제1항 각호의 사유로 인한 제명대상 조합원에게 총회 개최 10일전에 제명의 사유를 통지하고, 총회에서 변명할 기회를 주어야 하며, 제명을 결정한 때에는 서면으로 통지하여야 한다.

※ 제명의 사유를 추가로 정하고자 하는 경우에는 제1항에 제4호부터 추가하여 열거한다.

제 3 장 출자와 적립금 및 지분

제14조(출자) ①본 조합법인에의 출자는 현금이나 어장, 어선, 육상양식 · 종묘시설, 기타 현물(부동산, 차량 등)로 할 수 있다.

②어장, 어선, 육상양식 · 종묘시설 등 현물(이하 "현물출자물"이라 한다)의 출자액 산출은 이사회(설립시는 창립총회)에서 정하는 평가율에 의하여 환가한다.

③ 1좌의 금액은 1만원으로 한다.

④조합원은 좌 이상의 출자를 불입하여야 하며, 조합원 1인의 출자좌수는 조합법인 총

출자좌수의 3분의 1을 초과할 수 없다

⑤제1항의 규정에 의하여 본 조합법인에 현물출자물을 출자하는 경우에는 조합원 및 준 조합원의 성명, 현물출자물 및 그 평가액과 현물출자물에 의한 출자좌수를 별지 제3호 서식에 기재하여 관리한다.

⑥현물출자물은 이를 출자한 조합원 또는 준조합원의 동의가 없으면 처분하지 못한다.

⑦ 준조합원이 출자하는 출자좌수의 합계는 그 조합법인의 총 출자좌수의 3분의 1을 초과할 수 없다. 다만, 협동양식어업을 경영하는 조합법인의 경우에는 총출자좌수의 2분의 1을 초과할 수 없다.

※ 제1항, 제4항 중 {조합원 1인의 출자좌수는 조합법인 총 출자좌수의 3분의 1을 초과할 수 없다}는 부분과 제7항은 반드시 이 정관례와 동일하게 규정하여야 한다.

第15조(출자증서의 발행) ①조합법인은 출자를 불입한 조합원에게 즉시 출자증서를 발급하여야 한다.

②출자증서는 대표이사 명의로 발급하고 출자좌수, 출자액, 출자재산의 표시(어장(양식장)의 경우에는 어장(양식장)종류, 면허번호, 유효기간, 위치, 면적을 말하며, 어선의 경우에는 어선명, 어선번호, 건조연도, 총톤수, 어업종류(허가번호)를 말하며, 부동산의 경우에는 지번, 지목, 면적을 말한다) 등을 기재하여야 한다.

③조합법인이 토지 등을 취득하여 조합원에게 증좌 배분하는 경우에 대해서도 제1항과 제2항의 규정을 준용한다.

※ 출자증서의 발행은 출자지분에 대한 세금과 관련될 수 있으므로 출자재산의 표시, 특히 토지의 경우는 지번, 지목, 면적 등이 기재된 출자증서를 발행하여야 한다.

第16조(출자의 균등화) 조합원의 출자를 균등하게 하기 위하여 소액 출자자에게 증좌를 허용할 경우에는 그 사정을 고려하여 총회의 의결로써 회계연도 말에 증좌하게 할 수 있다.

第17조(법정적립금) 본 조합법인은 출자총액과 같은 금액이 될 때까지 매회계연도 이익금의 100분의 10이상을 법정적립금으로 적립한다.

※ 법정적립금으로 출자총액의 2배를 적립하고자 할 경우에는 {출자총액과 같은 금액이 될 때까지}를 {출자총액의 2배에 달할 때까지}로 수 정한다.

제18조(사업준비금) 본 조합법인은 장기적인 사업확장 및 다음연도의 사업운영을 위하여 매회계연도 이익금의 100분의 ○을 사업준비금으로 적립한다.

※ ○은 10이상 50이내에서 정한다.

제19조(자본적립금) 본 조합법인은 다음 각 호의 1에 의하여 얻어지는 금액을 자본적립금으로 적립한다.

1. 재산 재평가 차익
2. 합병에 의한 차익
3. 인수재산 차익
4. 외부로부터 증여된 현물 및 현금
5. 국고보조금 등
6. 감자에 의한 차익
7. 고정자산에 대한 보험차익

제20조(적립금 등의 사용 및 처분) ①제17조의 규정에 의한 법정적립금(이하 "법정적립금"이라 한다)과 제19조의 규정에 의한 자본적립금(이하 "자본적립금"이라 한다)은 조합법인의 결손을 보전하는데 사용한다.

②법정적립금과 자본적립금은 조합원의 탈퇴나 제명시 지분으로 환불할 수 없다.

③제18조의 규정에 의한 사업준비금(이하 "사업준비금"이라 한다)은 조합원이 가입한 날부터 5년 이내에 탈퇴하거나 제명되는 경우에는 환불할 수 없다.

제21조(지분의 계산) 본 조합법인의 재산에 대한 조합원의 지분은 다음의 기준에 의하여 계산한다.

1. 납입출자금에 대하여는 납입한 출자액에 따라 매회계연도 마다 이를 계산한다. 다만, 그 재산이 납입출자액의 총액보다 감소되었을 경우에는 각 조합원의 출자액에 따라 감액하여 계산한다.

2. 사업준비금은 매회계연도마다 전조합원에게 분할하여 가산하되 제34조제2항의 규정을 준용한다.

※ 제2호의 사업준비금 배분을 출자지분에 비례하여야 할 경우에는 제2호를 다음과 같이 한다.

2. 사업준비금은 매회계연도마다 전조합원에게 분할하여 가산하되 조 합원의 출자 지분의 비율에 따라 배분한다.

第22조(지분의 상속) ①조합원의 상속인으로서 조합원의 사망으로 인하여 지분환불권의 전부 또는 일부를 취득한 자가 즉시 조합법인에 가입을 신청하고 조합법인이 이를 승인한 경우에는 상속인은 피상속인의 지분을 승계한다.

②제1항의 규정에 의한 상속인의 가입신청과 조합법인의 가입승인은 제9조제1항 내지 제4항의 규정을 준용한다.

第23조(조합법인의 지분취득 금지) 본 조합법인은 조합원의 지분을 취득하거나 또는 담보의 목적으로 취득하지 못한다.

第24조(지분의 양도, 양수 및 공유 금지) 조합원은 총회의 승인 의결 없이는 그 지분을 양도・양수할 수 없으며 공유할 수 없다.

第25조(탈퇴시의 지분 환불) ①조합원이 탈퇴하는 경우에는 그 조합원의 지분을 현금 또는 현물로 환불할 수 있다.

②환불할 재산 가운데 어장(양식장), 어선, 토지, 건물 등이 조합법인의 경영에 심각한 지장을 초래할 우려가 있어 환불이 곤란한 경우에는 그에 상당하는 다른 어장(양식장), 어선, 토지, 시설 및 현금으로 지불할 수 있다.

③탈퇴 조합원이 출자한 어장(양식장), 어선, 토지, 시설 등이 조합경영의 결과로 인하여 그 가치가 현저히 증대되었거나, 자본의 투자로 인하여 가치가 상승하였을 경우에는 이에 상당하는 금액을 환불받는 자로부터 징수한다.

④탈퇴 조합원이 조합법인에 대하여 채무가 있는 경우에는 환불해야 될 지분과 상계할 수 있다.

⑤지분의 환불은 당해 회계연도 말에 한다.

第26조(출자액의 일부 환불) ①조합원은 부득이한 사유가 있는 경우에는 조합법인에 대하여 출자액의 일부의 환불을 요구할 수 있다.

②제1항의 규정에 의하여 환불요구를 받은 조합법인은 총회의 의결이 있는 경우에 회

계연도말에 환불할 수 있다. 다만, 부득이한 사유가 있는 경우에는 회계연도 중에 환불하고, 회계연도 말에 정산한다.

제 4 장 회 계

제27조(회계연도) 본 조합법인의 회계연도는 매년 1월 1일에 시작하여 12월 31일에 종료한다.

※ 조합법인의 사업성격에 따라 {매년 4월 1일에 시작하여 다음해 3월 31일에 종료한다}로 정하는 등 회계연도를 다르게 정할 수 있다.

제28조(자금관리) 본 조합법인의 여유자금은 다음 각호의 방법에 따라 운용한다.

1. 수산업협동조합, 농업협동조합, 축산업협동조합, 은행, 신용금고에의 예치
2. 국채, 지방채, 정부보증채권 등 금융기관이 발행하는 채권의 취득

※ 제1호의 경우 주로 거래하고자 하는 금융기관을 구체적으로 정할 수 있다.

제29조(경리공개) 본 조합법인의 모든 장부는 사무소에 비치하여 항상 조합원에게 공개하며 주요계정에 대한 내역은 정기적으로 게시한다.

※ 주요계정에 대한 내역의 정기적 게시시기를 구체적으로 정하고자 할 경우에는 {정기적으로}를 {매월}{분기마다}등으로 정한다.

제30조(사용료 및 수수료) ①본 조합법인은 조합법인이 행하는 사업에 대하여 사용료 또는 수수료를 징수할 수 있다.

②제1항의 규정에 의한 사용료 및 수수료에 관하여는 별도의 규정으로 정할 수 있다.

※ 조합법인의 사업에서 조합원이 아닌 자가 부수적으로 사업을 이용하는 경우, 시설의 공동이용 등에 대하여 사용료 및 수수료를 징수하고 자 하는 조합법인은 이에 대하여 반드시 규정하여야 한다.

제31조(선급금제) 조합법인은 조합원에게 지불할 노임을 회계연도말 결산전에 선급금으로 지불할 수 있다.

제32조(차입금) 조합법인은 제4조의 사업을 위하여 필요한 경우 자금을 차입할 수 있다.

제33조(수익배분 순위) 본 조합법인의 총수익은 다음 각호의 순서로 배분한다.

1. 제세공과금
2. 생산자재비, 임차료, 고용노임 및 생산부대비용(제잡비를 말한다)
3. 차입금에 대한 원리금 상환
4. 조합원 노임
5. 자산설비에 대한 감가상각
6. 이월결손금 보전

제34조(이익금의 처분) ①조합법인의 결산 결과 발생된 매회계연도의 이익금은 제17조의 규정에 의한 법정적립금, 제18조의 규정에 의한 사업준비금을 공제하고 나머지에 대해서는 조합원에 배당한다.

②제1항의 조합원에 대한 배당은 배당할 이익금의 100분의 30은 전조합원에게 균등하게 배당하고 나머지 100분의 70은 조합원의 출자지분의 비율에 따라 배당한다.

※ 제2항의 배당을 모두 출자지분의 비율에 따라 하고자 할 경우에는 제2항을 다음과 같이 한다.

②제1항의 조합원에 대한 배당은 조합원의 출자지분의 비율에 따라 배당한다.

제35조(손실금의 처리) 조합법인의 결산 결과 손실이 발생하였을 경우에는 사업준비금으로 보전하고 사업준비금으로 부족할 때에는 법정적립금 및 자본적립금의 순서로 보전하며 그 적립금으로 부족할 때에는 차년도에 이월한다.

제 5 장 임 원

제36조(임원의 수) 본 조합법인은 다음 각호의 임원을 둔다.

1. 대표이사 1인
2. 이 사 인
3. 감 사 인
4. 총 무 인
5. 부 장 인

※ 1. 조합법인의 조합원수, 사업규모 등에 따라 임원의 명칭과 그 정 수를 정한다.

2. 제5호의 부장을 임원으로 할 경우에는 사업에 따라 영어부장, 구 매부장, 판매부

장, 가공부장 등으로 명기한다.

제37조(임원의 선출) 임원은 총회의 의결로 조합원 중에서 선출한다.

제38조(이사회) ①이사회는 대표이사 및 이사로 구성하며 대표이사가 그 의장이 된다.
② 이사회는 대표이사가 필요하다고 인정하는 경우 또는 이사 2인이상의 요구가 있는 경우 소집한다.

제39조(이사회의 기능) 이사회는 다음 각호의 사항을 재적이사 과반수의 찬성으로 의결한다.

1. 총회의 소집과 총회에 부의할 안건
2. 업무를 운영하는 기본방침에 관한 사항
3. 고정자산의 취득 또는 처분에 관한 사항
4. 총회에서 위임된 사항의 의결
5. 준조합원의 가입, 탈퇴 및 제명
6. 기타 조합법인의 운영상 필요한 사항

※ 조합법인의 형편에 따라 이사회의 의결사항을 추가하여 정할 수 있다.

제40조(이사회 의사록) 이사회에서 의결된 사항은 총무가 기록하여 이사회에 참석한 이사가 기명 날인한 후 보관한다.

제41조(임원의 임무) ①대표이사는 본 조합법인을 대표하고 조합법인의 각종회의의 의장이 되며 조합법인의 업무를 총괄하고 조합법인의 경영성과에 대하여 책임을 진다.
②감사는 회계연도마다 조합법인의 재산과 업무집행상황을 1회이상 감사하여 그 결과를 총회 및 대표이사에게 보고하여야 한다.
③이사는 이사회에서 미리 정한 순서에 따라 대표이사 유고시 그 직무를 대리하고 궐위된 때에는 그 직무를 대행한다.
④총무는 이사 중에서 선임하며 조합법인의 일반사무와 회계사무를 담당한다.
⑤각 부장은 대표이사와 총무를 보좌하며 각부의 업무를 관장·집행한다.
※ 제5항의 경우 각부의 업무관장의 범위를 구체적으로 정할 수 있다.

제42조(임원의 책임) ①본 조합법인의 임원은 법령, 법령에 의한 행정기관의 처분과 정관·규정·사업지침 및 총회와 이사회의 의결사항을 준수하고 본 조합법인을 위하여 그 직무를 성실히 수행하여야 한다.

②임원이 그 직무를 수행함에 있어 태만, 고의 또는 중대한 과실로 조합법인이나 다른 사람에게 끼친 손해에 대하여는 단독 (또는 연대하여) 손해배상의 책임을 진다.

③이사회가 불법행위 또는 중대한 과실로 조합법인에 손해를 끼친 경우에는 그 불법행위 또는 중대한 과실에 관련된 이사회에 출석한 구성원은 그 손해에 대하여 조합법인에 연대하여 책임을 진다. 다만, 그 회의에서 명백히 반대의사를 표시한 구성원은 그러하지 아니한다.

④제2항 내지 제3항의 구상권의 행사는 이사회에 대하여는 대표이사가, 대표이사와 이사에 대하여는 감사가, 임원 전원에 대하여는 조합원의 3분의 1이상의 동의를 얻은 조합원대표가 이를 행한다.

※ 제4항의 경우 조합법인의 형편에 따라 {조합원의 3분의 1이상}을 적절히 정할 수 있다.

제43조(임원의 임기) ①임원의 임기는 3년으로 하되 감사의 임기는 2년으로 한다.

②제1항의 임원의 임기는 전임자의 임기만료일의 다음 날부터 기산한다

③보궐선거에 의한 임원의 임기는 전임자의 잔임 기간으로 한다.

※ 임원의 임기는 조정할 수 있으나, 감사와 감사 이외의 임원 임기는 다르게 하여야 한다.

제44조(임원의 해임) 조합원이 임원을 해임하고자 하는 경우에는 조합원 3분의 1이상의 서면동의를 얻어 총회에 해임을 요구하고 총회의 의결로써 해임한다.

제45조 (임원의 보수) 임원에 대한 보수는 지급하지 아니하며 여비 등 필요한 경비는 별도 규정에 의하여 실비로 지급할 수 있다.

제46조(서류비치의 의무) ①대표이사는 다음 각호의 서류를 조합법인의 사무소에 비치하여야 한다.

1. 정관 및 규정

2. 조합원과 준조합원 명부 및 지분대장
3. 총회의사록
4. 기타 필요한 서류

②대표이사는 정기총회 1주일 전까지 결산보고서를 사무소에 비치하여야 한다.

제 6 장 회의의 운영

제47조(총회) 총회는 조합원으로 구성하며 정기총회와 임시총회로 구분한다.

제48조(총회의 소집) ①정기총회는 회계연도마다 1회 ○월에 대표이사가 소집하며 대표이사는 총회소집 5일전까지 회의내용과 회의자료를 서면으로 조합원에게 통지하여야 한다.

②임시총회는 조합원 3분의 1이상의 소집요구가 있거나 이사회가 필요하다고 인정하여 소집을 요구한 때 또는 대표이사가 필요하다고 인정한 때 대표이사가 소집한다.

③ 감사는 다음 각호의 1에 해당하는 경우에는 임시총회를 소집한다.

1. 대표이사의 직무를 행할 자가 없을 때
2. 제2항의 요구가 있는 경우에 대표이사가 정당한 이유없이 2주일이내에 총회소집의 절차를 취하지 아니한 때
3. 감사가 조합법인의 재산상황 또는 사업의 집행에 관하여 부정사실 을 발견하여 이를 신속히 총회에 보고할 필요가 있을 때

제49조(총회의 의결사항) 다음 각호의 사항은 총회의 의결을 얻어야 한다.

1. 정관의 변경
2. 규정의 제정 및 개정
3. 해산·합병 또는 분할
4. 조합원의 가입·탈퇴 및 제명
5. 사업계획 및 수지예산의 승인·책정과 변경
6. 사업보고서, 결산서, 이익금 처분 및 결손금 처리
7. 출자에 관한 사항
8. 임원의 선출
9. 임기 중의 임원의 해임

※ 조합법인의 운영을 위하여 반드시 총회의 의결이 필요한 사항은 추가로 열거한다.

제50조(총회의 개의와 의결정족수) ①총회는 조합원 과반수의 출석으로 개의하고 출석조합원 과반수의 찬성으로 의결한다.

②다음 각호에 해당하는 사항은 총조합원 3분의 2이상의 출석과 출석조합원 3분의 2이상의 찬성으로 의결한다.

1. 정관의 변경
2. 해산·합병 또는 분할
3. 조합원의 가입 승인
4. 제13조의 규정에 의한 조합원의 제명
5. 제44조의 규정에 의한 임원의 해임

③제1항의 총회 소집이 정족수 미달로 유회된 경우에는 10일 이내에 다시 소집하여야 한다.

제51조(의결권의 대리) ①조합원은 대리인으로 하여금 의결권을 행사하게 할 수 있다.

②대리인은 조합원과 동일세대에 속하는 성년이어야 하며, 대리인이 대리할 수 있는 조합원의 수는 1인에 한한다.

③제1항의 규정에 의한 대리인은 대리권을 증명하는 위임장을 조합법인에 제출하여야 한다.

제52조(의사록의 작성) 총회의 의사에 관하여는 의사의 경과 및 결과를 기재한 의사록을 작성하고, 대표이사 및 총회에 참석한 조합원 3분의 2이상이 서명 날인한다.

제53조(회의내용 공고)총회의 의결사항은 제6조의 공고방법에 의하여 공고한다.

제 7 장 해 산

제54조(해산) 본 조합법인은 다음 각호의 1에 해당하는 경우에는 해산된다.

1. 총회에서 해산 및 합병을 의결한 경우
2. 파산한 경우
3. 조합원이 5인 미만이 된 후 1년 이내에 5인 이상이 되지 아니한 경우

※ 조합원의 해산에 관하여 특별히 정하고자 하는 경우에는 제4호부터 구체적으로 열거한다.

제55조(청산인) 본 조합법인이 해산하는 경우에는 파산으로 인한 경우를 제외하고는 청산인은 대표이사가 된다. 다만, 총회에서 다른 사람을 청산인으로 정한 경우에는 그러하지 아니하다.

제56조(청산인의 직무) ①청산인은 취임후 지체없이 재산상황을 조사하여 재산목록과 대차대조표를 작성하고 재산처분의 방법을 정하여 총회의 승인을 얻어야 한다.

②청산사무가 종결된 경우에는 청산인은 지체없이 결산보고서를 작성하여 총회의 승인을 얻어야 한다.

③청산인은 그 취임 후 3주일 이내에 해산의 사유 및 연월일과 청산인의 성명 및 주소를 등기하여야 한다.

※ 조합법인이 해산하였을 경우에는 반드시 해산등기를 하여야 한다.

제57조(청산재산의 정리) 해산의 경우 조합법인의 재산은 채무를 완제하고 잔여가 있는 경우에는 다음 각호의 방법에 의하여 조합원에게 분배한다.

1. 출자금액은 출자조합원에게 환급하되 출자총액에 미달 시는 출자액의 비례로 분배한다.
2. 자본적립금, 법정적립금, 사업준비금은 출자지분의 비율에 따라 분배한다.

제 8 장 보 칙

제58조(준용규정) 제5조제1항, 제13조, 제15조, 제16조, 제20조제2항・제3항, 제21조 내지 제26조, 제29조, 제34조 및 제57조는 준조합원의 경우에 이를 각각 준용한다.

부 칙 본 정관은 창립총회의 의결을 얻은 날부터 시행한다.

발기인 ○

(발기인 전원이 기명 날인한다.)

① 농어업 경영체 육성 및 지원에 관한 법률 및 동법 시행령과 민법 등의 규정에 의하여

정관례에서 정한 내용을 그대로 따라야 하는 사항.

1. 명칭 (제1조),
2. 목적 (제2조),
3. 조합원의 자격 (제8조),
4. 준조합원의 자격 (제9조),
5. 탈퇴 (제13조),
6. 출자 (제15조 제1항),
7. 해산(제55조),
8. 청산인의 직무(제57조) 등

② 농어업 경영체 육성 및 지원에 관한 법률 시행령 제12조의 규정에 의하여 반드시 규정하되 그 내용은 조합원의 합의에 의해 정관예와 다르게 정할 수 있는 사항.

1. 사무소의 소재지(제3조),
2. 사업(제4조),
3. 조합원 및 준조합원의 가입・탈퇴・제명(제10조, 제13조, 제14조),
4. 출자(제15조),
5. 적립금(제18조, 제20조),
6. 탈퇴시의 지분환불(제26조),
7. 회계(제4장) 임원 및 회의의 운영(제5장, 제6장),
8. 청산인(제56조),
9. 청산재산의 처리(제58조) 등

③ 상기 ① ② 이외에 정관례에서 정한 사항은 권장사항으로서 조합원의 합의에 의해 정관례와 다르게 정할 수 있음

[사례] 창립총회 의사록

창립총회 의사록

20○○년 ○월 ○일 11시 ○○시 ○○군 ○○읍 ○○리 ○○에서 창립총회를 개최하다.

총 발기인 ○명

출석 발기인 ○명

발기인 대표 ○○○은 위와 같이 발기인 전원이 출석하였으므로 본 총회는 적법하게 성립됨을 말하고 회의를 진행하기 전에 의장을 선임할 것을 구한바 발기인 전원 만장일치 합의로 발기인 중 ○○○를 의장으로 선임한 즉 동인은 그 취임을 승낙하고 의장석에 등단하여 개회를 선언한 후 다음 의안의 심의를 구하다.

제1호 의안 : 정관 승인의 건

의장은 농어업·농어촌 및 식품산업 기본법 및 농어업경영체 육성 및 지원에 관한 법률의 규정에 근거하여 농림수산부에서 고시한 정관례를 기준으로 하여 정관을 작성하였음을 설명하고 승인가부를 물은 즉 전원일치 원안대로 승인하다.

제2호 의안 : 임원 선임의 건

의장은 정관에 정하여진 대표이사, 이사 및 감사를 선임하여야 하는데 선임방법을 물은 바, 무기명 비밀투표로 선출하자고 전원 일치되어 즉시 투표한 결과 다음과 같이 선출되어 피선자 등은 즉석에서 그 취임을 승낙하였다.

대표이사 : ○○○

이 사 : ○○○

이 사 : ○○○

감 사 : ○○○

제3호 의안 출자납입의 건

의장은 본 영어조합법인 설립당시의 출자납입에 대하여 심의를 요청한바, 별첨 출자자산 내역표와 같이 납입키로 전원일치합의로 의결되다.

제4호 의안 본점의 소재장소

의장은 본 영어조합법인의 주사무소를 설치할 장소를 결정하자고 제의한 바, 전원일치로 다음의 장소에 본점을 설치하기로 가결하였다.

본점 : ○○시 ○○군 ○○읍 ○○리 ○○

이상으로서 금일 총회의 목적인 의안 전부를 심의 종료하였으므로 의장은 폐회를 선언하다. (폐회시각은 14시).

위 결의를 명확히 하기 위하여 이 의사록을 작성하고 의장과 출석한 발기인이 다음에 기명날인 또는 서명하다.

20○○년 8월 11일

○○ 영어조합법인

○○시 ○○군 ○○읍 ○○리 ○○

발기인 ○○○ (인)

발기인 ○○○ (인)

발기인 ○○○ (인)

발기인 ○○○ (인)

발기인 ○○○ (인)

[별표]

어업권을 출자하는 조합원 및 준조합원의 성명, 출자대상 어업권 및 평가액과 어업권출자좌수(정관 제14조 관련)

[사례] 출자자 및 출자내역

1좌당 금액10,000원

조합원성명	출자내역표시		평가액	현금출자액	총출좌수
	출자항목명	출자목적물표시			
○○○	어 선	어선명 : 대풍호(동력선) 어선번호 : 1234-56789	9,000,000원	1,000,000원	1,000좌
○○○	어업면허	어업면허 : 제1234호 양식 : 김 양식	8,000,0000원	2,000,000원	1,000좌
○○○	어업권(1/3 지분)	면허번호 : 제12345호 어업, 체포물종류: 굴양식	8,000,000원	2,000,000원	1,000좌
○○○	부동산	○○리 ○○전 987㎡	7,000,000원	3,000,000원	1,000좌
○○○	현 금			10,000,000원	1,000좌
○○○	어 선	어선명 : 광풍호(동력선) 어선번호 : 1234-56789	9,000,000원	1,000,000원	1,000좌
○○○	어업면허	어업면허 : 제1234호 양식 : 김 양식	8,000,0000원	2,000,000원	1,000좌
○○○	어업권(1/3 지분)	면허번호 : 제12345호 어업, 체포물종류: 굴양식	8,000,000원	2,000,000원	1,000좌
○○○	부동산	○○리 ○○전 987㎡	7,000,000원	3,000,000원	1,000좌
○○○	현 금			10,000,000원	1,000좌
출자계					10,000좌

위와 같이 출자함이 틀림없으므로 이를 확인합니다.

20○○년 ○월 ○일

○○영어조합법인
○○시 ○○군 ○○읍 ○○리 ○○
대표이사 ○○○ (인)

[사례] 취임승낙서

<table>
<tr><td>

취 임 승 낙 서

본인 등은 20○○년 8월 25일 창립총회에서 이사, 감사로 각 선임되었으므로 그 취임을 승낙합니다.

20○○년 8월 25일

이사 ○○○ (인)
이사 ○○○ (인)
이사 ○○○ (인)
감사 ○○○ (인)

○○ 영어조합법인 귀중

</td></tr>
</table>

※ 취임승낙서에는 각 취임임원은 인감을 날인하고 인감증명서를 첨부하여야 한다.

[사례] 취임승낙서

<table>
<tr><td>

취 임 승 낙 서

본인은 20○○년 8월 25일 창립총회에서 대표이사로 선임되었으므로 그 취임을 승낙합니다.

20○○년 8월 25일

대표이사 ○○○ (인)

○○ 영어조합법인 귀중

</td></tr>
</table>

※ 취임승낙서에는 인감을 날인하고 인감증명서를 첨부하여야 한다.

[사례] 출자증서

출자증서

출자좌수 : 1,000좌
1좌당 금액 : 10,000원
출자금액 : 금10,000,000원정(현금일천만원)

납입일 : 20○○년 ○월 ○일
납입장소 : ○○영어조합법인 창립사무소

위와 같이 출자금을 납입하고 ○○영어조합법인은 이를 영수하였으므로 본 출자증서를 발행합니다.

20○○년 ○월 ○일

○○영어조합법인
○○시 ○○군 ○○읍 ○○리 ○○
대표이사 ○○○ (인)

발기인 ○○○ 귀하

위 사실이 틀림없음을 확인함.

20○○년 ○월 ○일

○○영어조합법인
○○시 ○○군 ○○읍 ○○리 ○○
감사 ○○○ (인)

[사례] 현물출자계약서

현물출자계약서

(갑) ○○○
(을) ○○영어조합법인

부동산의 표시
○○시 ○○군 ○○읍 ○○리 ○○ 답 987㎡

위 부동산은 (갑)의 소유로 본인은 ○○영어조합법인의 조합원으로 현물을 출자하였으므로 다음과 같이 약정하다.

1. (갑)은 (을)의 정관의 기재내용을 충분히 숙지하고 승인하였다.

2. (갑)은 위 부동산을 금○○○원으로 환산하여 (을)에게 현물출자하기로 하고 본인은 본 조합의 주식(1좌당 금10,000원)○○○좌를 부여받기로 한다.

3. (갑)은 위 부동산을 소정절차가 완료되는 즉시 (을)명의로 소유권을 이전할 수 있도록 등기절차에 필요한 서류를 넘겨주기로 한다.

4. 위 사항과 같이 당사자 쌍방이 합의 되었으므로 후일을 위하여 본 계약서를 작성하고 각자 이에 기명날인하다.

20○○년 ○월 ○일

위 (갑) ○○○ (인)
○○시 ○○군 ○○읍 ○○리 ○○

위 (을) ○○영어조합법인
○○시 ○○군 ○○읍 ○○리 ○○
대표이사 ○○○ (인)

[사례] 인감신고서

인감 · 개인(改印) 신고서

(신고하는 인감날인란) (인감제출자에 관한 사항)

상 호(명칭)		○○영어조합법인	등기번호	
본점(주사무소)		○○시 ○○군 ○○읍 ○○리 ○○		
인감제출자	자격/성명	대표이사 ○○○		
	주민등록번호	123456-789123		
	주 소	○○시 ○○군 ○○읍 ○○리 ○○		

□ 위와 같이 인감을 신고합니다.
□ 위와 같이 개인(改印)하였음을 신고합니다.

20○○년 8월 27일 (개인인감 날인란)

신고인 본 인 성 명 (인)
대리인 성 명 (인)

지방법원 귀중

주 1. 개인인감 날인란에는 「인감증명법」에 의하여 신고한 인감을 날인하고 그 인감증명서(발행일로부터 3개월 이내의 것)를 첨부하여야 합니다. 개인(改印)신고의 경우, 개인인감을 날인하는 대신에 등기소에 신고한 유효한 종전 인감을 날인하여도 됩니다.
2. 인감·개인신고서에는 신고하는 인감을 날인한 인감대지를 첨부하여야 합니다.
3. 지배인이 인감을 신고하는 경우에는 인감제출자의 주소란에 지배인을 둔 장소를 기재하고, 「상업등기규칙」 제36조제4항의 보증서면(영업주가 등기소에 신고한 인감 날인)을 첨부하여야 합니다.

위 임 장

성 명 : 주민등록번호(-)
주 소 :

위의 사람에게, 위 인감신고 또는 개인신고에 관한 일체의 권한을 위임함.

200 년 월 일

인감(改印) 신고인 성 명 (인)

[사례] 인감대지

인 감 대 지

		상 호(명 칭) : ○○영어조합법인
		자격 및 성명 : 대표이사 ○○○
	신고하는 인감날인란	주민등록번호 : -

※ 인감의 제출방법

○ 대표의 권한이 있는 이사는 인감을 신고하여야 한다. 인감의 제출 또는 인감의 변경신고는, 인감(改印)신고서를 작성하여 관할 등기소에 제출하는 방식으로 한다. 인감(改印)신고서를 제출할 때에는 신고하는 인감을 찍은 인감대지(위 참조)3장을 만들어 함께 제출하여야 한다.

○ 인감은 가로·세로 2.4센티미터의 정사각형 안에 들어갈 수 있어야 한다(상업등기규칙 제36조제5항).

○ 인감(改印)신고서에는 발행일로부터 3개월 이내의 인감증명서를 첨부하여야 한다. 취임승락서에 인감증명법에 의한 인감을 첨부한 경우에는 그 인감을 원용 할 수 있다.

○ 인감대지의 자격란에는 인감신고자에 따라 대표이사(이사), 이사장, 지배인, 대리인, 상호사용자, 무능력자, 법정대리인 등으로 기재하고 성명을 기재한다.

[사례] 인감카드 등 (재)발급신청서

인감카드 등 (재)발급신청서

(인감제출자에 관한 사항)

상호(명칭)		○○영어조합법인	등기번호	
본점(주사무소)		○○시 ○○군 ○○읍 ○○리 ○○		
인감 제출자	자격 / 성명	대표이사 ○○○		
	주민등록번호			

발급사유		☐ 최초발급 ☐ 카드분실 ☐ 카드훼손 ☐ 인감증명서발급기능 ☐ 기타 ( )	
매체구분	☐ 인감카드 ☐ HSM USB	인감카드 비밀번호	

위와 같이 인감카드 등의 (재)발급을 신청합니다.

년 월 일

신청인 인감제출자 (본 인) 성 명 (인) (전화 :)
(대리인) 성 명 (인) (전화 :)

지방법원 등기소 귀중

접수번호		인감카드번호	

- 대법원수입증지를 붙이는 란 -

주 1. 인감카드 비밀번호란에는 (재)발급받아 사용할 인감카드의 비밀번호를 기재하며, 아라비아숫자 6자릿수를 기재하여야 합니다. 비밀번호는 인감카드와 함께 인감증명서의 발급을 신청할 권한이 있는 것으로 보게 되는 중요한 자료이므로 권한이 없는 사람이 알지 못하도록 주의하시기 바랍니다.
2. 인감카드의 재발급을 신청할 때에는 「등기부 등·초본 등 수수료규칙」 제5조의7에 의하여 5,000원 상당의 대법원수입증지를 이 란에 붙여야 합니다. 다만, 인감카드를 반납할 때에는 붙일 필요가 없습니다.

위 임 장

성 명 : 법무사 ○ ○ ○ 주민등록번호(123456 - 7891234)
주 소 : ○○시 ○○군 ○○읍 ○○리 ○○

위의 사람에게, 위 (재)발급신청서에 기재된 인감카드 등의 발급신청과 그 수령 등에 관한 일체의 권한을 위임함.

200 년 월 일

인감신고인 성 명 (인)

제3절 영농(영어)조합 변경등기

제1관 임원변경

[사례] 영농(영어)조합법인 변경등기신청서(이사 임기만료로 인한 변경등기)

영농(영어)조합법인 변경등기신청

접수	년 월 일	처리인	접 수	조 사	기 입	교 합	각종통지
	제 호						

명 칭	영농(영어)조합법인 ○○	등기번호	
주 사 무 소	○○시 ○○구 ○○동 ○		
등기의 목적	이사변경등기		
등기의 사유	이사 ○○○은 20○○년 ○월 ○일 임기만료로 퇴임하고 20○○년 ○월 ○일 조합원총회에서 다음 사람이 이사로 선임되어 취임하였으므로 그 등기를 구함.		
본/지점 신청구분	1. 본점신청 □ 2. 지점신청 □ 3. 본·지점 일괄신청 □		

등 기 할 사 항
이사 이 유 진000000-0000000 (취임) 20○○년 ○월 ○일 변경

신청등기소 및 등록면허세/수수료						
순번	신청등기소	구분	등록면허세 지방교육세	농어촌특별세	세액합계	등기신청수수료
			금 23,000원 금 4,600원		금27,600원	금6,000원
합 계						
등기신청수수료 은행수납번호						

첨 부 서 면	
1. 정관(필요한 경우) 1통	1. 주민등록표등본 1통
1. 법인등기부등본 1통	1. 등록면허세영수필확인서 1통
1. 조합원총회의사록 1통	1. 위임장 1통
1. 취임승낙서(인감증명서포함) 1통	<기타>

20○○년 ○월 ○○일

신 청 인 명 칭 영농(영어)조합법인 ○○
주사무소 ○○시 ○○구 ○○동 00
대 표 자 성 명 ○ ○ ○ (인) (전화 :)
주 소 ○○시 ○○구 ○○동 111
대 리 인 성 명 법무사 ○ ○ ○ (인) (전화 :)
주 소 ○○시 ○○구 ○○동 112

○○지방법원 ○○등기소 귀중

- 신청서 작성요령 및 등기수입증지 첨부란 -

1. 해당란이 부족할 때에는 별지를 이용합니다.
1. 해당 등기신청과 관계없는 사항에 대하여는 "해당없음"으로 기재하거나 삭제하고, 필요한 사항은 추가 기재합니다.
1. 등기신청수수료 상당의 대법원등기수입증지를 이 난에 붙입니다.

[사례] 변경등기 신청대리위임장

위 임 장

법무사 이 장 수
○○시 ○○구 ○○동 ○
전화 000-1235

본인은 위 사람을 대리인으로 정하고 다음의 권한을 위임함.

다 음

1. 본 법인의 이사변경등기 신청 및 취하에 관한 일체의 행위.

20○○년 10 월 1 일

위임인 영농(영어)조합법인 ○○
○○시 ○○구 ○○동 00-0
대 표 자 ○○○ (인)

※ 법무사에게 위임을 한 경우 첨부하는 서면이다.

[사례] 조합원총회의사록

조합원총회 의사록

20○○년 11월 30일 본 조합 회의실에서 다음과 같이 이사회를 개최하다.

1. 총 조합원수 00명
1. 출석 조합원수 00명

의장 ○○○는 정관규정에 따라 의장석에 등단하여 금일 총회의 적법함을 알리고 개회를 선언하다. 이어 다음의 안을 부의하고 그 심의를 구하다.

제1호 의안 이사 선임의 건

의장은 이사 ○○○이 20○○년 ○월 ○일 임기만료로 퇴임함에 따라 금일 총회에서 이사를 보선하여야 한다고 상세히 설명한바, 출석한 조합원전원 일치되어 아래 사람을 이사로 선임하다.

이사 ○○○

위 피선자는 즉시 그 취임을 승낙하다.

이상으로 금일의안 전부 심의종료되었으므로 의장은 폐회(폐회시각은 14시 30분)를 선언하고 의장과 참석한 이사가 아래에 기명 날인하다.

년 월 일

영농(영어)조합법인 ○○
의장 이사장 이 의 현
이 사 이 유 진
이 사 한 종 호

※ 법인 총회 등의 의사록은 공증인의 인증을 받아야 한다.

[사례] 취임승낙서

취 임 승 낙 서

본인은 20○○년 11월 30일 귀 조합원총회에서 이사로 선임되었으므로 그 취임을 승낙함.

20○○년 11월 30일

이사 이 유 진 (인)

영농(영어)조합법인 ○○ 귀중

※ 취임승낙서에는 취임임원은 인감을 날인하고 인감증명서를 첨부하여야 한다. 취임승낙하는 임원이 여러 명인 경우 1장의 서면에 모두 작성할 수도 있다.

[사례] 영농(영어)조합법인 변경등기신청서(이사 해임으로 인한 변경등기)

영농(영어)조합법인 변경등기신청

접수	년 월 일	처리인	접 수	조 사	기 입	교 합	각종통지
	제 호						

명 칭	영농(영어)조합법인 ○○	등기번호	
주 사 무 소	○○시 ○○구 ○○동 ○		
등기의 목적	이사변경등기		
등기의 사유	이사 ○○○은 20○○년 ○월 ○일 해임되고 20○○년 ○월 ○일 조합원총회에서 다음 사람이 이사로 선임되어 취임하였으므로 그 등기를 구함.		
본/지점 신청구분	1. 본점신청 □ 2. 지점신청 □ 3. 본·지점 일괄신청 □		
등 기 할 사 항			
1) 이사 이동말 (20○○년 ○월 ○일 해임) 2) 이사 한영철 000000-0000000 (20○○년 ○월 ○일 취임)			

<table>
<tr><th colspan="7">신청등기소 및 등록면허세/수수료</th></tr>
<tr><th rowspan="2">순번</th><th rowspan="2">신청등기소</th><th rowspan="2">구분</th><th>등록면허세</th><th rowspan="2">농어촌특별세</th><th rowspan="2">세액합계</th><th rowspan="2">등기신청수수료</th></tr>
<tr><th>지방교육세</th></tr>
<tr><td rowspan="2"></td><td rowspan="2"></td><td rowspan="2"></td><td>금 23,000원</td><td rowspan="2"></td><td rowspan="2">금27,600원</td><td rowspan="2">금6,000원</td></tr>
<tr><td>금 4,600원</td></tr>
<tr><td></td><td></td><td></td><td></td><td></td><td></td><td></td></tr>
<tr><td colspan="3" rowspan="2">합 계</td><td></td><td rowspan="2"></td><td rowspan="2"></td><td rowspan="2"></td></tr>
<tr><td></td></tr>
<tr><td colspan="4">등기신청수수료 은행수납번호</td><td colspan="3"></td></tr>
</table>

첨 부 서 면

1. 정관(필요한 경우) 1통	1. 주민등록표등본 1통
1. 법인등기부등본 1통	1. 등록면허세영수필확인서 1통
1. 조합원총회의사록 1통	1. 위임장 1통
1. 취임승낙서(인감증명서포함) 각 1통	<기타>

20○○년 ○월 ○○일

신 청 인 명 칭 영농(영어)조합법인 ○○
주사무소 ○○시 ○○구 ○○동 00
대 표 자 성 명 ○ ○ ○ (인) (전화 :)
주 소 ○○시 ○○구 ○○동 111
대 리 인 성 명 법무사 ○ ○ ○ (인) (전화 :)
주 소 ○○시 ○○구 ○○동 112

○○지방법원 ○○등기소 귀중

- 신청서 작성요령 및 등기수입증지 첨부란 -

1. 해당란이 부족할 때에는 별지를 이용합니다.
1. 해당 등기신청과 관계없는 사항에 대하여는 "해당없음"으로 기재하거나 삭제하고, 필요한 사항은 추가 기재합니다.
1. 등기신청수수료 상당의 대법원등기수입증지를 이 난에 붙입니다.

[사례] 변경등기 신청대리위임장

위 임 장

법무사 이 장 수
○○시 ○○구 ○○동 ○
전화 000-1235

본인은 위 사람을 대리인으로 정하고 다음의 권한을 위임함.

다 음

1. 본 법인의 이사변경등기 신청 및 취하에 관한 일체의 행위.

20○○년 10 월 1 일

위임인 영농(영어)조합법인 ○○
○○시 ○○구 ○○동 00-0
대 표 자 ○○○ (인)

※ 법무사에게 위임을 한 경우 첨부하는 서면이다.

[사례] 조합원총회의사록

조합원총회 의사록

20○○년 11월 30일 본 조합 회의실에서 다음과 같이 이사회를 개최하다.

1. 총 조합원수 00명
1. 출석 조합원수 00명

의장 ○○○는 정관규정에 따라 의장석에 등단하여 금일 총회의 적법함을 알리고 개회를 선언하다. 이어 다음의 안을 부의하고 그 심의를 구하다.

제1호 의안 이사 해임의 건

의장은 이사 이동말은 본 법인에 약 3개월전에 사의를 표한 뒤 사임에 필요한 서류를 제출하지 않아 본 법인 운영에 막대한 지장이 초래되어 부득이 해임해야 될 이유를 설명하고 그 가부를 물은바 무기명 비밀 투표로 그 가부를 결정하기로 하여 즉시 투표한 결과 만장일치로 이사 이동말에 대한 해임을 결의하다.

제2호 의안 이사 선임의 건

의장은 이사 이동말은 해임되었으므로 금일 총회에서 이사를 보선하여야 한다고 상세히 설명한바, 출석한 조합원전원 일치되어 아래 사람을 이사로 선임하다.

이사 한영철

위 피선자는 즉시 그 취임을 승낙하다.

이상으로 금일의안 전부 심의 종료되었으므로 의장은 폐회(폐회시각은 14시 30분)를 선언하고 의장과 참석한 이사가 아래에 기명 날인하다.

년 월 일

영농(영어)조합법인 ○○

의장 이사장 이 의 현

이 사 한 영 철

이 사 한 종 호

※ 법인 총회 등의 의사록은 공증인의 인증을 받아야 한다.

[사례] 취임승낙서

취 임 승 낙 서
본인은 20○○년 11월 30일 총회에서 이사로 선임되었으므로 그 취임을 승낙함.
20○○년 11월 30일
이사 한 영 철 (인)
영농(영어)조합법인 ○○ 귀중

※ 취임승낙서에는 취임임원은 인감을 날인하고 인감증명서를 첨부하여야 한다. 취임승낙하는 임원이 여러 명인 경우 1장의 서면에 모두 작성할 수도 있다.

○ 해임이사의 경우는 서류가 필요없다.

[사례] 영농(영어)조합법인 변경등기신청서(이사 사임 및 보선으로)

영농(영어)조합법인 변경등기신청

<table>
<tr><td rowspan="2">접수</td><td>년 월 일</td><td rowspan="2">처리인</td><td>접 수</td><td>조 사</td><td>기 입</td><td>교 합</td><td>각종통지</td></tr>
<tr><td>제 호</td><td></td><td></td><td></td><td></td><td></td></tr>
</table>

<table>
<tr><td>명 칭</td><td>영농(영어)조합법인 ○○</td><td>등기번호</td><td></td></tr>
<tr><td>주 사 무 소</td><td colspan="3">○○시 ○○구 ○○동 ○</td></tr>
<tr><td>등기의 목적</td><td colspan="3">이사변경등기</td></tr>
<tr><td>등기의 사유</td><td colspan="3">이사 김장길은 20○○년 ○월 ○일 사임하고, 같은 날 총회에서 다음 사람이 선임되어 취임하였으므로 다음 사항의 등기를 구함.</td></tr>
<tr><td>본/지점 신청구분</td><td colspan="3">1. 본점신청 □ 2. 지점신청 □ 3. 본·지점 일괄신청 □</td></tr>
<tr><td colspan="4">등 기 할 사 항</td></tr>
<tr><td colspan="4">1) 이사 김장길
(20○○년 ○월 ○일 사임)

2) 이사 한영철 000000-0000000
(20○○년 ○월 ○일 취임)</td></tr>
</table>

<table>
<tr><td colspan="7">신청등기소 및 등록면허세/수수료</td></tr>
<tr><td rowspan="2">순번</td><td rowspan="2">신청등기소</td><td rowspan="2">구분</td><td>등록면허세</td><td rowspan="2">농어촌특별세</td><td rowspan="2">세액합계</td><td rowspan="2">등기신청수수료</td></tr>
<tr><td>지방교육세</td></tr>
<tr><td rowspan="2"></td><td rowspan="2"></td><td rowspan="2"></td><td>금 23,000원</td><td rowspan="2"></td><td rowspan="2">금27,600원</td><td rowspan="2">금6,000원</td></tr>
<tr><td>금 4,600원</td></tr>
<tr><td></td><td></td><td></td><td></td><td></td><td></td><td></td></tr>
<tr><td colspan="3" rowspan="2">합 계</td><td></td><td rowspan="2"></td><td rowspan="2"></td><td rowspan="2"></td></tr>
<tr><td></td></tr>
<tr><td colspan="4">등기신청수수료 은행수납번호</td><td colspan="3"></td></tr>
<tr><td colspan="7">첨 부 서 면</td></tr>
<tr><td colspan="4">1. 정관(필요한 경우) 1통
1. 법인등기부등본 1통
1. 조합원총회의사록 1통
1. 취임승낙서 1통</td><td colspan="3">1. 사임서(인감증명서포함) 1통
1. 주민등록표등본 1통
1. 등록면허세영수필확인서 1통
1. 위임장 1통
<기타></td></tr>
<tr><td colspan="7">20○○년 ○월 ○○일
신 청 인 명 칭 영농(영어)조합법인 ○○
주사무소 ○○시 ○○구 ○○동 00
대 표 자 성 명 ○ ○ ○ (인) (전화 :)
주 소 ○○시 ○○구 ○○동 111
대 리 인 성 명 법무사 ○ ○ ○ (인) (전화 :)
주 소 ○○시 ○○구 ○○동 112
○○지방법원 ○○등기소 귀중</td></tr>
</table>

- 신청서 작성요령 및 등기수입증지 첩부란 -
1. 해당란이 부족할 때에는 별지를 이용합니다. 1. 해당 등기신청과 관계없는 사항에 대하여는 "해당없음"으로 기재하거나 삭제하고, 필요한 사항은 추가 기재합니다. 1. 등기신청수수료 상당의 대법원등기수입증지를 이 난에 붙입니다.

[사례] 변경등기 신청대리위임장

위 임 장

법무사 이 장 수
○○시 ○○구 ○○동 ○
전화 000-1235

본인은 위 사람을 대리인으로 정하고 다음의 권한을 위임함.

다 음

1. 본 법인의 이사변경등기 신청 및 취하에 관한 일체의 행위.

20○○년 10 월 1 일

위임인 영농(영어)조합법인 ○○
○○시 ○○구 ○○동 00-0
대 표 자 ○○○ (인)

※ 법무사에게 위임을 한 경우 첨부하는 서면이다.

[사례] 조합원총회의사록

조합원총회 의사록

1. 개최일시 : 20○○년 11월 30일 00시
1. 개최장소 : ○○시 ○○구 ○○동 00-0 본 법인 회의실
1. 총 조합원수 00명
1. 출석 조합원수 00명

의장 ○○○는 정관규정에 따라 의장석에 등단하여 금일 총회의 적법함을 알리고 개회를 선언하다. 이어 다음의 안을 부의하고 그 심의를 구하다.

의안 : 이사 선임의 건

의장은 이사 김장길은 20○○년 ○월 ○일 사임하고, 금일 총회에서 이사를 보선하여야 한다고 상세히 설명한바, 출석한 조합원전원 일치되어 아래 사람을 이사로 선임하다.

이사 한 영 철

위 피선자는 즉시 그 취임을 승낙하다.

이상으로 금일의안 전부 심의 종료되었으므로 의장은 폐회(폐회시각은 14시 30분)를 선언하고 의장과 참석한 이사가 아래에 기명 날인하다.

년 월 일

영농(영어)조합법인 ○○
의장 이사장 이 의 현
이 사 한 영 철
이 사 한 종 호

※ 법인 총회 등의 의사록은 공증인의 인증을 받아야 한다.

[사례] 사임서

<table>
<tr><td>

사 임 서

본인은 개인사정으로 본 법인의 이사직을 사임합니다.

20○○년 11월 30일

이사 김 장 길 (인)

영농(영어)조합법인 ○○ 귀중

</td></tr>
</table>

※ 사임서에는 인감증명서를 첨부하여야 한다.

[사례] 취임승낙서

<table>
<tr><td>

취 임 승 낙 서

본인은 20○○년 11월 30일 총회에서 이사로 선임되었으므로 그 취임을 승낙함.

20○○년 11월 30일

이사 한 영 철 (인)

영농(영어)조합법인 ○○ 귀중

</td></tr>
</table>

※ 취임승낙서에는 취임임원은 인감을 날인하고 인감증명서를 첨부하여야 한다. 취임승낙하는 임원이 여러 명인 경우 1장의 서면에 모두 작성할 수도 있다.

[사례] 영농(영어)조합법인 변경등기신청서(이사 증원으로 인한 변경등기)

영농(영어)조합법인 변경등기신청

접수	년 월 일	처리인	접 수	조 사	기 입	교 합	각종통지
	제 호						

명 칭	영농(영어)조합법인 ○○	등기번호	
주 사 무 소	○○시 ○○구 ○○동 ○		
등기의 목적	이사변경등기		
등기의 사유	20○○년 ○월 ○일 총회에서 이사정원을 증원하기로 정관을 변경하고 같은 날 다음 사람이 선임되어 취임하였으므로 그 등기를 구함.		
본/지점 신청구분	1. 본점신청 □ 2. 지점신청 □ 3. 본·지점 일괄신청 □		
등 기 할 사 항			
이사 한영철 000000-0000000 (20○○년 ○월 ○일 취임)			

<table>
<tr><td colspan="8">신청등기소 및 등록면허세/수수료</td></tr>
<tr><td rowspan="2">순번</td><td rowspan="2">신청등기소</td><td rowspan="2">구분</td><td>등록면허세</td><td rowspan="2">농어촌특별세</td><td rowspan="2">세액합계</td><td rowspan="2">등기신청수수료</td></tr>
<tr><td>지방교육세</td></tr>
<tr><td rowspan="2"></td><td rowspan="2"></td><td rowspan="2"></td><td>금 23,000원</td><td rowspan="2"></td><td rowspan="2">금27,600원</td><td rowspan="2">금6,000원</td></tr>
<tr><td>금 4,600원</td></tr>
<tr><td></td><td></td><td></td><td></td><td></td><td></td><td></td></tr>
<tr><td colspan="3" rowspan="2">합 계</td><td></td><td rowspan="2"></td><td rowspan="2"></td><td rowspan="2"></td></tr>
<tr><td></td></tr>
<tr><td colspan="4">등기신청수수료 은행수납번호</td><td colspan="3"></td></tr>
</table>

<table>
<tr><td colspan="2">첨 부 서 면</td></tr>
<tr><td>1. 정관(필요한 경우) 1통
1. 법인등기부등본 1통
1. 조합원총회의사록 1통
1. 취임승낙서(인감증명서포함) 1통</td><td>1. 주민등록표등본 1통
1. 등록면허세영수필확인서 1통
1. 위임장 1통
<기타></td></tr>
</table>

20○○년 ○월 ○○일

신 청 인 명 칭 영농(영어)조합법인 ○○
주사무소 ○○시 ○○구 ○○동 00

대 표 자 성 명 ○ ○ ○ (인) (전화 :)
주 소 ○○시 ○○구 ○○동 111

대 리 인 성 명 법무사 ○ ○ ○ (인) (전화 :)
주 소 ○○시 ○○구 ○○동 112

○○지방법원 ○○등기소 귀중

- 신청서 작성요령 및 등기수입증지 첩부란 -

1. 해당란이 부족할 때에는 별지를 이용합니다.
1. 해당 등기신청과 관계없는 사항에 대하여는 “해당없음”으로 기재하거나 삭제하고, 필요한 사항은 추가 기재합니다.
1. 등기신청수수료 상당의 대법원등기수입증지를 이 난에 붙입니다.

[사례] 변경등기 신청대리위임장

위 임 장

법무사 이 장 수
○○시 ○○구 ○○동 ○
전화 000-1235

본인은 위 사람을 대리인으로 정하고 다음의 권한을 위임함.

다 음

1. 본 법인의 이사증원으로 인한 변경등기 신청 및 취하에 관한 일체의 행위.

20○○년 10 월 1 일

위임인 영농(영어)조합법인 ○○
○○시 ○○구 ○○동 00-0
대 표 자 ○○○ (인)

※ 법무사에게 위임을 한 경우 첨부하는 서면이다.

[사례] 조합원총회의사록

조합원총회 의사록

1. 개최일시 : 20○○년 11월 30일 00시
1. 개최장소 : ○○시 ○○구 ○○동 00-0 본 법인 회의실
1. 총 조합원수 00명
1. 출석 조합원수 00명

의장 ○○○는 정관규정에 따라 의장석에 등단하여 금일 총회의 적법함을 알리고 개회를 선언하다. 이어 다음의 안을 부의하고 그 심의를 구하다.

제1호 의안 : 이사 증원의 건

의장은 이사정원을 증원하기로 정관을 변경함에 따라 금일 총회에서 이사를 새로 선출하여야 한다고 상세히 설명한바, 출석한 조합원전원 일치되어 아래 사람을 이사로 선임하다.

이사 한 영 철

위 피선자는 즉시 그 취임을 승낙하다.

제2호 의안 정관변경의 건

의장은 이사의 인원수 증원에 수반하여 현행 정관 제○조를 다음과 같이 변경하고자 한다는 취지를 설명한바, 전원 이의 없이 변경할 것을 만장일치로 가결확정하다.

정관

제3조 (임원의 종별 및 인원의 수) 당 조합은 다음의 임원을 둔다.

1. 이사○명
2. 이사장 ○명
3. 상무이사○명
4. 감사○명

이상으로 금일의안 전부 심의종료되었으므로 의장은 폐회(폐회시각 00시 00)를 선

언하고 의장과 참석한 이사가 아래에 기명 날인하다.

년 월 일

영농(영어)조합법인 ○○
의장 이사장 이 의 현
이 사 한 영 철
이 사 한 종 호

※ 법인 총회 등의 의사록은 공증인의 인증을 받아야 한다.

[사례] 취임승낙서

취 임 승 낙 서

본인은 20○○년 11월 30일 총회에서 이사로 선임되었으므로 그 취임을 승낙함.

20○○년 11월 30일

이사 한 영 철 (인)

영농(영어)조합법인 ○○ 귀중

※ 취임승낙서에는 취임임원은 인감을 날인하고 인감증명서를 첨부하여야 한다. 취임승낙하는 임원이 여러 명인 경우 1장의 서면에 모두 작성할 수도 있다.

[사례] 영농(영어)조합법인 변경등기신청서(대표권제한규정변경-대표직만을 사임한 경우)

영농(영어)조합법인 변경등기신청

접수	년 월 일	처리인	접 수	조 사	기 입	교 합	각종통지
	제 호						

명 칭	영농(영어)조합법인 ○○	등기번호	
주 사 무 소	○○시 ○○구 ○○동 ○		
등기의 목적	대표권제한규정변경등기		
등기의 사유	대표권있는 이사 김일남은 대표직을 사임하고 20○○년 ○월 ○일 이사회에서 이사 한영철이 대표권있는 이사로 선임되어 같은 날 취임하여 대표권제한 규정이 다음과 같이 변경되었으므로 그 등기를 구함.		
본/지점 신청구분	1. 본점신청 □ 2. 지점신청 □ 3. 본·지점 일괄신청 □		
등 기 할 사 항			
이사 한영철외에는 대표권이 없음 ○○시 ○○구 ○○동 ○ (20○○년 ○월 ○일 변경)			

신청등기소 및 등록면허세/수수료						
순번	신청등기소	구분	등록면허세 지방교육세	농어촌특별세	세액합계	등기신청수수료
			금 23,000원 금 4,600원		금27,600원	금6,000원
합 계						
등기신청수수료 은행수납번호						

첨 부 서 면	
1. 정관(필요한 경우) 1통 1. 이사회의사록 1통 1. 사임서 1통 1. 취임승낙서(인감증명서포함) 1통 1. 인감신고서 1통	1. 주민등록표등본 1통 1. 등록면허세영수필확인서 1통 1. 위임장 1통 <기타>

20○○년 ○월 ○○일

신 청 인 명 칭 영농(영어)조합법인 ○○
주사무소 ○○시 ○○구 ○○동 00

대 표 자 성 명 ○ ○ ○ (인) (전화 :)
주 소 ○○시 ○○구 ○○동 111

대 리 인 성 명 법무사 ○ ○ ○ (인) (전화 :)
주 소 ○○시 ○○구 ○○동 112

○○지방법원 ○○등기소 귀중

- 신청서 작성요령 및 등기수입증지 첩부란 -

1. 해당란이 부족할 때에는 별지를 이용합니다.
1. 해당 등기신청과 관계없는 사항에 대하여는 "해당없음"으로 기재하거나 삭제하고, 필요한 사항은 추가 기재합니다.
1. 등기신청수수료 상당의 대법원등기수입증지를 이 난에 붙입니다.

[사례] 위임장

위 임 장

법무사 이 장 수
○○시 ○○구 ○○동 ○
전화 000-1235

본인은 위 사람을 대리인으로 정하고 다음의 권한을 위임함.

다 음

1. 본 법인의 대표권제한규정의 변경등기 신청 및 취하에 관한 일체의 행위.

20○○년 10 월 1 일

위임인 영농(영어)조합법인 ○○
○○시 ○○구 ○○동 00-0
대 표 자 ○○○ (인)

○ 이 위임장은 법무사에게 등기를 의뢰하는 경우 대리의 권한을 법무사에게 위임하는 서류로써 등기소에 제출하는 서류이다. 위임장에는 그 권한의 범위를 명확히 기재하여야 한다.

[사례] 이사회의사록

이사회 의사록

1. 개최일시 : 20○○년 11월 30일 00시
1. 개최장소 : ○○시 ○○구 ○○동 00-0 본 법인 회의실
1. 총이사수 00명
1. 출석이사수 00명

의장 ○○○는 정관규정에 따라 의장석에 등단하여 금일 총회의 적법함을 알리고 개회를 선언하다. 이어 다음의 안을 부의하고 그 심의를 구하다.

제1호 의안 : 대표권있는 이사변경의 건

의장인 김일남은 20○○년 ○월 ○일부로 대표권있는 이사직 사임으로 잠시 휴회를 선언한 후 의장석을 하단하고 이사 한영철이 의장석에 등단하여 속회하다.

의장은 김일남의 대표권있는 이사직 사임으로 현재 결원인바, 대표권있는 이사 1명을 선임해야 한다 말하고 그 선임을 구한즉 출석 조합원전원 일치되어 다음 사람을 대표권있는 이사로 선임하다.

대표권있는 이사 한영철

위 선출된 대표권있는 이사는 즉석에서 취임을 승낙하다.

이상으로 금일의안 전부 심의종료되었으므로 의장은 폐회(00시 00)를 선언하고 의장과 참석한 이사가 아래에 기명 날인하다.

년 월 일

영농(영어)조합법인 ○○
의장 이사장 한 영 철
이 사 김 일 남
이 사 한 종 호

※ 법인 총회 등의 의사록은 공증인의 인증을 받아야 한다.

[사례] 사임서

사 임 서
본인은 귀 법인의 대표권있는 이사인바, 개인 사정으로 그 대표직을 사임합니다. 20○○년 11월 30일 이사 김 일 남 (인) 영농(영어)조합법인 ○○ 귀중

※ 사임서에는 인감을 날인하고 인감증명서를 첨부하여야 한다.

[사례] 취임승낙서

취 임 승 낙 서
본인은 20○○년 11월 30일 이사회에서 대표권있는 이사로 선임되었으므로 그 취임을 승낙함. 20○○년 11월 30일 대표권있는 이사 한 영 철 (인) 영농(영어)조합법인 ○○ 귀중

※ 취임승낙서에는 취임임원은 인감을 날인하고 인감증명서를 첨부하여야 한다. 취임승낙하는 임원이 여러 명인 경우 1장의 서면에 모두 작성할 수도 있다.

[사례] 인감 · 개인(改印) 신고서

인감 · 개인(改印) 신고서

(신고하는 인감날인란) (인감제출자에 관한 사항)

상 호(명칭)		영농(영어)조합법인 ○○	등기번호	
본점(주사무소)				
인감제출자	자격/성명	대표자 ○○○		
	주민등록번호	123456-789123		
	주 소			

□ 위와 같이 인감을 신고합니다.
□ 위와 같이 개인(改印)하였음을 신고합니다.

20○○년 8월 27일 (개인인감 날인란)

신고인 본 인 성 명 (인)
대리인 성 명 (인)

지방법원 귀중

주 1. 개인인감 날인란에는 「인감증명법」에 의하여 신고한 인감을 날인하고 그 인감증명서(발행일로부터 3개월 이내의 것)를 첨부하여야 합니다. 개인(改印)신고의 경우, 개인인감을 날인하는 대신에 등기소에 신고한 유효한 종전 인감을 날인하여도 됩니다.
2. 인감·개인신고서에는 신고하는 인감을 날인한 인감대지를 첨부하여야 합니다.
3. 지배인이 인감을 신고하는 경우에는 인감제출자의 주소란에 지배인을 둔 장소를 기재하고, 「상업등기규칙」 제36조제4항의 보증서면(영업주가 등기소에 신고한 인감 날인)을 첨부하여야 합니다.

위 임 장

성 명 : 주민등록번호(-)
주 소 :

위의 사람에게, 위 인감신고 또는 개인신고에 관한 일체의 권한을 위임함.

200 년 월 일

인감(改印) 신고인 성 명 (인)

[사례] 인감대지

인 감 대 지

	신고하는 인감날인란	상 호(명 칭) : 영농(영어)조합법인 ○○ 자격 및 성명 : 대표자 ○○○ 주민등록번호 : -

※ 인감의 제출방법

○ 대표의 권한이 있는 이사는 인감을 신고하여야 한다. 인감의 제출 또는 인감의 변경신고는, 인감(改印)신고서를 작성하여 관할 등기소에 제출하는 방식으로 한다. 인감(改印)신고서를 제출할 때에는 신고하는 인감을 찍은 인감대지(위 참조)3장을 만들어 함께 제출하여야 한다.

○ 인감은 가로·세로 2.4센티미터의 정사각형 안에 들어갈 수 있어야 한다(상업등기규칙 제36조제5항).

○ 인감(改印)신고서에는 발행일로부터 3개월 이내의 인감증명서를 첨부하여야 한다. 취임승락서에 인감증명법에 의한 인감을 첨부한 경우에는 그 인감을 원용 할 수 있다.

○ 인감대지의 자격란에는 인감신고자에 따라 대표이사, 이사장, 지배인, 대리인, 상호사용자, 무능력자, 법정대리인 등으로 기재하고 성명을 기재한다.

[사례] 인감카드 등 (재)발급신청서

인감카드 등 (재)발급신청서

(인감제출자에 관한 사항)

상호(명칭)		영농(영어)조합법인 ○○	등기번호	
본점(주사무소)				
인감 제출자	자격 / 성명	대표자 ○○○		
	주민등록번호			

발급사유		□ 최초발급 □ 카드분실 □ 카드훼손 □ 인감증명서발급기능 □ 기타 ( )	
매체구분	□ 인감카드 □ HSM USB	인감카드 비밀번호	

위와 같이 인감카드 등의 (재)발급을 신청합니다.

년 월 일

신청인 인감제출자 (본 인) 성 명 (인) (전화 :)
(대리인) 성 명 (인) (전화 :)

지방법원 등기소 귀중

접수번호		인감카드번호	

- 대법원수입증지를 붙이는 란 -

주 1. 인감카드 비밀번호란에는 (재)발급받아 사용할 인감카드의 비밀번호를 기재하며, 아라비아숫자 6자릿수를 기재하여야 합니다. 비밀번호는 인감카드와 함께 인감증명서의 발급을 신청할 권한이 있는 것으로 보게 되는 중요한 자료이므로 권한이 없는 사람이 알지 못하도록 주의하시기 바랍니다.

2. 인감카드의 재발급을 신청할 때에는 「등기부 등·초본 등 수수료규칙」 제5조의7에 의하여 5,000원 상당의 대법원수입증지를 이 란에 붙여야 합니다. 다만, 인감카드를 반납할 때에는 붙일 필요가 없습니다.

위 임 장

성 명 : 법무사 ○ ○ ○ 주민등록번호(123456 - 7891234)
주 소 :

위의 사람에게, 위 (재)발급신청서에 기재된 인감카드 등의 발급신청과 그 수령 등에 관한 일체의 권한을 위임함.

200 년 월 일

인감신고인 성 명 (인)

[사례] 영농(영어)조합법인 변경등기신청서(대표권제한규정변경-대표권있는 이사가 이사직을 사임한 경우)

영농(영어)조합법인 변경등기신청

접수	년 월 일	처리인	접 수	조 사	기 입	교 합	각종통지
	제 호						

명 칭	영농(영어)조합법인 ○○	등기번호	
주 사 무 소	○○시 ○○구 ○○동 ○		
등기의 목적	대표권제한규정변경등기		
등기의 사유	대표권있는 이사 김일남이 이사직을 사임하고 20○○년 ○월 ○일 조합원총회에서 한영철이 이사로 선임되어 같은 날 취임하고 20○○년 ○월 ○일 이사회에서 대표권있는 이사직에 선임되어 대표권제한 규정이 다음과 같이 변경되었으므로 그 등기를 구함.		
본/지점 신청구분	1. 본점신청 ☐ 2. 지점신청 ☐ 3. 본・지점 일괄신청 ☐		

등 기 할 사 항
이사 : 김일남 (20○○년 ○월 ○일 사임) 이사 : 한영철(00000-000000) (20○○년 ○월 ○일 취임) 이사 한영철외에는 대표권이 없음 ○○시 ○○구 ○○동 ○ (20○○년 ○월 ○일 변경)

<table>
<tr><td colspan="7">신청등기소 및 등록면허세/수수료</td></tr>
<tr><td rowspan="2">순번</td><td rowspan="2">신청등기소</td><td rowspan="2">구분</td><td>등록면허세</td><td rowspan="2">농어촌특별세</td><td rowspan="2">세액합계</td><td rowspan="2">등기신청수수료</td></tr>
<tr><td>지방교육세</td></tr>
<tr><td rowspan="2"></td><td rowspan="2"></td><td rowspan="2"></td><td>금 23,000원</td><td rowspan="2"></td><td rowspan="2">금27,600원</td><td rowspan="2">금6,000원</td></tr>
<tr><td>금 4,600원</td></tr>
<tr><td></td><td></td><td></td><td></td><td></td><td></td><td></td></tr>
<tr><td colspan="3" rowspan="2">합 계</td><td></td><td rowspan="2"></td><td rowspan="2"></td><td rowspan="2"></td></tr>
<tr><td></td></tr>
<tr><td colspan="4">등기신청수수료 은행수납번호</td><td colspan="3"></td></tr>
<tr><td colspan="7">첨 부 서 면</td></tr>
<tr><td colspan="4">1. 정관(필요한 경우) 1통
1. 조합원총회의사록 1통
1. 이사회의사록 1통
1. 사임서 1통
1. 취임승낙서(인감증명서포함) 1통
1. 인감신고서 1통</td><td colspan="3">1. 주민등록표등본 1통
1. 등록면허세영수필확인서 1통
1. 위임장 1통
<기타></td></tr>
<tr><td colspan="7">20○○년 ○월 ○○일
신 청 인 명 칭 영농(영어)조합법인 ○○
주사무소 ○○시 ○○구 ○○동 00
대 표 자 성 명 ○ ○ ○ (인) (전화 :)
주 소 ○○시 ○○구 ○○동 111
대 리 인 성 명 법무사 ○ ○ ○ (인) (전화 :)
주 소 ○○시 ○○구 ○○동 112
○○지방법원 ○○등기소 귀중</td></tr>
</table>

- 신청서 작성요령 및 등기수입증지 첨부란 -

1. 해당란이 부족할 때에는 별지를 이용합니다.
1. 해당 등기신청과 관계없는 사항에 대하여는 "해당없음"으로 기재하거나 삭제하고, 필요한 사항은 추가 기재합니다.
1. 등기신청수수료 상당의 대법원등기수입증지를 이 난에 붙입니다.

[사례] 위임장

위 임 장

법무사 이 장 수
○○시 ○○구 ○○동 ○
전화 000-1235

본인은 위 사람을 대리인으로 정하고 다음의 권한을 위임함.

다 음

1. 본 법인의 이사변경·대표권제한규정의 변경등기 신청 및 취하에 관한 일체의 행위.

20○○년 10 월 1 일

위임인 영농(영어)조합법인 ○○
○○시 ○○구 ○○동 00-0
대 표 자 ○○○ (인)

○ 이 위임장은 법무사에게 등기를 의뢰하는 경우 대리의 권한을 법무사에게 위임하는 서류로써 등기소에 제출하는 서류이다. 위임장에는 그 권한의 범위를 명확히 기재하여야 한다.

[사례] 조합원총회의사록

조합원총회의사록

1. 개최일시 : 20○○년 11월 30일 00시
1. 개최장소 : ○○시 ○○구 ○○동 00-0 본 법인 회의실
1. 총 조합원수 00명
1. 출석 조합원수 00명

의장 ○○○는 정관규정에 따라 의장석에 등단하여 금일 총회의 적법함을 알리고 개회를 선언하다. 이어 다음의 안을 부의하고 그 심의를 구하다.

제1호 의안 : 이사변경의 건

의장인 김일남은 20○○년 ○월 ○일부로 이사직 및 대표권있는 대표이사직을 사임함에 따라 잠시 휴회를 선언한 후 의장석을 하단하고 이사 한종호가 임시의장으로 의장석에 등단하여 속회하다.

의장은 김일남의 이사직 사임으로 현재 결원인바, 이사 1명을 선임해야 한다 말하고 그 선임을 구한즉 출석 조합원전원 일치되어 다음 사람을 이사로 선임하다.

이사 한 영 철

위 선출된 이사는 즉석에서 취임을 승낙하다.

이상으로 금일의안 전부 심의종료되었으므로 의장은 폐회(00시 00)를 선언하고 의장과 참석한 이사가 아래에 기명 날인하다.

년 월 일

영농(영어)조합법인 ○○
의 장 이사 한 종 호
이 사 한 영 철
이 사 정 일 권

※ 법인 총회 등의 의사록은 공증인의 인증을 받아야 한다.

[사례] 이사회의사록

이사회의사록

1. 개최일시 : 20○○년 11월 30일 00시
1. 개최장소 : ○○시 ○○구 ○○동 00-0 본 법인 회의실
1. 총이사수 00명
1. 출석이사수 00명

의장 ○○○는 정관규정에 따라 의장석에 등단하여 금일 총회의 적법함을 알리고 개회를 선언하다. 이어 다음의 안을 부의하고 그 심의를 구하다.

제1호 의안 : 대표권있는 이사선임의 건

의장은 이사인 김일남의 대표권있는 이사직 사임으로 현재 결원인바, 대표권있는 이사 1명을 선임해야 한다 말하고 그 선임을 구한즉 출석 조합원전원 일치되어 다음 사람을 대표권있는 이사로 선임하다.

대표권있는 이사 한영철

위 선출된 대표권있는 이사는 즉석에서 취임을 승낙하다.

이상으로 금일의안 전부 심의종료되었으므로 의장은 폐회(00시 00)를 선언하고 의장과 참석한 이사가 아래에 기명 날인하다.

년 월 일

영농(영어)조합법인 ○○
의장 이사장 한 영 철
이 사 정 일 권
이 사 한 종 호

※ 법인 총회 등의 의사록은 공증인의 인증을 받아야 한다.

[사례] 사임서

<table><tr><td>

사 임 서

본인은 귀 법인의 대표권있는 이사인바, 개인 사정으로 그 대표직 및 이사직을 사임합니다.

20○○년 11월 30일

성명 김 일 남 (인)

영농(영어)조합법인 ○○ 귀중

</td></tr></table>

※ 사임서에는 인감을 날인하고 인감증명서를 첨부하여야 한다.

[사례] 취임승낙서

<table><tr><td>

취 임 승 낙 서

본인은 20○○년 11월 30일 이사회에서 대표권있는 이사로 선임되었으므로 그 취임을 승낙함.

20○○년 11월 30일

대표권있는 이사 한 영 철 (인)

영농(영어)조합법인 ○○ 귀중

</td></tr></table>

※ 취임승낙서에는 취임임원은 인감을 날인하고 인감증명서를 첨부하여야 한다. 취임승낙하는 임원이 여러 명인 경우 1장의 서면에 모두 작성할 수도 있다.

[사례] 인감 · 개인(改印) 신고서

인감 · 개인(改印) 신고서

(신고하는 인감날인란) (인감제출자에 관한 사항)

상 호(명칭)		영농(영어)조합법인 ○○	등기번호	
본점(주사무소)				
인감제출자	자격/성명	이사장 ○○○		
	주민등록번호	123456-789123		
	주 소			

□ 위와 같이 인감을 신고합니다.
□ 위와 같이 개인(改印)하였음을 신고합니다.

20○○년 8월 27일 (개인인감 날인란)

신고인 본 인 성 명 (인)
대리인 성 명 (인)

지방법원 귀중

주 1. 개인인감 날인란에는 「인감증명법」에 의하여 신고한 인감을 날인하고 그 인감증명서(발행일로부터 3개월 이내의 것)를 첨부하여야 합니다. 개인(改印)신고의 경우, 개인인감을 날인하는 대신에 등기소에 신고한 유효한 종전 인감을 날인하여도 됩니다.
2. 인감·개인신고서에는 신고하는 인감을 날인한 인감대지를 첨부하여야 합니다.
3. 지배인이 인감을 신고하는 경우에는 인감제출자의 주소란에 지배인을 둔 장소를 기재하고, 「상업등기규칙」 제36조제4항의 보증서면(영업주가 등기소에 신고한 인감 날인)을 첨부하여야 합니다.

위 임 장

성 명 : 주민등록번호(-)
주 소 :

위의 사람에게, 위 인감신고 또는 개인신고에 관한 일체의 권한을 위임함.

200 년 월 일

인감(改印) 신고인 성 명 (인)

[사례] 인감대지

인 감 대 지

<table>
<tr><td rowspan="3"></td><td rowspan="3">신고하는 인감날인란</td><td>상 호(명 칭) : 영농(영어)조합법인 ○○</td></tr>
<tr><td>자격 및 성명 : 이사장 ○○○</td></tr>
<tr><td>주민등록번호 :　　　　-</td></tr>
</table>

※ 인감의 제출방법

○ 대표의 권한이 있는 이사는 인감을 신고하여야 한다. 인감의 제출 또는 인감의 변경신고는, 인감(改印)신고서를 작성하여 관할 등기소에 제출하는 방식으로 한다. 인감(改印)신고서를 제출할 때에는 신고하는 인감을 찍은 인감대지(위 참조)3장을 만들어 함께 제출하여야 한다.

○ 인감은 가로·세로 2.4센티미터의 정사각형 안에 들어갈 수 있어야 한다(상업등기규칙 제36조제5항).

○ 인감(改印)신고서에는 발행일로부터 3개월 이내의 인감증명서를 첨부하여야 한다. 취임승락서에 인감증명법에 의한 인감을 첨부한 경우에는 그 인감을 원용 할 수 있다.

○ 인감대지의 자격란에는 인감신고자에 따라 대표이사, 이사장, 지배인, 대리인, 상호사용자, 무능력자, 법정대리인 등으로 기재하고 성명을 기재한다.

[사례] 인감카드 등 (재)발급신청서

인감카드 등 (재)발급신청서

(인감제출자에 관한 사항)

상호(명칭)		영농(영어)조합법인 ○○	등기번호	
본점(주사무소)				
인감 제출자	자격 / 성명	이사장 ○○○		
	주민등록번호			

발급사유		□ 최초발급 □ 카드분실 □ 카드훼손 □ 인감증명서발급기능 □ 기타 (　　　　　　　　　　)	
매체구분	□ 인감카드　　□ HSM USB	인감카드 비밀번호	

위와 같이 인감카드 등의 (재)발급을 신청합니다.

년　　월　　일

신청인 인감제출자 (본　인) 성　　　명　　　(인)　(전화 :　　　　　　)
(대리인) 성　　　명　　　(인)　(전화 :　　　　　　)

지방법원　　　　　등기소 귀중

접수번호		인감카드번호	

- 대법원수입증지를 붙이는 란 -

주 1. 인감카드 비밀번호란에는 (재)발급받아 사용할 인감카드의 비밀번호를 기재하며, 아라비아숫자 6자릿수를 기재하여야 합니다. 비밀번호는 인감카드와 함께 인감증명서의 발급을 신청할 권한이 있는 것으로 보게 되는 중요한 자료이므로 권한이 없는 사람이 알지 못하도록 주의하시기 바랍니다.

2. 인감카드의 재발급을 신청할 때에는 「등기부 등・초본 등 수수료규칙」 제5조의7에 의하여 5,000원 상당의 대법원수입증지를 이 란에 붙여야 합니다. 다만, 인감카드를 반납할 때에는 붙일 필요가 없습니다.

위 임 장

성 명 : 법무사 ○ ○ ○　　　　　주민등록번호(123456 - 7891234)
주 소 :

위의 사람에게, 위 (재)발급신청서에 기재된 인감카드 등의 발급신청과 그 수령 등에 관한 일체의 권한을 위임함.

200　년　　월　　일

인감신고인　성 명　　　　　　(인)

제2관 주 사무소 이전, 지점설치·이전, 폐지

제1. 주 사무소 이전

1. 서 설

영농(영어)조합법인의 "주 사무소 이전"의 등기란 등기부상에 기재된 조합법인의 영업을 총괄하는 영업소의 구체적인 소재장소를 이전하는 등기를 말하는데, 실제로 주 사무소를 이전하지 않은 상태에서 이전일자를 미리 예정하여 주 사무소 이전의 등기를 하는 것은 허용되지 않는다.

주 사무소 이전의 등기는 등기소의 관할을 기준으로 동일한 등기소의 관할구역 내에서의 주 사무소를 이전하는 경우와 다른 등기소의 관할구역 내로 이전하는 경우로 구분할 수 있다.

2. 동일한 등기소 관할구역 내에서 주 사무소를 이전하는 경우

가. 개 설

정관상 주 사무소의 소재지로 최소행정구역만을 기재하고 있는 경우에 동일한 최소행정구역 내에서 주 사무소의 소재장소만을 이전하는 때에는 이사회의 주 사무소 이전에 관한 결의로 주 사무소를 이전할 수 있다. 하지만 정관상 주 사무소의 소재지로 최소행정구역 외에 그 소재지번・동・호수까지 기재하고 있는 경우에는 동일한 등기소의 관할구역 내에서 주 사무소를 이전하는 경우에도 정관의 변경이 필요하므로 총회의 특별결의로 정관을 변경한 후 이사회 결의로 이전일자 등 주 사무소 이전과 관련된 업무집행에 관한 의사결정을 하여야 한다.

실무에서는 조합법인설립시 정관에는 주 사무소 소재지의 최소독립행정구역(특별시, 광역시)만 기재하고 구체적인 장소는 이사회결의로 정하고, 있어, 타관할로 이전하기 전에는 정관의 변경을 요하지 아니한다.

나. 신청의 방법

(1) 개 설

다른 등기소의 관할구역 내로 주 사무소를 이전한 경우에는 구소재지에서 하는 주 사무소 이전의 등기신청과 신소재지에서의 이전등기신청을 하여야 하나, 동일한 등기소 관할구역 내에서 주 사무소를 이전하는 경우에는 신소재지에서의 이전등기만하면 된다.

주 사무소 이전의 등기는 대표이사가 등기신청서를 등기소에 제출함으로서 한다.

(2) 등기기간 및 기산점

영농조합법인의 각 등기사항이 변경된 경우에는 2주일 이내에 변경된 사항을 등기신청하여야 한다(등기선례 200404-11, 2004. 4. 14. 공탁법인 3402-88 질의회답).

주식회사의 경우 본점이전 및 지점설치시 등기기간의 기산점은 주주총회나 이사회에서 결의한 일자가 아니라 실제로 본점을 이전하거나 지점을 설치한 일자가 될 것이나, 사전에 본점이전 및 지점설치를 한 다음에 이사회 결의가 있는 경우에는 그 이사회의 결의가 있는 날로부터 등기기간이 진행된다고 보아야 할 것이다(등기선례 200307-11).

(3) 첨부서면

(가) 통 칙

전자정부법에 규정된 행정정보공동이용의 절차에 따라 다른 행정기관의 행정정보를 공동으로 이용할 수 있는 경우에는 대법원규칙으로 정하는 바에 따라 등기신청에 필요한 서면 중 일부를 제출하지 아니할 수 있다.

(나) 의사록 등

첨부서면으로 원칙적으로 이사회의사록을 첨부하여야 한다. 다만 정관상 주 사무소의 소재지가 그 소재지번·동·호수까지 기재되어 있을 경우에는 정관변경을 하여야 하므로 정관변경의 총회의사록을 제출하여야 한다.

주 사무소 이전의 등기 시에는 인감의 제출자에 관한 사항에 변경이 생기지만 대표이사의 인감을 다시 제출할 필요가 없고(등기예규 제1456호 2바.1)), 주 사무소 이전과 동시에 인감 자체를 변경한 경우에만 개인신고서(改印申告書)를 제출하면 된다(등기예규 제1456호 2.다.1)).

(4) 등록면허세 등

조합법인이 주 사무소를 다른 등기소 관할구역 내로 이전한 경우에는 구 소재지에서는

23,000원, 신 소재지에서는 75,000원(대도시에서 대도시 외의 관할로 이전한 경우에는 면제)의 등록면허세와 등록면허세의 20/100의 지방교육세를 납부 납부하여야 하나, 신 소재지가 동일 등기소 관할 구역 내인 경우에는 등록면허세 75,000원(지방세법 제28조 제1항)과 등록면허세의 20/100의 지방교육세만을 납부한다.

수 개의 등기사항을 하나의 신청서로써 일괄하여 신청하는 경우, 합산한 금액의 등록면허세를 납부하여야 한다(등기예규 제1038호).

(5) 대법원수입증지(수수료)

(가) 주 사무소를 동일 등기소 관할구역내로 이전하는 경우 서면제출의 경우는 주 사무소 이전등기의 신청수수료는 6천원이다.

수입증지는 법원구내 및 등기소 가까운 금융기관(농협, 신한은행)에서 구입할 수 있으며 등기신청서의 "을"지 즉, "신청등기소 및 등록면허세/수수료"란에 붙인다.

전자신청의 경우는 등기신청수수료는 2천원이고, 전자표준양식에 의하여 신청하는 경우 등기신청수수료는 4천원을 납부하여야 한다(등기예규 제1403호).

(나) 수개의 등기사항을 일괄하여 하나의 신청서로써 등기신청을 하는 경우에는 각 등기의 목적에 따른 소정의 신청수수료를 합산한 금액을 등기신청수수료로 납부하여야 한다(등기예규 제1403호).

[사례] 영농(영어)조합법인 주사무소이전등기신청서(동일관할내 이전)

영농(영어)조합법인 주사무소이전등기신청

접수	년 월 일	처리인	접 수	조 사	기 입	교 합	각종통지
	제 호						

명 칭	○○영농(영어)조합법인	등기번호	
주 사 무 소	○○도 ○○군 ○○읍 ○○리 00-0		
등기의 목적	주사무소 이전등기		
등기의 사유	200○년 ○월 ○일 이사회결의에 의하여 200○년 ○월 ○일 주 사무소를 다음 장소로 이전하였으므로 그 등기를 구함.		
본/지점 신청구분	1. 본점신청 □ 2. 지점신청 □ 3. 본·지점 일괄신청 □		
등 기 할 사 항			
신 주 사 무 소	○○도 ○○군 ○○읍 ○○리 00-0		
이전연월일	20○○년 ○월 ○일 주 사무소 이전		
기 타			

<table>
<tr><td colspan="7">신청등기소 및 등록면허세/수수료</td></tr>
<tr><td rowspan="2">순번</td><td rowspan="2">신청등기소</td><td rowspan="2">구분</td><td>등록면허세</td><td rowspan="2">농어촌특별세</td><td rowspan="2">세액합계</td><td rowspan="2">등기신청수수료</td></tr>
<tr><td>지방교육세</td></tr>
<tr><td rowspan="2"></td><td rowspan="2"></td><td rowspan="2"></td><td>금75,000원</td><td rowspan="2"></td><td rowspan="2">금90,000원</td><td rowspan="2">금6,000원</td></tr>
<tr><td>금 15,000원</td></tr>
<tr><td></td><td></td><td></td><td></td><td></td><td></td><td></td></tr>
<tr><td colspan="3" rowspan="2">합 계</td><td></td><td rowspan="2"></td><td rowspan="2"></td><td rowspan="2"></td></tr>
<tr><td></td></tr>
<tr><td colspan="4">등기신청수수료 은행수납번호</td><td colspan="3"></td></tr>
<tr><td colspan="7">첨 부 서 면</td></tr>
<tr><td colspan="4">1. 정관(필요한 경우) 1통
1. 이사회의사록 1통</td><td colspan="3">1. 등록면허세영수필확인서 1통
1. 위임장 1통
<기타></td></tr>
</table>

20○○년 ○월 ○○일

신 청 인 명 칭 ○○ 영농(영어)조합법인
주사무소 ○○도 ○○군 ○○읍 ○○리 00-0

대표 이사 성 명 ○ ○ ○ (인) (전화 :)
주 소 ○○도 ○○군 ○○읍 ○○리 00-0

대 리 인 성 명 법무사 ○ ○ ○ (인) (전화 :)
주 소 ○○시 ○○구 ○○동 112

○○지방법원 ○○등기소 귀중

- 신청서 작성요령 및 등기수입증지 첨부란 -

1. 해당란이 부족할 때에는 별지를 이용합니다.
1. 해당 등기신청과 관계없는 사항에 대하여는 "해당없음"으로 기재하거나 삭제하고, 필요한 사항은 추가 기재합니다.
1. 등기신청수수료 상당의 대법원등기수입증지를 이 난에 붙입니다.

[사례] 이사회의사록

이사회의사록

1. 200○년 ○월 ○일 오전 10시 당 조합법인 회의실에서 다음 의안을 심의키 위하여 이사회를 개최하다.
1. 총 이사수 ○○명
1. 출석 이사 수 ○○명
1. 개회선언

대표이사 김종국은 정관규정에 따라 의장석에 등단하여 위와 같이 법정수에 달하는 이사가 출석하였으므로 본 이사회는 적법하게 성립됨을 고하고 개회를 선언하다

의 안 : 주 사무소 이전의 건

의장은 당 조합법인의 주 사무소를 다음 장소로 이전하여야 할 필요성을 설명하고 그 가부를 물은바 전원 만장일치로 다음과 같이 승인가결하다.

1. 신 본 점 : ○○도 ○○군 ○○읍 ○○리 00-0
   이전년월일 : 20○년 ○월 ○일

의장은 이상으로서 의안 심의를 종료하고 폐회를 선언하다.(회의종료시각 10시 30분)
위 결의를 명확히 하기 위하여 이의사록을 작성하고 의장 및 출석한 이사, 감사가 다음에 기명날인하다.

200○년 ○월 ○일

○○ 영농(영어)조합법인
의장 대표이사 김 종 국
이 사 이 ○ ○
이 사 박 ○ ○
이 사 최 ○ ○
출석한 이사 전원 기명날인

3. 다른 등기소 관할구역 내로 이전한 경우

가. 개 설

다른 등기소 관할구역 내로 주 사무소를 이전하는 경우에는 정관상 주 사무소의 소재지가 최소행정구역만으로 기재되어 있든지 아니면 소재지번·동·호수까지 기재되어 있든지 간에 정관의 변경이 필요하다.

따라서 이 경우에는 정관상 주 사무소의 소재지가 변경되어야 하므로 총회의 결의에 의하여 정관을 변경한 후 총회 의사록을 첨부하여 주 사무소이전의 등기를 신청하여야 한다

나. 신청방법

(1) 동시신청

주 사무소를 다른 등기소의 관할구역 내로 이전한 경우에 신소재지에서 하는 등기의 신청은 구소재지를 관할하는 등기소를 거쳐야 하고, 신소재지에서 하는 등기의 신청과 구소재지에서 하는 등기의 신청은 구소재지를 관할하는 등기소에 동시에 하여야 한다.

(2) 일괄신청

신소재지에서 하는 주 사무소 이전등기의 신청은 구소재지 관할 등기소에서 하는 주 사무소 이전등기의 신청서에 신소재지를 관할하는 등기소에 하는 등기의 신청에 관한 정보를 함께 기록하여 제출하는 방식으로 일괄신청하여야 한다.

(3) 등기사항

(가) 개 설

다른 등기소의 관할구역 내로 주 사무소를 이전하는 경우에는 구소재지 관할등기소에서 하는 등기의 신청서에 신소재지 관할등기소에서 하는 등기의 신청에 관한 정보를 함께 기록하여 제출하여야 한다.

신청서에 기재하여야 할 등기할 사항과 관련해서는 구소재지에서의 등기신청서에는 '신주 사무소 이전으로 이전한 뜻과 그 연월일'을 기재하여야 하고, 신소재지에서 하는 등기의 신청에는 '신주 사무소 이전으로 이전한 뜻과 그 연월일'과 '이사, 대표이사, 감사의 취임연월일'을 기재하여야 한다.

(나) 신청인

주 사무소 이전의 등기는 대표이사가 신청하여야 한다.

(4) 첨부서면

주 사무소의 소재지는 정관의 절대적 기재사항에 해당하는데, 주 사무소를 다른 등기소의 관할구역 내로 이전하는 경우에는 정관상 주 사무소의 소재지가 변경되어야 하므로 이러한 정관상 주 사무소의 소재지가 변경된 사실을 증명하기 위하여 정관변경을 결의한 총회의사록을 첨부하여야 한다. 다만 이 경우에 새로운 주 사무소의 소재지가 기재된 정관을 첨부할 필요는 없다.

한편, 총회에서 정관상 주 사무소의 소재지를 변경하였다고 하더라도 이전일자, 이전장소 등 주 사무소 이전과 관련된 업무집행에 관한 구체적인 의사결정은 이사회가 하여야 하므로 이사회의사록도 첨부하여야 한다.

주 사무소 이전의 등기시에는 인감의 제출자에 관한 사항에 변경이 생기지만 대표이사의 인감을 다시 제출할 필요가 없고(등기예규 제1456호 2바.1)), 주 사무소 이전과 동시에 인감 자체를 변경한 경우에만 개인신고서(改印申告書)를 제출하면 된다(등기예규 제1456호 2.다.1)).

(5) 등록면허세

다른 등기소의 관할구역 내로 주 사무소를 이전한 경우에는 우선 구소재지에서 하는 주 사무소 이전의 등기신청시 등록면허세 23,000원 및 지방교육세 4,600원을 납부하여야 하고, 신소재지에서 하는 주 사무소 이전의 등기신청시에는 등록면허세 75,000원과 지방교육세 15,000원을 납부하여야 한다.

(6) 등기신청수수료

구소재지에서 하는 주 사무소 이전의 등기신청과 관련해서는 6,000원의 등기신청수수료를 납부하여야 하고(수수료규칙 5조의3 2항 본문), 신소재지에서 하는 주 사무소 이전의 등기신청과 관련해서는 30,000원을 납부하여야 한다(수수료규칙 5조의3 1항 2호).

수입증지는 법원구내 및 등기소 가까운 금융기관(농협, 신한은행)에서 구입할 수 있으며 등기신청서의 "을"지 즉, "신청등기소 및 등록면허세/수수료"란에 붙인다.

전자신청의 경우는 등기신청수수료는 2,000원이고, 전자표준양식에 의하여 신청하는 경우 등기신청수수료는 4,000원을 납부하여야 한다(등기예규 제1403호 2011.10.11 개정).

[사례] 영농(영어)조합법인 주 사무소 이전(타 관할 이전)

영농(영어)조합법인 주 사무소이전(타관할)등기신청

접수	년 월 일	처리인	접 수	조 사	기 입	교 합	각종통지
	제 호						

명 칭	○○ 영농(영어)조합법인	등기번호	
주 사 무 소	○○도 ○○군 ○○읍 ○○리 00-0		
등 기 의 목 적	주 사무소 이전등기		
등 기 의 사 유	20○○년 ○월 ○일 총회결의에 의하여 정관을 변경하고 20○○년 ○월 ○일 주 사무소를 다음 장소로 이전하였으므로 그 등기를 구함.		
구 주 사무소 관할등기소에 등기할 사항			
주 사무소를 이전한 뜻과 그 연월일	신주 사무소 : ○○도 ○○군 ○○읍 ○○리 00-0 20○○년 ○월 ○일 이전		
신 주 사무소 관할등기소에 등기할 사항			
명 칭	○○ 사회복지법인		
주 사 무 소	○○도 ○○군 ○○읍 ○○리 00-0		
목 적	본 조합법인은 협업적 농업경영을 통하여 생산성을 높이고 농산물의 출하·가공·수출 등을 통하여 조합원의 소득증대를 도모함을 목적으로 다음의 사업을 한다. 1. 집단재배 및 공동작업에 관한 사업 2. 농업에 관련된 공동이용시설의 설치 및 운영 3. 농기계 및 시설의 대여사업 4. 농작업의 대행 5. 농산물의 공동출하·가공 및 수출 6. 위 사업에 관련된 부대사업일체		

출자액의 납입방법·산정방법과 조합원 1명이 출자할 수 있는 출자액의 최고한도에 관한 사항	출자액의 납입방법 : 현금(또는 농지, 농기계 등 현물)으로 이사회에서 정하는 납입일자에 일시납입한다. 출자액의 산정방법 : 농지・농기계 등 현물의 출자액 산출은 이사회(설립시는 창립총회)에서 정하는 평가율에 의하여 환가한다. 조합원 1명이 출자할 수 있는 출자액의 최고한도 : 총 출자좌수의 ○분의○
출자 총좌수와 납입할 총출자액	출자의 총좌수 : 000좌 납입할 총출자액 : 금000원
이사, 감사의 성명 및 주민등록번호, 취임연월일	이사 ○○○(000000-0000000) 20○○년 ○월 ○일 취임 이사 ○○○(000000-0000000) 20○○년 ○월 ○일 취임 이사 ○○○(000000-0000000) 20○○년 ○월 ○일 취임 이사 ○○○(000000-0000000) 20○○년 ○월 ○일 취임 이사 ○○○(000000-0000000) 20○○년 ○월 ○일 취임 이사 ○○○(000000-0000000) 20○○년 ○월 ○일 취임 감사 ○○○(000000-0000000) 20○○년 ○월 ○일 취임 감사 ○○○(000000-0000000) 20○○년 ○월 ○일 취임
조합법인을 대표할 조합원의 주소와 성명, 취임연월일	정 순 태 ○○시 ○○구 ○○동 00-0 20○○년 ○월 ○일 취임
해산사유	별지와 같음
이전연월일	20○○년 ○월 ○일
법인성립연월일	20○○년 ○월 ○일
기 타	

신청등기소 및 등록면허세/수수료						
순번	신청등기소	구분	등록면허세 지방교육세	농어촌특별세	세액합계	등기신청수수료
		구 주 사무소	금 23,000원 금 4,600원		금 27,600원	금 6,000원
		신 주 사무소	금75,000원 금15,000원		금 90,000원	금 30,000원
		구 주 사무소	금 23,000원 금 4,600원		금 27,600원	금 6,000원
합 계						
등기신청수수료 은행수납번호						
첨 부 서 면						
1. 총회의사록 통 1. 이사회의사록 통 1. 등록면허세영수필확인서 통 1. 위임장(대리인이 신청할 경우) 통				<기 타>		

년 월 일

신청인 상 호 ○○ 영농(영어)조합법인
본 점 ○○도 ○○군 ○○읍 ○○리 00-0
조 합 장 성 명 정 순 태 (인) (전화 :)
주 소 ○○도 ○○군 ○○읍 ○○리 00-0
대리인 성 명 법무사 (인) (전화 :)
주 소 ○○도 ○○군 ○○읍 ○○리 00-0

○○지방법원 ○○등기소 귀중

- 신청서 작성요령 및 등기수입증지 첩부란 -

1. 해당란이 부족할 때에는 별지를 이용합니다.
1. 해당 등기신청과 관계없는 사항에 대하여는 "해당없음"으로 기재하거나 삭제하고, 필요한 사항은 추가 기재합니다.
1. 등기신청수수료 상당의 대법원등기수입증지를 이 난에 붙입니다.

(용지규격 21㎝× 29.7㎝)

[사례] 총회의사록

총회의사록

1. 개최일시 : 20○○년 12월 12일 오전 10시
1. 개최장소 : ○○도 ○○군 ○○읍 ○○리 00-0 본 조합법인 사무실
1. 총 조합원 수 : ○○명
1. 출석 조합원 수

내역 본인출석 : ○○명

대리출석 : ○○명

1. 개회선언

대표이사 정순태는 정관규정에 따라 의장석에 등단하여 위와 같이 법정수에 달하는 조합원이 출석하였으므로 본 총회가 적법히 성립됨을 알리고 개회를 선언한 후 다음 의안을 부의하고 심의를 구하다.

의안 : 주 사무소 및 정관변경의 건

의장은 당 조합법인의 주 사무소를 이전하여야 할 필요성을 설명하고 이에 수반하여 현행 정관 제3조를 다음과 같이 변경하여야 함을 물은즉 전원 만장일치로 승인가결하다.

1. 정관변경 : 제○조 (주 사무소) 본 조합법인의 주 사무소는 ○○도 ○○군에 둔다.

이상으로서 금일 의안 전부 심의 종료하였으므로 의장은 폐회를 선언하다.(회의종료 시각 10시 20분)

위 결의를 명확히 하기 위하여 출석한 의장과 조합원이 다음에 기명 날인하다.

200○년 12월 12일

○○ 영농(영어)조합법인

의장 대표이사 정 순 태

이하 출석조합원 전원 기명날인

[사례] 이사회의사록

이사회의사록

1. 200○년 ○월 ○일 오전 10시 당 조합법인 회의실에서 다음 의안을 심의키 위하여 이사회를 개최하다.
1. 총 이사수 ○○명
1. 출석 이사 수 ○○명
1. 개회선언

대표이사 정순태는 정관규정에 따라 의장석에 등단하여 위와 같이 법정수에 달하는 이사가 출석하였으므로 본 이사회는 적법하게 성립됨을 고하고 개회를 선언하다

의 안 : 주 사무소 이전의 건

의장은 당 조합법인의 주 사무소를 이전함에 있어서 그 이전일자와 구체적 장소를 결정하여 줄 것을 요구하니 전원 만장일치로 다음과 같이 결정하다.

1. 신 본 점 : ○○도 ○○군 ○○읍 ○○리 00-0
이전년월일 : 20○년 ○월 ○일

의장은 이상으로서 의안 심의를 종료하고 폐회를 선언하다.(회의종료시각 10시 30분) 위 결의를 명확히 하기 위하여 이 의사록을 작성하고 의장 및 출석한 이사가 다음에 기명날인하다.

200○년 ○월 ○일

○○ 영농(영어)조합법인
의장 대표이사 김 종 국
이 사 이 ○ ○
이 사 박 ○ ○
이 사 최 ○ ○
출석한 이사 전원 서명날인

[사례] 영농(영어)조합법인 주 사무소이전등기신청(지 사무소소재지에서)

영농(영어)조합법인 주 사무소이전등기신청

<table>
<tr><td rowspan="2">접
수</td><td>년 월 일</td><td rowspan="2">처
리
인</td><td>접 수</td><td>조 사</td><td>기 입</td><td>교 합</td><td>각종통지</td></tr>
<tr><td>제 호</td><td></td><td></td><td></td><td></td><td></td></tr>
</table>

<table>
<tr><td>명 칭</td><td>○○영농(영어)조합법인</td><td>등기번호</td><td></td></tr>
<tr><td>주 사무소</td><td colspan="3">○○도 ○○군 ○○읍 ○○리 00-0</td></tr>
<tr><td>지 사무소</td><td colspan="3">○○시 ○○군 ○○읍 ○○리 00-0</td></tr>
<tr><td>등기의 목적</td><td colspan="3">주 사무소 이전</td></tr>
<tr><td>등기의 사유</td><td colspan="3">20○○년 ○월 ○일 조합원 총회에서 정관을 변경하고, 20○○년 ○월 ○일 주사무소를 이전하였으므로 이 지사무소에서 그 등기를 구함.</td></tr>
<tr><td colspan="4">등 기 할 사 항</td></tr>
<tr><td>신주 사무소</td><td colspan="3">○○도 ○○군 ○○읍 ○○리 00-0</td></tr>
<tr><td>이전 연월일</td><td colspan="3">20○○년 ○월 ○일 주 사무소 이전</td></tr>
<tr><td>기 타</td><td colspan="3"></td></tr>
</table>

<table>
<tr><td>등록면허세</td><td>금 23,000 원</td><td>지방교육세</td><td>금 4,600 원</td><td>농어촌특별세</td><td>금 원</td></tr>
<tr><td>세 액 합 계</td><td colspan="2">금 27,600 원</td><td>등기신청수수료</td><td colspan="2">금 6,000원</td></tr>
<tr><td colspan="3">등기신청수수료 은행수납번호</td><td colspan="3"></td></tr>
<tr><td colspan="6">첨 부 서 면</td></tr>
<tr><td colspan="3">1. 등록면허세영수필확인서 통
1. 위임장(대리인이 신청할 경우) 통</td><td colspan="3"><기 타></td></tr>
</table>

년 월 일

신청인 명 칭 ○○영농(영어)조합법인
주 사무소 ○○도 ○○군 ○○읍 ○○리 00-0
조 합 장 성 명 이 동 일 (인) (전화 :)
주 소 ○○도 ○○군 ○○읍 ○○리 00-0
대리인 성 명 이 법 무 (인) (전화 :)
주 소 서울 서초구 서초동 123-4

○○지방법원 ○○등기소 귀중

- 신청서 작성요령 및 등기수입증지 첨부란 -

1. 해당란이 부족할 때에는 별지를 이용합니다.
1. 해당 등기신청과 관계없는 사항에 대하여는 "해당없음"으로 기재하거나 삭제하고, 필요한 사항은 추가 기재합니다.
1. 등기신청수수료 상당의 대법원등기수입증지를 이 난에 붙입니다.

(용지규격 21㎝× 29.7㎝)

[사례] 영농(영어)조합법인 지사무소설치(조합법인설립과 동시, 지사무소에서 신청)

영농(영어)조합법인 지사무소설치등기신청

접수	년 월 일	처리인	접 수	조 사	기 입	교 합	각종통지
	제 호						

명 칭	○○ 영농(영어)조합법인	등기번호	
주 사 무 소	○○도 ○○군 ○○읍 ○○리 00-0		
등기의 목적	지사무소 설치등기		
등기의 사유	영농(영어)조합법인을 설립하기 위하여 정관을 작성하고 20○○년 ○월 ○일 주 사무소 소재지에서 설립등기를 하였으므로 지사무소 소재지인 이 등기소에서 다음 사항의 등기를 구함.		
본/지점 신청구분	1. 본점신청 ☐ 2. 지점신청 ☐ 3. 본·지점 일괄신청 ☐		

등 기 할 사 항		
명 칭		○○ 영농(영어)조합법인
주 사 무 소		○○도 ○○군 ○○읍 ○○리 00-0
지 사 무소	명 칭	○○지사무소
	소재지	○○도 ○○군 ○○읍 ○○리 00-0
법인을 대표할 조합원의 성명 주민등록번호, 주소 및 취임연월일		장 진 수 (000000-0000000) ○○도 ○○군 ○○읍 ○○리 00-0 20○○. ○. ○. 취임
조합법인성립연월일		20○○. ○. ○.
지사무소설치연월일		
목 적		별지와 같음
해 산 사 유		별지와 같음
기 타		없음

<table>
<tr><td colspan="7">신청등기소 및 등록면허세/수수료</td></tr>
<tr><td rowspan="2">순번</td><td rowspan="2">신청등기소</td><td rowspan="2">구분</td><td>등록면허세</td><td rowspan="2">농어촌특별세</td><td rowspan="2">세액합계</td><td rowspan="2">등기신청수수료</td></tr>
<tr><td>지방교육세</td></tr>
<tr><td rowspan="2"></td><td rowspan="2"></td><td rowspan="2"></td><td>금 23,000원</td><td rowspan="2"></td><td rowspan="2">금27,600원</td><td rowspan="2">금 6,000원</td></tr>
<tr><td>금 4,600원</td></tr>
<tr><td colspan="3" rowspan="2">합 계</td><td></td><td rowspan="2"></td><td rowspan="2"></td><td rowspan="2"></td></tr>
<tr><td></td></tr>
<tr><td colspan="4">등기신청수수료 은행수납번호</td><td colspan="3"></td></tr>
<tr><td colspan="7">첨 부 서 면</td></tr>
<tr><td colspan="4">1. 등록면허세영수필확인서 1통
1. 위임장 1통</td><td colspan="3"><기타></td></tr>
<tr><td colspan="7">20○○년 ○월 ○○일
신 청 인 명 칭 ○○영농(영어)조합법인
주사무소 ○○도 ○○군 ○○읍 ○○리 00-0
대표 이사 성 명 ○ ○ ○ (인) (전화 :)
주 소 ○○도 ○○군 ○○읍 ○○리 00-0
대 리 인 성 명 법무사 ○ ○ ○ (인) (전화 :)
주 소 ○○시 ○○구 ○○동 112
○○지방법원 ○○등기소 귀중</td></tr>
</table>

- 신청서 작성요령 및 등기수입증지 첨부란 -

1. 해당란이 부족할 때에는 별지를 이용합니다.
1. 해당 등기신청과 관계없는 사항에 대하여는 "해당없음"으로 기재하거나 삭제하고, 필요한 사항은 추가 기재합니다.
1. 등기신청수수료 상당의 대법원등기수입증지를 이 난에 붙입니다.

[사례] 영농(영어)조합법인 지사무소설치(조합법인설립 후, 주사무소에서 신청)

영농(영어)조합법인 지사무소설치등기신청

<table>
<tr><td rowspan="2">접수</td><td>년 월 일</td><td rowspan="2">처리인</td><td>접 수</td><td>조 사</td><td>기 입</td><td>교 합</td><td>각종통지</td></tr>
<tr><td>제 호</td><td></td><td></td><td></td><td></td><td></td></tr>
</table>

<table>
<tr><td>명 칭</td><td>○○ 영농(영어)조합법인</td><td>등기번호</td><td></td></tr>
<tr><td>주 사 무 소</td><td colspan="3">○○도 ○○군 ○○읍 ○○리 00-0</td></tr>
<tr><td>지 사 무 소</td><td colspan="3">○○도 ○○군 ○○읍 ○○리 00-0</td></tr>
<tr><td>등기의 목적</td><td colspan="3">지사무소 설치등기</td></tr>
<tr><td>등기의 사유</td><td colspan="3">20○○년 ○월 ○일 이사회의 결의로 ○○지사무소를 설치하였으므로 주 사무소 소재지인 이 등기소에서 다음 사항의 등기를 구함.</td></tr>
<tr><td>본/지점 신청구분</td><td colspan="3">1. 본점신청 □ 2. 지점신청 □ 3. 본・지점 일괄신청 □</td></tr>
</table>

<table>
<tr><td colspan="3">등 기 할 사 항</td></tr>
<tr><td rowspan="2">지 사 무소</td><td>명 칭</td><td>○○지사무소</td></tr>
<tr><td>소재지</td><td>○○도 ○○군 ○○읍 ○○리 00-0</td></tr>
<tr><td colspan="2">설치연월일</td><td>20○○. ○. ○.</td></tr>
<tr><td colspan="2">기 타</td><td>없음</td></tr>
</table>

<table>
<tr><td colspan="7">신청등기소 및 등록면허세/수수료</td></tr>
<tr><td rowspan="2">순번</td><td rowspan="2">신청등기소</td><td rowspan="2">구분</td><td>등록면허세</td><td rowspan="2">농어촌특별세</td><td rowspan="2">세액합계</td><td rowspan="2">등기신청수수료</td></tr>
<tr><td>지방교육세</td></tr>
<tr><td rowspan="2"></td><td rowspan="2"></td><td rowspan="2"></td><td>금 23,000원</td><td rowspan="2"></td><td rowspan="2">금27,600원</td><td rowspan="2">금 6,000원</td></tr>
<tr><td>금 4,600원</td></tr>
<tr><td colspan="3" rowspan="2">합 계</td><td></td><td rowspan="2"></td><td rowspan="2"></td><td rowspan="2"></td></tr>
<tr><td></td></tr>
<tr><td colspan="4">등기신청수수료 은행수납번호</td><td colspan="3"></td></tr>
<tr><td colspan="7">첨 부 서 면</td></tr>
<tr><td colspan="4">1. 이사회의사록 1통
1. 등록면허세영수필확인서 1통
1. 위임장 1통</td><td colspan="3"><기타></td></tr>
<tr><td colspan="7">20○○년 ○월 ○○일
신 청 인 명 칭 ○○영농(영어)조합법인
주사무소 ○○도 ○○군 ○○읍 ○○리 00-0
대표 이사 성 명 ○ ○ ○ (인) (전화 :)
주 소 ○○도 ○○군 ○○읍 ○○리 00-0
대 리 인 성 명 법무사 ○ ○ ○ (인) (전화 :)
주 소 ○○시 ○○구 ○○동 112
○○지방법원 ○○등기소 귀중</td></tr>
</table>

- 신청서 작성요령 및 등기수입증지 첨부란 -

1. 해당란이 부족할 때에는 별지를 이용합니다.
1. 해당 등기신청과 관계없는 사항에 대하여는 "해당없음"으로 기재하거나 삭제하고, 필요한 사항은 추가 기재합니다.
1. 등기신청수수료 상당의 대법원등기수입증지를 이 난에 붙입니다.

[사례] 이사회의사록

이사회의사록

1. 200○년 ○월 ○일 오전 10시 당 조합법인 회의실에서 다음 의안을 심의키 위하여 이사회를 개최하다.
1. 총 이사수 ○○명
1. 출석 이사 수 ○○명
1. 개회선언

대표이사 장진수는 정관규정에 따라 의장석에 등단하여 위와 같이 법정수에 달하는 이사가 출석하였으므로 본 이사회는 적법하게 성립됨을 고하고 개회를 선언하다

의 안 : 지 사무소 설치의 건

의장은 당 조합법인의 사업이 날로 번창해짐에 따라 사업의 확장 및 조합원의 편의를 위하여 다음 장소에 지 사무소를 설치할 필요가 있음을 설명하고 그 가부를 물으니 전원 만장일치로 승인가결하다.

1. 지 사무소 : ○○도 ○○군 ○○읍 ○○리 00-0
   설치년월일 : 20○년 ○월 ○일

의장은 이상으로서 의안 심의를 종료하고 폐회를 선언하다.(회의종료시각 10시 30분)
위 결의를 명확히 하기 위하여 이 의사록을 작성하고 의장 및 출석한 이사가 다음에 기명날인하다.

200○년 ○월 ○일

○○ 영농(영어)조합법인
의장 대표이사 장 진 수
이 사 이 ○ ○
이 사 박 ○ ○
이 사 최 ○ ○
출석한 이사 전원 서명날인

[사례] 영농(영어)조합법인 지사무소설치(조합법인설립 후, 설치지사무소에서 신청)

영농(영어)조합법인 지사무소설치등기신청

접수	년 월 일	처리인	접 수	조 사	기 입	교 합	각종통지
	제 호						

명 칭	○○ 영농(영어)조합법인	등기번호	
주 사 무 소	○○도 ○○군 ○○읍 ○○리 00-0		
지 사 무 소	○○도 ○○군 ○○읍 ○○리 00-0		
등기의 목적	지사무소 설치등기		
등기의 사유	20○○년 ○월 ○일 이사회의 결의로 ○○지사무소를 설치하고 20○○년 ○월 ○일 주 사무소 소재지 관할 등기소에 등기를 하였으므로 지사무소 소재지인 이 등기소에서 다음 사항의 등기를 구함.		
본/지점 신청구분	1. 본점신청 □ 2. 지점신청 □ 3. 본·지점 일괄신청 □		

등 기 할 사 항		
명 칭		○○ 영농(영어)조합법인
주 사 무 소		○○도 ○○군 ○○읍 ○○리 00-0
지 사 무소	명 칭	○○지사무소
	소재지	○○도 ○○군 ○○읍 ○○리 00-0
공 고 방 법		별지와 같음
법인을 대표할 조합원의 성명 주민등록번호, 주소 및 취임연월일		장 진 수 (000000-0000000) ○○도 ○○군 ○○읍 ○○리 00-0 20○○. ○. ○. 취임
조합법인성립연월일		20○○. ○. ○.
지사무소설치연월일		20○○. ○. ○.
목 적		별지와 같음
해 산 사 유		별지와 같음
기 타		

신청등기소 및 등록면허세/수수료						
순번	신청등기소	구분	등록면허세	농어촌특별세	세액합계	등기신청수수료
			지방교육세			
			금 23,000원		금27,600원	금 6,000원
			금 4,600원			
합 계						
등기신청수수료 은행수납번호						

첨 부 서 면	
1. 등록면허세영수필확인서 1통 1. 위임장 1통	<기타>

20○○년 ○월 ○○일

신 청 인 명 칭 ○○영농(영어)조합법인
주사무소 ○○도 ○○군 ○○읍 ○○리 00-0

대표 이사 성 명 ○ ○ ○ (인) (전화 :)
주 소 ○○도 ○○군 ○○읍 ○○리 00-0

대 리 인 성 명 법무사 ○ ○ ○ (인) (전화 :)
주 소 ○○시 ○○구 ○○동 112

○○지방법원 ○○등기소 귀중

- 신청서 작성요령 및 등기수입증지 첨부란 -

1. 해당란이 부족할 때에는 별지를 이용합니다.
1. 해당 등기신청과 관계없는 사항에 대하여는 "해당없음"으로 기재하거나 삭제하고, 필요한 사항은 추가 기재합니다.
1. 등기신청수수료 상당의 대법원등기수입증지를 이 난에 붙입니다.

[사례] 영농(영어)조합법인 지사무소 이전등기신청서(주 사무소에서)

영농(영어)조합법인 지사무소이전등기신청

접수	년 월 일	처리인	접 수	조 사	기 입	교 합	각종통지
	제 호						

명 칭	○○ 영농(영어)조합법인	등기번호	
주 사 무 소	○○시 ○○군 ○○읍 ○○리 00-0		
등기의 목적	지사무소 이전등기		
등기의 사유	20○○년 6월 19일 이사회결의로 ○○시 ○○군 ○○읍 00-0(○○ 지사무소)을 다음 장소로 이전하였으므로 그 등기를 구함.		
본/지점 신청구분	1. 본점신청 □ 2. 지점신청 □ 3. 본 · 지점 일괄신청 □		
등 기 할 사 항			
신 지 사무소	○○시 ○○군 ○○읍 ○○리 00-0		
이전 연월일	20○○년 ○월 ○일		
기 타			

신청등기소 및 등록면허세/수수료						
순번	신청등기소	구분	등록면허세 / 지방교육세	농어촌특별세	세액합계	등기신청수수료
			금 23,000원 / 금 4,600원		금27,600원	금 6,000원
합　　계						
등기신청수수료 은행수납번호						

첨　부　서　면	
1. 이사회의사록 1통 1. 등록면허세영수필확인서 1통 1. 위임장 1통	<기타>

20○○년 ○월 ○○일

신 청 인　명　칭 ○○ 영농(영어)조합법인
주사무소 ○○시 ○○군 ○○읍 ○○리 00-0

대표 이사　성 명 ○ ○ ○ (인)　(전화 :　)
주 소 ○○시 ○○군 ○○읍 ○○리 00-0

대 리 인　성 명 법무사 ○ ○ ○ (인) (전화 :　)
주 소 ○○시 ○○구 ○○동 112

○○지방법원 ○○등기소 귀중

- 신청서 작성요령 및 등기수입증지 첩부란 -

1. 해당란이 부족할 때에는 별지를 이용합니다.
1. 해당 등기신청과 관계없는 사항에 대하여는 "해당없음"으로 기재하거나 삭제하고, 필요한 사항은 추가 기재합니다.
1. 등기신청수수료 상당의 대법원등기수입증지를 이 난에 붙입니다.

○ 본·지점 공통등기사항을 지점 관할 등기소에 등기신청을 하는 경우에는 첨부서면의 제출이 면제된다.

[사례] 이사회의사록

이사회의사록

1. 200○년 ○월 ○일 오전 10시 ○○시 ○○군 ○○읍 ○○리 00-0 당 조합법인 회의실에서 다음 의안을 심의키 위하여 이사회를 개최하다.
1. 총 이사수 ○○명
1. 출석 이사 수 ○○명
1. 개회선언

대표이사 장진수는 정관규정에 따라 의장석에 등단하여 위와 같이 법정수에 달하는 이사가 출석하였으므로 본 이사회는 적법하게 성립됨을 고하고 개회를 선언하다

의 안 : 지 사무소 이전의 건

의장은 당 조합법인의 지사무소 ○○시 ○○군 ○○읍 ○○리 00-0을 다음과 같이 이전할 필요가 있음을 설명하고 이에 대한 의견을 물은바, 출석 이사 전원 이의 없이 만장일치로 다음과 같이 의결하다.

지사무소이전장소 : ○○시 ○○군 ○○읍 ○○리 00-0

이전년월일 : 20○○. 1. 24.

이상으로 금일 의안이 전부 심의 종료하였으므로 의장은 폐회를 선언하다.(회의종료 시각 10시 30분)

위 결의를 명확히 하기 위하여 이 의사록을 작성하고 의장과 출석한 이사 전원이 다음에 기명 날인하다.

20○○. 1. 24.

○○ 영농(영어)조합법인

의장 대표이사 장 진 수

이 사 이 ○ ○

이 사 박 ○ ○

이 사 최 ○ ○

출석한 이사 전원 서명날인

[사례] 영농(영어)조합법인 지사무소 이전등기신청서(이전 지사무소에서)

영농(영어)조합법인 지사무소 이전등기신청

접수	년 월 일	처리인	접 수	조 사	기 입	교 합	각종통지
	제 호						

명 칭	○○영농(영어)조합법인	등기번호	
주 사 무 소	○○시 ○○군 ○○읍 ○○리 00-0		
등기의 목적	지사무소 이전등기		
등기의 사유	20○○년 6월 19일 이사회결의로 20○○년 ○월 ○일 지사무소를 이전하고 주사무소소재지 관할등기소에서 그 등기를 하였으므로 이 등기소에서 다음사항의 등기를 구함.		

등 기 할 사 항		
명 칭		○○영농(영어)조합법인
주 사 무 소		○○시 ○○군 ○○읍 ○○리 00-0
지사무소	명 칭	○○지사무소
	소재지	○○시 ○○군 ○○읍 ○○리 00-0
목 적		별지와 같음
법인을 대표할 조합원의 성명 주민등록번호, 주소, 취임연월일		장 진 수 (000000-0000000) ○○시 ○○군 ○○읍 ○○리 00-0 20○○. ○. ○. 취임
조합법인성립연월일		20○○. ○. ○.
지사무소이전연월일		20○○. ○. ○. 이전
해산사유		별지와 같음
기 타		없음

신청등기소 및 등록면허세/수수료						
순번	신청등기소	구분	등록면허세 지방교육세	농어촌특별세	세액합계	등기신청수수료
			금 23,000원 금 4,600원		금27,600원	금 6,000원
합 계						
등기신청수수료 은행수납번호						

첨 부 서 면	
1. 등록면허세영수필확인서 1통 1. 위임장 1통	<기타>

20○○년 ○월 ○○일

신 청 인 명 칭 ○○영농(영어)조합법인
주사무소 ○○시 ○○군 ○○읍 ○○리 00-0

대표 이사 성 명 ○ ○ ○ (인) (전화 :)
주 소 ○○시 ○○군 ○○읍 ○○리 00-0

대 리 인 성 명 법무사 ○ ○ ○ (인) (전화 :)
주 소 ○○시 ○○구 ○○동 112

○○지방법원 ○○등기소 귀중

- 신청서 작성요령 및 등기수입증지 첨부란 -

1. 해당란이 부족할 때에는 별지를 이용합니다.
1. 해당 등기신청과 관계없는 사항에 대하여는 "해당없음"으로 기재하거나 삭제하고, 필요한 사항은 추가 기재합니다.
1. 등기신청수수료 상당의 대법원등기수입증지를 이 난에 붙입니다.

○ 본·지점 공통등기사항을 지점 관할 등기소에 등기신청을 하는 경우에는 첨부서면의 제출이 면제된다.

[사례] 영농(영어)조합법인 지사무소 폐지등기신청서(주 사무소에서)

영농(영어)조합법인 지사무소 폐지등기신청

접수	년 월 일	처리인	접 수	조 사	기 입	교 합	각종통지
	제 호						

명 칭	○○영농(영어)조합법인	등기번호	
주 사 무 소	○○시 ○○군 ○○읍 ○○리 00-0		
등기의 목적	지사무소 폐지등기		
등기의 사유	20○○년 6월 19일 이사회결의로 ○○시 ○○군 ○○읍 ○○리 00-0 지사무소를 폐지하였으므로 다음사항의 등기를 구함.		
본/지점 신청구분	1. 본점신청 □ 2. 지점신청 □ 3. 본·지점 일괄신청 □		
등 기 할 사 항			
지 사 무 소	○○시 ○○군 ○○읍 ○○리 00-0		
폐지연월일	20○○년 6월 19일		
기 타			

<table>
<tr><td colspan="7">신청등기소 및 등록면허세/수수료</td></tr>
<tr><td rowspan="2">순번</td><td rowspan="2">신청등기소</td><td rowspan="2">구분</td><td>등록면허세</td><td rowspan="2">농어촌특별세</td><td rowspan="2">세액합계</td><td rowspan="2">등기신청수수료</td></tr>
<tr><td>지방교육세</td></tr>
<tr><td rowspan="2"></td><td rowspan="2"></td><td rowspan="2"></td><td>금 23,000원</td><td rowspan="2"></td><td rowspan="2">금27,600원</td><td rowspan="2">금 6,000원</td></tr>
<tr><td>금 4,600원</td></tr>
<tr><td colspan="3" rowspan="2">합 계</td><td></td><td rowspan="2"></td><td rowspan="2"></td><td rowspan="2"></td></tr>
<tr><td></td></tr>
<tr><td colspan="4">등기신청수수료 은행수납번호</td><td colspan="3"></td></tr>
<tr><td colspan="7">첨 부 서 면</td></tr>
<tr><td colspan="4">1. 이사회의사록 1통
1. 등록면허세 영수필확인서 1통
1. 위임장 1통</td><td colspan="3"><기타></td></tr>
<tr><td colspan="7">20○○년 ○월 ○○일
신 청 인 명 칭 ○○영농(영어)조합법인
주사무소 ○○시 ○○군 ○○읍 ○○리 00-0
대표 이사 성 명 ○ ○ ○ (인) (전화 :)
주 소 ○○시 ○○군 ○○읍 ○○리 00-0
대 리 인 성 명 법무사 ○ ○ ○ (인) (전화 :)
주 소 ○○시 ○○구 ○○동 112
○○지방법원 ○○등기소 귀중</td></tr>
</table>

<table>
<tr><td>- 신청서 작성요령 및 등기수입증지 첨부란 -
1. 해당란이 부족할 때에는 별지를 이용합니다.
1. 해당 등기신청과 관계없는 사항에 대하여는 “해당없음”으로 기재하거나 삭제하고, 필요한 사항은 추가 기재합니다.
1. 등기신청수수료 상당의 대법원등기수입증지를 이 난에 붙입니다.</td></tr>
</table>

○ 본·지점 공통등기사항을 지점 관할 등기소에 등기신청을 하는 경우에는 첨부서면의 제출이 면제된다.

[사례] 이사회의사록

이사회의사록

1. 200○년 ○월 ○일 오전 10시 ○○도 ○○군 ○○읍 ○○리 00-0 당 조합법인 회의실에서 다음 의안을 심의키 위하여 이사회를 개최하다.

1. 총 이사수 ○○명

1. 출석 이사 수 ○○명

1. 개회선언

대표이사 장진수는 정관규정에 따라 의장석에 등단하여 위와 같이 법정수에 달하는 이사가 출석하였으므로 본 이사회는 적법하게 성립됨을 고하고 개회를 선언하다

1. 의안 : 지사무소 폐지의 건

의장은 당 조합법인의 형편상 지사무소(○○도 ○○군 ○○읍 ○○리 00-0 ○○지구)를 폐지하여야 할 필요성을 설명하고 그 가부를 물은 즉, 전원 이의없이 만장일치로 승인가결하다.

2. 의안 : 지사무소 폐지일자의 결정

의장은 당 조합법인의 지사무소 폐지일자를 200○년 ○월 ○일로 결정함이 가장 적합하다는 취지를 설명하고 그 가부를 물은 즉, 전원 이의없이 찬성하여 만장일치로 승인가결하다.

의장은 이상으로서 의안 심의를 종료하고 폐회를 선언하다.(회의종료시각 10시 30분) 위 결의를 명확히 하기 위하여 이 의사록을 작성하고 의장 및 출석한 이사가 다음에 기명날인하다.

200○년 ○월 ○일

○○ 영농(영어)조합법인

의장 대표이사 장 진 수

이 사 이 ○ ○

출석한 이사 전원 서명날인

[사례] 영농(영어)조합법인 지사무소 폐지등기신청서(폐지하는 지사무소에서)

영농(영어)조합법인 지사무소 폐지등기신청

접수	년 월 일	처리인	접 수	조 사	기 입	교 합	각종통지
	제 호						

명 칭	○○영농(영어)조합법인	등기번호	
주 사 무 소	○○도 ○○군 ○○읍 ○○리 00-0		
등기의 목적	지사무소 폐지등기		
등기의 사유	20○○년 6월 19일 이사회결의로 ○○시 ○○군 ○○읍 ○○리 00-0(○○지구) 지사무소를 폐지하고 20○○년 ○월 ○일 주사무소 소재지관할등기소에 그 등기를 하였으므로 다음사항의 등기를 구함.		
본/지점 신청구분	1. 본점신청 □ 2. 지점신청 □ 3. 본·지점 일괄신청 □		
등 기 할 사 항			
지 사 무 소	○○시 ○○군 ○○읍 ○○리 00-0(○○지구)		
폐지연월일	0○○년 6월 19일		
기 타			

<table>
<tr><td colspan="7">신청등기소 및 등록면허세/수수료</td></tr>
<tr><td rowspan="2">순번</td><td rowspan="2">신청등기소</td><td rowspan="2">구분</td><td>등록면허세</td><td rowspan="2">농어촌특별세</td><td rowspan="2">세액합계</td><td rowspan="2">등기신청수수료</td></tr>
<tr><td>지방교육세</td></tr>
<tr><td rowspan="2"></td><td rowspan="2"></td><td rowspan="2"></td><td>금 23,000원</td><td rowspan="2"></td><td rowspan="2">금27,600원</td><td rowspan="2">금 6,000원</td></tr>
<tr><td>금 4,600원</td></tr>
<tr><td colspan="3" rowspan="2">합 계</td><td></td><td rowspan="2"></td><td rowspan="2"></td><td rowspan="2"></td></tr>
<tr><td></td></tr>
<tr><td colspan="4">등기신청수수료 은행수납번호</td><td colspan="3"></td></tr>
<tr><td colspan="7">첨 부 서 면</td></tr>
<tr><td colspan="4">1. 등록면허세영수필확인서 1통
1. 위임장 1통</td><td colspan="3"><기타></td></tr>
<tr><td colspan="7">20○○년 ○월 ○○일
신 청 인 명 칭 ○○영농(영어)조합법인
주사무소 ○○시 ○○군 ○○읍 ○○리 00-0
대표 이사 성 명 ○ ○ ○ (인) (전화 :)
주 소 ○○시 ○○군 ○○읍 ○○리 00-0
대 리 인 성 명 법무사 ○ ○ ○ (인) (전화 :)
주 소 ○○시 ○○구 ○○동 112
○○지방법원 ○○등기소 귀중</td></tr>
</table>

- 신청서 작성요령 및 등기수입증지 첨부란 -
1. 해당란이 부족할 때에는 별지를 이용합니다. 1. 해당 등기신청과 관계없는 사항에 대하여는 "해당없음"으로 기재하거나 삭제하고, 필요한 사항은 추가 기재합니다. 1. 등기신청수수료 상당의 대법원등기수입증지를 이 난에 붙입니다.

○ 본・지점 공통등기사항을 지점 관할 등기소에 등기신청을 하는 경우에는 첨부서면의 제출이 면제된다.

[사례] 영농(영어)조합법인 변경등기신청서(행정구역변경)

영농(영어)조합법인 변경등기신청

접수	년 월 일	처리인	접 수	조 사	기 입	교 합	각종통지
	제 호						

명 칭	영농(영어)조합법인 ○○	등기번호	
주 사 무 소	○○시 ○○구 ○○동 ○		
등기의 목적	행정구역변경으로 인한 주사무소(지사무소)변경등기		
등기의 사유	20○○년 ○월 ○일 행정구역변경으로 주사무소의 주소(지사무소의 주소)가 다음과 같이 변경되었으므로 그 등기를 구함.		
본/지점 신청구분	1. 본점신청 □ 2. 지점신청 □ 3. 본·지점 일괄신청 □		

등 기 할 사 항
주사무소 : ○○시 ○○구 ○○동 ○ (20○○년 ○월 ○일 변경)

신청등기소 및 등록면허세/수수료						
순번	신청등기소	구분	등록면허세 지방교육세	농어촌특별세	세액합계	등기신청수수료
합 계						
등기신청수수료 은행수납번호						

첨 부 서 면	
1. 행정구역변경증명서(토지대장) 1통 1. 주사무소 법인등기부등본 1통	1. 위임장 1통 <기타>

20○○년 ○월 ○○일

신 청 인 명 칭 영농(영어)조합법인 ○○
주사무소 ○○시 ○○구 ○○동 00

대 표 자 성 명 ○ ○ ○ (인) (전화 :)
주 소 ○○시 ○○구 ○○동 111

대 리 인 성 명 법무사 ○ ○ ○ (인) (전화 :)
주 소 ○○시 ○○구 ○○동 112

○○지방법원 ○○등기소 귀중

- 신청서 작성요령 및 등기수입증지 첨부란 -

1. 해당란이 부족할 때에는 별지를 이용합니다.
1. 해당 등기신청과 관계없는 사항에 대하여는 "해당없음"으로 기재하거나 삭제하고, 필요한 사항은 추가 기재합니다.
1. 등기신청수수료 상당의 대법원등기수입증지를 이 난에 붙입니다.

※ 등록·교육세는 납부하지 아니한다. 주사무소의 행정구역변경의 경우에는 인감신고서와 인감대지를 제출하여야 한다.

[사례] 영농(영어)조합법인 변경등기신청서(명칭변경)

영농(영어)조합법인 변경등기신청

접수	년 월 일	처리인	접 수	조 사	기 입	교 합	각종통지
	제 호						

명 칭	영농(영어)조합법인○○	등기번호	
주 사 무 소	○○시 ○○구 ○○동 ○		
등기의 목적	명칭변경등기		
등기의 사유	20○○년 6월 19일 조합원총회결의로 정관을 변경하고 20○○년 ○월 ○일 명칭을 다음과 같이 변경하였으므로 그 등기를 구함.		
본/지점 신청구분	1. 본점신청 □ 2. 지점신청 □ 3. 본·지점 일괄신청 □		

등 기 할 사 항
명칭 : 영농(영어)조합법인 ◎◎ 20○○. 12. 9. 변경

<table>
<tr><th colspan="7">신청등기소 및 등록면허세/수수료</th></tr>
<tr><td rowspan="2">순번</td><td rowspan="2">신청등기소</td><td rowspan="2">구분</td><td>등록면허세</td><td rowspan="2">농어촌특별세</td><td rowspan="2">세액합계</td><td rowspan="2">등기신청수수료</td></tr>
<tr><td>지방교육세</td></tr>
<tr><td rowspan="2"></td><td rowspan="2"></td><td rowspan="2"></td><td>금 23,000원</td><td rowspan="2"></td><td rowspan="2">금27,600원</td><td rowspan="2">금 6,000원</td></tr>
<tr><td>금 4,600원</td></tr>
<tr><td colspan="3" rowspan="2">합 계</td><td></td><td rowspan="2"></td><td rowspan="2"></td><td rowspan="2"></td></tr>
<tr><td></td></tr>
<tr><td colspan="4">등기신청수수료 은행수납번호</td><td colspan="3"></td></tr>
<tr><th colspan="7">첨 부 서 면</th></tr>
<tr><td colspan="4">1. 정관(필요한 경우) 1통
1. 법인등기부등본 1통
1. 조합원총회의사록 1통
1. 인감신고서 1통</td><td colspan="3">1. 등록면허세영수필확인서 1통
1. 위임장 1통
<기타></td></tr>
<tr><td colspan="7">20○○년 ○월 ○○일
신 청 인 명 칭 영농(영어)조합법인◎◎
주사무소 ○○시 ○○구 ○○동 00
대 표 자 성 명 ○ ○ ○ (인) (전화 :)
주 소 ○○시 ○○구 ○○동 111
대 리 인 성 명 법무사 ○ ○ ○ (인) (전화 :)
주 소 ○○시 ○○구 ○○동 112
○○지방법원 ○○등기소 귀중</td></tr>
</table>

<table>
<tr><td>- 신청서 작성요령 및 등기수입증지 첨부란 -
1. 해당란이 부족할 때에는 별지를 이용합니다.
1. 해당 등기신청과 관계없는 사항에 대하여는 “해당없음”으로 기재하거나 삭제하고, 필요한 사항은 추가 기재합니다.
1. 등기신청수수료 상당의 대법원등기수입증지를 이 난에 붙입니다.</td></tr>
</table>

○ 명칭 : 구명칭을 기재하고 등기할 사항에는 신명칭을 기재한다.

[사례] 위임장

위 임 장

법무사 이 장 수
○○시 ○○구 ○○동 ○
전화 000-1235

본인은 위 사람을 대리인으로 정하고 다음의 권한을 위임함.

다 음

1. 본 법인의 명칭변경등기 신청 및 취하에 관한 일체의 행위.

20○○년 10 월 1 일

위임인 영농(영어)조합법인○○
○○시 ○○구 ○○동 00-0
대 표 자 ○○○ (인)

○ 이 위임장은 법무사에게 등기를 의뢰하는 경우 대리의 권한을 법무사에게 위임하는 서류로써 등기소에 제출하는 서류이다. 위임장에는 그 권한의 범위를 명확히 기재하여야 한다.

[사례] 조합원총회의사록

총회 의사록

20○○년 1월 24일 오전 10시 당조합 회의실에서 조합원총회를 개최하다.

총 조합원수 ○명

출석 조합원수 ○명

의장 ○○○는 정관규정에 따라 의장석에 등단하여 금일 총회의 적법함을 알리고 개회를 선언하다. 이어 다음의 안을 부의하고 그 심의를 구하다.

제1호 의안 : 명칭 및 정관변경의 건

의장은 당 조합의 명칭을 변경하여야 할 필요성을 설명하고 이에 수반하여 현행 정관 제○조를 다음과 같이 변경하여야 함을 물은즉 전원 만장일치로 승인가결하다.

1. 명칭 : 영농(영어)조합법인◎◎
2. 정관 : 제○조(명칭) 본 법인은 영농(영어)조합법인◎◎이라 칭한다.

이상으로 금일 의안이 전부 심의 종료하였으므로 의장은 폐회를 선언하다.(회의종료시각 10시 30분)

위 결의를 명확히 하기 위하여 이 의사록을 작성하고 의장과 출석한 조합원이 다음에 기명 날인하다.

20○○. 1. 24.

영농(영어)조합법인○○

○○시 ○○구 ○○동 00-0

대 표 자 ○○○ (인)

사 원 ○○○ (인)

사 원 ○○○ (인)

[사례] 인감 · 개인(改印) 신고서

인감 · 개인(改印) 신고서

(신고하는 인감날인란) (인감제출자에 관한 사항)

상 호(명칭)		영농(영어)조합법인 ◎◎	등기번호	
본점(주사무소)		○○시 ○○구 ○○동 ○○		
인감제출자	자격/성명	이사장 ○○○		
	주민등록번호	123456-789123		
	주 소	○○시 ○○구 ○○동 ○○		

□ 위와 같이 인감을 신고합니다.
□ 위와 같이 개인(改印)하였음을 신고합니다.

20○○년 8월 27일 (개인인감 날인란)

신고인 본 인 성 명 (인)
대리인 성 명 (인)

지방법원 귀중

주 1. 개인인감 날인란에는 「인감증명법」에 의하여 신고한 인감을 날인하고 그 인감증명서(발행일로부터 3개월 이내의 것)를 첨부하여야 합니다. 개인(改印)신고의 경우, 개인인감을 날인하는 대신에 등기소에 신고한 유효한 종전 인감을 날인하여도 됩니다.
2. 인감·개인신고서에는 신고하는 인감을 날인한 인감대지를 첨부하여야 합니다.
3. 지배인이 인감을 신고하는 경우에는 인감제출자의 주소란에 지배인을 둔 장소를 기재하고, 「상업등기규칙」 제36조제4항의 보증서면(영업주가 등기소에 신고한 인감 날인)을 첨부하여야 합니다.

위 임 장

성 명 : 주민등록번호(-)
주 소 :

위의 사람에게, 위 인감신고 또는 개인신고에 관한 일체의 권한을 위임함.

200 년 월 일

인감(改印) 신고인 성 명 (인)

[사례] 인감대지

인 감 대 지

		상 호(명 칭) : 영농(영어)조합법인 ◎◎
		자격 및 성명 : 이사장 ○○○
	신고하는 인감날인란	주민등록번호 : -

※ 인감의 제출방법

○ 대표의 권한이 있는 이사는 인감을 신고하여야 한다. 인감의 제출 또는 인감의 변경신고는, 인감(改印)신고서를 작성하여 관할 등기소에 제출하는 방식으로 한다. 인감(改印)신고서를 제출할 때에는 신고하는 인감을 찍은 인감대지(위 참조)3장을 만들어 함께 제출하여야 한다.

○ 인감은 가로·세로 2.4센티미터의 정사각형 안에 들어갈 수 있어야 한다(상업등기규칙 제36조제5항).

○ 인감(改印)신고서에는 발행일로부터 3개월 이내의 인감증명서를 첨부하여야 한다. 취임승락서에 인감증명법에 의한 인감을 첨부한 경우에는 그 인감을 원용 할 수 있다.

○ 인감대지의 자격란에는 인감신고자에 따라 대표자 이사장, 지배인, 대리인, 상호사용자, 무능력자, 법정대리인 등으로 기재하고 성명을 기재한다.

[사례] 영농(영어)조합법인 변경등기신청서(목적사업변경)

영농(영어)조합법인 변경등기신청

접수	년 월 일	처리인	접 수	조 사	기 입	교 합	각종통지
	제 호						

명 칭	영농(영어)조합법인○○	등기번호	
주 사 무 소	○○시 ○○구 ○○동 ○		
등기의 목적	목적변경등기		
등기의 사유	20○○년 6월 19일 조합원총회결의로 정관을 변경하고 20○○년 ○월 ○일 목적사업 중 제1호를 다음과 같이 변경하였으므로 그 등기를 구함.		
본/지점 신청구분	1. 본점신청 □ 2. 지점신청 □ 3. 본・지점 일괄신청 □		

등 기 할 사 항
목적사업 : "1. 집단재배 및 공동작업에 관한 사업"을 "1. 집단재배 및 공동판매에 관한 사업"으로 변경 20○○. 12. 9. 변경

신청등기소 및 등록면허세/수수료

순번	신청등기소	구분	등록면허세 / 지방교육세	농어촌특별세	세액합계	등기신청수수료
			금 23,000원 / 금 4,600원		금27,600원	금 6,000원
합 계						
등기신청수수료 은행수납번호						

첨 부 서 면

1. 정관(필요한 경우) 1통	1. 등록면허세영수필확인서 1통
1. 법인등기부등본 1통	1. 위임장 1통
1. 조합원총회의사록 1통	<기타>

20○○년 ○월 ○○일

신 청 인 명 칭 영농(영어)조합법인○○
주사무소 ○○시 ○○구 ○○동 00

대 표 자 성 명 ○ ○ ○ (인) (전화 :)
주 소 ○○시 ○○구 ○○동 111

대 리 인 성 명 법무사 ○ ○ ○ (인) (전화 :)
주 소 ○○시 ○○구 ○○동 112

○○지방법원 ○○등기소 귀중

- 신청서 작성요령 및 등기수입증지 첩부란 -

1. 해당란이 부족할 때에는 별지를 이용합니다.
1. 해당 등기신청과 관계없는 사항에 대하여는 "해당없음"으로 기재하거나 삭제하고, 필요한 사항은 추가 기재합니다.
1. 등기신청수수료 상당의 대법원등기수입증지를 이 난에 붙입니다.

[사례] 위임장

위 임 장

법무사 이 장 수
○○시 ○○구 ○○동 ○
전화 000-1235

본인은 위 사람을 대리인으로 정하고 다음의 권한을 위임함.

다 음

1. 본 법인의 목적사업변경등기 신청 및 취하에 관한 일체의 행위.

20○○년 10 월 1 일

위임인 영농(영어)조합법인○○
○○시 ○○구 ○○동 00-0
대 표 자 ○○○ (인)

○ 이 위임장은 법무사에게 등기를 의뢰하는 경우 대리의 권한을 법무사에게 위임하는 서류로써 등기소에 제출하는 서류이다. 위임장에는 그 권한의 범위를 명확히 기재하여야 한다.

[사례] 조합원총회의사록

총회 의사록

20○○년 1월 24일 오전 10시 당조합 회의실에서 조합원총회를 개최하다.

총 조합원수 ○명

출석 조합원수 ○명

의장 ○○○는 정관규정에 따라 의장석에 등단하여 금일 총회의 적법함을 알리고 개회를 선언하다. 이어 다음의 안을 부의하고 그 심의를 구하다.

제1호 의안 : 목적 및 정관변경의 건

의장은 당 조합의 목적달성을 위한 사업규정을 변경하여야 할 필요성을 설명하고 이에 수반하여 현행 정관 제○조 제1호를 다음과 같이 변경하여야 함을 물은즉 전원 만장일치로 승인가결하다.

목적사업 : 1. 집단재배 및 공동판매에 관한 사업

정관 : 정관 제○조

1. 집단재배 및 공동판매에 관한 사업

이상으로 금일 의안이 전부 심의 종료하였으므로 의장은 폐회를 선언하다.(회의종료시각 10시 30분)

위 결의를 명확히 하기 위하여 이 의사록을 작성하고 의장과 출석한 조합원이 다음에 기명 날인하다.

20○○. 1. 24.

영농(영어)조합법인○○

○○시 ○○구 ○○동 00-0

대표자 ○○○ (인)

조합원 ○○○ (인)

조합원 ○○○ (인)

[별지] 정관신구 대조표

변경전정관	변경후정관
제4조(사업) 본 조합법인은 생산성향상을 위한 협업적 농업의 경영과 ○○사업을 주사업으로 하며 다음 각 호의 사업을 부대사업으로 한다. 1. 집단재배 및 공동작업에 관한 사업 2. 농업에 관련된 공동이용시설의 설치 및 운영 3. 농기계 및 시설의 대여사업 4. 농작업의 대행 5. 농산물의 공동출하·가공 및 수출	제4조(사업) …………………………………………………………………………………… 1. ……………… 공동판매에 ………… 2. 내지 5. 생략

[사례] 영농(영어)조합법인 변경등기신청서(출자방법변경)

영농(영어)조합법인 변경등기신청

접수	년 월 일	처리인	접 수	조 사	기 입	교 합	각종통지
	제 호						

명 칭	영농(영어)조합법인○○	등기번호	
주 사 무 소	○○시 ○○구 ○○동 ○		
등기의 목적	출자방법변경등기		
등기의 사유	20○○년 6월 19일 조합원총회에서 출자방법에 관하여 정관 변경을 결의 하였으므로 그 등기를 구함.		
본/지점 신청구분	1. 본점신청 □ 2. 지점신청 □ 3. 본・지점 일괄신청 □		

등 기 할 사 항

출자의 방법 :

영농조합법인의 경우 : 본 조합법인의 출자는 농지・농기계・현금・기타 현물로 할 수 있다.

영어조합법인의 경우 : 본 조합법인의 출자는 현금이나 어장, 어선, 육상양식・ 종묘시설, 기타 현물(부동산, 차량 등)로 할 수 있다.

20○○. 12. 9. 변경

<table>
<tr><td colspan="7">신청등기소 및 등록면허세/수수료</td></tr>
<tr><td rowspan="2">순번</td><td rowspan="2">신청등기소</td><td rowspan="2">구분</td><td>등록면허세</td><td rowspan="2">농어촌특별세</td><td rowspan="2">세액합계</td><td rowspan="2">등기신청수수료</td></tr>
<tr><td>지방교육세</td></tr>
<tr><td rowspan="2"></td><td rowspan="2"></td><td rowspan="2"></td><td>금 23,000원</td><td rowspan="2"></td><td rowspan="2">금27,600원</td><td rowspan="2">금 6,000원</td></tr>
<tr><td>금 4,600원</td></tr>
<tr><td colspan="3" rowspan="2">합 계</td><td></td><td rowspan="2"></td><td rowspan="2"></td><td rowspan="2"></td></tr>
<tr><td></td></tr>
<tr><td colspan="3">등기신청수수료 은행수납번호</td><td colspan="4"></td></tr>
<tr><td colspan="7">첨 부 서 면</td></tr>
<tr><td colspan="4">1. 정관 1통
1. 조합원총회의사록 1통</td><td colspan="3">1. 등록면허세영수필확인서 1통
1. 위임장 1통
<기타></td></tr>
<tr><td colspan="7">20○○년 ○월 ○○일
신 청 인 명 칭 영농(영어)조합법인○○
주사무소 ○○시 ○○구 ○○동 00
대 표 자 성 명 ○ ○ ○ (인) (전화 :)
주 소 ○○시 ○○구 ○○동 111
대 리 인 성 명 법무사 ○ ○ ○ (인) (전화 :)
주 소 ○○시 ○○구 ○○동 112
○○지방법원 ○○등기소 귀중</td></tr>
</table>

- 신청서 작성요령 및 등기수입증지 첨부란 -

1. 해당란이 부족할 때에는 별지를 이용합니다.
1. 해당 등기신청과 관계없는 사항에 대하여는 "해당없음"으로 기재하거나 삭제하고, 필요한 사항은 추가 기재합니다.
1. 등기신청수수료 상당의 대법원등기수입증지를 이 난에 붙입니다.

[사례] 위임장

위 임 장

법무사 이 장 수
○○시 ○○구 ○○동 ○
전화 000-1235

본인은 위 사람을 대리인으로 정하고 다음의 권한을 위임함.

다 음

본 법인의 출자방법의 변경등기 신청 및 취하에 관한 일체의 행위.

20○○년 10 월 1 일

위임인 영농(영어)조합법인○○
○○시 ○○구 ○○동 00-0
대 표 자 ○○○ (인)

○ 이 위임장은 법무사에게 등기를 의뢰하는 경우 대리의 권한을 법무사에게 위임하는 서류로써 등기소에 제출하는 서류이다. 위임장에는 그 권한의 범위를 명확히 기재하여야 한다.

[사례] 조합임시총회의사록

조합 임시총회 의사록

20○○년 1월 24일 오전 10시 당조합 회의실에서 임시총회를 개최하다.

총 조합원수 ○명

총 출석조합원수 ○명

의장 ○○○는 정관규정에 따라 의장석에 등단하여 금일 총회의 적법함을 알리고 개회를 선언하다. 이어 다음의 안을 부의하고 그 심의를 구하다.

제1호 의안 : 출자방법변경의 건

의장은 당 조합의 출자방법을 변경하여야 할 필요성을 설명하고 승인여부를 물은 즉 전원 만장일치로 다음과 같이 승인가결하다.

출자방법

영농조합법인의 경우 : 본 조합법인의 출자는 현금・농지・농기계・창고・차량・기타 현물로 할 수 있다.

영어조합법인의 경우 : 본 조합법인의 출자는 현금이나 어장, 어선, 육상양식・ 종묘 시설, 기타 현물(부동산, 차량 등)로 할 수 있다.

제2호 의안 정관변경의 건

의장은 위 출자방법의 변경에 수반하여 현행 정관 제14조 제1항을 다음과 같이 변경하고자 한다는 취지를 설명한바, 전원 이의 없이 변경할 것을 만장일치로 가결확정하다.

정관

영농조합법인의 경우

제14조(출자) ①본 조합법인의 출자는 현금・농지・농기계・차량・부동산 기타 현물로 할 수 있다.

이상으로 금일 의안이 전부 심의 종료하였으므로 의장은 폐회를 선언하다.(회의종료시각 10시 30분)

위 결의를 명확히 하기 위하여 이 의사록을 작성하고 의장과 출석한 조합원이 다음에 기명 날인하다.

20○○. 1. 24.

영농(영어)조합법인○○

○○시 ○○구 ○○동 00-0

대표자 ○○○ (인)

조합원 ○○○ (인)

조합원 ○○○ (인)

[사례] 정관신구대조표

정관변경전	정관변경후
영농조합법인의 경우 제14조(출자) ①본 조합법인의 출자는 현금·농지·농기계·창고·차량·기타 현물로 할 수 있다.	영농조합법인의 경우 제14조(출자)①본------------------ ------------------차량·부동산 기타 -----------

[사례] 영농(영어)조합법인 해산 및 청산인취임등기신청서

영농(영어)조합법인 해산 및 청산인 선임등기신청

접수	년 월 일	처리인	접 수	조 사	기 입	교 합	각종통지
	제 호						

명 칭	영농(영어)조합법인○○	등기번호	
주사무소	○○시 ○○구 ○○동 ○○		
등기의 목적	해산 및 청산인선임등기		
등기의 사유	1) 20○○년 ○월 ○일 조합원총회에서 해산을 결의 하고 20○○년 ○월 ○일 해산하였으므로 그 등기를 구하고, 2) 20○○년 ○월 ○일 조합원총회에서 이사였던 사람들이 20○○년 ○월 ○일 청산인에 취임하고 20○○년 ○월 ○일 청산인회결의로 청산인○○○이 대표 청산인에 취임하였으므로 그 등기를 구함.		
본/지점 신청구분	1.본점신청□ 2.지점신청□ 3.본·지점 일괄신청□		
등 기 할 사 항			
해 산 사 유	20○○년 ○월 ○일 임시총회에서 해산 결의		
청산인의성명·주민등록번호 및 취임연월일	청산인 김 한 국(550627-1068314) 20○○. 11. 14 취임 청산인 곽 을 장(550705-1690913) 20○○. 11. 14 취임 청산인 김 팩 구(550405-2036112) 20○○. 11. 14 취임		
청산인 대표권에 대한 제한	청산인 김한국 외에는 대표권이 없음 서울시 강동구 명일동 2233		
기 타 (공동대표규정 등)			

<table>
<tr><td colspan="8">신청등기소 및 등록면허세/수수료</td></tr>
<tr><td rowspan="2">순번</td><td rowspan="2">신청등기소</td><td rowspan="2">구분</td><td>등록면허세</td><td rowspan="2">농어촌특별세</td><td rowspan="2">세액합계</td><td rowspan="2">등기신청수수료</td></tr>
<tr><td>지방교육세</td></tr>
<tr><td rowspan="2"></td><td rowspan="2"></td><td rowspan="2">해산</td><td>금 23,000원</td><td rowspan="2"></td><td rowspan="2">금27,600원</td><td rowspan="2">금 6,000원</td></tr>
<tr><td>금 4,600원</td></tr>
<tr><td rowspan="2"></td><td rowspan="2"></td><td rowspan="2">청 산 인
선임</td><td>금 23,000원</td><td rowspan="2"></td><td rowspan="2">금27,600원</td><td rowspan="2">금 6,000원</td></tr>
<tr><td>금 4,600원</td></tr>
<tr><td colspan="3" rowspan="2">합 계</td><td></td><td rowspan="2"></td><td rowspan="2"></td><td rowspan="2"></td></tr>
<tr><td></td></tr>
<tr><td colspan="4">등기신청수수료 은행수납번호</td><td colspan="3"></td></tr>
<tr><td colspan="7">첨 부 서 면</td></tr>
<tr><td colspan="4">1. 정 관 통
1. 총회의사록 통
1. 취임승낙서(인감증명서포함) 통
1. 주민등록표등본 통
1. 인감신고서 통</td><td colspan="3">1. 청산인회의사록 통
1. 등록면허세영수필확인서 통
1. 위임장(대리인이 신청할 경우) 통
<기 타></td></tr>
<tr><td colspan="7">년 월 일
신청인 상 호 영농(영어)조합법인○○
본 점 ○○시 ○○구 ○○동 ○○
대표청산인 성 명 김 한 국 (인) (전화 :)
주 소 서울시 강동구 명일동 2233
대리인 성 명 법무사 (인) (전화 :)
주 소 서울시 동작구 동작동 1170-9
○○지방법원 ○○등기소 귀중</td></tr>
</table>

- 신청서 작성요령 및 등기수입증지 첨부란 -

1. 해당란이 부족할 때에는 별지를 이용합니다.
1. 해당 등기신청과 관계없는 사항에 대하여는 "해당없음"으로 기재하거나 삭제하고, 필요한 사항은 추가 기재합니다.
1. 등기신청수수료 상당의 대법원등기수입증지를 이 난에 붙입니다.

(용지규격 21㎝× 29.7㎝)

※ 조합법인의 해산

○ 해산이란 조합의 법인격 소멸을 가져오는 원인이 되는 법률요건 내지 법률사실을 말한다. 해산은 조합의 소멸을 위한 절차의 시작으로 그리고 청산은 마무리 과정이다. 따라서

조합이 해산하더라도 법인으로서의 실체가 즉시 소멸하는 것은 아니다.
해산사유가 합병, 분할, 분할합병, 파산의 경우를 제외하고는 해산조합도 여전히 청산의 목적 범위 내에서 존속하고 청산이 종결되어야만 비로소 그 법인격이 소멸한다. 이러한 처리과정을 청산절차라 하고 해산한 후 청산의 목적을 위하여 존속하는 조합를 청산조합라 한다.

○ 해산사유 : 존립기간의 만료 기타 정관으로 정한 사유의 발생, 합병, 파산, 법원의 명령 또는 판결, 총회의 결의로 해산한다.

※ 조합의 청산

○ 청산이란 조합이 해산후 그 재산적 권리의무를 정리한 후 조합의 법인격을 소멸시키는 것을 말하며, 청산절차는 해산한 조합의 일체의 법률관계를 종료하고 그 재산을 분배하는 것을 목적으로 하는 절차로써, 조합재산이 채무를 완제하고 남음이 있는 경우에 주주의 이익을 위하여 행하여진다. 청산은 채권의 추심, 채무의 변제 및 잔여재산의 분배 절차를 마치고 청산인이 결산보고서를 작성하여 주주총회의 승인을 얻은 때에 종료한다.

○ 청산인이란 청산조합을 대표하고 그 청산사무를 집행하는 청산조합의 상설기관을 말한다. 청산인은 현존사무의 종결, 채권의 추심과 채무의 변제, 재산의 환가처분, 잔여재산의 분배에 관한 직무를 행한다.

※ 등록면허세 등의 납부절차

○ 등록·교육세는 관할시, 군, 구청을 방문하여 등록면허세액신고서(등록면허세액신고서는 각 시, 군, 구청에 비치되어 있다)를 작성하고 납세고지서를 발부받아 납부하여야 하나, 정액등록면허세(23,000원)의 경우는 대법원사이트(www.iros.go.kr)에서 "정액등록면허세납부서작성"란을 이용하여 법인의 기본사항을 입력하여 출력한 납부서를 가지고 직접 금융기관에 납부할 수 있다.

○ 수개의 등기사항을 일괄하여 하나의 신청서로써 등기신청을 하는 경우에는 각 등기의 목적에 따른 소정의 신청수수료를 합산한 금액을 등기신청수수료로 납부하여야 한다. 다만, 수인의 이사, 대표자, 감사 등 임원의 퇴임 또는 취임으로 인한 변경등기는 이를 일괄하여 하나의 임원변경등기신청으로 본다.

[사례] 조합원총회 의사록

조합원총회 의사록

1. 총회의 종류 : 영농(영어)조합법인○○ 해산 총회
2. 소집년월일 : 20 년 9월 29일(문서번호 : 20 -1)
3. 개최년월일 : 20 년 10월 15일(18:40)
4. 개최장소 : 영농(영어)조합법인○○ 4층 강당(서울시 서초구 양재동 1277-22)
5. 정족수확인 : 재적조합원 0명
   출석조합원 0명(본인출석 0명)
6. 의 장 명 김 동 원 이사장
7. 부의안건

제1호 의안 : 법인해산의 건
제2호 의안 : 청산인 선임의 건

의장 ○○○는 정관규정에 따라 의장석에 등단하여 금일 총회의 적법함을 알리고 개회를 선언하다. 이어 다음의 안을 부의하고 그 심의를 구하다.

제1호 의안 : 법인해산의 건
의장은 본 법인의 사정상 사업을 계속하기가 불가능하므로 부득이 정관 제○조의 규정에 따라 해산할 수 밖에 없다는 취지를 설명하고 그 가부를 물은즉 출석조합원전원 이의 없이 본 법인을 해산할 것을 만장일치로 찬성하여 승인 가결하다.

[예] 정관소정의 해산사유인 경우
의장은 정관 제○조 소정의 해산사유가 발생하여 20○○. ○월 ○일 해산하게 되었다는 취지를 보고하니 출석조합원전원 만장일치로 찬성하여 승인 가결하다.

제2호 의안 : 청산인 선임의 건
의장은 본 법인의 이사였던 사람들을 청산인에 선임하자고 제의하자 출석조합원전원 만장일치로 찬성하여 승인 가결하다.

청산인 : 청산인 김 한 국
청산인 곽 을 장
청산인 김 팩 구
위 피선자들은 즉석에서 그 취임을 승낙하다.

의장은 이상으로 의안 전부를 심의종료하였으므로 폐회를 선언하다.(10시 50분)

위 결의를 명확히 하기 위하여 본 의사록을 작성하고 출석한 의장 및 청산인이 기명날인하다.

20 년 10월 15일

영농(영어)조합법인○○
의장 청산인 김 한 국
청산인 곽 을 장
청산인 김 팩 구

첨부 : 1. 출석자명부 1부

[사례] 청산인회의 의사록

청산인회의 의사록

20○○년 ○월 14일 오전 11시 30분 본 법인 회의실에서 다음과 같이 청산인 회를 개최하다.

청산인 총수 3명
출석 청산인수 3명

최연장자인 청산인 ○○○는 정관 규정에 따라 의장석에 등단하여 위와 같이 법정수에 달하게 출석하였으므로 본회는 적법하게 성립됨을 고하고 개회를 선언하다.

이어 회의를 주재할 의장을 선출하여 줄 것을 요구한바, 전원일치로 청산인 김한국을 의장으로 선출하니 동인은 그를 승낙하고 의장석에 등단하여 다음의 안을 부의하고 그 심의를 구하다.

제1호 의안 대표 청산인 보선의 건

의장인 청산인 김한국은 본 법인의 대표청산인을 선출할 것을 물은 바, 무기명 비밀투표로 선출하기로 전원일치 되어 즉시 투표한 결과 다음과 같이 선출되다.

대표 청산인 김 한 국

위 선출된 청산인은 즉석에서 취임을 승낙하다.

의장은 이상으로서 회의 목적인 의안 전부의 심의를 종료하였으므로 폐회한다고 선언하다.(회의종료시각 오전 12시 00분)

위 결의를 명백히 하기 위하여 이 의사록을 작성하고 의장과 출석한 청산인이 기명날인하다.

20○○년 ○월 14일

영농(영어)조합법인○○
대표청산인 김 한 국
청산인 곽 을 장
청산인 김 팩 구

[사례] 취임승낙서

취 임 승 낙 서

본인 등은 20○○. 11. 14. 조합원총회에서 청산인으로 각 선임되었으므로 그 취임을 승낙합니다.

첨부서류 : 인감증명서 각 1부
주민등록등본 각 1부

20○○. 11. 14.

청산인 김 한 국
청산인 곽 을 장
청산인 김 팩 구

영농(영어)조합법인○○ 귀중

[사례] 취임승낙서(대표청산인)

취 임 승 낙 서

본인은 20○○. 11. 14. 청산인총회에서 대표청산인으로 선임되었으므로 그 취임을 승낙합니다.

20○○. 11. 14.

대표청산인 : 김 한 국

영농(영어)조합법인○○ 귀중

[사례] 인감신고서

인감 · 개인(改印) 신고서

(신고하는 인감날인란) (인감제출자에 관한 사항)

상 호(명칭)		영농(영어)조합법인○○	등기번호	
본점(주사무소)		○○시 ○○구 ○○동 ○○		
인감제출자	자격/성명	청산인대표 ○○○		
	주민등록번호	123456-789123		
	주 소	○○시 ○○구 ○○동 ○○		

□ 위와 같이 인감을 신고합니다.
□ 위와 같이 개인(改印)하였음을 신고합니다.

20○○년 8월 27일 (개인인감 날인란)

신고인 본 인 성 명 (인)
대리인 성 명 (인)

지방법원 귀중

주 1. 개인인감 날인란에는 「인감증명법」에 의하여 신고한 인감을 날인하고 그 인감증명서(발행일로부터 3개월 이내의 것)를 첨부하여야 합니다. 개인(改印)신고의 경우, 개인인감을 날인하는 대신에 등기소에 신고한 유효한 종전 인감을 날인하여도 됩니다.
2. 인감·개인신고서에는 신고하는 인감을 날인한 인감대지를 첨부하여야 합니다.
3. 지배인이 인감을 신고하는 경우에는 인감제출자의 주소란에 지배인을 둔 장소를 기재하고, 「상업등기규칙」 제36조제4항의 보증서면(영업주가 등기소에 신고한 인감 날인)을 첨부하여야 합니다.

위 임 장

성 명 : 주민등록번호(-)
주 소 :

위의 사람에게, 위 인감신고 또는 개인신고에 관한 일체의 권한을 위임함.

200 년 월 일

인감(改印) 신고인 성 명 (인)

[사례] 인감대지

인 감 대 지

	┌┄┄┄┐ ┆ ┆ └┄┄┄┘ 신고하는 인감날인란	상 호(명 칭) : 영농(영어)조합법인○○ 자격 및 성명 : 청산인대표 ○○○ 주민등록번호 : -

※ 인감의 제출방법

○ 대표의 권한이 있는 이사는 인감을 신고하여야 한다. 인감의 제출 또는 인감의 변경신고는, 인감(改印)신고서를 작성하여 관할 등기소에 제출하는 방식으로 한다. 인감(改印)신고서를 제출할 때에는 신고하는 인감을 찍은 인감대지(위 참조)3장을 만들어 함께 제출하여야 한다.

○ 인감은 가로·세로 2.4센티미터의 정사각형 안에 들어갈 수 있어야 한다(상업등기규칙 제36조제5항).

○ 인감(改印)신고서에는 발행일로부터 3개월 이내의 인감증명서를 첨부하여야 한다. 취임승락서에 인감증명법에 의한 인감을 첨부한 경우에는 그 인감을 원용 할 수 있다.

○ 인감대지의 자격란에는 인감신고자에 따라 대표자, 이사장, 지배인, 대리인, 상호사용자, 무능력자, 법정대리인 등으로 기재하고 성명을 기재한다.

[사례] 인감카드 등 (재)발급신청서

인감카드 등 (재)발급신청서

(인감제출자에 관한 사항)

<table>
<tr><td colspan="2">상호(명칭)</td><td>영농(영어)조합법인○○</td><td>등기번호</td><td></td></tr>
<tr><td colspan="2">본점(주사무소)</td><td colspan="3">○○시 ○○구 ○○동 ○○</td></tr>
<tr><td rowspan="2">인감
제출자</td><td>자격 / 성명</td><td colspan="3">청산인대표 ○○○</td></tr>
<tr><td>주민등록번호</td><td colspan="3"></td></tr>
</table>

<table>
<tr><td colspan="2">발급사유</td><td colspan="3">□ 최초발급 □ 카드분실 □ 카드훼손 □ 인감증명서발급기능
□ 기타 (   )</td></tr>
<tr><td>매체구분</td><td colspan="2">□ 인감카드 □ HSM USB</td><td>인감카드 비밀번호</td><td></td></tr>
</table>

위와 같이 인감카드 등의 (재)발급을 신청합니다.

년 월 일

신청인 인감제출자 (본 인) 성 명 (인) (전화 :)
(대리인) 성 명 (인) (전화 :)

지방법원 등기소 귀중

접수번호		인감카드번호	

- 대법원수입증지를 붙이는 란 -

주 1. 인감카드 비밀번호란에는 (재)발급받아 사용할 인감카드의 비밀번호를 기재하며, 아라비아숫자 6자릿수를 기재하여야 합니다. 비밀번호는 인감카드와 함께 인감증명서의 발급을 신청할 권한이 있는 것으로 보게 되는 중요한 자료이므로 권한이 없는 사람이 알지 못하도록 주의하시기 바랍니다.
2. 인감카드의 재발급을 신청할 때에는「등기부 등・초본 등 수수료규칙」제5조의7에 의하여 5,000원 상당의 대법원수입증지를 이 란에 붙여야 합니다. 다만, 인감카드를 반납할 때에는 붙일 필요가 없습니다.

위 임 장

성 명 : 법무사 ○ ○ ○ 주민등록번호(123456 - 7891234)
주 소 : ○○시 ○○구 ○○동 ○○

위의 사람에게, 위 (재)발급신청서에 기재된 인감카드 등의 발급신청과 그 수령 등에 관한 일체의 권한을 위임함.

200 년 월 일

인감신고인 성 명 (인)

[사례] 영농(영어)조합법인 청산인변경등기신청서(대표권있는 청산인변경)

영농(영어)조합법인 청산인 변경등기신청

접수	년 월 일	처리인	접 수	조 사	기 입	교 합	각종통지
	제 호						

명 칭	영농(영어)조합법인○○	등기번호	
주사무소	○○시 ○○구 ○○동 ○○		
등기의 목적	청산인대표권제한규정의 변경등기		
등기의 사유	20○○년 ○월 ○일 청산인회에서 대표권있는 이사 김일남은 대표직만을 사임하고 같은날 이사 한영철이 대표권있는 이사로 선임되어 같은 날 취임함에 따라 대표권제한 규정이 다음과 같이 변경되었으므로 그 등기를 구함.		
본/지점 신청구분	1.본점신청□ 2.지점신청□ 3.본·지점 일괄신청□		

등 기 할 사 항

청산인 한영철 외에는 대표권이 없음
서울시 강동구 명일동 2233
20○○년 11월 30일 변경

<table>
<tr><td colspan="7">신청등기소 및 등록면허세/수수료</td></tr>
<tr><td rowspan="2">순번</td><td rowspan="2">신청등기소</td><td rowspan="2">구분</td><td>등록면허세</td><td rowspan="2">농어촌특별세</td><td rowspan="2">세액합계</td><td rowspan="2">등기신청수수료</td></tr>
<tr><td>지방교육세</td></tr>
<tr><td rowspan="2"></td><td rowspan="2"></td><td rowspan="2"></td><td>금 23,000원</td><td rowspan="2"></td><td rowspan="2">금27,600원</td><td rowspan="2">금 6,000원</td></tr>
<tr><td>금 4,600원</td></tr>
<tr><td colspan="3" rowspan="2">합 계</td><td></td><td rowspan="2"></td><td rowspan="2"></td><td rowspan="2"></td></tr>
<tr><td></td></tr>
<tr><td colspan="4">등기신청수수료 은행수납번호</td><td colspan="3"></td></tr>
</table>

<table>
<tr><td colspan="2">첨 부 서 면</td></tr>
<tr><td>1. 정 관 통
1. 청산인회의사록 통
1. 취임승낙서(인감증명서포함) 통
1. 주민등록표등본 통
1. 인감신고서 통</td><td>1. 사임서 통
1. 등록면허세영수필확인서 통
1. 위임장(대리인이 신청할 경우) 통
<기 타></td></tr>
</table>

년 월 일

신청인 상 호 영농(영어)조합법인○○

본 점 ○○시 ○○구 ○○동 ○○

대표청산인 성 명 한 영 철 (인) (전화 :)

주 소 서울시 강동구 명일동 2233

대리인 성 명 법무사 (인) (전화 :)

주 소 서울시 동작구 동작동 1170-9

○○지방법원 ○○등기소 귀중

- 신청서 작성요령 및 등기수입증지 첩부란 -

1. 해당란이 부족할 때에는 별지를 이용합니다.
1. 해당 등기신청과 관계없는 사항에 대하여는 "해당없음"으로 기재하거나 삭제하고, 필요한 사항은 추가 기재합니다.
1. 등기신청수수료 상당의 대법원등기수입증지를 이 난에 붙입니다.

(용지규격 21㎝× 29.7㎝)

[사례] 위임장

위 임 장

법무사 이 장 수
　　　○○시 ○○구 ○○동 ○
　　　전화 000-1235

본인은 위 사람을 대리인으로 정하고 다음의 권한을 위임함.

다 음

1. 본 법인의 청산인 대표권제한규정의 변경등기 신청 및 취하에 관한 일체의 행위.

20○○년 10 월 1 일

위임인 영농(영어)조합법인 ○○
　　　○○시 ○○구 ○○동 00-0
　　　대 표 자 ○○○ (인)

○ 이 위임장은 법무사에게 등기를 의뢰하는 경우 대리의 권한을 법무사에게 위임하는 서류로써 등기소에 제출하는 서류이다. 위임장에는 그 권한의 범위를 명확히 기재하여야 한다.

[사례] 청산인회의 의사록

청산인회의 의사록

20○○년 ○월 14일 오전 11시 30분 본 법인 회의실에서 다음과 같이 청산인 회를 개최하다.

청산인 총수 3명

출석 청산인수 3명

의장 청산인○○○는 정관규정에 따라 의장석에 등단하여 금일 총회의 적법함을 알리고 개회를 선언하다. 이어 다음의 안을 부의하고 그 심의를 구하다.

제1호 의안 : 대표권있는 청산인변경의 건

의장 청산인 김일남은 20○○년 ○월 ○일부로 대표권있는 이사직 사임으로 잠시 휴회를 선언한 후 의장석을 하단하고 청산인 한영철이 의장석에 등단하여 속회하다.

의장은 김일남의 대표권있는 이사직 사임으로 현재 결원인바, 대표권있는 이사 1명을 선임해야 한다 말하고 그 선임을 구한즉 출석 조합원전원 일치되어 다음 사람을 대표권있는 이사로 선임하다.

대표권있는 이사 한영철

위 선출된 대표권있는 이사는 즉석에서 취임을 승낙하다.

의장은 이상으로서 회의 목적인 의안 전부의 심의를 종료하였으므로 폐회한다고 선언하다.(회의종료시각 오전 12시 00분)

위 결의를 명백히 하기 위하여 이 의사록을 작성하고 의장과 출석한 청산인이 기명날인하다.

20○○년 ○월 14일

영농(영어)조합법인○○

대표청산인 한 영 철

청산인 김 일 남

청산인 김 팩 구

[사례] 사임서

<table><tr><td>

사 임 서

본인은 귀 법인의 대표권있는 청산인인바, 개인 사정으로 그 대표직을 사임합니다.

20○○년 11월 30일

청산인 김 일 남 (인)

영농(영어)조합법인 ○○ 귀중

</td></tr></table>

※ 청산인 대표직만을 사임한 경우이다. 사임서에는 인감을 날인하고 인감증명서를 첨부하여야 한다.

[사례] 취임승낙서(대표청산인)

<table><tr><td>

취 임 승 낙 서

본인은 20○○. 11. 14. 청산인회에서 대표청산인으로 선임되었으므로 그 취임을 승낙합니다.

20○○. 11. 14.

대표청산인 : 김 한 국

영농(영어)조합법인○○ 귀중

</td></tr></table>

[사례] 인감신고서

인감 · 개인(改印) 신고서

(신고하는 인감날인란) (인감제출자에 관한 사항)

상 호(명칭)		영농(영어)조합법인○○	등기번호	
본점(주사무소)		○○시 ○○구 ○○동 ○○		
인감제출자	자격/성명	청산인대표 ○○○		
	주민등록번호	123456-789123		
	주 소	○○시 ○○구 ○○동 ○○		

□ 위와 같이 인감을 신고합니다.
□ 위와 같이 개인(改印)하였음을 신고합니다.

20○○년 8월 27일 (개인인감 날인란)

신고인 본 인 성 명 (인)
대리인 성 명 (인)

지방법원 귀중

주 1. 개인인감 날인란에는 「인감증명법」에 의하여 신고한 인감을 날인하고 그 인감증명서(발행일로부터 3개월 이내의 것)를 첨부하여야 합니다. 개인(改印)신고의 경우, 개인인감을 날인하는 대신에 등기소에 신고한 유효한 종전 인감을 날인하여도 됩니다.
2. 인감·개인신고서에는 신고하는 인감을 날인한 인감대지를 첨부하여야 합니다.
3. 지배인이 인감을 신고하는 경우에는 인감제출자의 주소란에 지배인을 둔 장소를 기재하고, 「상업등기규칙」 제36조제4항의 보증서면(영업주가 등기소에 신고한 인감 날인)을 첨부하여야 합니다.

위 임 장

성 명 : 주민등록번호(-)
주 소 :

위의 사람에게, 위 인감신고 또는 개인신고에 관한 일체의 권한을 위임함.

200 년 월 일

인감(改印) 신고인 성 명 (인)

[사례] 인감대지

인 감 대 지

	신고하는 인감날인란	상 호(명 칭) : 영농(영어)조합법인○○ 자격 및 성명 : 청산인대표 ○○○ 주민등록번호 : −

※ 인감의 제출방법

○ 대표의 권한이 있는 이사는 인감을 신고하여야 한다. 인감의 제출 또는 인감의 변경신고는, 인감(改印)신고서를 작성하여 관할 등기소에 제출하는 방식으로 한다. 인감(改印)신고서를 제출할 때에는 신고하는 인감을 찍은 인감대지(위 참조)3장을 만들어 함께 제출하여야 한다.

○ 인감은 가로·세로 2.4센티미터의 정사각형 안에 들어갈 수 있어야 한다(상업등기규칙 제36조제5항).

○ 인감(改印)신고서에는 발행일로부터 3개월 이내의 인감증명서를 첨부하여야 한다. 취임승락서에 인감증명법에 의한 인감을 첨부한 경우에는 그 인감을 원용 할 수 있다.

○ 인감대지의 자격란에는 인감신고자에 따라 대표자, 이사장, 지배인, 대리인, 상호사용자, 무능력자, 법정대리인 등으로 기재하고 성명을 기재한다.

[사례] 인감카드 등 (재)발급신청서

인감카드 등 (재)발급신청서

(인감제출자에 관한 사항)

상호(명칭)		영농(영어)조합법인○○	등기번호	
본점(주사무소)		○○시 ○○구 ○○동 ○○		
인감 제출자	자격 / 성명	청산인대표 ○○○		
	주민등록번호			

발급사유		□ 최초발급 □ 카드분실 □ 카드훼손 □ 인감증명서발급기능 □ 기타 (　　　　　　)	
매체구분	□ 인감카드　□ HSM USB	인감카드 비밀번호	

위와 같이 인감카드 등의 (재)발급을 신청합니다.

년　　월　　일

신청인 인감제출자 (본　인) 성　　　명　　　(인)　(전화 :　　　　　)
(대리인) 성　　　명　　　(인)　(전화 :　　　　　)

지방법원　　　　등기소 귀중

접수번호		인감카드번호	

- 대법원수입증지를 붙이는 란 -

주 1. 인감카드 비밀번호란에는 (재)발급받아 사용할 인감카드의 비밀번호를 기재하며, 아라비아숫자 6자릿수를 기재하여야 합니다. 비밀번호는 인감카드와 함께 인감증명서의 발급을 신청할 권한이 있는 것으로 보게 되는 중요한 자료이므로 권한이 없는 사람이 알지 못하도록 주의하시기 바랍니다.

2. 인감카드의 재발급을 신청할 때에는 「등기부 등・초본 등 수수료규칙」 제5조의7에 의하여 5,000원 상당의 대법원수입증지를 이 란에 붙여야 합니다. 다만, 인감카드를 반납할 때에는 붙일 필요가 없습니다.

위 임 장

성 명 : 법무사 ○ ○ ○　　　　주민등록번호(123456 - 7891234)
주 소 : ○○시 ○○구 ○○동 ○○

위의 사람에게, 위 (재)발급신청서에 기재된 인감카드 등의 발급신청과 그 수령 등에 관한 일체의 권한을 위임함.

200　년　　월　　일

인감신고인 성 명　　　　　(인)

[사례] 영농(영어)조합법인 청산종결등기신청서

영농(영어)조합법인 청산종결등기신청

<table>
<tr><td rowspan="2">접
수</td><td>년 월 일</td><td rowspan="2">처
리
인</td><td>접 수</td><td>조 사</td><td>기 입</td><td>교 합</td><td>각종통지</td></tr>
<tr><td>제 호</td><td></td><td></td><td></td><td></td><td></td></tr>
</table>

<table>
<tr><td>명 칭</td><td>영농(영어)조합법인 ○○</td><td>등기번호</td><td></td></tr>
<tr><td>본점(주사무소)</td><td colspan="3">○○시 ○○구 ○○동 ○○</td></tr>
<tr><td>등 기 의 목 적</td><td colspan="3">청산종결등기</td></tr>
<tr><td>등 기 의 사 유</td><td colspan="3">20○○년 ○월 14일 청산을 종결하고 청산인회에서 그 결산보고서의 승인을 받았으므로 다음 사항의 등기를 구함.</td></tr>
<tr><td>본/지점 신청구분</td><td colspan="3">1.본점신청□ 2.지점신청□ 3.본・지점 일괄신청□</td></tr>
<tr><td colspan="4">등 기 할 사 항</td></tr>
<tr><td colspan="4">20○○년 ○월 ○일 청산종결</td></tr>
</table>

신청등기소 및 등록면허세/수수료						
순번	신청등기소	구분	등록면허세 지방교육세	농어촌특별세	세액합계	등기신청수수료
			금 23,000원 금 4,600원		금27,600원	금 6,000원
합 계						
등기신청수수료 은행수납번호						

첨 부 서 면	
1. 청산인회의사록 통 1. 등기부등본 통	1. 등록면허세영수필확인서 통 1. 위임장(대리인이 신청할 경우) 통 <기 타>

년 월 일

신청인 상 호 영농(영어)조합법인 ○○

본 점 ○○시 ○○구 ○○동 ○○

대표청산인 성 명 (인) (전화 :)

주 소

대리인 성 명 법무사 (인) (전화 :)

주 소 서울시 동작구 동작동 1170-9

○○지방법원 ○○등기소 귀중

- 신청서 작성요령 및 등기수입증지 첨부란 -

1. 해당란이 부족할 때에는 별지를 이용합니다.
1. 해당 등기신청과 관계없는 사항에 대하여는 "해당없음"으로 기재하거나 삭제하고, 필요한 사항은 추가 기재합니다.
1. 등기신청수수료 상당의 대법원등기수입증지를 이 난에 붙입니다.

[사례] 위임장

위 임 장

법무사 이 장 수
○○시 ○○구 ○○동 ○
전화 000-1235

본인은 위 사람을 대리인으로 정하고 다음의 권한을 위임함.

다 음

1. 본 법인의 청산종결의 등기 신청 및 취하에 관한 일체의 행위.

20○○년 10 월 1 일

위임인 영농(영어)조합법인 ○○
○○시 ○○구 ○○동 00-0
대표청산인 ○○○ (인)

○ 이 위임장은 법무사에게 등기를 의뢰하는 경우 대리의 권한을 법무사에게 위임하는 서류로써 등기소에 제출하는 서류이다. 위임장에는 그 권한의 범위를 명확히 기재하여야 한다.

[사례] 청산총회 이사록

청산총회 이사록

1. 총회의 종류 : 영농(영어)조합법인 ○○ 청산총회
2. 소집년월일 : 20 년 10월 26일(문서번호 : 20 -04)
3. 개최년월일 : 20 년 11월 4일 (18:30)
4. 개최장소 : 영농(영어)조합법인 ○○ 4층 강당(○○시 ○○구 ○○동 ○○)
5. 정족수확인 : 총청산인 수 ○명
   출석청산인 수 ○명(본인출석 ○명)

의장 청산인 ○○○는 정관규정에 따라 의장석에 등단하여 금일 총회의 적법함을 알리고 개회를 선언하다. 이어 다음의 안을 부의하고 그 심의를 구하다.

의안 청산결산보고서 승인의 건

의장은 본 법인의 해산 이후 청산종결에 이르기까지의 경과를 상세히 보고하고 별지 결산보고서를 낭독, 내용을 설명한 후 청산결산의 승인을 구한바, 전원 이의없이 만장일치로 그를 승인하다.

이상 본 법인의 청산총회의 의안 전부를 심의종료하였으므로 의장이 폐회를 선언하다.(폐회시각 00시 00)

위 결의를 명확히 하기 위하여 본 총회 의사록을 작성하고 의장과 출석한 기명날인하다.

20 년 11월 4일

영농(영어)조합법인 ○○
의장 청산인 ○○○ (인)
청산인 ○○○ (인)
청산인 ○○○ (인)

[사례] 청산결산보고서

청산결산보고서

구 분	과 목	금 액	합 계
자 산	제예금 선급법인세 계통기구출자금	31,528,520 1,377,670 1,500,000	34,406,190
부 채	미지급법인세 주민세오계산분 미지급배당금	2,029,480 28,580 12,276,170	14,334,230
자 산	부채차감후잔액		20,071,960
수 익	제예금해약이자 연합회예금해약이자	28,013 4,432	32,445
비 용	청산등기비용	101,000	101,000
청산할 최종잔액		20,003,405	20,003,405

영농(영어)조합법인 ○○

대표청산인 ○○○ (인)

청산인 ○○○ (인)

청산인 ○○○ (인)

[사례] 해산 및 채권계출공고

해산 및 채권계출공고

채권자 제위 귀하

당 조합은 20○○년 ○월 ○일 임시총회에서 해산을 결의 하고 20○○년 ○월 ○일자로 해산등기를 완료하였으나 당 조합에 대하여 채권이 있는 채권자는 이 공고 게제일로부터 2개월이내에 그 채권을 제출하시기 바랍니다.

20○○년 ○월 ○일

영농(영어)조합법인 ○○
○○시 ○○구 ○○동 ○○
대표청산인 ○○○ (인)

제3장

농업회사법인의 설립과 변경등기

제1절 농업회사법인의 설립

1. 의 의

"농업회사법인"이란 농업경영, 농산물의 유통·가공·판매, 농작업 대행 이외에 부대사업으로 영농자재 생산·공급, 종묘생산 및 종균배양사업, 농산물의 매취·비축사업, 농기계 장비의 임대·수리·보관, 소규모 관개시설의 수탁관리사업 등을 하기 위하여 농어업경영체 육성 및 지원에 관한 법률 제19조의 규정에 의하여 설립하는 상법상의 회사형태를 말한다.

2. 법인의 성격 및 준용규정

농업회사법인은 "기업적 경영체"로 합명회사, 합자회사, 주식회사, 유한회사 형태로 설립할 수 있으며(농어업경영체 육성 및 지원에 관한 법률 시행령 제17조 제1항), 상법상 회사에 관한 규정을 준용한다(농어업경영체 육성 및 지원에 관한 법률 제16조 제7항).

농업회사법인은 농어업·농어촌 및 식품산업 기본법에 의한 특수법인으로서 법인설립에 따른 별도의 인가나 허가가 필요 없다.

3. 사업목적

농업회사법인은 농업경영, 농산물의 유통·가공·판매, 농작업 대행 이외에 부대사업으로 다음 각 호의 사업을 할 수 있다(농어업경영체 육성 및 지원에 관한 법률 시행령 제19조 제1항).

1. 영농에 필요한 자재의 생산 및 공급사업
2. 영농에 필요한 종자생산 및 종균배양사업
3. 농산물의 구매 및 비축사업
4. 농업기계나 그 밖의 장비의 임대·수리 및 보관사업
5. 소규모 관개시설(灌漑施設)의 수탁 및 관리사업

4. 출자자

가. 개 설

농업회사법인을 설립할 수 있는 자는 농업인과 농업생산자단체로 하되, 농업인이나 농업생산자단체가 아닌 자도 대통령령으로 정하는 비율의 범위에서 농업회사법인에 출자할 수 있다(농어업경영체 육성 및 지원에 관한 법률 제19조 제2항).

나. 농업인

"농업인"이란 농업을 경영하거나 이에 종사하는 자로서 대통령령으로 정하는 기준에 해당하는 자를 말한다(농어업·농어촌 및 식품산업 기본법 제3조 제2호 가목).

여기서 "대통령령으로 정하는 기준에 해당하는 자"란 다음 각 호의 어느 하나에 해당하는 사람을 말한다(농어업·농어촌 및 식품산업 기본법 시행령 제3조 제1항).

1. 1천제곱미터 이상의 농지(농어촌정비법 제98조에 따라 비농업인이 분양받거나 임대받은 농어촌 주택 등에 부속된 농지는 제외한다)를 경영하거나 경작하는 사람
2. 농업경영을 통한 농산물의 연간 판매액이 120만원 이상인 사람
3. 1년 중 90일 이상 농업에 종사하는 사람
4. 농어업경영체 육성 및 지원에 관한 법률 제16조제1항에 따라 설립된 영농조합법인의 농산물 출하·유통·가공·수출활동에 1년 이상 계속하여 고용된 사람
5. 농어업경영체 육성 및 지원에 관한 법률 제19조제1항에 따라 설립된 농업회사법인의 농산물 유통·가공·판매활동에 1년 이상 계속하여 고용된 사람

다. 농업생산자단체

"생산자단체"란 농어업 생산력의 증진과 농어업인의 권익보호를 위한 농어업인의 자주적인 조직으로서 대통령령으로 정하는 단체를 말한다(농어업·농어촌 및 식품산업 기본법 제3조 제4호).

여기서 "대통령령으로 정하는 단체"란 다음 각 호의 단체를 말한다(농어업·농어촌 및 식품산업 기본법 시행령 제4조).

1. 농업협동조합법에 따른 조합 및 그 중앙회
2. 산림조합법에 따른 산림조합 및 그 중앙회
3. 엽연초생산협동조합법에 따른 엽연초생산협동조합 및 그 중앙회
4. 수산업협동조합법에 따른 조합 및 그 중앙회
5. 농수산물을 공동으로 생산하거나 농수산물을 생산하여 공동으로 판매·가공 또는 수출

하기 위하여 농어업인 5명 이상이 모여 결성한 법인격이 있는 전문생산자 조직으로서 농림수산식품부장관이 정하는 요건을 갖춘 단체

라. 농업인 또는 농업생산자단체가 아닌 자의 출자

농업인이나 농업생산자단체가 아닌 자도 대통령령으로 정하는 비율의 범위에서 농업회사법인에 출자할 수 있다(농어업경영체 육성 및 지원에 관한 법률 제19조 제2항).

농업인 또는 농업생산자단체가 아닌 자가 농업회사법인에 출자할 수 있는 한도는 농업회사법인의 총출자액의 100분의 90을 초과할 수 없다(농어업경영체 육성 및 지원에 관한 법률 시행령 제18조 제1항).

마. 출자의 불입 및 출자증서의 발행

출자자는 출자의 목적인 재산을 양도하고 등기, 등록 기타 권리의 설정이나 이전에 필요한 경우에는 이에 관한 서류를 완비하여 교부하여야 한다.

출자를 불입한 출자자에게는 대표이사 명의로 출자증서를 발급하고 출자증서에 출자좌수, 출자액, 출자재산의 표시(토지의 경우 지번, 지목, 면적을 기재)등을 기재하여야 한다.

현물출자의 경우 출자액 산정방법, 출자최고한도, 출자액의 납입방법 등을 정관으로 반드시 작성하여야 한다.

5. 농업회사법인의 생산자단체 가입

농업회사법인은 대통령령으로 정하는 농업생산자단체의 조합원 또는 준조합원으로 가입할 수 있다(농어업경영체 육성 및 지원에 관한 법률 제17조 제3항).

농업회사법인이 조합원 또는 준조합원으로 가입할 수 있는 농업생산자단체는 농업협동조합·산림조합 및 엽연초생산협동조합으로 한다(농어업경영체 육성 및 지원에 관한 법률 시행령 제15조).

6. 세제지원

가. 농업회사법인에 대한 법인세의 면제 등

(1) 농어업경영체 육성 및 지원에 관한 법률에 따른 농업회사법인(이하 "농업회사법인"이라 한다)에 대해서는 2012년 12월 31일 이전에 끝나는 과세연도까지 농업소득에 대한 법인세를 면제하고 농업소득 외의 소득 중 대통령령으로 정하는 소득에 대한 법인세를 감

면한다(조세특례제한법 제68조 제1항).

여기서 "대통령령으로 정하는 소득"이란 "① 농어업·농어촌 및 식품산업 기본법 시행령 제2조에 따른 축산업, 임업에서 발생한 소득 ② 농어업경영체 육성 및 지원에 관한 법률 시행령 제19조제1항에 따른 농업회사법인(이하 이 조에서 "농업회사법인"이라 한다)의 부대사업에서 발생한 소득 ③ 농산물 유통·가공·판매 및 농작업 대행에서 발생한 소득"을 말한다(조세특례제한법 시행령 제65조 제1항).

(2) 법인세를 감면받거나 이월과세를 적용받으려는 자는 과세표준신고와 함께 기획재정부령이 정하는 세액감면신청서 또는 이월과세적용신청서를 납세지 관할세무서장에게 제출하여야 한다. 이 경우 이월과세적용신청서는 농업회사법인과 함께 제출하여야 한다(조세특례제한법 시행령 제65조 제3항).

나. 농지 또는 초지를 현물출자함으로써 발생하는 소득

대통령령으로 정하는 농업인이 2012년 12월 31일 이전에 농지 또는 초지를 농업회사법인(농지법에 따른 농업법인의 요건을 갖춘 경우만 해당한다)에 현물출자함으로써 발생하는 소득에 대해서는 양도소득세를 면제한다. 이 경우 조세특례제한법 제66조제5항부터 제8항까지의 규정을 준용한다(조세특례제한법 제68조 제2항).

여기서 "대통령령으로 정하는 농업인"이란 농어업·농어촌 및 식품산업 기본법 제3조제2호가목에 따른 농업인으로서 현물출자하는 농지·초지 또는 부동산(이하 이 조에서 "농지등"이라 한다)이 소재하는 시·군·구(자치구인 구를 말한다. 이하 이 조에서 같다), 그와 연접한 시·군·구 또는 해당 농지등으로부터 직선거리 20킬로미터 이내에 거주하면서 직접 경작한 자를 말한다(조세특례제한법 시행령 제63조 제4항)

현물출자함으로써 발생한 소득에 대하여 양도소득세가 면제되는 농지는 전·답으로서 지적공부상의 지목에 관계없이 실제로 경작에 사용되는 토지와 그 경작에 직접 필요한 농막·퇴비사·양수장·지소·농로·수로등에 사용되는 토지로 한다. 다만, 조세특례제한법 시행령 제66조제4항 각호의 1에 해당하는 농지를 제외한다(조세특례제한법 시행령 제63조 제5항)

다. 부동산을 현물출자하는 경우

대통령령으로 정하는 농업인이 2012년 12월 31일 이전에 농업회사법인에 농어업·농어촌 및 식품산업 기본법 제3조제1호 가목에 따른 농작물재배업·축산업 및 임업에 직접 사용되는 부동산(제2항에 따른 농지 및 초지는 제외한다)을 현물출자하는 경우에는 이월과세를 적용받을 수 있다(조세특례제한법 제68조 제3항).

여기서 "대통령령으로 정하는 농업인"이란 농어업·농어촌 및 식품산업 기본법 제3조제2호가목에 따른 농업인으로서 현물출자하는 농지·초지 또는 부동산(이하 이 조에서 "농지등"이라 한다)이 소재하는 시·군·구(자치구인 구를 말한다. 이하 이 조에서 같다), 그와 연접한 시·군·구 또는 해당 농지등으로부터 직선거리 20킬로미터 이내에 거주하면서 직접 경작한 자를 말한다(조세특례제한법 시행령 제63조 제4항)

라. 배당소득

(1) 농업회사법인에 출자한 거주자가 2012년 12월 31일까지 받는 배당소득 중 농업소득에서 발생한 배당소득 전액에 대해서는 소득세를 면제하고, 농업소득 외의 소득에서 발생한 배당소득은 소득세법 제14조제2항에 따른 종합소득과세표준에 합산하지 아니한다. 이 경우 농업소득에서 발생한 배당소득과 농업소득 외의 소득에서 발생한 배당소득의 계산은 대통령령으로 정하는 바에 따른다(조세특례제한법 제68조 제4항).

농업소득 외의 소득에서 발생한 배당소득은 각 배당시마다 "농업회사법인으로부터 지급받은 배당소득 × 배당확정일이 속하는 사업연도의 직전 사업연도의 농업소득 외의 소득금액(제1항의 소득에 한한다) / 배당확정일이 속하는 사업연도의 직전사업연도의 총소득금액"의 산식에 의하여 계산한 금액으로 하고, 농업소득에서 발생한 배당소득은 배당소득 총액 중 농업소득 외의 소득(제1항의 소득에 한한다)에서 발생한 배당소득을 차감한 금액으로 한다(조세특례제한법 시행령 제65조 제2항).

(2) 배당소득에 대한 소득세를 면제받으려는 자는 해당 배당소득을 지급받는 때에 기획재정부령이 정하는 세액면제신청서를 농업회사법인에 제출하여야 한다. 이 경우 농업회사법인은 배당금을 지급한 날이 속하는 달의 다음달 말일까지 조합원이 제출한 세액면제신청서를 원천징수 관할세무서장에게 제출하여야 한다(조세특례제한법 시행령 제65조 제4항)

마. 부동산취득에 따른 지방세

「농어업경영체 육성 및 지원에 관한 법률」 제16조에 따른 영농조합법인과 영어조합법인, 같은 법 제19조에 따른 농업회사법인과 어업회사법인이 영농 · 영어에 사용하기 위하여 법인설립등기일부터 2년 이내에 취득하는 부동산에 대하여는 취득세를 2012년 12월 31일까지 면제한다(지방세특례제한법 제11조, 제12조).

바. 농어촌특별세

영농조합법인(조세특례제한법 제66조), 영어조합법인(조세특례제한법 제67조), 농업회사법인(조세특례제한법 제68조)에 대한 법인세, 출자 및 배당소득 등에 따른 세제의 면제의 경우에는 농어촌특별세도 부과하지 아니한다(농어촌특별세법 제4조).

사. 농지 취득

영농조합법인과 농업회사법인 모두 농지소유가 가능하다. 농지를 취득할 때 원칙적으로 농지취득자격증명을 발급받아야 한다. 다만, 농지의 공동이용 또는 집단이용을 목적으로 구성된 단체로서 농지의 공동이용 또는 집단이용에 관한 사항이 규약으로 정하여지고 그 구성원인 농업인 또는 농업법인의 수가 10인 이상인 단체가 농지법 제16조의 규정에 의한 농지이용증진사업계획에 의하여 농지를 취득하는 경우에는 농지취득자격증명을 첨부하지 않고도 농지를 취득할 수 있다. 따라서 농업인 10인 이상으로 구성된 1개의 농업법인만으로는 농지법시행령 제18조 제6호의 단체에 해당되지 않으며, 또한 구성원인 농업인 또는 농업법인의 수가 10인 이상인 단체라 하더라도 농지법 제16조의 규정에 의한 농지이용증진사업계획에 의하여 농지를 취득하는 것이 아니라면 그 단체가 농지를 취득할 때 농지취득자격증명을 첨부하여야 할 것이다(등기선례5-721, 1997. 7. 13. 등기 3402-517 질의회답).

□ 농업회사법인 설립절차 구조도

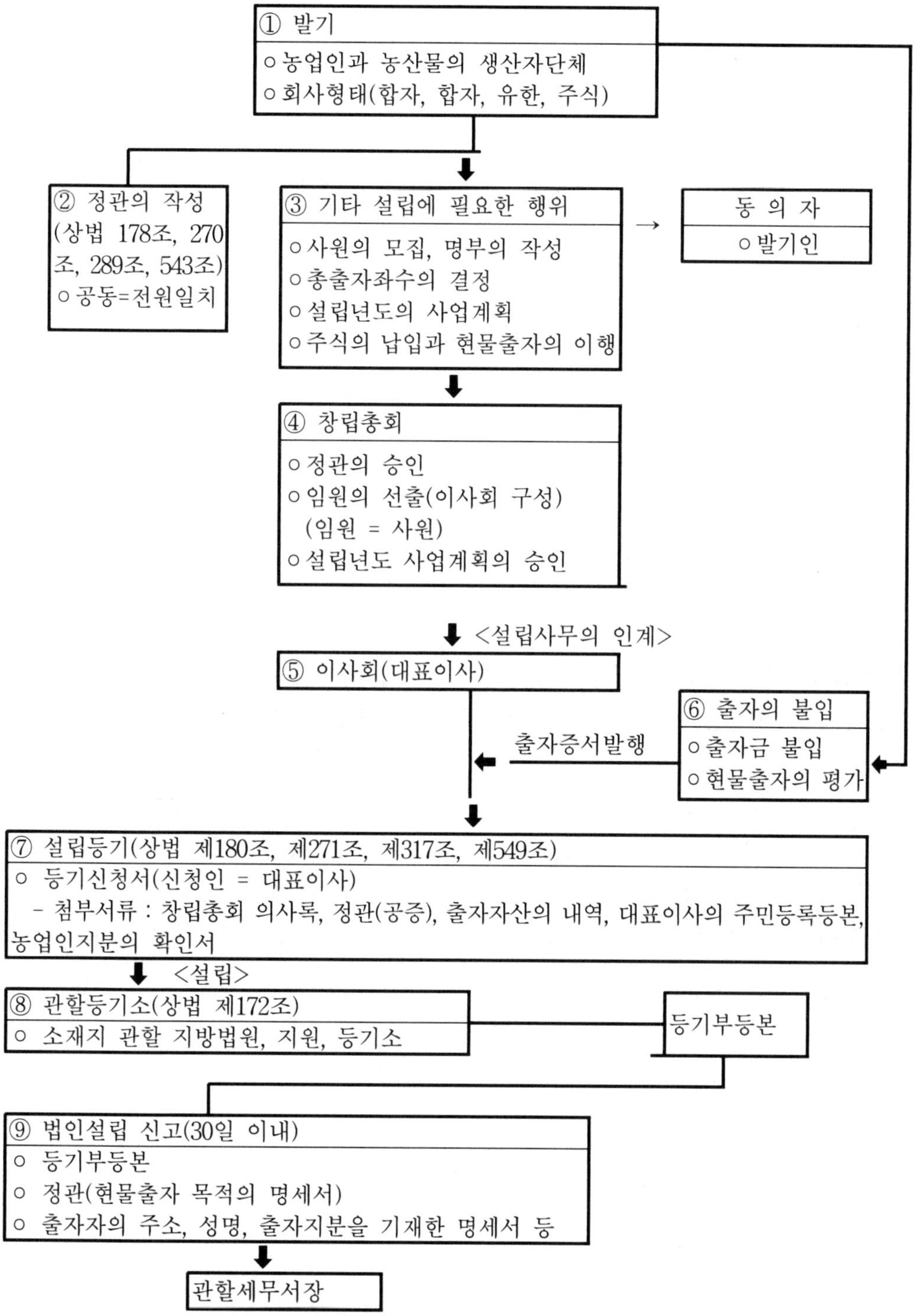

제2절 농업회사법인 주식·유한·합명·합자회사설립

제1관 농업회사법인 주식회사 설립

1. 서 설

농업회사법인은 "기업적 경영체"로 합명회사, 합자회사, 주식회사, 유한회사 형태로 설립할 수 있다(농어업경영체 육성 및 지원에 관한 법률 시행령 제17조 제1항). 따라서 여기서는 농업회사법인의 주식회사 설립하는 경우를 보기로 한다.

2. 주식회사설립의 유형

가. 개 설

주식회사설립에는 발기설립(發起設立)과 모집설립(募集設立)이 있고, 주식회사의 설립은 본점소재지에서 설립등기를 함으로써 성립한다(상법 제172조).

"발기설립"은 회사 설립에 있어서 발행주식의 전부를 발기인이 인수하여 회사를 설립하는 방법을 말하고, 모집설립은 회사설립 시 발행하는 주식의 총수 중 발기인이 일부를 인수하고 나머지 부분은 주주를 모집하여 인수하도록 하는 설립방법을 말한다.

발기설립과 모집설립과의 가장 큰 차이는 회사 설립시에 발행하는 주식을 발기인이 전부 인수하는지 여부에 있다. 발기설립과 모집설립의 차이점은 대략 다음의 표와 같다.

나. 발기설립과 모집설립의 차이점

항목 \ 구분	발기설립	모집설립
상 호	동일한 상호만 아니면 사용가능	발기설립과 같다.
정관 및 의사록의 효력	자본금이 10억미만의 발기설립의 경우 발기인이 정관 및 의사록에 기명날인 또는 서명함으로써 효력이 생김	공증을 받으므로 써 효력이 생긴다. (기존 그대로 임)
주금납입보관증명서	자본금 10억원 미만 발기설립에 한하여 잔고증명서로 대체(제318조③)	주금납입금 보관증명서 첨부 (기존 그대로 임)
최저자본금제도 폐지	최저자본금 5천만원 폐지(제329조)	발기설립과 같다.
전자주주명부제도	정관에 정하는 바에 따라 전자문서로 주주명부 작성(제352조의2)	발기설립과 같다.
주주총회개최	자본금이 10억원 미만인 회사 소집절차 없이 주주총회를 개최(제363조⑤)	발기설립과 같다.
서면에 의한 주주총회의 결의	자본금이 10억원 미만인 회사 서면에 의한 주주총회 허용(제363조⑤)	발기설립과 같다.
이사의 수	자본금이 10억원 미만인 회사는 1명 또는 2명으로 할 수 있다(제383조①).	발기설립과 같다.
감사의 선임	자본금이 10억원 미만인 회사의 경우, 감사는 회사가 자율적선임(제409조)	발기설립과 같다.
이사회제도	소규모 회사로서 이사가 1명 또는 2명의 회사 이사회구성 면제(제383조④~⑥)	발기설립과 같다.
주식 인수	주식은 전부 발기인들이 인수한다(상295①).	일부는 발기인이 인수하고 남은 부분을 인수할 주주를 모집한다(상301).
주금의 납입	발기인이 지정한 납입은행 기타 금융기관의 납입장소에 하여야 한다(상295① 후단).	주식청약서에 기재한 은행 기타 금융기관의 납입장소에 하여야 한다. (상305②,302②).
납입의 해태	일반원칙(채무불이행)에 의한다.	실권절차가 있다(상307).
창립총회	불필요하다.	필요하다(상308~316).

이사 · 감사의 선임	발기인의 의결권의 과반수로 이사등을 선임한다(상296①).	창립총회에서 출석한 주식인수인의 의결권의 2/3이상이며, 인수된 주식 총수의 과반수에 해당하는 다수로 이사등을 선임한다(상309,312).
대표이사 선임	이사회(정관으로 발기인회에서 선임하도록 정할 수 있음)	이사회(정관으로 창립총회에서 선임하도록 정할 수 있음)
변태설립사항의 조사	법원이 선임한 검사인 또는 공증인, 공인된 감정인이 조사하여 법원에 보고하고, 법원은 이를 인가 또는 변경할 수 있다(상299,299의2,300, 재판예규719호).	법원이 선임한 검사인 또는 공증인, 공인된 감정인이 조사하여 법원에 접수 후 창립총회에 보고서를 제출하고(상310), 창립총회에서는 이를 변경할 수 있다.
설립경과의 조사	이사와 감사가 조사하여 발기인에게 보고한다(상298①).	이사와 감사가 조사하여 창립총회에 보고한다.(상313①).
설립 전 원시정관의 변경	발기인 전원의 동의와 자본금이 10억원 이상인 경우 공증인의 인증이 필요하다.	창립총회의 결의만으로 가능하다. (공증인 인증 불필요)
설립 중의 회사의 구성원	발기인	발기인과 주식인수인

다. 발기설립과 모집설립등기절차도

발기인

↓

정관의 작성

↓

주식발행사항의 결정

발기설립

↓ 발기인의 주식전부인수(상293)

↓ 출자의무의 이행(상295)

↓ 이사·감사 또는 감사위원회 위원회의 선임(상296, 415의2)

↓ 이사·감사의 설립경과의 조사, 변태설립사항의 조사, 보고(상298, 299, 299의2)

↓ 법원의 변태설립사항의 변경처분(상300)

모집설립

↓ 발기인의 주식일부인수(상293)

↓ 주주의 모집(상301, 303)

↓ 주식인수가액의 납입(상305-307) 현물출자의 이행(상305)

↓ 변태설립사항의 조사 → 창립총회에의 보고(상310), 창립총회변경(상314)

↓ 창립총회(상308, 309, 311, 313) 이사·감사의 선임(상312), 이사·감사의 설립경과의 조사(상298, 299)

설립등기(상317)

3. 발기설립절차

가. 발기인

농업회사법인의 주식회사 설립은 상법상 회사에 관한 규정을 준용하므로(농어업경영체 육성 및 지원에 관한 법률 제16조 제7항), 발기인 규정(합명·합자회사 2인 이상, 유한회사 1인 이상, 주식회사 1인 이상)에 의하여 그 주된 사무소의 소재지에서 설립등기를 함으로써 성립한다(농어업경영체 육성 및 지원에 관한 법률 제19조 제3항).

"발기인"이란 형식적으로는 정관에 발기인으로 기명날인한 사람을 말하지만 실질적으로는 회사의 설립사무에 참가하더라도 정관에 발기인으로서 기명날인하지 않은 이상 법률상 발기인이 되지 못한다.

설립중의 회사가 성립하기 위해서는 정관이 작성되고 발기인이 적어도 1주 이상의 주식을 인수하였을 것을 요건으로 한다(상법 제293조, 대법원 2000. 1. 28. 선고 99다35737 판결). 발기인의 수는 1인 이상 이다.

농업회사법인은 농어업·농어촌 및 식품산업 기본법에 의한 특수법인으로서 법인설립에 따른 별도의 인가나 허가가 필요 없다.

나. 정관의 작성

(1) 개 설

정관이란 농업회사법인의 조직, 사업, 관리, 운영 등 농업회사법인에 관한 근본규칙을 말하고 형식적으로는 그 근본규칙을 기재한 서면을 말한다.

주식회사의 설립에 있어서는 정관에 설립시에 발행하는 주식의 총수와 1주의 금액을 기재하고 주식인수인의 확정, 이사 ·감사의 선임 등 회사의 실체(實體)를 구성하는 정관을 작성하여야 한다.

정관은 1인 이상의 발기인이 작성한다(상법 제288조). 발기인은 정관의 작성자로서 각 발기인이 정관의 말미에 기명날인 또는 서명하여야 한다(상법 제289조 제1항). 이런 뜻에서 발기인이란 주식회사의 원시정관에 발기인으로서 기명날인 또는 서명한 자를 말하며, 실질적으로 발기인으로서 회사의 설립에 진력하였다 하더라도 원시정관에 기명날인 또는 서명하지 아니한 자는 발기인이라고 할 수 없다(학설과 판례). 발기인과 임원은 동일인이 아니어도 상관없다.

정관에는 절대적 기재사항, 상대적 기재사항 및 임의적 기재사항이 있다.

(2) 절대적 기재사항

정관의 절대적 기재사항은 목적, 상호, 회사가 발행하는 주식의 총수, 본점의 소재지, 회사가 공고하는 방법, 발기인의 성명과 주소이며 이들 절대적 기재 사항 중 하나라도 기재를 누락하면 정관은 무효가 된다(상법 제289조).

(가) 목 적

목적이란 회사가 경영하고자 하는 사업을 말한다. 농업회사법인의 경우 "농어업경영체 육성 및 지원에 관한 법률 시행령 제19조 제1항에서 농업경영, 농산물의 유통・가공・판매, 농작업 대행 이외에 부대사업을 할 수 있다"고 규정하고 있다.

법인의 목적을 등기사항으로 정하고 있는 것은 법인은 원래 정관으로 정한 목적의 범위 내에서만 권리능력이 있으며(민법 제34조), 그 목적사업 이외의 사업은 영위할 수 없기 때문에 목적을 특정함으로써 법인의 권리능력의 범위를 일반인에게 공시하기 위한 것이다.

목적은 회사가 경영하려고 하는 사업을 뜻하므로, 사회통념상 그 사업이 무엇인가를 알 수 있을 정도로 구체적이고 명확하게 기재하여야 하며, 상업, 물품제조업, 물품판매업 등과 같이 불분명하게 기재하여서는 안 된다. 그리고 회사는 상행위 기타 영리를 목적으로 설립한 사단(상법 제169조)이기 때문에 비영리사업을 회사의 목적으로 할 수 없고, 강행법규나 공서양속에 위반하는 것은 회사의 목적으로 정할 수 없다. 회사의 설립목적이 불법한 것인 때에는 법원이 해산을 명할 수 있다(상법 제176조 제1항).

회사의 목적은 위와 같은 제한이 따르지만, 원칙적으로 어떠한 사업을 목적으로 할 것인가는 회사의 자유이다. 다만, 특별법 등에 의하여 관청의 인・허가를 필요로 하는 경우에는 등기시에 그 인・허가서를 등기신청서에 첨부하여야 하는데 농업회사법인은 인허가 대상이 아니다.

(나) 상 호

① 개 설

농업회사법인은 "농업회사법인"이라는 명칭을 사용하여야 하며 농업회사법인이 아니면 동명칭을 사용하지 못한다. 따라서 상호 앞이나 뒤에 "농업회사법인 ○○주식회사" 또는 "농업회사법인 ○○유한회사"라고 기재한다.

상호란 상인이 영업상 자기를 표시하기 위하여 사용하는 명칭을 말한다. 상업등기법은 제30조 중 "확연히 구별할 수 있는 상호가 아니면"을 "동일한 상호는"으로 개정(2009. 5. 28)하였다. 개정취지는 현재 회사를 설립하기 위하여 동일 또는 유사한 상호가 이미 등기되어 있는지 여부를 조사·확인하기 위한 시간의 지연과 추가 상호선정에 많은 시간이 소요되어 신속한 법인 설립에 걸림돌이 되고 있고, 기업활동의 광역화 추세에 부합하지 못하며, 등기관이 상호의 유사성 여부를 자의적으로 판단할 우려가 있으므로 유사상호이더라도 등기할 수 있도록 하려는 취지이다.

기존의 상업등기법 하에서는 법인 설립 시 특정한 상호와 동일하지는 않으나 일반 거래상 이와 혼동, 오인될 우려가 있는 상호는 사용할 수가 없었다. 따라서 동일한 영업을 위하여 동일한 특별시·광역시·시 또는 군 내에서 다른 사람이 등기한 상호와 동일하지만 아니하면 상호로 사용할 수 있는 것이다.

대법원은 "유사상호 등의 판단 기준에 관한 예규(제1295호 2009. 5. 28 개정)를 개정하여 위 법률의 개정에 뒷받침 하였다.

② 등기할 수 없는 상호

등기관은 다음 각 호의 어느 하나에 해당하는 경우에는 등기신청을 각하한다(등기예규 제1295호).

1. 상법등기법 제30조에 의해 등기할 수 없는 상호
2. 법령으로 상호에 사용하는 것을 금지한 문자를 사용한 경우

【예시】 회사가 아니면서 상호에 회사임을 표시하는 문자를 사용한 경우(상법 제20조), 금융투자업자가 아니면서 상호에 금융투자라는 문자를 사용한 경우(자본시장과 금융투자업에 관한 법률 제38조제1항), 보험회사가 아니면서 상호에 보험회사임을 표시하는 문자를 사용한 경우(보험업법 제8조제2항) 등. 다만, '보험대리점'이라는 문자는 보험회사임을 표시하는 문자로 볼 수 없다(보험업법 제2조제1호, 제5호, 제9호).

3. 법령으로 상호에 일정한 문자(증권, 신탁 등)를 사용할 것을 규정 하였음에도 불구하고 그러한 문자를 사용하지 아니한 경우

4. 상호에 지점, 지사, 지부, 출장소 등의 문자나 영업부문임을 표시하는 문자(영업부, 판매부 등)를 사용한 경우(상법 제21조제2항에 따라 지점의 상호에 본점과의 종속관계를 표시하기 위하여 사용하는 경우는 제외한다). 다만, 대리점, 특약점 등의 문자는 상호에 사용할 수 있다.

5. 상호가 국가·공공단체 또는 그 소속기관 및 공법인과 관련성이 있다고 오인될 우려가 있는 경우

【예시】 국가기관으로 오인하게 할 수 있는 문자를 상호에 사용한 경우, 지방공기업법

등 관련 법령에 따라 설립된 것이 아니면서 지방공사, 지방공단, 공사, 공단 등의 문자를 상호에 사용한 경우 등

6. 상호가 선량한 풍속 기타 사회질서에 반하는 경우

【예시】 상호에 외설스러운 문자를 사용한 경우

7. 사회적 유명 인사의 성명권을 침해할 우려가 있는 경우

8. 회사의 종류를 표시하는 부분을 제외하면 신청인의 상호가 업종을 표시하는 문사만으로 구성되어 있는 경우

③ 동일상호 판단을 요하는 등기사건

㉮ 등기관이 동일상호 여부를 조사·판단하여야 하는 등기 사건은 다음 각 호와 같다.

1. 회사의 설립 등기
2. 상호의 등기
3. 상호의 변경 등기
4. 목적의 변경 등기
5. 본점 또는 영업소를 다른 등기소의 관할 구역에서 당해 등기소의 관할구역으로 이전하는 등기(본점을 이전하는 회사의 지점 등기가 당해 등기소의 관할 구역에 이미 있는 경우에도 마찬가지이다).
6. 상호의 가등기
7. 주식회사 또는 유한회사를 설립하고자 할 때, 회사의 상호를 변경하고자 할 때, 회사의 본점을 이전하고자 할 때의 상호 가등기의 등기사항 중 목적을 변경하는 등기

㉯ 회사의 지점 및 외국회사의 영업소를 설치하거나 이전하는 등기, 지점의 등기기록에서 상호 또는 목적을 변경하는 등기신청에서는 동일상호 여부를 조사하지 아니한다.

④ 타인의 동의가 있는 경우 등

상호를 등기한 타인이 신청인의 상호에 관한 등기에 동의하거나 신청인이 발행한 주식을 100% 소유한 모회사라 하더라도, 동일상호인 경우에 등기관은 상호에 관한 등기 신청을 수리할 수 없다.

⑤ 동일상호의 판단 요건

상호에 관한 등기 신청이 다음 각 호의 요건을 충족할 경우 등기관은 그 신청을 각하하

여야 한다.

1. 신청인이 타인의 상호의 등기가 있는 특별시·광역시·시·군의 관할 등기소에 상호에 관한 등기를 신청하였을 것

2. 신청인의 상호가 타인의 상호와 동일할 것

3. 신청인이 타인과 동일 또는 동종의 영업을 하거나 하려고 할 것

⑥ 타인이 등기한 상호의 범위

㉮ 등기관은 신청인의 상호가 회사의 상호(지점 및 외국회사 영업소의 상호를 포함한다), 가등기된 상호, 자연인인 상인의 등기된 상호에 대하여 동일상호인지를 조사하여야 한다.

㉯ 등기관은 등기신청된 상호가 타인이 등기한 상호와 동일한지를 판단하기 위하여 해산 또는 파산선고된 회사의 상호에 대하여도 조사하여야 한다. 다만, 청산종결, 파산종결 또는 파산폐지의 등기가 되어 그 등기기록이 폐쇄된 회사의 상호는 그러하지 아니하다.

⑦ 상호 자체의 판단방법

상호 자체의 동일성을 판단할 때 다음 각 호의 문자가 있는 경우에는 이를 제외한 나머지 부분만으로 동일성을 판단한다.

1. 회사의 종류를 표시하는 문자(합명회사, 합자회사, 주식회사, 유한회사)

2. 「상업등기의 상호 및 외국인의 성명 등기에 관한 예규」에 근거하여 상호에 병기된 로마자 등

⑧ 목적의 적격성

1. 목적(본 절에서 '업종'을 포함한다)은 적격성이 있어야 하며, 적격성이 없는 목적은 등기할 수 없고, 등기되었어도 동일상호 여부를 판단할 때 고려하지 아니한다.

2. 목적은 영리성이 있어야 하고, 강행법규나 선량한 풍속 기타 사회질서에 반하여서는 아니된다.

3. 목적은 상인이 수행하거나 하려고 하는 영업을 사회 일반인이 쉽게 인식할 수 있도록 명확하고 구체적이어야 한다.

4. 등기관은 통계청장이 작성·고시하는 「한국표준산업분류」 중 소분류 이하를 참고하여 목적의 구체성을 판단할 수 있다.

⑨ 영업의 동종성 판단

1. 목적의 전부 또는 주된 부분이 동일하거나 동종인 경우뿐 아니라 일부가 그러한 경우에도 원칙적으로 영업의 동종성은 인정된다.

2. 두 상인의 목적 중 어느 일방의 목적이 상대방의 목적을 포함하는 경우에는 영업의 동종성이 인정된다.

3. 목적 중 '전 각 호에 부대하는(또는 관련되는) 일체의 업무'라는 부분은 영업의 동종성을 판단할 때 고려하지 않는다.

(다) 회사의 설립시에 발행하는 주식의 총수(상법 제289조 제1항 제5호)

개정상법은 제289조 제2항의 "회사설립시 발행하는 주식의 총수는 회사가 발행할 주식 총수의 1/4이상이어야 한다"는 요건을 폐지하였다(상법 제289조 제2항 삭제). 이에 따라 회사설립시 발행하여야 하는 주식수에 대한 제한이 전혀 없게 되었다.

구 상법이 이런 비율의 유지를 요구한 이유는 회사설립시에 발행주식총수에 비하여 과다한 발행예정주식총수를 표방하지 못하도록 하고 회사설립 후 이사회에 지나치게 넓은 신주발행권한을 부여하는 것을 억제하기 위한 것이었다.

(라) 1주의 금액

1주의 금액은 균일하여야 하고, 1주의 금액은 100원 이상이어야 한다(상법 제329조). 이 금액은 설립시에 발행하는 주식에 대하여서 뿐만 아니라 장래 발행될 주식의 액면가를 정하고 있다.

액면주식은 액면가의 기재가 있는 주식으로서, 주권에 그 표창하는 주식의 수 이외에 1주의 금액이 기재되고(상법 제356조), 정관에도 그 금액의 기재를 하여야 한다.

무액면주식은 일반적으로 주권면에 액면가의 기재가 없고, 주식의 번호와 총수만이 기재되는 즉, 자본에 대한 비율과 수만이 기재되는 주식이다. 즉, 무액면주식은 주권에 액면금액이 표시되지 않으므로, 회사의 자본금을 총 발행주식의 수로 나눈 금액이 주식의 형식적인 가치가 된다. 무액면주식은 정관의 기재사항도 등기사항도 아니다(자본시장법 제194조 제2항).

(마) 회사의 설립시에 발행되는 주식의 총수

개정상법은 제289조 제2항의 "회사설립시 발행하는 주식의 총수는 회사가 발행할 주식 총수의 1/4이상이어야 한다"는 요건을 폐지하였다(상법 제289조 제2항 삭제). 이에 따라 회사설립시 발행하여야 하는 주식수에 대한 제한이 전혀 없게 되었다.

구 상법이 이런 비율의 유지를 요구한 이유는 회사설립시에 발행주식총수에 비하여 과다한 발행예정주식총수를 표방하지 못하도록 하고 회사설립 후 이사회에 지나치게 넓은 신주발행권한을 부여하는 것을 억제하기 위한 것이었다.

(바) 본점의 소재지

본점의 소재지는 최소행정구역을 표시하면 충분하고 지번까지 기재할 필요가 없다. “본점”이란 회사의 영업을 총괄하는 영업소이며, 회사의 주소는 본점 소재지에 있는 것으로 한다(상법 제171조 제2항). 정관의 기재사항으로서 본점 소재지는 최소행정구역으로 표시함으로써 족하다. 그리고 본점의 소재지는 확정적으로 기재하여야 하며, 선택적 기재는 인정되지 않는다.

(사) 등기사항의 공고

① 개 설

회사의 공고는 관보 또는 시사에 관한 사항을 게재하는 일간신문에 하여야 한다. 다만, 회사는 그 공고를 정관으로 정하는 바에 따라 전자적 방법으로 할 수 있다(상법 제289조 제3항).

회사가 정관에서 전자적 방법으로 공고할 것을 정한 경우라도 전산장애 또는 그 밖의 부득이한 사유로 전자적 방법으로 공고를 할 수 없는 때에는 미리 정관에서 정하여 둔 관보 또는 시사에 관한 사항을 게재하는 일간신문에 공고하여야 한다(상법 시행령 제3조의2 제4항).

② 공고기간

전자적 방법으로 공고할 경우 대통령령으로 정하는 기간까지 계속 공고하여야 하고 게시기간과 게시 내용에 대하여 증명하여야 한다(상법 제289조 제4, 5항).

여기서 "대통령령으로 정하는 기간"(이하 "공고기간"이라 한다)이란 ①상법에서 특정한 날부터 일정한 기간 전에 공고하도록 한 경우에는 해당 특정한 날 ②상법에서 공고에서 정하는 기간 내에 이의를 제출하거나 일정한 행위를 할 수 있도록 한 경우에는 해당 기간을 경과한 날 ③제1호 및 제2호 외의 경우에는 해당 공고를 한 날부터 3개월이 경과한 날까지의 기간을 말한다(상법 시행령 제3조의2 제5항).

회사가 전자적 방법으로 공고를 하려는 경우에는 회사의 인터넷 홈페이지에 게재하는 방법으로 하여야 하고, 회사의 인터넷 홈페이지의 주소를 등기하여야 한다(상법 시행령 제3조의2 제1, 2항).

공고기간 중에 공고의 중단(불특정 다수가 공고된 정보를 제공받을 수 없게 되거나 그 공고된 정보가 변경 또는 훼손된 경우를 말한다)이 발생하더라도, 공고의 중단이 발생한 기간의 합계가 공고기간의 5분의 1을 초과하지 않으면 공고의 중단은 해당 공고의 효력에 영향을 미치지 아니한다. 다만, 회사가 공고의 중단에 대해서 고의 또는 중대한 과실이 있는 경우에는 그러하지 아니하다(상법 시행령 제3조의2 제6항).

(아) 발기인의 성명·주민등록번호 및 주소

이는 발기인이 누구인가를 명백히 하고 그 책임소재를 분명히 하기 위한 것이다. 정관에 기명날인 또는 서명할 때에 그곳에 주소와 주민등록번호를 병기하여 이 기재요건을 충족시킬 수 있다. 발기인이 법인이면 상호, 등록번호, 본점소재지를 기재하면 된다.

(3) 상대적 기재사항

상대적 기재사항이란 이를 정관에 기재하지 아니하여도 정관자체의 효력에는 아무런 영향을 미치는 않지만 그 사항을 정관에 기재하지 않으면 그 사항이 회사와 주주에 대한 관계에 있어서 효력이 발생하지 않는 사항을 말한다(상법 제290조).

즉 변태설립사항, 주식에 관한 사항, 주주총회에 관한 사항, 이사 · 감사 · 청산인에 관한 사항, 기타사항 등 크게 5가지로 나눌 수 있다.

(가) 변태설립사항

① 개 설

"변태설립사항"이란 물적회사의 설립에 있어서 위험한 약속이 있는 경우를 말한다(상법 제290조). 회사를 설립할 때, 그 재산의 전부 또는 일부가 현물출자나 재산인수와 같이 금전 이외의 재산으로 이루어지는 경우, 그 과대평가에 의하여 자본충실의 원칙에 반하여 다른 사원이나 채권자를 해할 염려가 있으므로 회사의 부담으로 돌아갈 설립비용, 발기인이 받아야 할 보수·특별 이익 등과 함께 위험한 약속으로 보고, 이를 정관의 상대적 기재사항으로 하여(상법 제290조, 제544조), 엄격한 검사와 책임을 지우고 있다(상법 제295조, 제299조, 제550조).

변태설립사항은 원시정관에 기재해야만 그 효력이 인정되고, 원칙적으로 법원이 선임한 검사인의 조사를 받아야 하며(상법 제299조, 제310조), 그것이 부당하다고 인정하는 때에는 발기설립의 경우에는 법원이, 모집설립의 경우는 창립총회에서 이를 변경할 수 있도록 하고 있다(상법 제310조, 제314조). 변태설립사항을 정관에 기재한 회사설립을 변태설립이라 한다. 모집설립의 경우에는 주식청약서에도 변태설립사항을 기재하여야 한다(상법 제302조 제1항).

② 검사인의 조사보고절차의 축소

개정상법(2012. 4. 15시행)은 변태설립사항(상법 제290조 제1항) 및 현물출자의 이행에 대하여 원칙적으로 법원이 선임한 검사인에 의한 조사를 받도록 하고 있는 데에 대한 예외를 규정하였다(상법 제299조 제2항). 이는 현물출자나 재산인수에 관하여 검사인 등에 의해 조사를 실시하는 것은 회사의 자본충실을 기하기 위한 것인데, 소규모이거나 가격의 공정성이 객관적으로 확보되는 경우에는 검사인 등에 의한 검사가 회사의 설립절차를 복잡하게 하는 문제가 있다는 데에 따른 것으로 일정한 경우 현물출자에 대한 규제를 완화함으로써 회사설립절차를 간소화하기 위한 것이다. 본조의 예외에 속하는 현물출자와 재산인수는 상법 제299조의2의 적용대상도 되지 아니한다.

다음과 같은 경우 검사인 등에 의한 조사를 받지 아니한다.

1. 현물출자재산(상법 제290조제2호) 및 회사성립 후에 양수할 것을 약정한 재산(동조 제3호)의 총액이 자본금의 5분의1을 초과하지 아니하고 대통령령으로 정한 금액을 초과하지 아니하는 경우(상법 제299조 제2항 제1호).

여기서 "대통령령으로 정한 금액"이라 함은 금 5천만원을 말한다(상법 시행령안 제7조 제1항).

2. 현물출자재산(상법 제290조제2호) 또는 회사성립 후에 양수할 것을 약정한 재산(동조 제3호)이 거래소에서 시세가 있는 유가증권인 경우로서 정관에 적힌 가격이 대통령령으로 정한 방법으로 산정된 시세를 초과하지 아니하는 경우(상법 제299조 제2항 제2호)

여기서 "대통령령으로 정한 방법으로 산정된 시세"라 함은 다음 각 호의 금액 중 낮은 금액을 말한다(상법 시행령안 제7조 제2항).

㉠ 상법 제292조의 효력발생일(이하 이 조에서 "효력발생일"이라 한다)로부터 소급한 거래소에서의 1개월 평균 종가, 1주일 평균종가 및 효력발생일 직전 거래일의 종가를 산술평균하여 산정한 금액

㉡ 효력발생일의 직전 거래일의 종가

※ 위 규정(상법 시행령안 제7조 제2항)은 상법 제290조제2호 및 제3호의 재산에 그 사

용, 수익, 담보제공, 소유권 이전 등에 대한 물권적 또는 채권적 제한이나 부담이 설정된 경우에는 적용하지 아니한다(상법 시행령안 제7조 제3항).

3. 그 밖에 위 제1호 및 제2호에 준하는 경우로서 대통령령으로 정하는 경우(상법 제299조 제2항 제3호)

③ 변태설립사항의 종류

1) 발기인이 받을 특별이익과 이를 받을 자의 성명

특별이익은 회사설립을 위한 발기인의 공로에 대하여 회사가 주는 일정한 우선적 특권을 인정하는 것을 말한다(상법 제290조 제1호).

특별이익은 보통 회사성립 후 계속적으로 주어지는 재산상의 이익이며, 이익배당이나 잔여재산분배에 있어서의 우선권, 신주인수에 관한 우선권, 회사의 설비이용에 관한 특권, 계속적 거래의 약속 등을 인정하는 것이 이에 해당된다. 그러나 발기인에게 이사, 감사 등의 지위를 약속하는 것은 다른 주주의 의결권을 제약하는 것이므로 허용되지 아니하고, 소유주식에 대한 확정이자의 지급, 주금납입의 면제, 무상주의 교부 등 자본충실의 원칙에 위배되는 특별이익을 받을 것은 인정되지 않는다. 특별이익은 발기인 전부에게 평등할 필요는 없으며, 주주의 지위와는 상관없는 것이므로 정관에 다른 정함이 없는 한 특별이익만을 분리하여 양도 또는 상속할 수 있다.

2) 현물출자를 하는 자의 성명과 그 목적인 재산의 종류, 수량, 가격과 이에 대하여 부여할 주식의 종류와 수

㉠ 개 설

현물출자는 금전 이외의 재산으로서 하는 출자를 가리킨다. 주식회사에서는 금전 출자가 원칙이며 현물출자는 예외로 정관에 그에 관한 규정이 있는 경우에만 인정된다.

현물출자의 목적이 될 수 있는 재산은 대차대조표에 자산으로 게재할 수 있는 것이면 동산·부동산·특허권·채권·유가증권·컴퓨터소프트웨어 등 무엇이든 가능하다.

정관에는 현물출자자의 성명과 출자 목적물인 재산의 종류, 수량, 가격과 이에 대하여 부여할 주식의 종류와 수를 기재하여야하며, 목적물인 재산은 그 동일성을 파악할 수 있을 정도로 구체적으로 특정하여 기재하여야 한다(상법 제290조 제2호).

㉡ 현물출자 등의 증명

검사인은 현물출자의 이행을 조사하여 법원에 보고하여야 한다(상법 제299조). 현물출자의 이행에 관하여는 공인된 감정인의 감정으로 검사인의 조사에 갈음할 수 있다. 이 경우 공증인 또는 감정인은 조사 또는 감정결과를 법원에 보고하여야 한다(상법 제299조의2).

현물출자를 하는 경우에는 현물에 대한 적절한 평가가 선행 되어야 하고, 회사설립시 현물출자를 하는 경우에는 현물자산에 대한 감정가가 있으면 되지만 개인기업으로 운영하던 중 현물출자에 의한 법인전환을 하는 경우에는 보다 적정한 현물출자가액 산정을 위하여 공인회계사의 감사보고서가 필요하다.

㉢ 회사성립후에 양수할 것을 약정한 재산의 종류, 수량, 가격과 그 양도인의 성명

회사설립에 있어서 그 성립후에 특정인으로부터 일정한 재산을 회사가 매수할 것을 약정하는 것을 재산인수라 한다. 이것은 발기인이 설립중의 회사를 위하여 회사의 성립을 조건으로 특정재산을 양수할 것을 내용으로 하는 계약이다.

"회사성립 후에 양수할 것을 약정"한다. 함은 이른바 재산인수로서 발기인이 설립될 회사를 위하여 회사성립을 조건으로 다른 발기인이나 주식인수인 또는 제3자로부터 금전 이외의 재산을 회사에서 양수할 것을 약정하는 계약을 의미한다(상법 제290조 제3호).

재산인수는 금전이외의 재산을 제공하는 점에서 현물출자와 유사하지만, 개인법상의 거래행위인 점에서 단체법상의 출자행위인 현물출자와 구별된다. 재산인수는 정관에 기재하여야 효력이 있는 것이므로, 정관에 기재되지 않은 재산인수는 무효이며 창립총회의 승인, 회사설립 후의 추인, 정관변경이 있더라도 그 무효가 치유될 수 없다(다수설). 다만 판례는 재산인수가 동시에 상법 제375조가 규정하는 사후설립에 해당하고, 이에 대하여 주주총회의 특별결의에 의한 추인이 있다면 유효하다고 판시하였다.

㉣ 회사가 부담할 설립비용과 발기인이 받을 보수액

"설립비용"이란 회사의 설립사무를 집행하는데 필요한 비용으로 정관의 작성, 인증비, 주식청약서, 기타 필요한 서류의 인쇄비, 설립사무의 임차료, 설립 사무를 위한 통신비, 비품비, 인건비, 주식 모집의 광고비, 주금납입의 취급을 위탁한 은행이나 신탁회사 등에 지급할 수수료, 창립총회의 소집 비용, 현물 출자의 목적물을 감정인에게 감사 내지 감정시킨 경우 그 비용등을 포함한다(상법 제290조 제4호).

여기에서 주의할 것은 설립비용이란 회사의 설립 사무소에 소요된 경비이므로 회사의 설립시까지만 발생된 비용이며 그 이후의 비용은 설립비용 이 될 수가 없다.

발기인의 보수란 발기인이 회사설립을 위하여 진력한 노무에 대한 대가를 뜻하는 것으

로서 전술한 특별이익과는 다르다. 설립비용이나 발기인의 보수를 변태설립사항으로 규정한 것은 발기인의 권한남용에 의한 과다한 비용이나, 보수의 책정을 막기 위하여 원시정관에 기재하도록 한 것이다.

(다) 주식에 관한 사항

주식에 관한 정관의 상대적 기재사항은 ㉮수종의 주식을 발행하는 경우에 각종 주식의 내용과 수(상법 제291조, 제344조 제2항), ㉯의결권 없는 주식의 발행(상법 제370조), ㉰이익에 의한 주식의 소각(상법 제343조 제1항, 제345조), ㉱무기명주권의 발행(상법 제357제1항), ㉲신주의 발행결의를 주주총회 권한으로 할 취지(상법 제416조), ㉳명의개서대리인의 설치(상법 제337조 제2항), ㉴주권불소지제도의 배제(상법 제358조의2 제1항), ㉵제3자에 대한 신주인수권의 부여(상법 제418조 제1항), ㉶주식의 양도에 관하여 이사회의 승인을 얻도록 하는 경우(상법 제335조 제1항), ㉷ 전환주식의 발행(상법 제346조), ㉸상환가액, 상환기간, 상환방법과 수(상법 제345조 제2항), ㉹주식매수선택권의 부여(상법 제340조의3) 등이 있다.

(라) 주주총회에 관한 사항

주주총회에 관한 정관의 상대적 기재사항으로는 ㉮법정의 결의사항 이외의 것을 주주총회 결의사항으로 정하려는 경우(상법 제361조), ㉯본점소재지 또는 그 인접지 이외의 地에서 총회소집 취지(상법 제364조), ㉰정족수의 배제 기타 총회의 의결방법에 관한 다른 규정(상법 제368조 제1항, 제434조), ㉱서면에 의한 주주의 의결권 행사(상법 제368조의3) 등이 있다.

(마) 이사와 감사, 감사위원회에 관한 사항

① 개 설

발기인은 인수한 주식의 인수가액 전액의 납입과 현물출자의 이행을 완료한 때에는 지체 없이 의결권의 과반수로 이사와 감사를 선임하여야 하는데(상법 296조 1항), 발기인의 의결권은 그 인수주식 1주에 대하여 1개로 한다(상법 296조 2항).

② 소규모 회사에서 이사회제도의 폐지

상법 제383조 제4항부터 제6항까지는 소규모 회사로서 이사가 1인인 회사는 이사회의 권한을 이사와 주주총회에 부여하고 있다. 그러나 이사가 2인인 경우에 대하여는 달리 언급한 바 없으므로 이사 2인의 의견이 다른 경우 업무집행에 관한 의사결정을 할 수 없어, 이사회를 두어야 하나, 이러한 소규모 회사까지 상법상 이사회에 관한 규정을 적용하는 것은 적절하지 않으므로 자본 총액이 10억원 미만인 소규모 회사는 이사가 2인인 경우에도 이사회에 관한 규정의 적용을 배제하고(제5항) 이사회의 권한을 이사(정관에 의하여 대표이사가 있는 경우에는 대표이사)와 주주총회에 부여하였다(제4, 6항).[3)]

즉, 자본금 총액이 10억원 미만인 회사가 이사의 인원을 1, 2인으로 한 경우

제4항의 경우는 이사회를 주주총회로 보고,

제5항의 경우는 상법규정의 적용을 배제하였고,

제6항의 경우는 이사(또는 대표이사)가 회사를 대표하고 이사회의 기능을 담당하도록 하는 규정이다.

③ 이사회의 권한을 이사와 주주총회에 부여한 경우 주주총회의 권한

자본금 총액이 10억원 미만인 회사가 이사의 인원을 1, 2인으로 한 경우 이사회의 권한을 이사(정관에 의하여 대표이사가 있는 경우에는 대표이사)와 주주총회에 부여한 권한은 기존의 이사회가 가지고 있는 권리이다. 따라서 양도제한주식의 양도시 승인, 주식매수선택권 부여 취소, 경업금지, 이사의 자기거래 승인, 신주의 발행결정, 전환사채, 신주인수권부사채의 발행결정, 준비금의 자본전입, 중간배당의 경우 주주총회에서 결정한다.

회사의 설립 시의 자본금의 총액이 10억원 이상으로 반드시 3명 이상의 이사를 선임하여야 하거나(상법 383조 1항 본문), 자본금의 총액이 10억원 미만임에도 불구하고 3명 이상의 이사를 선임한 경우(상법 383조 1항 단서)에는 대표이사를 주주총회에서 선정한다는 정관의 규정에 의하여 발기인이 대표이사를 선정하는 경우를 제외하고는 이사회에서 대표이사를 선정하여야 한다(상법 389조 1항).

정관으로 감사에 갈음하여 상법 제393조의2의 규정에 의한 이사회내 위원회로서 감사위원회를 설치하기로 정한 경우에는 발기인이 이사 중에서 3명 이상의 감사위원회 위원을 선임하여야 하고, 이 중 사외이사가 위원의 3분의 2 이상이 되어야 한다(상법 415조의2 7항 및 296조, 415조의2 2항).

④ 이사의 선임

회사의 설립 시에 자본금의 총액이 10억원 미만인 경우에는 1명 또는 2명의 이사만을 선임할 수 있다(상법 383조 1항 단서). 특히 1명 또는 2명의 이사만을 두는 경우에는 이들

---

3) 국회법제사법위원회 상법일부개정법률안검토보고서 143면

을 모두 사내이사로 선임하여야 한다(예규 1297호 2). 왜냐하면 회사가 1명 또는 2명의 이사를 선임한 경우에는 원칙적으로 각 이사가 회사를 대표하고, 일정한 경우 회사의 업무집행과 관련하여 이사회의 기능을 담당하기 때문에(상법383조 6항) 회사의 상무에 종사하지 않는 사외이사나 기타비상무이사를 선임할 수가 없기 때문이다.

한편, 회사가 2명의 이사만을 선임하면서 예외적으로 정관에 따라 대표이사를 정한 경우에도 이들 이사는 모두 사내이사이어야 한다(예규 1297호 2.나.).

수인의 이사를 선임하는 경우에는 반드시 해당 이사가 사내이사인지 사외이사인지 아니면 그 밖에 상무(商務)에 종사하지 아니하는 이사인지를 구분하여 선임하여야 한다(상법 317조 2항 8호). 그런데, 회사의 설립 시에 법기인이 3명 이상의 이사를 선임하는 경우에, 만약 정관에 이사와 사외이사는 주주총회에서 구분하여 선임하되 주주총회에서 선임된 이사 중 사내이사와 기타비상무이사를 이사회에서 선임하도록 규정하고 있다면 이사회에서 사내이사 또는 기타비상무이사(상법 제317조 2항 8호)를 선임할 수 있으므로, 이 경우에는 발기인이 이사와 사외이사를 선임한 후에 이사들로 구성된 이사회에서 사내이사와 기타비상무이사를 구분하여 선임할 수 있다.

⑤ 소규모 회사의 감사 선임 면제

기존에는 발기설립의 경우 주식의 인수가액 납입과 현물출자의 이행이 완료된 때에는 발기인은 지체없이 의결권의 과반수로 감사를 선임하여야 하고(상법 제296조제1항), 창립총회에서도 감사를 선임(상법 제312조)하여야 했으나 개정 상법은 소규모(자본금의 총액이 10억원 미만)인 회사를 설립하는 경우에 감사 선임을 회사가 자율적으로 할 수 있도록 하였다(상법 제409조 제4항).

자본금 총액이 10억원 미만인 회사를 설립하는 경우에는 감사 선임 여부를 회사의 임의적 선택사항으로 하고(상법 제409조 제4항), 감사를 선임하지 아니할 경우에는 주주총회가 이사의 업무 및 재산상태에 관하여 직접 감독·감시하도록 하고(상법 제409조 제6항), 이사와 회사 사이의 소송에서 회사, 이사 또는 이해관계인이 법원에 회사를 대표할 자를 선임하여 줄 것을 신청하도록 하였다(상법 제409조 제5항).

⑥ 이사의 등기방법

㉮ 개 설

상법 제317조 제2항 제8호가 개정(2009. 2. 4 시행)됨에 따라 주식회사의 이사명칭 등기방법이 변경되었다. 따라서 주식회사 이사의 명칭을 사내이사, 사외이사, 기타비상무이사로 구분하여 등기하여야 한다.

법인의 임원을 등기할 때에는 주민등록번호를 적어야 한다(법인의 등기사항에 관한 특례법 제2조). 임원·사원·청산인이 주민등록번호가 없는 재외국민 또는 외국인인 경우에는 주민등록번호를 대신하여 그 생년월일을 등기하여야 한다(법인등의 등기사항에 관한 특례규칙 제2조). 대표권이 없는 임원을 등기할 때에는 주소를 적지 아니한다(법인의 등기사항에 관한 특례법 제2조).

이사의 임기는 3년을 초과하지 못한다(상법 제383조 제2항). 그러나 정관으로 그 임기중의 최종의 결산기에 관한 정기주주총회의 종결에 이르기까지 연장할 수 있다(상법 제383조 제3항). 여기의 "임기 중의 최종의 결산기"라 함은 임기 중에 도래한 최종의 결산기로서 당해 결산기가 임기 중에 도래한 경우를 말한다.

㈏ 사내이사

사내이사란 상근하면서 회사의 상무를 수행하는 이사를 말하고, 사외이사란 주주총회에서 선임된 이사이나 회사에 상근하여 업무집행을 담당하지는 않고, 이사회 구성원의 일원으로 회의에 출석하여 주로 이사회 제출의안에 대한 심의를 통하여 회사의 경영의사결정에 관여하는 이사를 말하고, 기타 비상무이사는 회사의 상무에 종사하지 아니하는 이사 중 후술하는 상법 제382조 제3항의 각호에 해당하는 이사를 말한다.

신청서에 첨부된 주주총회의사록 등에 사내이사, 사외이사, 기타비상무이사로 구분하여 선임한 사실이 기재되어 있어야 한다. 특히 사외이사, 기타 비상무이사는 명확히 의사록에 나타나 있어야 한다.

1) 등기신청서에 첨부된 이사선임 등의 의사록에 이사의 종류를 구분하지 않고 단순히 '이사'로 선임한 사실이 기재된 경우에는 아래와 같이 처리한다(대법원인터넷등기소).

○ 사내이사로 등기 신청한 경우에는 이를 수리하여 사내이사로 등기를 한다.

○ 단지 '이사'로 등기 신청한 경우에는 등기신청은 수리될 수 없으며, 사내이사로 신청서를 보정한 경우에만 수리될 수 있으며, 이 경우에도 사내이사로 등기된다.

○ 사내이사로 등기를 신청하는 이상의 경우에는 어느 경우나 첨부서면인 의사록을 사내이사 선임한 것으로 다시 작성할 필요는 없다. 다만, 사내이사가 아닌 사외이사나 기타비상무이사로 등기를 신청하는 경우에는 첨부된 의사록에도 사외이사나 기타비상무이사를 선임하는 내용이 기재되어 있어야 한다.

㈐ 사외이사

자본시장과 금융투자업에 관한 법률에 의하여 설립되는 투자회사는 집합투자업자인 법인이 이사(법인이사)가 되어 법인을 대표하는 특별규정이 있다(동법 제197조, 제198조).

최근 상법의 일부개정(법률 제9362호 2009. 1. 30. 일부개정, 2009. 2. 4. 시행)을 통해 종래 상법에는 규정이 없었으나, 주권상장법인과 코스닥상장법인에 적용되던 구증권거래법상의 사외이사 제도를 상법상 주식회사에 전면적으로 도입하였다(상법 제382조 제3항). 종래 상장회사 중심으로 이용되고 있었지만 비상장회사에서도 감사위원회 제도를 도입한 것이다.

상장회사는 자산 규모 등을 고려하여 대통령령으로 정하는 경우를 제외하고는 이사 총수의 4분의 1이상을 사외이사로 하여야 한다. 다만 자산 규모 등을 고려하여 대통령령으로 정하는 상장회사의 사외이사는 3명 이상으로 하되, 이사 총수의 과반수가 되도록 하여야 하고(상법 제542의8 제1항), 주주총회에서 사외이사를 선임하는 경우에는 사외이사 후보를 추천하기 위하여 상법 제393조의2에 따라 사외이사 후보추천 위원회를 설치하여 위원회의 추천을 받은 자 중에서 선임하여야 한다(상법 제542의8 제4, 5항). 다만 사외이사 후보추천 위원회가 사외이사 후보를 추천할 때에는 상법 제542의6제2항에 따른 주주제안권을 행사할 수 있는 주주(6개월 전부터 계속하여 의결권 없는 주식을 제외한 발행주식총수의 1천분의 10이상에 해당하는 주식을 보유한 자, 다만 대통령령으로 정하는 상장회사의 경우에는 1천분의5)가 주주총회일의 6주간 전에 추천한 사외이사 후보를 포함시켜야 한다(상법 제542의8 제5항 후문).

⑦ 기타의 상대적 기재사항

기타 정관의 상대적 기재사항으로는 ㉮회사의 존립기간, 해산사유(상법 제517조), ㉯건설이자의 배당(상법 제463조), ㉰청산에 관한 규정(상법 제531조 제1항), ㉱중간배당에 관한 규정(상법 제462의3 제1항), ㉲신주발행에 관한 규정(상법 제416조), 준비금의 자본전입(상법 제461조) 등 이사회가 결정할 사항을 주주총회의 결의사항으로 정하려는 경우 등이 있다.

(4) 임의적 기재사항

이것은 정관에 기재할 것인가, 기재하지 않을 것인가를 완전히 회사의 자유의사에 맡기는 사항이다.

정관의 임의적 기재사항으로는 ㉮주권의 종류, ㉯주권의 재발행의 절차, ㉰주식의 명의개서의 절차, ㉱질권의 등록 및 신탁표시에 관한 사항, ㉲주주와 법정대리인의 주소, 성명,

인감의 신고, ㉳정기주주총회의 소집시기, ㉴주주총회의 의장・장소・의결권의 대리행사, ㉵이사・감사의 원수, ㉶이사・보선이사의 임기, ㉷회사의 영업연도, ㉸준비금・배당금의 청구기간, ㉹이익의 처분방법 등이 있다.

(가) 주식발행사항의 결정

① 개 설

회사가 발행할 주식의 총수, 1주의 금액, 회사의 설립시에 발행하는 주식의 총수는 반드시 정관으로 정하는 것이나(상법 제289조 제1항), 그 외의 주식발행에 관한 사항은 정관에 다른 규정이 없는 한 발기인이 정할 수 있다. 이러한 결정은 원칙적으로 발기인의 과반수 결의에 의한다. 그러나 다음의 두 가지 사항만은 정관에 다른 규정이 없으면 발기인 전원의 동의로 정하여야 한다(상법 제291조).

개정상법은 제344조에서 종류주식에 대한 총괄규정을 둔 다음 제344조의2부터 제351조까지 각 종류주식의 유형별로 별도의 조문을 규정하였다.

'종류주식'이란 소정의 권리에 관하여 특수한 내용을 부여한 주식을 말한다. 개정상법은 다양한 종류의 주식을 발행하는 제도를 도입하였다(상법 제344조, 제345조 및 제346조 개정, 제344조의2부터 제344조의4까지 신설).

구 상법 제344조에서는 이익배당이나 잔여재산분배 등에 관하여 그 내용이 다른 종류주식만을 인정하고 있어서 종류주식 중 이익배당에 있어서 내용이 다른 주식, 즉 배당우선주 외의 주식은 발행사례가 거의 없는 바, 기업측에서 보면 자금조달수단으로 활용할 수 있는 종류주식이 배당우선주 하나뿐이어서 원활한 자금조달을 실현하는데 상당한 애로가 있었다.[4]

② 종류주식의 발행

회사는 이익의 배당, 잔여재산의 분배, 주주총회에서의 의결권의 행사, 상환 및 전환 등에 관하여 내용이 다른 종류의 주식(이하 "종류주식"이라 한다)을 발행할 수 있으며, 이 경우에는 정관으로 각 종류주식의 내용과 수를 정하여야 한다(상법 제344조 제2항).

개정상법은 특수규정으로 회사가 종류주식을 발행하는 때에는 정관에 다른 정함이 없는 경우에도 주식의 종류에 따라 신주의 인수, 주식의 병합·분할·소각 또는 회사의 합병·분할로 인한 주식의 배정에 관하여 정할 수 있도록 하였다(상법 제344조 제3항).

종류주식을 발행할 때에는 등기하여야 하며(상법 제317조 제2항 3호), 주식청약서, 주주

---

4) 국회 법제사법위원회 상법 일부개정법률안 심사보고서

명부, 주권에 그 수와 내용을 기재하는 식으로 공시하여야 한다.

개정상법이 인정하는 종류주식은 이익배당이나 잔여재산의 분배에 관한 종류주식(상법 제344조 제1항, 제344조의2), 의결권의 행사에 관한 종류주식(상법 제344조 제1항, 제344조의3), 상환에 관한 종류주식(상법 제345조), 전환에 관한 종류주식(상법 제346조)이 있다.

종류주식은 정관에 기재된 범위 내에서, 회사설립시에는 발기인이, 신주발행시에는 이사회가 종류와 수량을 정하여 발행할 수 있다(상법 제291조 제1호, 416조 제1호).

③ 발기인의 주식인수

주식회사의 자본은 주식에 의한 출자로써 형성되므로 발기인은 설립시에 발행하는 주식에 관하여 반드시 1주 이상을 서면에 의하여 인수하여야 한다(상법 제293). 이 규정은 모집설립의 경우와 발기설립의 경우에 모두 적용된다.

④ 주식인수가액의 납입과 현물출자의 이행

(1) 회사의 설립시에 발행하는 주식의 총수를 서면에 의하여 발기인이 전부 인수하여야 하며(상법 제293조), 발기인이 회사의 설립시에 발행하는 주식의 총수를 인수한 때에는 지체없이 각주식에 대하여 그 인수가액의 전액을 납입하여야 한다. 이 경우 발기인은 납입을 맡을 은행 기타 금융기관과 납입장소를 지정하여야 한다(상법 제295조 제1항).

상업등기법 제80조 제11호 및 제82조 제5호에서 주금의 납입금 보관에 관한 증명서의 발급자로 은행 기타 금융기관으로 규정하고 있는 취지는 주금납입과 관련하여 납입가장행위 등을 방지하기 위함이고, 금융기관의 개념은 규정하는 법률마다 그 범위가 상이하여 일률적으로 정의할 수는 없으므로, 상법상 주금납입사무를 담당할 수 있는 금융기관인지는 위 취지에 따라 주금납입에 관한 업무능력, 공적신용력이 확보될 수 있는 규모 및 신용도, 예수금에 대한 보장제도 등을 검토하여 판단하여야 한다. 아래선례참조.

(2) 현물출자를 하는 발기인은 납입기일에 지체없이 출자의 목적인 재산을 인도하고 등기, 등록 기타 권리의 설정 또는 이전을 요할 경우에는 이에 관한 서류를 완비하여 교부하여야 한다(상법 제295조 제2항).

(3) 주식인수인이 납입기일에 납입을 하지 아니하면 그 권리를 잃는 다는 뜻을 기일 2주간 전에 그 주식인수인에게 통지하여야 하고, 이 통지를 받은 주식인수인이 그 기일내에 납입을 이행하지 아니한 때에는 그 권리를 잃는다(상법 제307조).

(4) 주금 또는 현물출자 이행을 가장하는 행위는 상법 제628조에 의하여 형사처벌 된다.

이 주금가장납입죄는 고의범을 처벌하고, 미수범은 처벌하지 아니한다.

다. 설립경과의 조사

이사와 감사는 취임 후 지체없이 회사의 설립에 관한 모든 사항이 법령 또는 정관의 규정에 위반되지 아니하는지의 여부를 조사하여 발기인에게 보고하여야 한다(상법 제298의 제1항). 이때 이사와 감사 중에 발기인이었던 자·현물출자자·회사성립 후 양수할 재산의 계약당사자인 자는 이러한 조사·보고에 참가하지 못하고(상법 제298조 제2항), 이사와 감사전원이 이에 해당하는 때에는 이사는 공증인으로 하여금 이러한 조사·보고를 하게 하여야 한다(상법 제298조 제3항).

4. 등기신청절차

가. 등기신청인

주식회사의 설립등기의 신청은 회사의 대표자가 한다(상업등기법 제17조 2항). 즉, 회사가 3명 이상의 이사를 선임한 경우 또는 설립 시의 자본금의 총액이 10억원 미만으로 2명의 이사를 선임하면서 정관에 따라 대표이사를 정한 경우에는 그 대표이사가 설립등기를 신청하여야 한다(상법 389조 1항, 383조 6항). 하지만 설립 시의 자본금의 총액이 10억원 미만인 회사가 1명 또는 2명의 이사만을 선임한 경우(대표이사를 정하지 않은 경우만 해당한다)에는 각 이사가 회사를 대표하기 때문에(상법 383조 6항) 각 이사가 설립등기를 신청할 수 있다. 즉, 1명의 이사를 선임한 경우에는 그 이사가 설립등기를 신청하여야 하고, 2명의 이사를 선임한 경우에는 각 이사가 신청할 수 있다.

한편 회사가 설립 시에 수인의 대표이사가 공동으로 회사를 대표할 것을 정한 때에는 대표이사 전원이 공동으로 설립등기를 신청하여야 한다(상법 제389조 2항·3항, 209조 1항, 법 20조 1항, 예규 1306호 2.나. 후단).

설립등기신청시에 기명날인할 회사의 대표자 즉, 대표이사 또는 각 이사는 미리 그 인감을 등기소에 제출하여야 하고, 대리인에 의하여 설립등기를 신청하는 경우에도 동일하다(상업등기법 제19조 1항, 제24조 1항 및 2항).

나. 등기기간

(1) 변태설립사항이 없는 경우

이사와 감사 또는 공증인의 회사설립사항을 조사하여 발기인에게 보고한 날로부터 2주간 내에 등기를 신청하여야 한다(상법 제298조, 제317조 제1항).

⑵ 변태설립사항이 있는 경우

(가) 변태설립사항에 관한 법원의 변경처분이 없는 때에는 법원의 검사종료의 통고를 받은 날로부터 2주간 내에 한다.

(나) 변태설립사항에 관한 법원의 변경처분이 있는 경우

① 발기인이 주식의 인수를 취소한 때에는 정관을 변경하여 공증인의 인증을 받은 날로부터 2주간 내에 한다.

② 발기인이 주식의 인수를 취소하지 아니한 때에는 법원의 변경통고를 받은 날로부터 2주간이 경과한 날로부터 2주간 내에 한다.

⑶ 등기기간의 계산

기간의 계산에 관하여는 상법에 특별한 규정이 없으므로 민법의 규정에 의한다(상법 제1조), 즉, 초일을 산입하지 아니하고 기간말일의 종료로 기간이 만료한다. 초일이 오전영시로부터 시작되는 때에는 초일을 산입하므로(민법 제157조, 제159조) 예컨대 이사, 감사 등이 예선되어 미리 그 취임승낙을 한 경우 등에는 초일을 산입하여야 한다. 기간의 말일이 공휴일인 때에는 그 익일에 만료되는 점도 또한 같다.

관청의 허가를 요하는 등기에 관하여는 그 서류가 도달한 날로부터 등기기간을 기산한다(상법 제177조).

다. 등기신청의 방법

설립등기는 회사의 대표자 또는 그 대리인이 등기소에 출석하여 서면으로 신청하거나(상업등기법 제18조 1항 본문 및 2항 1문), 등기소에 출석할 필요 없이 대법원 규칙으로 정하는 바에 따라 전산정보처리조직을 이용한 전자문서로 신청(전자신청)할 수 있다(상업등기법 18조 2항 1문, 18조 3항).

전자신청을 하기 위해서는 사용자등록번호와 공인인증서 정보를 입력하거나 이용등록절차를 거친 전자증명서 정보를 입력하여 사용자인증을 받아야 한다(등기예규 제1305호 제5조).

상업등기 및 법인등기를 전산정보처리조직을 이용하여 전자문서로 신청하는 경우 "전산정보처리조직에 의한 상업등기 등의 신청에 관한 업무처리지침"이 규정하고 있다(등기예규 제1305호).

라. 설립등기사항

설립등기에 있어서는 다음의 사항을 등기하여야 한다(상법 제317조 제2항).

1) 목적, 상호, 회사가 발행할 주식의 총수, 1주의 금액, 본점의 소재지, 회사가 공고를 하는 방법

2) 자본금의 액

3) 발행주식의 총수, 그 종류와 각종주식의 내용과 수

4) 주식의 양도에 관하여 이사회의 승인을 얻도록 정한 때에는 그 규정

5) 주식매수선택권을 부여하도록 정한 때에는 그 규정

6) 지점의 소재지

7) 회사의 존립기간 또는 해산사유를 정한 때에는 그 기간 또는 사유

8) 개업전에 이자를 배당할 것을 정한 때에는 그 규정

9) 주주에게 배당할 이익으로 주식을 소각할 것을 정한 때에는 그 규정

10) 전환주식을 발행하는 경우에는 상법 제347조에 게기한 사항

전환주식을 발행하는 경우에는 주식을 다른 종류의 주식으로 전환할 수 있다는 뜻, 전환의 조건, 전환으로 인하여 발행할 주식의 내용, 전환을 청구할 수 있는 기간을 기재한다.

11) 사내이사, 사외이사, 그 밖에 상무(常務)에 종사하지 아니하는 이사, 감사의 성명과 주민등록번호

12) 회사를 대표할 이사의 성명·주민등록번호 및 주소

13) 수인의 대표이사가 공동으로 회사를 대표할 것을 정한 때에는 그 규정

수인의 대표이사를 두면서 정관 또는 선임기관의 결의로 공동대표규정을 둔 경우에는 공동대표규정도 등기하여야 하는데(상법 317조 2항 10호), 대표이사를 선임함과 동시에 공동대표규정을 둔 경우에는 공동대표이사의 취지만을 추가로 등기하여야 한다. 한편, 자본금의 총액이 10억원 미만인 회사가 2명의 이사를 둔 경우에도 정관 또는 주주총회의 결의로 각 이사가 공동으로 대표권을 행사하도록 정할 수 있다(상법 389조 2항 유추적용).

14) 명의개서대리인을 둔 때에는 그 상호 및 본점소재지

15) 감사위원회를 설치한 때에는 감사위원회 위원의 성명 및 주민등록번호

마. 첨부서면

(1) 개 설

설립등기의 신청서에는 상업등기법 제80조 및 그 밖의 법령에서 요구하는 첨부서면을

제출하여야 한다. 다만 전자정부법에 규정된 행정정보공동이용의 절차에 따라 다른 행정기관의 행정정보를 공동으로 이용할 수 있는 경우에는 대법원규칙으로 정하는 바에 따라 등기신청에 필요한 서면 중 일부를 제출하지 아니할 수 있다(상업등기법 제19조 제5항).

관청의 허가를 필요로 하는 사항의 등기를 신청하는 때에는 신청서에 관청의 허가서 또는 그 인증이 있는 등본을 첨부하여야 한다(상업등기법 제22조).

⑵ 상업등기법 제80조의 첨부서면

(가) 정관(상등법 제80조 제1호)

공증인의 인증을 받은 원시정관을 첨부하여야 한다. 현물출자시에는 그 출자목적물 명세서를 첨부한다.

개정 상법 제292조는 소규모 회사 창업의 원활화를 위하여 자본금 총액이 10억원 미만인 회사를 발기설립하는 경우 정관의 공증(인증)의무를 면제하고 발기인들의 기명날인 또는 서명만으로도 효력이 발생할 수 있도록 하였으며, 발기인총회의사록, 이사회 의사록의 경우(공증인법 제66조의2)도 인증의무를 면제하였다. 그러나 모집설립의 경우 자본금 총액이 10억원 미만이더라도 정관 및 의사록의 인증을 받아야 한다.

(나) 주식의 인수를 증명하는 서면(상등법 제80조 제2호)

발기인은 서면에 의하여 1주 이상의 주식을 인수하여야 하므로(상법 제293조), 주식의 인수를 증명하는 서면을 첨부하게 되는데, 발기인이 기명날인(서명)한 주식인수증이 여기에 해당하는 서면이다(상등법 제80조 제2호). 발기인이 인수한 주식수가 기재된 정관도 이에 해당하는 서면으로 볼 수 있다.

(다) 주식청약서(상등법 제80조 제3호)

주식청약서는 모집설립의 경우에만 첨부한다.

(라) 발기인이 상법 제291조에 규정된 사항을 정한 때에는 이를 증명하는 서면(상등법 제80조 제4호)

회사설립시에 발행하는 주식의 종류와 수, 액면이상의 주식을 발행하는 때에 그 수와 금액을 발기인 전원의 동의로 정한 경우에 이를 증명하는 서면으로서 발기인 전원이 기명날인 또는 서명한 주식발행사항동의서가 이에 해당된다(상등법 제80조 제4호).

정관의 규정, 법원의 허가 또는 총주주의 동의가 없으면 효력이 없거나 취소할 수 있는 사항의 등기에 관하여는 신청서에 정관, 법원의 허가서 또는 총주주의 동의서를 첨부하여야 한다(등기예규 제1296호 제10조).

(마) 이사와 감사 또는 감사위원회 및 검사인이나 공증인의 조사보고서와 그 부속서류 또는 감정인의 감정서와 그 부속서류(상등법 제80조 제5호)

1) 변태설립사항이 있는 경우에는 검사인이 변태설립사항(현물출자 등)에 관하여 조사하여 주주총회에 보고한 조사보고서와 그 부속서류

이사와 감사 또는 감사위원회 위원이 회사의 설립에 관한 모든 사항(회사의 설립 시에 발행하는 주식의 총수에 대한 인수의 정확여부, 인수주식의 납입에 관한 정확여부 등)을 조사하여 주주총회에 보고한 조사보고서와 그 부속서류를 첨부한다.

2) 변태설립사항에 관한 조사를 공증인이나 공인된 감정인이 하였을 때에는 공증인의 조사보고서와 그 부속서류 또는 감정인의 감정서와 그 부속서류

이사와 감사 또는 감사위원 전원이 발기인, 현물출자자, 회사성립 후 양수할 재산의 계약당사자이었던 관계로 공증인이 위 사항을 조사하였을 때에는 공증인의 조사보고서와 그 부속서류를 첨부한다.

3) 위 1)항의 검사인의 조사보고서와 2)항의 공증인의 조사보고서 또는 감정인의 감정서는 회사가 조사 또는 감정인의 감정서는 법원에 보고한 후, 법원으로부터 송달받은 부본을 첨부한다(등기예규 제979호).

(바) 검사인 또는 공증인의 조사보고나 감정인의 감정결과에 관한 재판이 있은 때에는 그 재판의 등본(상등법 제80조 제6호)

법원은 발기설립 시에 검사인 또는 공증인의 조사보고서 또는 감정인의 감정서와 발기인의 설명서를 심사하여 정관에서 정한 변태설립사항(상법 290조 각호)을 부당하다고 인정한 때에는 이를 변경하는 재판을 이유(理由)를 붙인 결정(決定)으로 한 후(상법 제300조 1항, 비송사건절차법 제75조 1항) 그 결정의 취지가 기재된 조사보고서 또는 감정서 부본과 변경결정등본을 이사에게 송달하여야 하는데(재판예규 제719호 7조 2항 2호), 이 경우에는 설립등기 시에 앞서 언급한 변태설립사항에 관한 조사보고서 또는 감정서 및 그 부속서류 외에 법원의 변경결정등본을 함께 제출하여야 한다(예규 제979호 2).

(사) 발기인이 이사와 감사 또는 감사위원회 위원을 선임한 때에는 그에 관한 서면(상등법 제80조 제7호)

발기설립의 경우에 주금의 납입과 현물출자의 이행이 완료된 때에는 발기인은 지체 없이 그 인수주식 1주에 대하여 1개로 하는 의결권의 과반수로 이사와 감사를 선임하여야 한다(상법 제296조). 이 경우 발기인은 그 선임에 관한 의사(議事)의 경과와 결과를 기재한 의사록을 작성하여 기명날인 또는 서명하여야 하는데(상법 제297조), 설립등기 시에 이 의사록을 이사와 감사의 선임에 관한 사실을 증명하는 서면으로 제출하여야 한다. 특히 설립 시의 자본금의 총액이 10억원 이상인 경우에는 공증인의 인증을 받아 제출하여야 한다(공증인법 제66조의2 1항 본문).

(아) 발기인(주주)총회의 의사록(상등법 제80조 제8호)

발기인은 의사록을 작성하여 의사의 경과와 그 결과를 기재하고 기명날인 또는 서명하여야 한다(상법 제297조). 발기인총회는 주식회사의 주식인수인으로써 구성되는 설립 중의 회사의 의사결정기관이다. 발기인(주주)총회는 상법 또는 정관에 정하는 사항에 한하여 결의할 수 있다(상법 제361조). 발기인의 의결권은 그 인수주식 1주에 대하여 1개이다.

발기인이 주식인수가액의 전액과 현물출자의 이행을 완료한 때에는 발기인은 지체없이 의결권의 과반수로서 이사와 감사를 선임하여야 한다(상법 제296조).

발기인총회는 이사와 감사의 선임(상법 제296조), 설립에 관한 사항의 보고청취(상법 제298조), 법원의 변경처분에 따른 통지수령(상법 제300조), 본점과 지점의 소재장소 결정 등이 있다. 정관으로 주주총회에서 대표이사를 선정할 것을 정한 때에는 대표이사도 발기인이 선정한다(상법 제389조).

자본금 총액이 10억원 미만인 회사가 이사의 인원을 1, 2인으로 한 경우 이사회의 권한을 이사(정관에 의하여 대표이사가 있는 경우에는 대표이사)와 주주총회에 부여한 권한은 기존의 이사회가 가지고 있는 권리이다. 따라서 양도제한주식의 양도시 승인, 주식매수선택권 부여 취소, 경업금지, 이사의 자기거래 승인, 신주의 발행결정, 전환사채, 신주인수권부사채의 발행결정, 준비금의 자본전입, 중간배당의 경우 주주총회에서 결정한다.

회사의 주주총회 소집통지와 공고기간을 기명주주의 경우 2주전 통지, 무기명주주에게는 3주전에 공고하여야 하나 자본금 총액이 10억원 미만인 회사가 주주총회를 소집하는 경우에는 주주총회일의 10일 전에 각 주주에게 서면으로 통지를 발송하거나 각 주주의 동의를 받아 전자문서로 통지를 발송할 수 있고, 무기명식의 주권을 발행한 경우에는 주주총회일의 2주 전에 주주총회를 소집하는 뜻과 회의의 목적사항을 공고할 수 있도록 각 1주일씩 줄였다(상법 제363조 제4항).

자본금 총액이 10억원 미만인 회사는 주주 전원의 동의가 있을 경우에는 소집절차를 생략할 수 있도록 하고, 서면에 의한 결의로써 주주총회의 결의를 갈음할 수 있도록 하였다(상법 제363조 제5항).

(자) 이사・대표이사와 감사 또는 감사위원회 위원의 취임승낙을 증명하는 서면(상등법 제80조 제9호)

취임승낙서와 인감증명서를 제출하여야 한다.

(차) 명의개서대리인을 둔 때에는 명의개서대리인과의 계약을 증명하는 서면(상등법 제80조 제10호)

회사가 명의개서대리인을 둔 때에는 그 상호 및 본점소재지를 등기하여야 한다. 명의개서대리인은 명의개서를 대행하는 자로서 회사의 이행보조자 내지 수임인의 지위를 가진다. 따라서 회사와 명의개서대리인 간에 위임계약을 체결하여야 할 것 이므로 그 계약을 증명하는 서면을 첨부하도록 하고 있다.

(카) 주금의 납입을 맡은 은행, 그 밖의 금융기관의 납입금보관에 관한 증명서(상등법 제80조 제11호)

자본금의 총액이 10억원 미만인 회사를 상법 제295조제1항에 따라 발기설립(發起設立)한 경우에는 은행이나 그 밖의 금융기관이 발급한 잔고증명서(殘高證明書)로써 납입금 보관에 관한 증명서를 대체할 수 있다(상법 318조 3항, 법 80조 11호 단서). 그런데 회사의 발기설립 시에 주금의 납입이 전부 이행된 사실을 증명하기 위하여 납입금 보관에 관한 증명서 대신에 잔고증명서를 제출하는 경우에는 금융실명거래 및 비밀보장에 관한 법률에 의하여 설립중의 회사 자체 명의로는 금융거래가 불가능하기 때문에 발기인의 명의로 작성된 잔고증명서를 발급받아 제출하여야 한다(금융실명거래 및 비밀보장에 관한 법률 3조 1항, 2조 4호 및 동법 시행령 3조 3호).

법인 설립 및 사업자등록 후 법인등기부등본, 법인인감증명서, 법인인감도장, 법인통장, 사업자등록증사본 대표이사 신분증, 입금 영수증을 가지고 은행에 가서 법인통장에 자본금 이체 후 사무실 보증금 및 공제조합 출자금 등 법인에 관련된 지출비를 사용한다.

[선례] 200305-15 농업협동조합법에 의하여 설립된 지역농업협동조합과 품목별협동조합이 상법 제295조 제1항 등에서 규정된 납입을 맡을 은행 기타 금융기관에 속하는지 여부(적극)(선례6권이후)

농업협동조합법에 의하여 설립된 지역농업협동조합과 농업협동조합법 부칙 제14조의 경과규정에 따라 종전 법률규정에 의해 신용사업을 실시하고 있는 품목별협동조합(이하 조합이라 함)은 농업협동조합법에 의하여 그 사무의 범위에 신용사업을 취급할 수 있고, 또한 조합은 국고금 수납업무를 취급할 수 있는 금융기관으로서(한국은행 국고금취급규칙 제3조) 조합원과 예금자 등을 보호하기 위한 제도가 마련되어 있을 뿐만 아니라 농림부장관 및 금융감독위원회의 감독을 받으므로 조합은 주금납입사무를 취급할 수 있는 업무능력과 공적신용력을 갖춘 금융기관에 해당된다고 볼 수 있다(2003. 5. 20. 공탁법인 3402-118 질의회답)

[선례] 824. 상호신용금고가 주금납입금을 보관할 수 있는 은행 기타의 금융기관에 해당하는지 여부(선례5권)

상법 제305조 제2항 및 제302조 제2항 제9호는 주금납입업무를 취급할 수 있는 기관을 은행 기타 금융기관으로 한정하여 규정하고 있고 여기서 금융기관은 위 각 조문의 입법취지가 납입가장행위의 방지라는 점에 비추어 볼 때 납입금의 수납 및 보관사무를 처리할 수 있는 업무능력과 공적 신용을 갖춘 금융기관이라고 해석되므로, 상호신용금고도 위 각 조문상의 금융기관으로 볼 수 있다. 다만, 상호신용금고가 주금납입보관업무를 취급하려면 상호신용금고 법 제11조 제1항 제9호에 의하여 재정경제부장관의 승인을 얻어야 되는바, 재정경제부장관이 전국 상호신용금고연합회에 주식납입금수납대행사무취급판정을 제정·시행토록 지시하고, 전국 상호신용금고연합회가 제정한 위 규정에 대하여 재정경제부장관과 협의가 이루어진 점 등에 비추어 볼 때 재정경제부장관의 승인이 있었다고 보여지므로, 결국 상호신용금고도 상법 제305조 제2항 및 제302조 제2항 제9호에 규정된 은행 기타의 금융기관에 포함된다고 할 것이다(1997. 11. 27. 등기 3402-932 질의회답).

[선례] 679. 증권투자신탁업법에 의한 위탁회사는 주금납입을 맡을 수 있는 금융기관에 포괄되는지 여부(선례2권)

증권투자신탁업법에 의한 위탁회사는 상법 제362조 제1항 제9호 및 제318조에서 규정하고 있는 주금납입을 맡을 은행 기타의 금융기관으로는 볼 수 없다(89.11. 7 등기 제2091호).

(3) 그 밖의 첨부서면

(가) 이사회의사록

이사회의 의사에 관하여는 의사록을 작성하여야 하고, 의사록에는 의사의 경과요령과 그 결과를 기재하고 출석한 이사 및 감사가 기명날인 또는 서명하여야 한다(상법 제391조 제3항). 감사가 불출석한 경우에도 출석한 이사들만으로 이사회를 개최하고 이사회의사록을 작성할 수 있다.

이사회의 결의는 이사 과반수의 출석과 출석 이사의 과반수로 하여야 한다. 다만, 정관으로 그 비율을 높게 정할 수 있다(상법 제391조 제1항).

상법 및 공증인법은 자본금의 총액이 10억원 미만인 회사를 발기설립하는 경우에는 정관, 발기인총회의사록, 이사회의사록의 인증의무를 면제하였다(상법 제292조, 공증인법 제

66조의2제1항).

등기할 사항에 관하여 이사회의 결의를 필요로 하는 경우에는 신청서에 이사회의사록을 첨부하여야 한다(상등법 제79조 제2항). 이사회에서 대표이사를 선임한 경우(상법 제389조 제1항), 정관상의 본점소재지표시가 최소독립행정구역(특별시, 광역시, 시 · 군)으로 기재된 때에 이사회에서 구체적인 본점소재장소를 정한 경우, 회사의 설립과 동시에 지점을 설치하기로 이사회에서 결정한 경우(상법 제393조 제1항), 정관에 명의개서대리인을 둘 것을 정하고 이를 특정하지 아니하여 이사회에서 이를 정한 경우 등이다(상법 제337조 제2항).

(나) 이사 · 감사 등의 주소, 주민등록번호 또는 생년월일을 등기하는 경우 이를 증명하는 서면

설립등기 시에는 이사와 감사(또는 감사위원회)의 성명과 주민등록번호를 등기하여야 하고(상법 제317조 2항 8호 및 12호), 대표이사의 경우에는 성명과 주민등록번호 외에 주소도 등기하여야 한다(상법 제317조 2항 9호). 이와 같이 이사와 감사 등의 성명 · 주민등록번호 또는 주소를 등기하여야 하는 경우에는 설립등기신청 시에 이를 증명하는 서면을 첨부하여야 하는데(상업등기규칙 제59조 1항), 발행일로부터 3개월 이내의 것을 첨부하여야 한다(동 규칙 제59조 2항).

주소 또는 주민등록번호를 증명하는 서면으로 통상 주민등록표등 · 초본을 제출하지만 주민등록증사본이나 자동차운전면허증사본도 이에 해당한다. 하지만 인감증명서는 이에 해당하지 아니한다.

(다) 관청의 허가서, 총주주의 동의서

관청의 허가(인가)를 필요로 하는 사항의 등기를 신청할 때에는 관청의 허가서(인가서) 또는 그 인증이 있는 등본을 첨부하여야 한다(상등법 제22조).

등기신청서에 허가서 또는 그 인증이 있는 등본을 첨부하여야 하는 것은 관청의 허가가 등기의 효력요건인 경우에 한하며, 관공서의 허가가 단순히 영업수행을 위한 요건인 경우는 해당되지 아니한다. 법문상 허가라고 되어 있지만 등록을 요하는 사항도 그 등록이 등기의 효력요건인 경우에는 등록증 또는 그 인증이 있는 등본을 첨부하여야 한다.

비송사건절차법 제153조에 의하여 등기신청서에 첨부하여야 할 관청의 허가서 또는 그 인증이 있는 등본은 당해 허가(인가)가 등기할 사항의 효력요건인 경우[예, 상사법인의 설립에 있어 관청의 허가(인가)가 있어야 한다는 법령상의 근거가 있는 경우, 설립중인 회사에 대한 허가(인가) 신청절차가 있는 경우 등]에 한하고 그 밖의 경우에는 관청의 허가서

등의 첨부를 요하지 아니한다(상업등기선례 1-92, 등기예규 제544호).

총주주의 동의가 없으면 등기할 사항에 관하여 무효 또는 취소의 원인이 있는 때에는 그 동의서를 첨부하여야 한다.

(라) 등기신청대리인의 경우

대리인에 의하여 등기를 신청할 때에는 그 권한을 증명하는 서면(변호사 또는 법무사의 위임장)을 첨부하여야 한다(상등법 제21조).

대리인의 등기신청권한을 증명하는 서면인 위임장에는 그 권한의 범위를 명확히 기재하여야 하는바, 주식회사 설립의 경우 “본 회사의 설립등기 신청 및 취하에 관한 일체의 행위”와 같이 구체적으로 기재하여야 한다.

> [등기선례 200403-19] 법인등기신청시 대리권한을 증명하는 서면으로서의 위임장에 원칙적으로 법인인감을 날인하여야 하는지 여부(적극)
> 대리인에 의하여 법인등기를 신청할 때에는 신청서에 그 권한을 증명하는 서면을 첨부하여야 하는바, 그 권한을 증명하는 서면으로서의 위임장에는 지점소재지에서 하는 목적변경등기 등의 일정한 경우를 제외하고는 원칙적으로 관할등기소에 제출한 법인인감을 날인하여야 한다(등기선례 200403-19, 2004. 3. 31. 공탁법인 3402-77 질의회답).

(마) 등기의 동시신청시 첨부서면

동일한 등기기록에 대한 여러 개의 등기신청은 일괄하여 하나의 신청서로 할 수 있는바, 동일한 등기소에 동시에 여러 개의 등기신청서를 제출하는 경우에 각 신청서에 첨부하여야 할 서류 중 내용이 동일한 것이 있을 때에는 하나의 신청서에만 첨부하면 된다(상업등기규칙 규칙 제54조 제2항). 이 경우 다른 신청서에는 그 뜻을 기재하여야 한다. 전자신청의 경우에는 제2항을 적용하지 아니한다(상업등기규칙 규칙 제54조 제3항).

(4) 인감의 제출

(가) 개 설

회사가 설립시에 3명이상의 이사를 선임한 경우에는 대표이사가 인감을 제출하여야 한다. 그리고 회사의 대표이사가 수인인 경우에는 설립등기를 신청하는 대표이사만 인감을 제출하여도 되지만, 정관 또는 선임기관의 결의로 공동으로 대표할 것을 정한 때(상법 389조 2항)에는 공동대표이사 전원의 인감을 제출하여야 하고, 이 경우 공동대표이사의 인감은 각각 달라야 한다(예규 1306호 2.나.).

한편 회사의 설립 시의 자본금의 총액이 10억원 미만으로 1명 또는 2명의 이사만을 선임한 경우에는 각 이사가 회사를 대표하므로(상법 383조 1항 단서 및 6항) 등기를 신청하는 이사가 인감을 제출하여야 한다. 즉, 이사를 1명만 둔 경우에는 그 이사가 인감을 제출하여야 하고, 2명의 이사를 둔 경우에는 등기를 신청하는 이사가 인감을 제출하여야 한다. 다만 2명의 이사를 둔 경우에 정관에 따라 대표이사를 둔 경우에는 그 대표이사가 회사를 대표하므로(상법 383조 6항) 그의 인감을 제출하여야 한다.

위 인감신고서에는 「인감증명법」에 따라 신고한 인감을 날인하고 그 인감증명서(발행일로부터 3개월 이내의 것에 한함)을 첨부하여야 한다(규칙 36조 3항).

(나) 이사가 1명인 경우

'사내이사'로 기재하고, 그 성명, 주민등록번호 및 주소를 같이 기재한다. 이사가 1명인 경우에는 해당 이사가 회사를 대표하여 등기를 신청하여야 하므로(상법 383조 6항, 법 17조 2항), 즉 등기신청서에 기명날인할 자에 해당하므로 설립등기신청 시에 인감을 제출하여야 하고, 대리인에 의하여 등기를 신청하는 경우에도 동일하다(법 24조 1항 및 2항).

(다) 이사가 2명인 경우

2명의 이사가 각자 회사를 대표하는 경우에는 각 이사를 '사내이사'로 기재하고, 그 서명, 주민등록번호 및 주소를 같이 기재하여야 한다. 이 경우 설립등기를 신청하는 이사만 상업등기법 제24조의 규정에 따라 인감을 제출하면 되지만(예규 제1306호 2.나.), 나머지 이사도 인감을 제출할 수 있다(예규 제1306호 2.가.1)). 정관 또는 주주총회의 결의로 각 이사가 공동으로 대표권을 행사하도록 정한 때에는 그 규정을 등기하여야 하고(상법 제317조 2항 10호), 이 경우에는 이사 전원이 인감을 제출하여야 한다(예규 제1306호 2.나.).

한편, 정관에 따라 대표이사를 정한 경우(상법 383조 6항)에는 각 이사를 '사내이사'로 기재하고 그 성명, 주민등록번호를 기재하고, 대표이사의 성명, 주민등록번호 및 주소를 같이 기재하여야 하는데, 대표이사는 설립등기신청 시에 그 인감을 제출하여야 한다(법 24조 1항 및 2항).

(5) 인감의 전자적 제출

가) 인감의 제출 또는 개인(改印)은 상업등기규칙 제36조 제2항 단서에 따라 인터넷등기소를 이용하여 신청할 수 있다(인감의 제출·관리 및 인감증명서 발급에 관한 업무처리지침 등기예규 제1311호 2010.05.19 개정).

나) 인감신고서를 전자적으로 제출하는 경우 전자서명법 제15조의 공인인증서 정보를, 개인신고서를 전자적으로 제출하는 경우 전자증명서 정보를 송신하여야 한다.

다) 회사의 지배인 또는 특수법인의 대리인이 전자적으로 인감을 신고하거나 개인(改印)을 하는 경우 위 나)의 정보 송신 외에 보증서면에 해당하는 첨부정보와 대표자의 전자증명서 정보를 함께 송신하여야 한다.

라) 인감신고서 또는 개인신고서를 전자적으로 제출하는 경우에는 인감대지를 첨부하지 아니한다

바. 회사설립비용 예시

(1) 등록면허세와 교육세

농업법인 및 어업법인의 설립등기에 대하여는 등록면허세를 2012년 12월 31일까지 면제하고(지방세특례제한법 제11조 제12조), 농어촌특별세도 부과하지 아니한다(농어촌특별세법 제4조 제2호).

(2) 대법원 수입증지(등기신청 수수료)

설립등기의 경우 30,000원이다. 대법원수입증지는 법원구내 및 등기소 가까운 금융기관(농협, 신한은행)에서 구입할 수 있다.

(3) 공증(인증)비용

개정 상법 및 공증인법은 자본금의 총액이 10억원 미만인 회사를 발기설립하는 경우에는 정관, 발기인총회의사록, 이사회의사록의 인증의무를 면제하였으나(상법 제292조, 공증인법 제66조의2제1항), 모집설립의 경우에는 면제하지 아니하였으므로 기존의 방법 그대로 인증절차를 거쳐야 한다.

현재 공증인수수료규칙 제21조 제1항은 "상법의 규정에 의한 정관인증의 수수료는 발행주식의 액면총액 5천만원까지는 80,000원으로 하고, 5천만원을 초과할 경우에는 그 초과액의 2천분의 1을 더하되 100만원을 초과하지 못한다."고 규정하고 있다. 예컨대 자본금이1억원인 경우에는 공증료는 130,000원(80,000+50,000원 정관공증료 포함)이 되는 것이고, 이 사례의 경우는 80,000원이 되는 것이다.

의사록의 공증(인증)료는 건당 30,000원이다.

[사례] 농업회사법인 주식회사 발기설립등기신청서

농업회사법인 주식회사 설립등기신청

접수	년 월 일	처리인	접 수	조 사	기 입	교 합	각종통지
	제 호						

등기의목적	농업회사법인 주식회사 설립
등기의사유	농어업경영체 육성 및 지원에 관한 법률 제19조의 규정에 의하여 정관을 작성하고 발기인이 회사 설립시에 발행하는 주식의 총수를 인수받고, 20○○년 월 일 발기인총회를 종결하였으므로 다음 사항의 등기를 구함.
본/지점 신청구분	1. 본점신청 □ 2. 지점신청 □ 3. 본 · 지점 일괄신청 □
등기할사항	
상 호	농업회사법인 ○○ 주식회사
본 점	○○시 ○○구 ○○동 00-0
공고방법	○○시에서 발행하는 일간지 ○○일보에 게재한다
1주의금액	10,000원
발행할 주식의 총수	40,000주
발행주식의총수와 그 종류 및 각각의 수	10,000주 : 보통주식5,000주 우선주식5,000주
자본의총액	100,000,000원
목 적	본 회사는 기업적 농업경영을 통하여 생산성을 향상시키거나, 생산된 농산물을 유통·가공·판매함으로써 농업의 부가가치를 높이고 노동력부족 등으로 농업경영이 곤란한 농업인의 농작업의 전부 또는 일부를 대행하여 영농의 편의를 도모함을 목적으로 하고, 다음 각 호의 사업을 한다. 1. 농산물의 유통·가공·판매 2. 농작업의 전부 또는 일부 대행

목 적	3. 영농에 필요한 자재의 생산공급 4. 영농에 필요한 종묘생산 및 종균배양사업 5. 농산물의 매취 · 비축사업 6. 농업기계 기타 장비의 임대 · 수리 · 보관사업 7. 소규모 관개시설의 수탁 · 관리사업 8. 위 각호에 부수하는 일체의 사업
이사·감사의 성명 주민등록번호	이사 ○○○(-) 이사 ○○○(-) 이사 ○○○(-) 감사 ○○○(-)
대표이사의 성명과 주소	김 성 종 ○○시 ○○구○○동 111
지 점	없음
존립기간 또는 해 산 사 유	회사성립일로부터 만 ○○년으로 한다.
기 타 (주식의 양도에 관하여 이사회의 승인을 얻도록 정한 때에는 그 규정, 명의개서대리인을 둔 때에는 그 상호와 본점소재지 등)	[유례] ○ 주식양도에 관한 사항 : 주식의 양도는 이사회의 승인사항임 ○ 주식매수선택권 규정 1.일정한 경우 주식매수선택권을 부여할 수 있다는 뜻(생략) 2.주식매수선택권의 행사로 발행하거나 양도할 주식의 종류와 수(생략) 3.주식매수선택권을 부여받을 자의 자격요건(생략) 4.주식매수선택권의 행사기간(생략) 5.일정한 경우 이사회결의로 주식매수선택권의 부여를 취소할 수 있다는 뜻(생략) ○ 명의개서대리인의 상호 및 본점소재지 상호 증권예탁원 본점 서울 ○○구○○동 110 ○ 주주에게 배당할 이익으로 주식을 소각하는 규정 1. 이 회사는 주주에게 배당할 이익의 범위내에서 이사회의 결의로 주식을 소각할 수 있다. 2. 위1.의 규정에 의하여 주식을 소각하고자 하는 경우 이사회는 다음 각호의 사항을 결의하여야 한다. 가. 소각할 주식의 종류와 총수

기 타 (주식의 양도에 관하여 이사회의 승인을 얻도록 정한 때에는 그 규정, 명의개서대리인을 둔 때에는 그 상호와 본점소재지 등)	나. 소각하기 위하여 취득할 주식가액의 총액 또는 소각할 주식가액의 총액 다. 주식을 취득하고자 하는 기간 또는 주식을 소각하고자 하는 날 3. 위1.의 규정에 의하여 주식을 소각할 경우에는 다음 각호의 기준에 의한다. 가. 소각할 목적으로 자기주식을 취득하는 경우에는 상법, 증권거래법 등 관계법령에서 정한 방법 또는 기준에 의할 것 나. 소각을 위하여 취득할 금액 또는 소각할 주식가액의 총액이 당해 사업연도말 상법 제462조 제1항의 규정에 의한 이익배당을 할 수 있는 한도안에서 증권거래법 등 관계법령이 정하는 금액 이하일 것. 다. 위 1.의 규정에 의하여 주식을 소각한 때에는 그 소각의 결의후 최초로 도래하는 정기주주총회에 위 2.의 각호의 사항과 주식을 소각한 뜻을 보고하여야 한다.

신청등기소 및 등록면허세/수수료						
순번	신청등기소	구분	등록면허세 / 지방교육세	농어촌특별세	세액합계	등기신청수수료
			면제 /	면제		금 30,000원
합 계						
등기신청수수료 은행수납번호						
과 세 표 준 액	금 000 원					

첨 부 서 면

1. 정 관 1통
1. 주식인수증 각1통
1. 주식발행사항동의서 1통
1. 발기인총회의사록 1통
1. 이사회의사록 1통
1. 주식납입금보관증명서 1통
1. 이사·감사 또는 감사위원회의 조사보고서 (공증인의 조사보고서) 1통
1. 검사인조사보고서 등본 1통
1. 취임승낙서(이사, 대표이사, 감사 또는 감사위원회 위원) ○통
1. 주민등록표등본(임원) 각1통
1. 인감신고서 및 인감증명(대표자) 1통
1. 법인인감발급카드신청서 1통
1. 등록면허세영수필확인서 1통
1. 위임장 1통

<기타>

20○○년 ○월 ○○일

신 청 인 상 호 농업회사법인 ○○주식회사
본 점 ○○시 ○○구 ○○동 100
대표이사 성 명 ○ ○ ○ (인) (전화 :)
주 소 ○○시 ○○구 ○○동 111
대 리 인 성 명 법무사 ○ ○ ○ (인) (전화 :)
주 소 ○○시 ○○구 ○○동 112

○○지방법원 ○○등기소 귀중

- 신청서 작성요령 및 등기수입증지 첨부란 -

1. 해당란이 부족할 때에는 별지를 이용합니다.
1. 등기할 사항 중 당해 등기신청과 관계없는 사항에 대하여는 "해당없음"으로 기재합니다.
1. 등기신청수수료 상당의 대법원등기수입증지를 이 난에 붙입니다.

※ 발기설립 신청서 작성요령

○ 개정 상법 제329조 제1항은 "주식회사의 자본은 5천만원 이상이어야 한다."를 삭제하여 최저자본금제도를 폐지하였고, 상법 제383조 제1항은 자본금의 액이 10억 원 미만인 회사는 1인 또는 2인으로 설립할 수 있도록 하였으며, 상법 제409조는 자본금 총액이 10억원 미만인 회사를 설립하는 경우에는 감사 선임 여부를 회사의 임의적 선택사항으로 하였다.

※ 1주의 금액

○ 액면주식은 액면가의 기재가 있는 주식으로서, 주권에 그 표창하는 주식의 수 이외에 1주의 금액이 기재되고(상법 제356iii), 정관에도 그 금액의 기재가 되어야 한다. 액면주식의 경우 1주의 금액은100원 이상이어야 하고(상법 제329④), 또 균일하여야 한다(상법 제329③). 회사가 수종의 주식을 발행하는 경우에도 같다. 1주의 금액에 관한 위 규정은 설립시 발행하는 주식뿐만 아니라, 장래에 발행하는 주식까지 포함한다.

○ 회사가 발행할 주식의 총수, 1주의 금액, 회사의 설립시에 발행하는 주식의 총수는 반드시 정관으로 정하는 것이나(상법 제289①), 그 외의 주식발행에 관한 사항은 정관에 다른 규정이 없는 한 발기인이 정할 수 있다. 이러한 결정은 원칙적으로 발기인의 과반수결의에 의한다.

○ 정관에서 우선주식·후배주식(後配株式)·상환주식·전환주식·의결권 없는 주식 등 수종의 주식을 정하고 있는 경우에는 그 범위 내에서 어느 종류의 주식을 각 몇 주씩 발행할 것인가를 정하여야 한다. 그러나 정관에서 보통주식만을 발행할 것으로 정한 때에는 발기인이 따로 정할 사항은 없다.

※ 발행예정주식총수, 발행주식의 총수 그 종류와 각종 주식의 내용과 수

○ 개정상법은 제289조 제2항의 "회사설립시 발행하는 주식의 총수는 회사가 발행할 주식총수의 1/4이상이어야 한다"는 요건을 폐지하였다(상법 제289조 제2항 삭제). 이에 따라 회사설립시 발행하여야 하는 주식수에 대한 제한이 전혀 없게 되었다. 구 상법이 이런 비율의 유지를 요구한 이유는 회사설립시에 발행주식총수에 비하여 과다한 발행예정주식총수를 표방하지 못하도록 하고 회사설립 후 이사회에 지나치게 넓은 신주발행권한을 부여하는 것을 억제하기 위한 것이었다.

○ 위 발행예정주식총수 중 설립시에 발행하는 주식 수를 공제한 나머지는 소위 수권주식(授權資本)으로서, 설립이후는 제한규정이 없으므로 무제한으로 이사회의 결의에 의하여 수시로 신주를 발행하게 된다. 회사의 설립 후에 발행하는 주식의 수는 등기사항이나 정관의 기재사항은 아니다.

[사례] 설립등기 위임장

위 임 장

법무사 이 장 수
○○시 ○○구 ○○동 00-0
전화 595-1235

본인은 위 사람을 대리인으로 정하고 다음의 권한을 위임함.

다 음

1. 본 회사의 설립등기 신청 및 취하에 관한 일체의 행위.

20○○년 10 월 1 일

위임인 농업회사법인 ○○주식회사
○○시 ○○구 ○○동 00-0
대표이사 김 성 종 (인)

※ 법무사에게 위임을 한 경우 첨부하는 서면이다.

[사례] 농업회사법인 주식회사정관[5)]

정 관

제1장 총 칙

제1조(상호) 본 회사는 농어업 경영체 육성 및 지원에 관한 법률 제19조에 의하여 설립된 회사로서 그 명칭은 농업회사법인 ○○주식회사라 칭한다.

※ 주식회사의 상호중에는 "주식회사"라는 문자를 사용해야 하는 점 이외에는 별다른 제한이 없으나 동일한 시・군내에서 동종영업을 위하여 타인이 등기한 상호나 어느 회사의 지점이나 출장소 등과 같이 회사의 독립성이 인정되지 않고 그 일부임을 표시하는 듯한 상호로는 등기할 수 없음을 유의해야 한다.

제2조(목적) 본 회사는 기업적 농업경영을 통하여 생산성을 향상시키거나, 생산된 농산물을 유통・가공・판매함으로써 농업의 부가가치를 높이고 노동력부족 등으로 농업경영이 곤란한 농업인의 농작업의 전부 또는 일부를 대행하여 영농의 편의를 도모함을 목적으로 한다.

제3조(주주의 자격) 본 회사의 주주는 농업인, 농산물의 생산자단체로 하되 제10조에서 정한 출자한도내에서 출자한 비농업인도 주주가 될 수 있다.

※ 농산물생산자단체는 농어업・농어촌 및 식품산업 기본법시행령 제4조에서 정한 생산자단체를 말한다.

제4조(사업) ①본 회사는 생산성 향상을 위한 기업적 농업경영과 ○○사업을 주사업으로 한다.

②본 회사는 다음 각 호의 사업을 부대사업으로 한다.

1. 농산물의 유통・가공・판매
2. 농작업의 전부 또는 일부 대행
3. 영농에 필요한 자재의 생산공급
4. 영농에 필요한 종묘생산 및 종균배양사업
5. 농산물의 매취・비축사업

---

5) 이 정관은 "농어업 경영체 육성 및 지원에 관한 법률 시행령 제20조"의 규정에 의거 농수산부장관이 고시(농림수산식품부 고시 제2009-282호)한 농업회사법인 주식회사정관이다.(2010.1.시행)

6. 농업기계 기타 장비의 임대·수리·보관사업
7. 소규모 관개시설의 수탁·관리사업

※ 제2조의 목적과 부합되는 사업이면 수개의 사업을 목적으로 해도 무방하나 그 영업내용을 명확히 알 수 있도록 구체적으로 기재해야 하며 "물품도매업"등과 같이 추상적으로 기재해서는 안된다. 또한, 제1항의 ○○내에는 농업경영 외의 사업으로서 회사가 역점을 두는 사업을 기재한다.

제5조(본점의 소재지 및 지점의 설치)

① 본 회사의 본점은 ○○ 시·도 ○○ 시·군에 둔다.

※ 그 소재장소의 지번가지 확정해야 하는 것은 아니고 최소행정구역까지만 정해도 무방하다

② 본 회사는 필요한 경우에 주주총회의 결의로 지점, 영업소, 출장소를 둘 수 있다.

※ 정관의 절대적 기재사항이 아니므로 이의 기재여부는 회사의 임의에 속한다.

제6조(공고방법) 본 회사의 공고사항은 ○○시도에서 발간되는 ○○신문에 게재한다.

※ 공고는 관보나 시사에 관한 일간신문에 게재해야 하므로 주간지나 스포츠신문등에는 게재할 수 없고 수개의 신문지에 동시에 공고하는 것은 무방하나 "○○신문 또는 XX신문"에 게재하는 것과 같이 수개의 신문중 선택적으로 공고한다고 정할 수는 없다.

제7조(존립기간) 본 회사의 존립기간은 회사성립일로부터 만 ○○년으로 한다.

※ 이 사항은 정하지 아니할 수도 있으며 이를 정한 경우에 한하여 정관에 기재한다.

[유례] 본회사는 ○○특허권의 기간이 만료할 때까지 존속한다.

제2장 주식과 주권

제8조(회사가 발행할 주식의 총수 및 각종주식의 내용과 수) 본 회사가 발행할 주식의 총수는 ○○만주로서 보통주식으로 한다.

[유례] 본 회사가 발행할 주식의 총수는 10만주로서 그중 보통주식은 6만주, 우선주식은 2만주, 후배주식은 2만주로 한다.

제○조(우선주식의 내용) 우선주식의 이익배당률은 연 1할로서 당해결산기의 이익

배당률이 그에 미달할 때에는 다음 결산기에 그를 우선하여 배당받는다.

제○조(후배주식의 내용) 후배주식은 보통주식에 대하여 연○푼의 이액배당을 하고 잉여가 있는 경우에 한하여 이익배당을 받을 수 있다.

제○조(의결권 없는 주식) 우선주식의 주주는 의결권이 없는 것으로 한다.

제○조(상환주식) 상환주식은 주식발행후 ○년이내에 주주에게 배당할 이익으로서 상환할 수 있다. 이때 상환가액은 1주당 금○○원으로 한다.

제9조(1주의 금액) 본 회사가 발행하는 주식 1주의 금액은 금 ○○만원으로 한다.

※ 이는 100원 이상으로서 균일해야 한다.

제10조(비농업인의 출자한도) 농업인, 농산물의 생산자단체가 아닌자가 출자하는 출자액의 합계는 본 회사의 총출자액의 10분의 9을 초과할 수 없다.

제11조(회사설립시 발행하는 주식의 총수) 본 회사가 회사설립시에 발행하는 주식의 총수는 ○만주로 한다.[6)]

제12조(주권) 본 회사의 주식은 기명주식으로서 주권은 1주권, 10주권, 100주권 3종으로 한다.

제13조(주권의 명의개서) 주식의 양도로 인하여 명의개서를 청구할 때에는 본 회사 소정의 청구서에 주권을 첨부하여 제출하여야 한다. 상속, 유증 기타 계약이외의 사유로 인하여 명의개서를 청구할 때에는 본 회사 소정의 청구서에 주권 및 취득원인을 증명하는 서류를 첨부하여 제출하여야 한다.

[유례] 명의개서대리인을 두기로 한 때

제○조 본 회사는 주주명부의 기재에 관한 사무를 처리하기 위하여 명의개서 대리인을 둔다. 명의개서대리인은 이사회의 결의에 의하여 선정한다.

제14조(주식의 양도제한)

① 본 회사의 주식은 이사회의 승인이 없으면 양도할 수 없다.

---

6) 개정상법은 제289조 제2항의 "회사설립시 발행하는 주식의 총수는 회사가 발행할 주식총수의 1/4이상이어야 한다"는 요건을 폐지하였다(상법 제289조 제2항 삭제). 이에 따라 회사설립시 발행하여야 하는 주식수에 대한 제한이 전혀 없게 되었다.

② 전항과 관련 비농업인인 주주에게 양도하여 비농업인의 총출자액이 제10조에서 규정한 제한을 초과하는 경우에는 그 양도는 효력이 없다.
③ 상속 또는 유증에 의하여 비농업인의 총출자액이 제10조에서 규정한 한도를 초과하는 경우에는 그 초과지분을 지체없이 농업인에게 양도하여야 한다.

제15조(주권의 재발행) 주권의 재발행을 청구할 때에는 본 회사 소정의 청구서에 다음 서류를 첨부하여 제출해야 한다.
1. 주권을 상실한 때에는 확정된 제권판결정본
2. 주권을 훼손한 때에는 그 주권, 다만 훼손으로 인하여 그 진위를 판별할 수 없는 때에는 전호에 준한다.

제16조(주주의 주소신고 등) 주주나 등록질권자 및 그 법정대리인은 성명주소 및 인감을 신고해야 한다. 그 변경이 있는 때에도 역시 같다.

제17조(주주명부의 폐쇄) 본 회사는 매 결산기 종료일 익일부터 그 결산에 관한 정기 주주총회 종료일까지 주주명부기재의 변경을 정지한다.

제3장 주주총회
제18조(정기총회와 임시총회) 정기주주총회는 매 결산기 종료후 1월내에 이를 소집하고 임시주주총회는 필요한 경우에 수시로 이를 소집할 수 있다.

제19조(의장) 주주총회의 의장은 대표이사가 된다. 대표이사가 유고인 때에는 이사회에서 정한 순서에 따라 다른 이사가, 다른 이사 전원이 유고인때에는 출석한 주주중에서 선임된 자가 그 직무를 대행한다.

제20조(결의사항) 주주총회는 법령에서 정한 사항 이외에 다음 사항을 결의한다.
1. 신주발행사항의 결정
2. 주식의 분할
3. 영업의 전부 또는 일부의 양도

제21조(결의) 주주총회의 결의는 법령에 별도의 규정이 있는 경우를 제외하고는 발행주식총수의 과반수에 해당하는 주식을 가진 주주의 출석과 그 의결권을 과반

수로 한다.

제22조(의결권의 대리행사) 주주는 본 회사의 주주중에서 정한 대리인으로 하여금 대리행사하게 할 수 있다. 이 경우에는 총회 개회전에 그 대리권을 증명하는 서면을 제출해야 한다.

제4장 이사와 감사

제23조(이사와 감사의 수) 본 회사의 이사는 3인 이상 5인 이내, 감사는 1인 이상 3인 이내로 한다.

※ 이사는 3인이상, 감사는 1인 이상이어야 한다. 다만, 자본금 총액이 10억원미만인 회사는 이사를 1명 또는 2명으로 할 수 있으며, 감사의 경우도 선임하지 아니할 수 있다.

제24조(선임) 이사와 감사는 주주총회에서 선임하되 이사의 과반수는 농업인으로 한다.

제25조(업무집행과 회사대표) 본 회사의 업무집행과 회사대표는 이사회의 결의로 이사 중에서 선임한 대표이사가 행한다.

※ 대표이사는 수인으로 정할 수도 있는 바, 그 경우 특히 수인의 대표이사가 공동으로 회사를 대표하도록 정한 때에는 그 사항을 반드시 정관에 기재해야 한다.

제26조(임기) 이사와 대표이사의 임기는 2년, 감사의 임기는 1년으로 한다. 다만 재임중 최종결산기에 관한 정기주주총회 이전에 그 임기가 만료될 때에는 그 총회 종결시까지 그 임기를 연장할 수 있다.

※ 이사의 임기는 3년, 감사의 임기는 2년을 초과하지 못한다.

제27조(보선) 이사와 감사에 결원이 생긴 경우에는 임시주주총회에서 그를 보선한다. 다만 그 법 정원수를 결하지 아니하는 때에는 그러하지 아니할 수 있다. 보선된 이사나 감사의 임기는 전임자의 잔여기간으로 한다.

제28조(보수) 이사와 감사의 보수는 주주총회에서 이를 정한다.

제5장 이사회

제29조(이사회) 본 회사의 이사회는 정기이사회와 임시이사회로 한다. 정기이사회는 매월 최초의 월요일에, 임시이사회는 필요에 따라 수시로 이를 소집한다.

제30조(지배인의 임면) 이사회의 결의로 회사의 영업전반에 걸쳐 포괄적인 대리권을 갖고 보조하기 위한 지배인(혹은 지점장, 영업부장)을 둘 수 있다.

제31조(소집권자와 의장) 이사회는 대표이사가 소집하고 그 의장이 된다. 다만 대표이사의 유고중에는 제19조의 순서에 따라 다른 이사가 의장의 직무를 대행한다.

제32조(결의) 이사회의 결의는 이사 전원의 과반수로 하고 가·부동수인 때에는 의장이 결정한다.

제33조(고문) 본 회사는 이사회의 결의로 고문 약간명을 둘 수 있다.

제6장 계 산

제34조(영업년도) 본 회사의 영업년도는 매년 ○월○일부터 ○월○일까지로 하여 결산한다.

제35조(이익배당) 이익배당금은 매 결산기 말일 현재의 주주명부에 기재된 주주 또는 등록질권자에게 이를 지급한다.

위 배당금은 지급개시일로부터 3년이내에 지급청구를 하지 아니한 때에는 그 청구권을 포기한 것으로 간주하고 이를 본 회사에 귀속시킨다.

제7장 해 산

제36조(해산사유) 본 회사는 다음 사유로 인하여 해산한다.

1. 제7조에서 정한 존립기간의 만료
2. 합병
3. 파산
4. 법원의 명령 또는 판결
5. 주주총회의 결의

제37조(해산의 결의) 해산의 결의는 발행주식 총수의 과반수에 해당하는 주식을 가진 주주의 출석으로 그 의결권의 3분의 2이상의 다수로써 하여야 한다.

제38조(회사계속) 회사가 존립기간의 만료, 주주총회의 결의에 의하여 해산한 경우에는 제37조의 규정에 의한 결의로 회사를 계속할 수 있다.

제39조(해산의 통지) 회사가 해산한 때에는 파산의 경우외에는 대표이사는 지체없이 주주에 대하여 그 통지를 한다.

제40조(합볍계약서와 그 승인의결) 회사가 합병을 함에는 합병계약서를 작성하여 주주총회의 승인을 얻어야 한다.

제8장 청 산

제41조(청산방법) 본 회사가 해산한 경우, 회사재산의 처분은 주주총회의 동의로써 정한 방법에 의한다.

제42조(청산인의 임면) 청산인의 선임 및 해임은 주주총회의 결의에 의한다.

제43조(잔여재산의 분배) 잔여재산은 각 주주가 가진 주식의 수에 따라 주주에게 분배한다.

부 칙

[유례] 현물출자가 있는 경우

제○조(현물출자) 본 회사의 설립당시 현물출자를 하는 자의 성명, 출자목적인 재산, 그 가격과 이에 대하여 부여하는 주식의 종류와 수는 다음과 같다.

1. 출자자

 발기인 ○ ○ ○ ( ) 주민등록번호 : -

2. 출자재산

 ○○시도 ○○시군 ○○읍면 ○○리동 ○○번지

 대 ○○㎡

 위 지상 철근 콘크리트 3층 사무소

 1층 ○○㎡

2층 ○○㎡
3층 ○○㎡
3. 출자재산의 평가액 : 금○○○원
4. 이에 부여하는 주식의 종류와 수 : 보통주식 ○○주

※ 위 성명 다음의 ( ) 내는 농업인인 경우 '농업인', 생산자단체인 경우 생산자단체명, '비농업인'인 경우 '비농업인'을 기재하고, 주민등록번호란에는 사업자인 경우 사업자등록번호를 기재

제44조(적용범위) 본 정관에 규정되지 않은 사항은 농어업 경영체 육성 및 지원에 관한 법률과 상법 및 기타 법령에 정한 규정에 따른다.

제45조(세부내규) 본 회사는 필요에 따라 주주총회의 결의로써 업무추진 및 경영상 필요한 회사 세부내규를 정할 수 있다.

제46조(최초의 영업년도) 본 회사의 제1기 영업년도는 본 회사 설립일로부터 20 년 월 일까지로 한다.

제47조(최초의 이사 및 감사의 임기) 본 회사의 최초의 이사와 감사의 임기는 그 취임후 최초의 정기주주총회의 종료일까지로 한다.

제48조(발기인의 성명과 주소) 본 회사 발기인의 성명과 주소는 이 정관 말미의 기재와 같다.

위 농업회사법인 ○○주식회사를 설립하기 위하여 본 정관을 작성하고 발기인 전원이 이에 기명 날인한다.

년 월 일

발기인 ○ ○ ○
시도 시군 읍면 리동 번지

발기인 ○ ○ ○

시도 시군 읍면 리동 번지

발기인 ○ ○ ○
시도 시군 읍면 리동 번지

(발기인 전원 기명 날인한다.)

○ 정관은 1인 이상의 발기인이 작성한다(상법 제288). 발기인은 정관의 작성자로서 각 발기인이 정관의 말미에 기명날인 또는 서명하여야 한다(상법 제289①). 이런 뜻에서 발기인이란 주식회사의 원시정관에 발기인으로서 기명날인 또는 서명한 자를 말하며, 실질적으로 발기인으로서 회사의 설립에 진력하였다 하더라도 원시정관에 기명날인 또는 서명하지 아니한 자는 발기인이라고 할 수 없다(학설과 판례).
○ 회사등기시 유사상호가 있어서 설립등기를 못하는 경우에는 창립총회의사록의 정관승인의 건에서 정관을 일부변경하여 결의하면 된다.
○ 주식회사의 정관은 공증인의 인증을 받음으로써 효력이 생긴다. 다만, 자본금 총액이 10억원 미만인 회사를 발기 설립하는 경우에는 각 발기인이 정관에 기명날인 또는 서명함으로써 효력이 발생한다.

[사례] 발기인 총회의사록

발기인총회의사록

20○○년 10월 1일 9시 ○○시 ○○구 ○○동 00-0에서 발기인총회를 개최하다.

주주 총 수 3명, 주식총수 10,000 주
출석 주주 수 3명, 인수 주식 수 10,000 주

발기인 대표 김성종은 위와 같이 법정수에 달하는 주주가 출석하였으므로 본 총회는 적법하게 성립됨을 알리고, 의사를 진행하기 전에 의장을 선임할 것을 구한바, 주주전원 만장일치로 발기인 대표를 의장으로 선임한 즉 동인은 그 취임을 승낙하고 의장석에 등단하여 개회를 선언하고 다음 의안의 심의를 구하다.

제1호 의안 : 정관 승인의 건
의장은 농어업·농어촌 및 식품산업 기본법 및 농어업경영체 육성 및 지원에 관한 법률의 규정에 근거하여 농림수산부에서 고시한 정관례를 기준으로 하여 정관을 작성하였음을 설명하고 승인가부를 물은 즉 전원일치 원안대로 승인하다.

제2호 의안 : 이사, 감사선임의 건
의장은 이사 및 감사의 선임 방법을 주주일동에게 물은 바, 무기명비밀투표로 선출하기로 전원 일치되어 즉시 투표를 한즉 다음과 같이 선출되다. 단, 감사의 선임은 상법 제409조 제2항 규정에 의하여 발행 주식의 총수의 100분의 3을 초과하는 수의 주식을 가진 주주는 그 초과하는 주식에 관하여는 의결권을 행사하지 아니하다.

사내이사 김 성 종
사내이사 ○ ○ ○
사내이사 ○ ○ ○
감 사 ○ ○ ○

위 피선자는 즉석에서 그 취임을 승낙하다.

제3호 의안 : 상법 제298조 소정사항 조사보고의 건
의장은 발기인 전원이 이사이므로 감사로 하여금 조사·보고를 하게 하여야 한다고 하자 전원 이의없이 감사를 검사인으로 선임할 것을 만장일치로 가결하다.

검사인 감사 김 형 구
위 사람은 즉석에서 이를 승낙하고 조사에 착수하다.

의장은 위 조사보고를 기다리기 위하여 잠시 휴회한 후 속회하다.

의장은 감사○ ○ ○으로 하여금 별첨 조사보고서와 같이 상법 제 313조 소정사항의 결과를 상세히 보고하게 한 즉, 전원 이의 없이 만장일치로 그를 승인 가결하다.

이상으로서 금일 총회의 목적인 의안이 전부 심의 종료하였으므로 의장은 폐회를 선언하다. (폐회시각은 9시 30분)

위 의사의 결의를 명확하게 하기 위하여 이 의사록을 작성하고 의장과 출석한 발기인이 다음에 기명날인하다.

20○○년 10월 1일

농업회사법인 ○○ 주식회사
○○시 ○○구 ○○동 00-0
의장 겸 사내이사 김 성 종 (인)
사내이사 ○ ○ ○ (인)
사내이사 ○ ○ ○ (인)

※ 발기인총회

○ 발기인총회의 의결권은 과반수로 한다. 주금의 납입과 현물출자의 이행이 완료된 때에는 발기인은 지체없이 의결권의 과반수로 이사와 감사를 선임하여야 한다. 발기인의 의결권은 그 인수주식의 1주에 대하여 1개로 한다(상법 제296조).

○ 개정상법은 자본금 총액이 10억원 미만인 회사를 설립하는 경우에는 감사 선임 여부를 회사의 임의적 선택사항으로 하고(상법 제409조 제4항), 감사를 선임하지 아니할 경우에는 주주총회가 이사의 업무 및 재산상태에 관하여 직접 감독·감시하도록 하였다(동조 제6항).

○ 의장은 이사로 선출되지 아니한 때에도 기명날인한다.

○ 회사등기시 유사상호가 있어서 설립등기를 못하는 경우에는 창립총회의사록의 정관승인

의 건에서 정관을 일부변경하여 결의하면 되고, 이 때 의사록의 인증문을 변경하여야 한다.

※ 이사의 임기

○ 이사의 임기는 3년을 초과하지 못한다(상법 제383②). 그러나 정관으로 그 임기 중의 최종의 결산기에 관한 정기주주총회의 종결에 이르기까지 연장할 수 있다(상법 제383③). 여기의 "임기 중의 최종의 결산기"라 함은 임기 중에 도래한 최종의 결산기로서 당해 결산기가 임기 중에 도래한 경우를 말한다.

※ 주식회사 설립등기 시 이사명칭 등기방법의 변경

○ 상법 제317조 제2항 제8호가 개정(2009. 2. 4 시행)됨에 따라 주식회사의 설립 시 이사명칭 등기방법이 변경되었다. 따라서 주식회사 설립등기 시 이사의 명칭을 사내이사, 사외이사, 기타비상무이사로 구분하여 등기하여야 한다.

○ 신청서에 첨부된 주주총회의사록 등에 사내이사, 사외이사, 기타 비상무 이사로 구분하여 선임한 사실이 기재되어 있어야 한다. 특히 사외이사, 기타 비상무 이사는 명확히 의사록에 나타나 있어야 한다. 등기신청서에 첨부된 이사선임 등의 의사록에 이사의 종류를 구분하지 않고 단순히 '이사'로 기재된 경우에는 "사내이사"로 수리될 수 있다.

※ 감사의 선임

○ 개정 상법은 소규모(자본금의 총액이 10억원 미만)인 회사를 설립하는 경우에 감사 선임을 회사가 자율적으로 할 수 있도록 하였다(상법 제409조 제4항). 감사를 선임하지 아니할 경우에는 주주총회가 이사의 업무 및 재산상태에 관하여 직접 감독·감시하도록 하였다(동조 제6항).

※ [유례] 발기인총회에서 정관 규정을 일부 변경하는 경우

○ 의장은 별지 정관안을 낭독하고 축조설명을 가한 후 승인 여부를 물은 바, 주주 ○ ○ ○ 로부터 정관 제 ○ 조(상호)를 당회사는 주식회사 ○ ○ 해운이라 부른다고 변경하기로 하고, 제 ○ 조 다음에 제 ○ 조로서 어떠한 내용의 규정을 삽입한후 제 ○ 조 이하의 조문 표시를 1조씩 다음 조문으로 바꾸어 표시하고, 나머지는 원안대로 하자는 취지의 발언이 있으므로 그의 찬부를 물은 바, 다른 주주 전원이 그에 찬성하므로 그를 가결 확정하다.

[유례] 이사, 감사 전원이 발기인인 경우 등

○ 의장은 상법 제313조 소정사항을 이사와 감사가 보고하여야 할 것이나, 이사, 감사가 모두 발기인이었던 관계로 그들이 상법 제313조 및 제298조에 해당하여 보고할 수 없으므로, 공증인으로 하여금 위 보고를 받기로 발기인 총회에서 결의하였으므로 선임된 공증인 ○ ○ ○으로 하여금 회사설립사항이 법령 또는 정관에 위반되는지 여부를 조사보고케 하니, 공증인은 별첨 조사보고서와 같이 보고한 즉 …중략 …그를 승인하다.

[유례] 이사 및 감사의 보수한도를 결정하는 경우

○ 20 ○ ○ 년도 임원보수지급한도액을 ○ 억원으로 할 것을 만장일치로 승인하고 집행은 이사회에 위임하다.

[사례] 이사회의사록

이사회의사록

20○○년 ○월 ○일 11:00시 ○○시 ○○구 ○○동 00-0 사무소에서 다음과 같이 이사회를 개최하다.

이사총수 3 명 출석이사수 3명

감사총수 1 명 출석감사수 1명

제1호 의안, 대표이사 선임의 건

이사 전원의 호선에 따라 이사 김성종을 임시의장으로 선출하다.

의장 김성종은 즉석에서 이를 승낙하고 의장석에 등단하여 개회를 선언한 후 발기인 총회의 종결에 이어 본 회사의 대표이사를 선임하여 줄 것을 물은즉 이사 전원 신중히 협의한 결과 다음 사람이 대표이사에 선임되어 동인은 즉석에서 그 취임을 승낙하다.

대표이사 김 성 종

위 피선자는 즉석에서 그 취임을 승낙하다.

제2호 의안 : 본점설치 장소 결정의 건

의장은 본 회사 본점을 다음 장소에 설치함이 적당한 뜻을 설명하고 그 가부를 물은즉 만장일치로 이의 없이 승인하다.

본 점 : ○○시 ○○구 ○○동 00-0

이상으로 금일 의안이 전부 심의 종료하였음을 고하고 11시 00분에 폐회를 선언하다.

위 결의를 명확히 하기 위하여 이 의사록을 작성하고 의장 및 출석한 이사 및 감사가 아래에 기명 날인하다.

20○○년 ○월 ○일

농업회사법인 ○○ 주식회사

대표이사 : 김 성 종

사내이사 : ○ ○ ○

사내이사 : ○ ○ ○

감 사 : ○ ○ ○

※ 이사회의사록

○ 개정 상법은 "자본금의 액이 10억 원 미만인 회사는 이사의 수를 1인 또는 2인으로 할 수 있다(상법 제383①)."고 개정하였다. 이사의 최소인원수는 정관으로 정할 수 있다.

○ 개정 상법 제383조는 제4항부터 제6항까지 신설하였는바, 소규모 회사로서 이사가 1인인 회사는 이사회의 권한을 이사와 주주총회에 부여하고 있다. 그러나 이사가 2인인 경우에 대하여는 달리 언급한 바 없으므로 이사 2인의 의견이 다른 경우 업무집행에 관한 의사결정을 할 수 없어, 이사회를 두어야 하나, 이러한 소규모 회사까지 상법상 이사회에 관한 규정을 적용하는 것은 적절하지 않으므로 자본 총액이 10억원 미만인 소규모 회사는 이사가 2인인 경우에도 이사회에 관한 규정의 적용을 배제하고(동조 제5항) 이사회의 권한을 이사(정관에 의하여 대표이사가 있는 경우에는 대표이사)와 주주총회에 부여하였다(동조 제4, 6항).[7] 따라서 위 개정상법에 따르면 이사 2인의 경우에도 1인의 경우와 같이 이사회구성을 하지 않아도 된다.

○ 이사의 임기 : 이사의 임기는 3년을 초과하지 못한다(상법 제383②). 그러나 정관으로 그 임기 중의 최종의 결산기에 관한 정기주주총회의 종결에 이르기까지 연장할 수 있다(상법 제383③). 여기의 "임기 중의 최종의 결산기"라 함은 임기 중에 도래한 최종의 결산기로서 당해 결산기가 임기 중에 도래한 경우를 말한다.

※ 주식회사 설립등기 시 이사명칭 등기방법의 변경

○ 상법 제317조 제2항 제8호가 개정(2009. 2. 4 시행)됨에 따라 주식회사의 설립 시 이사명칭 등기방법이 변경되었다. 따라서 주식회사 설립등기 시 이사의 명칭을 사내이사, 사외이사, 기타비상무이사로 구분하여 등기하여야 한다.

○ 이사가 1인인 회사의 경우 1인 이사가 전적으로 주주총회의 감독을 받아 업무집행을 담당하고 회사를 대표하게 되므로(상법 제383조제4항) 당연히 사내이사이어야 하고, 등기 시에는 사내이사로 등기하여야 할 것이다.

※ 본점설치 장소 결정

○ 정관에 본점의 소재지가 지번까지 정해진 경우나 정관의 규정에 의하여 발기인총회나 창립총회에서 본점설치장소를 결정한때에는 이사회에서 이를 결의할 필요가 없다.

---

7) 국회법제사법위원회 상법일부개정법률안검토보고서 143면

[사례] 조사보고서

조사보고서

20○○년 10월 1일 농업회사법인 ○○ 주식회사의 발기인총회에서 본인은 검사인으로 선임되었으므로 상법 제298조 제1항의 규정에 의하여 조사한 결과는 다음과 같음.

조 사 사 항

1. 회사 설립시 발행하는 주식총수에 대한 인수와 정확여부
   본 회사가 발행할 주식의 총수는 40,000 주이며 설립시 발행하는 주식의 총수 10,000주(1주의 금액 금10,000원)인데 그 인수내역은 다음과 같다.
   발기인이 인수한 주수
   보통주식 5,000 주　우선주식 5,000 주　20○○년 10월 1일 인수완료

2. 인수 주식수에 대한 납입의 정확여부
   설립시에 발행하는 주식총수 10,000 주에 대하여 금100,000,000원의 납입금이 20○○년 10월 1일 납입이 완료되었음은 국민은행성내동지점이 발행한 잔고증명서에 의하여 명확함.

3. 현물출자 기타 조사사항
   회사가 부담할 설립비용이나 기타 현물출자를 하는 자와 상법 제290조 규정사항을 정관에 정한 바 없으므로 검사인을 선임할 필요가 없으므로 그에 대한 정확여부는 조사할 필요가 없었음.
4. 기타 설립에 관한 모든 사항이 법령 또는 정관의 규정에 위반하지 아니함이 인정된다.

이상 상법의 규정에 의하여 보고함.

20○○년 10월 1일

농업회사법인 ○○ 주식회사
○○시 ○○구 ○○동 00-0
검사인 감 사　김 형 구 (인)

※ 이사·감사의 조사·보고와 검사인의 선임청구

○ 이사와 감사는 취임후 지체없이 회사의 설립에 관한 모든 사항이 법령 또는 정관의

규정에 위반되지 아니하는지의 여부를 조사하여 발기인에게 보고하여야 한다(상법 제298①).

○ 이사와 감사 중 발기인이었던 자, 현물출자자 또는 회사성립 후 양수할 재산의 계약당사자인 자는 위 조사·보고에 참가하지 못한다(상법 제298②). 이사와 감사의 전원이 위 규정에 해당하는 때에는 이사는 공증인으로 하여금 이를 조사·보고를 하게 하여야 한다(상법 제298③). 이 사례의 경우 유일한 발기인 3인이 이사이므로 감사를 검사인으로 하였다.

○ 정관으로 상법 제290조 각호의 사항을 정한 때에는 이사는 이에 관한 조사를 하게 하기 위하여 검사인의 선임을 법원에 청구하여야 한다. 다만, 상법 제299조의2의 경우에는 그러하지 아니하다(상법 제298①).

○ 검사인은 상법 제290조 각호의 사항과 상법 제295조의 규정에 의한 현물출자의 이행을 조사하여 법원에 보고하여야 하고(상법 제299①), 조사보고서를 작성한 후 지체없이 그 등본을 각 발기인에게 교부하여야 한다(상법 제299②). 검사인의 조사보고서에 사실과 상위한 사항이 있는 때에는 발기인은 이에 대한 설명서를 법원에 제출할 수 있다.

○ 공증인의 변태설립사항 보고서를 첨부하는 경우는 변태설립사항이 상법 제 299조의2에 해당하는 경우로서 이 때에는 법원으로부터 송달받은 부본이어야 한다.

[사례] 검사인의 조사보고서(현물출자가 있는 경우)

검사인조사보고서

본인은 ○○지방법원 20○○파○○호 검사인선임신청사건에 있어서 농업회사법인 ○○ 주식회사의 검사인으로 선임되어 상법 제290조 소정사항을 조사하였으므로 다음과 같이 보고함.

1. 조사방법과 그 경과

검사인은 이 사건 조사할 사항의 구체적 내용을 확인하기 위하여 우선 이 사건 검사인 선임신청서와 그 부속서류의 내용을 검토한 후, 20○○년 ○월 ○○일 이 사건 회사의 설립사무소에 임하여 발기인 대표 ○○○로부터 회사설립의 경과를 청취하고 회사설립에 관계되는 각종 서류를 제출받아 이를 면밀히 검토한 다음, 회사설립과정에서 이 사건 목적재산의 가액을 평가한 바 있는 감정평가사 ○○○의 감정평가의 경위를 청취하였음.

2. 조사사항 및 조사결과

(1) 발기인이 받을 특별이익에 관한 사항

정관 제○조에 의하면 발기인이 받을 특별이익으로서 각 발기인은 그가 가지는 주식 1주에 대하여 연 ○○원에 달할 때까지 다른 주식에 우선하여 배당

받을 수 있다는 취지의 규정이 있으나, 이는 발기인의 발기행위에 대한 특별공로를 이유로 한 것으로서 동인 등이 공로 및 대외적 신용 등을 고려한다면 당해 정관의 규정은 정당하다고 사료됨.

(2) 현물출자에 관한 사항

현물출자를 한 자는 발기인 ○○○이고 그 출자재산은 어떠한 재산으로서 감정평가사 ○○○가 평가한 그 가격은 정관에 기재된 평가액보다 훨씬 높은 시가 금○○○원 이상이므로 정관에 기재된 그 평가액 및 그에 부여하는 주식수는 정당한 것으로 사료되며, 현물출자재산은 이미 회사에 확실히 인도되었음이 출자자 작성의 재산인도증에 의해 명확히 인정됨.

(3) 회사성립후 양수재산에 관한 사항

회사성립후 양수키로 약정한 재산은 발기인 ○○○소유의 어떠한 재산으로서 이는 회사의 영업상 필요할 뿐만 아니라 그 가격도 적정하여 그에 관한 정관의 규정은 타당하다고 인정됨.

(4) 회사가 부담할 설립비용 및 발기인의 보수에 관한 사항

회사가 부담할 설립비용과 발기인의 보수내역은 별첨계산서와 같은 바, 그 부담 및 지출은 필요 적정하다고 사료됨.

3. 부속서류

(1) 정관사본 1통

(2) 현물출자재산인도증사본 1통

(3) 설립비용 등 계산서사본 1통

(4) 현물출자재산평가서사본 1통

위와 같이 보고함

20○○년 ○월 ○○일

농업회사법인 ○○ 주식회사

검사인 ○ ○ ○ (인)

[사례] 주금납입잔고증명서

주금납입잔고증명서

일 금 일억원정 (₩100,000,000원)
발행주식의 총수 10,000주
1주의 금액 금10,000원

위 금액은 귀 회사 설립시에 발행하는 주식총수에 대한 납입금으로서 20○○년 10월 1일 납입이 완료되어 현재 이를 보관중임을 증명합니다.

20○○년 10월 1일

주식회사 ○○ 은행

농업회사법인 ○○ 주식회사 발기인대표 귀하

※ 잔고증명서

○ 개정상법은 소규모(자본금 총액이 10억원 미만)인 주식회사를 발기설립하는 경우에는 주금납입금 보관증명서를 금융기관의 잔고증명서로 대체할 수 있도록 하였다(상법318③,상등법80조제11호). 따라서 기존에는 주식회사의 설립등기 및 신주발행으로 인한 변경등기시 주금납입금 보관증명서를 첨부하였으나 이제는 자본금 총액이 10억원 미만인 주식회사를 발기설립하는 경우에는 잔고증명서를 첨부하면 된다(상법 제318조제3항. 상업등기법 제81조제11호 및 제82조제5호). 한편, 모집설립의 경우에는 공정성 확보를 위하여 현재와 같은 주금납입금보관증명서 제도를 유지하고 있다.

○ 잔고증명은 주금이 입금되어 있는 법인대표 될 자의 통장원본을 금융기관에 제시하여야 한다.

[사례] 주식인수증

<table>
<tr><td colspan="2">주 식 인 수 증</td></tr>
<tr><td>상 호</td><td>농업회사법인 ○○ 주식회사</td></tr>
<tr><td>인수할 주식 수</td><td>보통주 5,000 주</td></tr>
<tr><td>금 액</td><td>금50,000,000원</td></tr>
<tr><td>1주의 금액</td><td>금10,000원</td></tr>
<tr><td colspan="2">위 주식을 발기인으로서 인수합니다.
20○○년 10월 1일

발 기 인 김 성 종 (인)

농업회사법인 ○○ 주식회사 발기인대표 귀하</td></tr>
</table>

※ 발기인의 주식인수

○ 주식회사의 자본은 주식에 의한 출자로써 형성되므로 발기인은 설립시에 발행하는 주식에 관하여 반드시1주 이상을 위 서면에 의하여 인수하여야 한다(상법 제293). 발기인 각자마다 주식인수증을 작성하여야 한다.

[사례] 주식인수증

<table>
<tr><td colspan="2">주 식 인 수 증</td></tr>
<tr><td>상 호</td><td>농업회사법인 ○○ 주식회사</td></tr>
<tr><td>인수할 주식 수</td><td>우선주식 2,500 주</td></tr>
<tr><td>금 액</td><td>금25,000,000원</td></tr>
<tr><td>1주의 금액</td><td>금10,000원</td></tr>
<tr><td colspan="2">위 주식을 발기인으로서 인수합니다.
20○○년 10월 1일

발 기 인 이 창 수 (인)

농업회사법인 ○○ 주식회사 발기인대표 귀하</td></tr>
</table>

※ 발기인의 주식인수

○ 주식회사의 자본은 주식에 의한 출자로써 형성되므로 발기인은 설립시에 발행하는 주식에 관하여 반드시1주 이상을 위 서면에 의하여 인수하여야 한다(상법 제293). 발기인 각자마다 주식인수증을 작성하여야 한다.

[사례] 주식인수증

주 식 인 수 증	
상 호	농업회사법인 ○○ 주식회사
인수할 주식 수	우선주식 2,500 주
금 액	금25,000,000원
1주의 금액	금10,000원

위 주식을 발기인으로서 인수합니다.

20○○년 10월 1일

발 기 인 정 종 범 (인)

농업회사법인 ○○ 주식회사 발기인대표 귀하

※ 발기인의 주식인수

○ 주식회사의 자본은 주식에 의한 출자로써 형성되므로 발기인은 설립시에 발행하는 주식에 관하여 반드시1주 이상을 위 서면에 의하여 인수하여야 한다(상법 제293). 발기인 각자마다 주식인수증을 작성하여야 한다.

[사례] 주식발행사항동의서

주식발행사항 동의서

발기인 전원의 동의로서 회사 설립시 발행할 주식에 관한 사항을 다음과 같이 결정함.

다 음

1. 주식의 종류와 수 : 보통주식 5,000주,
   우선주식 5,000주
2. 주식의 발행가액 : 1주의 금액 10,000원
3. 주식의 총수와 주식금액 : 10,000주(보통주식 5,000주, 우선주식 5,000주)
   금 100,000,000원

위 동의사항을 확실히 하기 위하여 발기인 전원이 다음에 기명날인하다.

20○○년 ○월 ○○일

농업회사법인 ○○ 주식회사
발기인 ○ ○ ○(-)
○○시 ○○구 ○○동 ○○번지

발기인 ○ ○ ○(-)
○○시 ○○구 ○○동 ○○번지

발기인 ○ ○ ○(-)
○○시 ○○구 ○○동 ○○번지

※ 설립당시의 주식발행사항의 결정

○ 주식발행사항의 결정 : 회사가 발행할 주식의 총수, 1주의 금액, 회사의 설립시에 발행하는 주식의 총수는 반드시 정관으로 정하는 것이나(상법 제289①), 그 외의 주식발행에 관한

사항은 정관에 다른 규정이 없는 한 발기인이 정할 수 있다. 이러한 결정은 원칙적으로 발기인의 과반수결의에 의한다. 그러나 다음의 두 가지 사항만은 정관에 다른 규정이 없으면 발기인 전원의 동의로 정하여야 한다(상법 제291).

○ 주식의 종류와 수 : 정관에서 우선주식·후배주식(後配株式)·상환주식·전환주식·의결권 없는 주식 등 수종의 주식을 정하고 있는 경우에는 그 범위 내에서 어느 종류의 주식을 각 몇 주씩 발행할 것인가를 정하여야 한다. 그러나 정관에서 보통주식만을 발행할 것으로 정한 때에는 발기인이 따로 정할 사항은 없다.

○ 액면이상의 주식을 발행하는 때에는 그 수와 금액 : 설립시에는 주식의 액면미달발행은 인정되지 아니하나(상법 제330,417①), 액면이상의 발행은 허용된다. 이를 액면초과발행이라 한다. 설립시에 액면 초과발행을 하려는 경우, 정관을 작성할 당시에는 아직 그 금액을 확정하기 어려울 것이므로, 상법은 이를 그 이후의 상황에 따라 발기인 전원의 동의로 정할 수 있게 한 것이다.

[사례] 발기인총회 기간단축 동의서

발기인총회 기간단축 동의서

농업회사법인 ○○ 주식회사 발기인총회를 상법 제308조 및 제363조에 의거하여 소정의 기간을 단축하여 20○○년 ○월 ○○일 발기인사무소에서 개최함에 대하여 이의 없이 동의합니다.

20○○년 ○월 ○○일

주주 ○ ○ ○ (인)
주주 ○ ○ ○ (인)
주주 ○ ○ ○ (인)

※ 발기인총회의 소집

○ 발기인총회를 소집함에는 회일(會日)을 정하여 2주 전에 각 주식인수인에게 서면으로 통지를 발송하거나 주주의 동의를 받아 전자문서로 통지를 발송하여야 하는데(상법 제308②,363①), 발기인총회의 소집기간을 단축한 경우에는 주식인수인 전원이 이에 동의하였음을 증명하는 위 서면을 첨부하여야 한다(상등법79①). 다만 주식인수인 전원이 창립총회에 출석하였을 때에는 이 서면의 첨부는 필요 없다.

○ 자본금 총액이 10억원 미만인 회사는 주주 전원의 동의가 있을 경우에는 소집절차 없이 발기인총회를 개최할 수 있고, 서면에 의한 결의로써 발기인총회의 결의를 갈음할 수 있다. 결의의 목적사항에 대하여 주주 전원이 서면으로 동의를 한 때에는 서면에 의한 결의가 있는 것으로 본다(상법 제308②,363③).

[사례] 취임승낙서

취 임 승 낙 서

본인은 20○○년 10월 1 일 농업회사법인 ○○ 주식회사의 발기인총회에서 사내이사로 선임되었으므로 그 취임을 승낙합니다.

20○○년 10월 1일

사내이사 김 성 종

농업회사법인 ○○ 주식회사 귀중

※ 취임승낙서에는 인감을 날인하고 인감증명서를 첨부하여야 한다. 이사는 취임승낙서에 사내이사, 사외이사, 기타비상무이사로 구분하여 표시하도록 한다.

[사례] 주주명부

주주명부

주 주	주소와 전자우편주소	인 수 주식수	1주금액	납 입 금 액
김 성 종	○○시 ○○구 ○○동 00-0 www.ldf21@yahoo.co.kr	5,000주	10,000원	금50,000,000원
○○○		2,500주	10,000원	금25,000,000원
○○○		2,500주	10,000원	금25,000,000원
합 계		10,000주		금100,000,000원

위 주주명부는 본사에 비치된 주주명부와 대조하여 틀림이 없음을 증명합니다.

20○○년 10월 1일

상 호 농업회사법인 ○○ 주식회사

본 점 ○○시 ○○구 ○○동 00-0

대표이사 김 성 종

※ 전자주주명부제도

○ 회사는 정관에서 정하는 바에 따라 전자문서로 주주명부를 작성할 수 있다(상법 제352조

의2①). 전자주주명부에는 상법 제352조제1항의 기재사항 외에 전자우편주소를 적어야 한다.

○ 개정법은 기업경영의 IT화를 위하여 주주총회에 직접 참석하거나 대리인에게 투표를 위임하지 않더라도 전자서명 등 본인인증절차를 거쳐 인터넷으로 의결권을 행사하는 전자투표제도가 도입됐다(상법 제368조의4, 제382조의2). 이와 함께 주주들이 서면 외에도 이메일 등 전자문서를 통해 주주제안권 및 임시주주총회 소집청구권을 행사할 수 있도록 했다.

○ 전자투표제도를 도입함에 따라 일반 주주명부를 전자문서로 된 주주명부로 대체할 필요가 있어서 제도화한 것이다.

[사례] 인감신고서

인감 · 개인(改印) 신고서

(신고하는 인감날인란) (인감제출자에 관한 사항)

상 호(명칭)		농업회사법인 ○○ 주식회사	등기번호	
본점(주사무소)		○○시 ○○구 ○○동 00-0		
인감제출자	자격/성명	대표이사 김 성 종		
	주민등록번호	123456-789123		
	주 소	○○시 ○○구 ○○동 00-0		

□ 위와 같이 인감을 신고합니다.
□ 위와 같이 개인(改印)하였음을 신고합니다.

20○○년 8월 27일 (개인인감 날인란)

신고인 본 인 성 명 (인)
대리인 성 명 (인)

지방법원 귀중

주 1. 개인인감 날인란에는 「인감증명법」에 의하여 신고한 인감을 날인하고 그 인감증명서(발행일로부터 3개월 이내의 것)를 첨부하여야 합니다. 개인(改印)신고의 경우, 개인인감을 날인하는 대신에 등기소에 신고한 유효한 종전 인감을 날인하여도 됩니다.
2. 인감·개인신고서에는 신고하는 인감을 날인한 인감대지를 첨부하여야 합니다.
3. 지배인이 인감을 신고하는 경우에는 인감제출자의 주소란에 지배인을 둔 장소를 기재하고, 「상업등기규칙」 제36조제4항의 보증서면(영업주가 등기소에 신고한 인감 날인)을 첨부하여야 합니다.

위 임 장

성 명 : 주민등록번호(-)
주 소 :

위의 사람에게, 위 인감신고 또는 개인신고에 관한 일체의 권한을 위임함.

200 년 월 일

인감(개인) 신고인 성 명 (인)

[사례] 인감대지

인 감 대 지

	신고하는 인감날인란	상 호(명 칭) : 농업회사법인 ○○ 주식회사 자격 및 성명 : 대표이사 김 성 종 주민등록번호 : -

※ 인감의 제출방법

○ 대표의 권한이 있는 이사는 인감을 신고하여야 한다. 인감의 제출 또는 인감의 변경신고는, 인감(改印)신고서를 작성하여 관할 등기소에 제출하는 방식으로 한다. 인감(改印)신고서를 제출할 때에는 신고하는 인감을 찍은 인감대지(위 참조)3장을 만들어 함께 제출하여야 한다.

○ 인감은 가로·세로 2.4센티미터의 정사각형 안에 들어갈 수 있어야 한다(상업등기규칙 제36조제5항).

○ 인감(改印)신고서에는 발행일로부터 3개월 이내의 인감증명서를 첨부하여야 한다. 취임승락서에 인감증명법에 의한 인감을 첨부한 경우에는 그 인감을 원용 할 수 있다.

○ 인감대지의 자격란에는 인감신고자에 따라 대표이사(이사), 이사장, 지배인, 대리인, 상호사용자, 무능력자, 법정대리인 등으로 기재하고 성명을 기재한다.

※ 외국인의 경우

○ 인감증명제도가 있는 국가의 국민이 신고하는 경우에는 인감(改印)신고서에 본국 관공서에 신고한 인감을 날인하고 그 인감증명서를 제출한다.

○ 인감증명제도가 없는 국가의 국민이 신고하는 경우에는 인감(改印)신고서에 서명을 하고, 그 서명이 본인의 것이라는 취지의 본국 관공서의 증명이나 본국 공증인의 공증 또는 국내 공증인의 공증을 받아 제출한다.

※ 지배인 또는 대리인이 인감(改印)신고하는 경우

○ 지배인 또는 대리인이 인감(改印)신고하는 경우에는 영업주(개인 상인인 영업주를 말한다) 또는 법인의 대표자가 지배인 또는 대리인의 인감임이 틀림없음을 보증하는 서면을 제출하여야 하고, 그 보증서면에는 등기소에 제출한 영업주 또는 법인 대표자의 인감을 날인하여야 한다.

[사례] 인감카드 등 (재)발급신청서

인감카드 등 (재)발급신청서

(인감제출자에 관한 사항)

상호(명칭)		농업회사법인 ○○ 주식회사	등기번호	
본점(주사무소)		○○시 ○○구 ○○동 00-0		
인감 제출자	자격 / 성명	대표이사 김 성 종		
	주민등록번호			

발급사유		☐ 최초발급 ☐ 카드분실 ☐ 카드훼손 ☐ 인감증명서발급기능 ☐ 기타 ( )	
매체구분	☐ 인감카드 ☐ HSM USB	인감카드 비밀번호	

위와 같이 인감카드 등의 (재)발급을 신청합니다.

년 월 일

신청인 인감제출자 (본 인) 성 명 (인) (전화 :)
(대리인) 성 명 (인) (전화 :)

지방법원 등기소 귀중

접수번호		인감카드번호	

- 대법원수입증지를 붙이는 란 -

주 1. 인감카드 비밀번호란에는 (재)발급받아 사용할 인감카드의 비밀번호를 기재하며, 아라비아숫자 6자릿수를 기재하여야 합니다. 비밀번호는 인감카드와 함께 인감증명서의 발급을 신청할 권한이 있는 것으로 보게 되는 중요한 자료이므로 권한이 없는 사람이 알지 못하도록 주의하시기 바랍니다.

2. 인감카드의 재발급을 신청할 때에는 「등기부 등・초본 등 수수료규칙」 제5조의7에 의하여 5,000원 상당의 대법원수입증지를 이 란에 붙여야 합니다. 다만, 인감카드를 반납할 때에는 붙일 필요가 없습니다.

위 임 장

성 명 : 법무사 ○ ○ ○ 주민등록번호(123456 - 7891234)
주 소 : ○○시 ○○구 ○○동 00-0

위의 사람에게, 위 (재)발급신청서에 기재된 인감카드 등의 발급신청과 그 수령 등에 관한 일체의 권한을 위임함.

200 년 월 일

인감신고인 성 명 (인)

제2관 어업회사법인의 설립

1. 총 설

가. 의의

"어업회사법인"은 수산업경영, 수산물의 유통 · 가공 · 판매를 기업적으로 하려는 자가 농어업경영체 육성 및 지원에 관한 법률 제19조의 규정에 의하여 설립하는 상법상의 회사 형태를 말한다.

나. 법인의 성격

어업회사법인은 "기업적 경영체"로 합명회사, 합자회사, 주식회사, 유한회사 형태로 설립할 수 있으며(농어업경영체 육성 및 지원에 관한 법률 제19조 제2항, 동 시행령 제17조 제2항), 상법상 회사에 관한 규정을 준용한다(농어업경영체 육성 및 지원에 관한 법률 제16조 제7항).

다. 사업목적

어업회사법인은 수산업의 경영이나 수산물의 유통·가공·판매 이외에 부대사업으로 다음 각 호의 사업을 할 수 있다(농어업경영체 육성 및 지원에 관한 법률 시행령 제19조 제1항).

1. 영어에 필요한 자재의 생산 및 공급사업
2. 영어에 필요한 종묘생산사업
3. 수산물의 구매 및 비축사업
4. 수산장비 등의 임대·수리 및 보관사업

라. 출자

(1) 개 설

어업회사법인을 설립할 수 있는 자는 어업인과 어업생산자단체로 하되, 어업인이나 어업생산자단체가 아닌 자도 대통령령으로 정하는 비율의 범위에서 어업회사법인에 출자할 수 있다(농어업경영체 육성 및 지원에 관한 법률 제19조 제4항).

(2) 출자자

(가) 어업인

“어업인”이란 어업을 경영하거나 어업을 경영하는 자를 위하여 수산자원을 포획·채취하거나 양식하는 일 또는 염전에서 바닷물을 자연 증발시켜 염을 제조하는 일에 종사하는 자로서 대통령령으로 정하는 기준에 해당하는 자를 말한다(농어업·농어촌 및 식품산업 기본법 제3조 제2호 나목)

여기서 "대통령령으로 정하는 기준에 해당하는 자"란 다음 각 호의 어느 하나에 해당하는 사람을 말한다(농어업·농어촌 및 식품산업 기본법 시행령 제3조 제2항).

1. 어업경영을 통한 수산물의 연간 판매액이 120만원 이상인 사람
2. 1년 중 60일 이상 어업에 종사하는 사람
3. 농어업경영체 육성 및 지원에 관한 법률 제16조제2항에 따라 설립된 영어조합법인의 수산물 출하·유통·가공·수출활동에 1년 이상 계속하여 고용된 사람
4. 「농어업경영체 육성 및 지원에 관한 법률」 제19조제3항에 따라 설립된 어업회사법인의 수산물 유통·가공·판매활동에 1년 이상 계속하여 고용된 사람

(나) 수산물의 생산자단체

"생산자단체"란 농어업 생산력의 증진과 농어업인의 권익보호를 위한 농어업인의 자주적인 조직으로서 대통령령으로 정하는 단체를 말한다(농어업·농어촌 및 식품산업 기본법 제3조 제4호).

여기서 "대통령령으로 정하는 단체"란 “①수산업협동조합법에 따른 조합 및 그 중앙회 ②농수산물을 공동으로 생산하거나 농수산물을 생산하여 공동으로 판매·가공 또는 수출하기 위하여 농어업인 5명 이상이 모여 결성한 법인격이 있는 전문생산자 조직으로서 농림수산식품부장관이 정하는 요건을 갖춘 단체”를 말한다(농어업·농어촌 및 식품산업 기본법 시행령 제4조).

(다) 협동양식어업면허를 취득할 수 있는 어업회사법인의 출자자격 등

수산업법 제9조제2항에 따라 협동양식어업면허를 취득할 수 있는 어업회사법인의 출자자는 다음 각 호의 어느 하나에 해당하는 자격을 가진 자로 한다(농어업경영체 육성 및 지원에 관한 법률 시행령 제16조).

1. 협동양식어업면허를 받으려는 수면을 구역으로 하는 어촌계의 계원
2. 제1호에 따른 어촌계 구역에 주소를 둔 지구별수산업협동조합의 조합원

(3) 어업인이 아닌 자의 출자

(가) 개 설

어업인이 아닌 자로서 대통령령으로 정하는 자는 어업회사법인의 정관으로 정하는 바에 따라 어업회사법인에 출자할 수 있다. 이 경우 의결권은 행사하지 못한다(농어업경영체 육성 및 지원에 관한 법률 제19조 제7항, 제17조 제5항).

어업회사법인에 출자할 수 있는 자는 다음 각 호와 같다(농어업경영체 육성 및 지원에 관한 법률 시행령 제14조 제2항).

1. 어업회사법인에 생산자재를 공급하거나 생산기술 및 자본을 제공하는 자
2. 어업회사법인이 생산한 수산물의 대량 실수요자·유통업자 및 가공업자

(나) 어업인 또는 어업생산자단체가 아닌 자의 출자한도

어업인 또는 어업생산자단체가 아닌 자가 어업회사법인에 출자할 수 있는 한도는 어업회사법인의 총출자액의 100분의 90을 초과할 수 없다(농어업경영체 육성 및 지원에 관한 법률 시행령 제18조 제2항).

(4) 출자의 불입 및 출자증서의 발행

출자자는 출자의 목적인 재산을 양도하고 등기, 등록 기타 권리의 설정이나 이전에 필요한 경우에는 이에 관한 서류를 완비하여 교부하여야 한다.

출자를 불입한 출자자에게는 대표이사 명의로 출자증서를 발급하고 출자증서에 출자좌수, 출자액, 출자재산의 표시(토지의 경우 지번, 지목, 면적을 기재)등을 기재하여야 한다.

현물출자의 경우 출자액 산정방법, 출자최고한도, 출자액의 납입방법 등을 정관으로 반드시 작성하여야 한다.

마. 세제지원

(1) 현물출자함으로써 발생하는 소득

(가) 대통령령으로 정하는 어업인이 2012년 12월 31일 이전에 대통령령으로 정하는 어업용 토지 등을 영어조합법인과 농어업경영체 육성 및 지원에 관한 법률에 따른 어업회사법인에 현물출자함으로써 발생하는 소득에 대해서는 양도소득세를 면제한다(조세특례제한법 제67조 제4항).

여기서 "대통령령으로 정하는 어업인"이란 수산업법에 의한 어업인으로서 현물출자하는 어업용 토지 등이 소재하는 시·군·구(자치구인 구를 말한다. 이하 이 조에서 같다), 그와

연접한 시·군·구 또는 해당 어업용 토지 등으로부터 직선거리 20킬로미터 이내에 거주하면서 직접 어업에 종사하는 자를 말한다(조세특례제한법 시행령 제64조 제3항).

여기서 "대통령령으로 정하는 어업용 토지 등"이란 양식어업에 직접 사용되는 토지 및 건물을 말한다(조세특례제한법 시행령 제64조 제4항).

(나) 조세특례제한법 제67조 제4항에 따라 양도소득세를 면제받은 자가 그 출자지분을 출자일부터 3년 이내에 다른 사람에게 양도하는 경우에는 그 양도일이 속하는 과세연도의 과세표준신고를 할 때 대통령령으로 정하는 바에 따라 계산한 세액을 양도소득세로 납부하여야 한다. 다만, 대통령령으로 정하는 경우에는 그러하지 아니하다(조세특례제한법 제67조 제5항). 납부하여야 하는 세액은 당해 어업용 토지 등에 대한 감면세액에 현물출자로 취득한 총출자지분중 3년 이내에 양도한 출자지분이 차지하는 비율을 곱하여 계산한다(조세특례제한법 시행령 제64조 제5항).

여기서 "대통령령으로 정하는 경우"란 해외이주법에 의한 해외이주에 의하여 세대전원이 출국하는 경우를 말한다(조세특례제한법 시행령 제64조 제6항).

(다) 양도소득세의 면제신청을 하려고 하는 자는 해당 어업용 토지 등을 양도한 날이 속하는 과세연도의 과세표준신고와 함께 기획재정부령이 정하는 세액면제신청서에 현물출자계약서 사본 1부를 첨부하여 납세지 관할세무서장에게 제출(국세정보통신망에 의한 제출을 포함한다)하여야 한다. 이 경우 납세지 관할세무서장은 전자정부법 제36조제1항에 따른 행정정보의 공동이용을 통하여 해당 어업용 토지 등의 등기부 등본을 확인하여야 하며, 신청인이 확인에 동의하지 아니하는 경우에는 이를 제출하도록 하여야 한다(조세특례제한법 시행령 제64조 제9항).

(2) 부동산취득에 따른 지방세

농어업경영체 육성 및 지원에 관한 법률 제16조에 따른 영농조합법인과 같은 법 제19조에 따른 농업회사법인이 영농에 사용하기 위하여 법인설립등기일부터 2년 이내에 취득하는 부동산에 대하여는 취득세를, 농업법인의 설립등기에 대하여는 등록면허세를 각각 2012년 12월 31일까지 면제한다(조세특례제한법 제11조 제1항).

농업법인이 영농·유통·가공에 직접 사용하기 위하여 취득하는 부동산에 대하여는 취득세의 100분의 50을, 과세기준일 현재 해당 용도에 직접 사용하는 부동산에 대하여는 재산세의 100분의 50을 각각 2012년 12월 31일까지 경감한다(조세특례제한법 제11조 제2항).

2. 설립절차

어업회사법인의 경우 농업회사법인의 설립절차와 같이 "기업적 경영체"로 합명회사, 합자회사, 주식회사, 유한회사 형태로 설립할 수 있으며(농어업경영체 육성 및 지원에 관한 법률 시행령 제17조 제2항), 상법상 회사에 관한 규정을 준용한다(농어업경영체 육성 및 지원에 관한 법률 제16조 제7항).

따라서 주식회사의 형태로 설립하는 경우에는 농업회사법인 주식회사설립의 경우를(812면 참조), 유한회사(1053면 참조), 합명회사(1075면 참조), 합자회사(1098면 참조)를 참조하기로 한다.

□ 어업회사법인 설립구조도

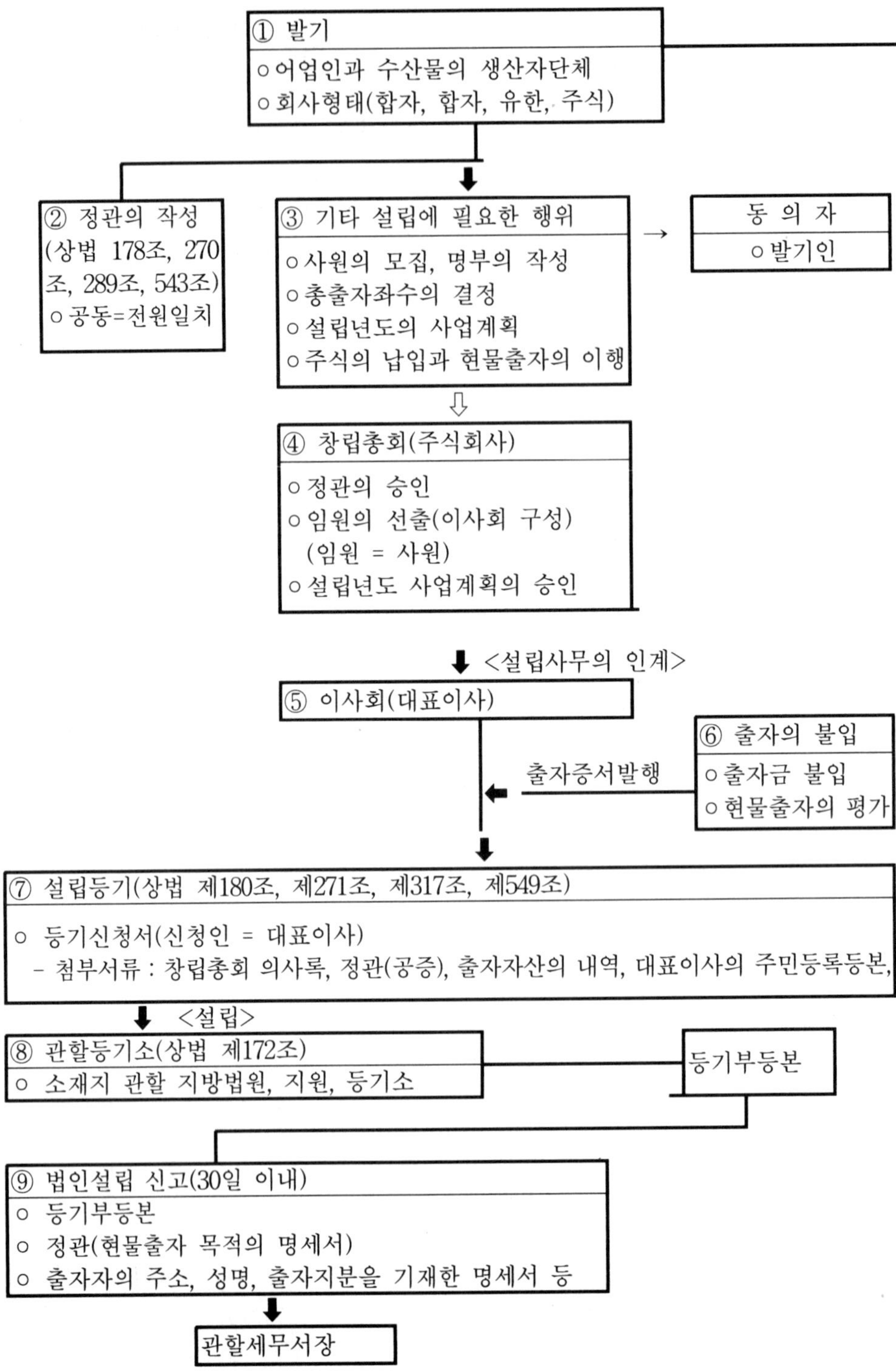

[사례] 어업회사법인 주식회사 발기설립등기신청서

어업회사법인 주식회사 설립등기신청

<table>
<tr><td rowspan="2">접수</td><td>년 월 일</td><td rowspan="2">처리인</td><td>접 수</td><td>조 사</td><td>기 입</td><td>교 합</td><td>각종통지</td></tr>
<tr><td>제 호</td><td></td><td></td><td></td><td></td><td></td></tr>
</table>

<table>
<tr><td>등기의목적</td><td>어업회사법인 주식회사 설립</td></tr>
<tr><td>등기의사유</td><td>농어업경영체 육성 및 지원에 관한 법률의 규정에 의하여 정관을 작성하고 발기인이 회사 설립시에 발행하는 주식의 총수를 인수받고, 20○○년 월 일 발기인총회를 종결하였으므로 다음 사항의 등기를 구함.</td></tr>
<tr><td>본/지점 신청구분</td><td>1. 본점신청 □ 2. 지점신청 □ 3. 본 · 지점 일괄신청 □</td></tr>
<tr><td colspan="2">등 기 할 사 항</td></tr>
<tr><td>상 호</td><td>어업회사법인 ○○ 주식회사</td></tr>
<tr><td>본 점</td><td>○○시 ○○구 ○○동 00-0</td></tr>
<tr><td>공고방법</td><td>○○시에서 발행하는 일간지 ○○일보에 게재한다</td></tr>
<tr><td>1주의금액</td><td>10,000원</td></tr>
<tr><td>발행할 주식의 총수</td><td>40,000주[8)]</td></tr>
<tr><td>발행주식의총수와 그 종류 및 각각의 수</td><td>10,000주 : 보통주식5,000주
우선주식5,000주</td></tr>
<tr><td>자본금의 액[9)]</td><td>100,000,000원</td></tr>
<tr><td>목 적</td><td>본 회사는 기업적 어업경영을 통하여 생산성을 향상시키거나, 생산된 수산물을 유통 · 가공 · 판매 등을 통하여 어업인의 소득증대를 도모함을 목적으로 다음 각 호의 사업을 한다.</td></tr>
</table>

8) 개정상법은 제289조 제2항의 "회사설립시 발행하는 주식의 총수는 회사가 발행할 주식총수의 1/4이상이어야 한다"는 요건을 폐지하였다(상법 제289조 제2항 삭제). 이에 따라 회사설립시 발행하여야 하는 주식수에 대한 제한이 전혀 없게 되었다.

9) 개정상법(2012. 4. 15시행)은 "자본의 총액"을 "자본금의 액으로 개정하였다.

목 적	1. 공동양식, 어로 및 공동작업에 관한 사업 2. 어업에 관련된 공동이용시설의 설치 및 운영 3. 어선 및 어업기자재와 시설의 대여사업 4. 어업작업의 대행 5. 수산물의 공동출하, 가공 및 수출 6. 위 각호에 부수하는 일체의 사업
이사·감사의 성명 주민등록번호	이사 ○○○(-) 이사 ○○○(-) 이사 ○○○(-) 감사 ○○○(-)
대표이사의 성명, 주민등록번호와 주소	김 성 종(000000-0000000) ○○시 ○○구○○동 111
지 점	없음
존립기간 또는 해 산 사 유	회사성립일로부터 만 ○○년으로 한다.
기 타 (주식의 양도에 관하여 이사회의 승인을 얻도록 정한 때에는 그 규정, 명의개서대리인을 둔 때에는 그 상호와 본점소재지 등)	

<table>
<tr><th colspan="7">신청등기소 및 등록면허세/수수료</th></tr>
<tr><td rowspan="2">순번</td><td rowspan="2">신청등기소</td><td rowspan="2">구분</td><td>등록면허세</td><td rowspan="2">농어촌특별세</td><td rowspan="2">세액합계</td><td rowspan="2">등기신청수수료</td></tr>
<tr><td>지방교육세</td></tr>
<tr><td rowspan="2"></td><td rowspan="2"></td><td rowspan="2"></td><td>금 000원</td><td rowspan="2"></td><td rowspan="2">금000원</td><td rowspan="2">금 30,000원</td></tr>
<tr><td>금000원</td></tr>
<tr><td></td><td></td><td></td><td></td><td></td><td></td><td></td></tr>
<tr><td colspan="3" rowspan="2">합 계</td><td></td><td rowspan="2"></td><td rowspan="2"></td><td rowspan="2"></td></tr>
<tr><td></td></tr>
<tr><td colspan="4">등기신청수수료 은행수납번호</td><td colspan="3"></td></tr>
<tr><td colspan="2">과 세 표 준 액</td><td colspan="5">금 000 원</td></tr>
<tr><th colspan="7">첨 부 서 면</th></tr>
<tr><td colspan="4">1. 정 관 통
1. 주식인수증 ○통
1. 주식발행사항동의서 1통
1. 발기인총회의사록 1통
1. 이사회의사록 1통
1. 주식납입금보관증명서 1통
1. 이사·감사 또는 감사위원회의 조사 보고서 (공증인의 조사보고서) 1통
1. 검사인조사보고서 등본 1통</td><td colspan="3">1. 취임승낙서(이사, 대표이사, 감사) 1통
1. 주민등록표등본(임원) ○통
1. 인감신고서 및 인감증명(대표자) 1통
1. 법인인감발급카드신청서 1통
1. 등록면허세영수필확인서 1통
1. 위임장 1통
<기타></td></tr>
<tr><td colspan="7">20○○년 ○월 ○○일
신 청 인 상 호 어업회사법인 ○○주식회사
본 점 ○○시 ○○구 ○○동 100
대표이사 성 명 ○ ○ ○ (인) (전화 :)
주 소 ○○시 ○○구 ○○동 111
대 리 인 성 명 법무사 ○ ○ ○ (인) (전화 :)
주 소 ○○시 ○○구 ○○동 112
○○지방법원 ○○등기소 귀중</td></tr>
</table>

- 신청서 작성요령 및 등기수입증지 첨부란 -

1. 해당란이 부족할 때에는 별지를 이용합니다.
1. 등기할 사항 중 당해 등기신청과 관계없는 사항에 대하여는 "해당없음"으로 기재합니다.
1. 등기신청수수료 상당의 대법원등기수입증지를 이 난에 붙입니다.

○ 농업법인 및 어업법인의 설립등기에 대하여는 등록면허세를 면제하고(지방세특례제한법 제11조 제12조), 농어촌특별세도 부과하지 아니한다(농어촌특별세법 제4조 제2호).

[사례] 설립등기 위임장

위 임 장

법무사 이 장 수
○○시 ○○구 ○○동 00-0
전화 595-1235

본인은 위 사람을 대리인으로 정하고 다음의 권한을 위임함.

다 음

1. 본 회사의 설립등기 신청 및 취하에 관한 일체의 행위.

20○○년 10 월 1 일

위임인 어업회사법인 ○○주식회사
○○시 ○○구 ○○동 00-0
대표이사 김 성 종 (인)

○ 이 위임장은 법무사에게 설립등기를 의뢰하는 경우 대리의 권한을 법무사에게 위임하는 서류로써 등기소에 제출하는 서류이다. 위임장에는 그 권한의 범위를 명확히 기재하여야 한다.

[사례] 어업회사법인 주식회사정관[10)]

정 관

제1장 총 칙

제1조(상호) 본 회사는 농어업 경영체 육성 및 지원에 관한 법률 제19조에 의하여 설립된 회사로서 그 명칭은 어업회사법인 ○○주식회사라 칭한다.

※ 주식회사의 상호 중에는 "주식회사"라는 문자를 사용해야 하는 점 이외에는 별다른 제한이 없으나 동일한 시·군내에서 동종영업을 위하여 타인이 등기한 상호나 어느 회사의 지점이나 출장소 등과 같이 회사의 독립성이 인정되지 않고 그 일부임을 표시하는 듯한 상호로는 등기할 수 없음을 유의해야 한다.

제2조(목적) 본 회사는 기업적 어업경영을 통하여 생산성을 향상시키거나, 생산된 수산물을 유통·가공·판매함으로써 어업의 부가가치를 높이고 노동력부족 등으로 어업경영이 곤란한 어업인의 어작업의 전부 또는 일부를 대행하여 어업인의 편의를 도모함을 목적으로 한다.

제3조(주주의 자격) 본 회사의 주주는 어업인, 수산물의 생산자단체로 하되 제10조에서 정한 출자한도내에서 출자한 비어업인도 주주가 될 수 있다.

※ 수산물생산자단체는 농어업·농어촌 및 식품산업 기본법시행령 제4조에서 정한 생산자단체를 말한다.

제4조(사업) ①본 회사는 생산성 향상을 위한 기업적 어업경영과 ○○사업을 주사업으로 한다.

②본 회사는 다음 각 호의 사업을 부대사업으로 한다.

1. 공동양식, 어로 및 공동작업에 관한 사업
2. 어업에 관련된 공동이용시설의 설치 및 운영
3. 어선 및 어업기자재와 시설의 대여사업
4. 어업작업의 대행

10) 이 정관은 "농어업 경영체 육성 및 지원에 관한 법률 시행령 제20조"의 규정에 의거 농수산부장관이 고시(농림수산식품부 고시 제2009-282호)한 농업회사법인 주식회사정관을 어업회사법인 주식회사 정관으로 수정을 한 것이다.

5. 수산물의 공동출하, 가공 및 수출

※ 제2조의 목적과 부합되는 사업이면 수개의 사업을 목적으로 해도 무방하나 그 영업내용을 명확히 알 수 있도록 구체적으로 기재해야 하며 "물품도매업"등과 같이 추상적으로 기재해서는 안된다. 또한, 제1항의 ○○내에는 어업경영 외의 사업으로서 회사가 역점을 두는 사업을 기재한다.

제5조(본점의 소재지 및 지점의 설치)

① 본 회사의 본점은 ○○ 시·도 ○○ 시·군에 둔다.

※ 그 소재장소의 지번가지 확정해야 하는 것은 아니고 최소행정구역까지만 정해도 무방하다

② 본 회사는 필요한 경우에 주주총회의 결의로 지점, 영업소, 출장소를 둘 수 있다.

※ 정관의 절대적 기재사항이 아니므로 이의 기재여부는 회사의 임의에 속한다.

제6조(공고방법) 본 회사의 공고사항은 ○○시도에서 발간되는 ○○신문에 게재한다.

※ 공고는 관보나 시사에 관한 일간신문에 게재해야 하므로 주간지나 스포츠신문 등에는 게재할 수 없고 수개의 신문지에 동시에 공고하는 것은 무방하나 "○○신문 또는 XX신문"에 게재하는 것과 같이 수개의 신문 중 선택적으로 공고한다고 정할 수는 없다.

제7조(존립기간) 본 회사의 존립기간은 회사성립일로부터 만 ○○년으로 한다.

※ 이 사항은 정하지 아니할 수도 있으며 이를 정한 경우에 한하여 정관에 기재한다.

[유례] 본회사는 ○○특허권의 기간이 만료할 때까지 존속한다.

제2장 주식과 주권

제8조(회사가 발행할 주식의 총수 및 각종주식의 내용과 수) 본 회사가 발행할 주식의 총수는 ○○만주로서 보통주식으로 한다.

[유례] 본 회사가 발행할 주식의 총수는 10만주로서 그중 보통주식은 6만주, 우선주식은 2만주, 후배주식은 2만주로 한다.

제○조(우선주식의 내용) 우선주식의 이익배당률은 연 1할로서 당해결산기의 이익배당률이 그에 미달할 때에는 다음 결산기에 그를 우선하여 배당받는다.

제○조(후배주식의 내용) 후배주식은 보통주식에 대하여 연○푼의 이액배당을 하고 잉여가 있는 경우에 한하여 이익배당을 받을 수 있다.
제○조(의결권 없는 주식) 우선주식의 주주는 의결권이 없는 것으로 한다.
제○조(상환주식) 상환주식은 주식발행후 ○년이내에 주주에게 배당할 이익으로서 상환할 수 있다. 이때 상환가액은 1주당 금○○원으로 한다.

제9조(1주의 금액) 본 회사가 발행하는 주식 1주의 금액은 금 ○○만원으로 한다.
※ 이는 100원 이상으로서 균일해야 한다.

제10조(비어업인의 출자한도) 어업인, 수산물의 생산자단체가 아닌자가 출자하는 출자액의 합계는 본 회사의 총출자액의 10분의 9을 초과할 수 없다.

제11조(회사설립시 발행하는 주식의 총수) 본 회사가 회사설립시에 발행하는 주식의 총수는 ○만주로 한다.11)

제12조(주권) 본 회사의 주식은 기명주식으로서 주권은 1주권, 10주권, 100주권 3종으로 한다.

제13조(주권의 명의개서) 주식의 양도로 인하여 명의개서를 청구할 때에는 본 회사 소정의 청구서에 주권을 첨부하여 제출하여야 한다. 상속, 유증 기타 계약이외의 사유로 인하여 명의개서를 청구할 때에는 본 회사 소정의 청구서에 주권 및 취득원인을 증명하는 서류를 첨부하여 제출하여야 한다.
[유례] 명의개서대리인을 두기로 한 때
제○조 본 회사는 주주명부의 기재에 관한 사무를 처리하기 위하여 명의개서 대리인을 둔다. 명의개서대리인은 이사회의 결의에 의하여 선정한다.

제14조(주식의 양도제한)
① 본 회사의 주식은 이사회의 승인이 없으면 양도할 수 없다.
② 전항과 관련 비어업인인 주주에게 양도하여 비어업인의 총출자액이 제10조에서

11) 개정상법은 제289조 제2항의 "회사설립시 발행하는 주식의 총수는 회사가 발행할 주식총수의 1/4이상이어야 한다"는 요건을 폐지하였다(상법 제289조 제2항 삭제). 이에 따라 회사설립시 발행하여야 하는 주식수에 대한 제한이 전혀 없게 되었다.

규정한 제한을 초과하는 경우에는 그 양도는 효력이 없다.

③ 상속 또는 유증에 의하여 비어업인의 총출자액이 제10조에서 규정한 한도를 초과하는 경우에는 그 초과지분을 지체없이 어업인에게 양도하여야 한다.

제15조(주권의 재발행) 주권의 재발행을 청구할 때에는 본 회사 소정의 청구서에 다음 서류를 첨부하여 제출해야 한다.

1. 주권을 상실한 때에는 확정된 제권판결정본
2. 주권을 훼손한 때에는 그 주권, 다만 훼손으로 인하여 그 진위를 판별할 수 없는 때에는 전호에 준한다.

제16조(주주의 주소신고 등) 주주나 등록질권자 및 그 법정대리인은 성명주소 및 인감을 신고해야 한다. 그 변경이 있는 때에도 역시 같다.

제17조(주주명부의 폐쇄) 본 회사는 매 결산기 종료일 익일부터 그 결산에 관한 정기 주주총회 종료일까지 주주명부기재의 변경을 정지한다.

제3장 주주총회

제18조(정기총회와 임시총회) 정기주주총회는 매 결산기 종료후 1월내에 이를 소집하고 임시주주총회는 필요한 경우에 수시로 이를 소집할 수 있다.

제19조(의장) 주주총회의 의장은 대표이사가 된다. 대표이사가 유고인 때에는 이사회에서 정한 순서에 따라 다른 이사가, 다른 이사 전원이 유고인때에는 출석한 주주중에서 선임된 자가 그 직무를 대행한다.

제20조(결의사항) 주주총회는 법령에서 정한 사항 이외에 다음 사항을 결의한다.

1. 신주발행사항의 결정
2. 주식의 분할
3. 영업의 전부 또는 일부의 양도

제21조(결의) 주주총회의 결의는 법령에 별도의 규정이 있는 경우를 제외하고는 발행주식총수의 과반수에 해당하는 주식을 가진 주주의 출석과 그 의결권을 과반수로 한다.

제22조(의결권의 대리행사) 주주는 본 회사의 주주중에서 정한 대리인으로 하여금 대리행사하게 할 수 있다. 이 경우에는 총회 개회전에 그 대리권을 증명하는 서면을 제출해야 한다.

제4장 이사와 감사

제23조(이사와 감사의 수) 본 회사의 이사는 3인 이상 5인 이내, 감사는 1인 이상 3인 이내로 한다.

※ 이사는 3인이상, 감사는 1인 이상이어야 한다. 다만, 자본금 총액이 10억원미만인 회사는 이사를 1명 또는 2명으로 할 수 있으며, 감사의 경우도 선임하지 아니할 수 있다.

제24조(선임) 이사와 감사는 주주총회에서 선임하되 이사의 과반수는 어업인으로 한다.

제25조(업무집행과 회사대표) 본 회사의 업무집행과 회사대표는 이사회의 결의로 이사 중에서 선임한 대표이사가 행한다.

※ 대표이사는 수인으로 정할 수도 있는 바, 그 경우 특히 수인의 대표이사가 공동으로 회사를 대표하도록 정한 때에는 그 사항을 반드시 정관에 기재해야 한다.

제26조(임기) 이사와 대표이사의 임기는 2년, 감사의 임기는 1년으로 한다. 다만 재임중 최종결산기에 관한 정기주주총회 이전에 그 임기가 만료될 때에는 그 총회 종결시까지 그 임기를 연장할 수 있다.

※ 이사의 임기는 3년, 감사의 임기는 2년을 초과하지 못한다.

제27조(보선) 이사와 감사에 결원이 생긴 경우에는 임시주주총회에서 그를 보선한다. 다만 그 법 정원수를 결하지 아니하는 때에는 그러하지 아니할 수 있다. 보선된 이사나 감사의 임기는 전임자의 잔여기간으로 한다.

제28조(보수) 이사와 감사의 보수는 주주총회에서 이를 정한다.

제5장 이사회

제29조(이사회) 본 회사의 이사회는 정기이사회와 임시이사회로 한다. 정기이사회는 매월 최초의 월요일에, 임시이사회는 필요에 따라 수시로 이를 소집한다.

제30조(지배인의 임면) 이사회의 결의로 회사의 영업전반에 걸쳐 포괄적인 대리권을 갖고 보조하기 위한 지배인(혹은 지점장, 영업부장)을 둘 수 있다.

제31조(소집권자와 의장) 이사회는 대표이사가 소집하고 그 의장이 된다. 다만 대표이사의 유고중에는 제19조의 순서에 따라 다른 이사가 의장의 직무를 대행한다.

제32조(결의) 이사회의 결의는 이사 전원의 과반수로 하고 가・부동수인 때에는 의장이 결정한다.

제33조(고문) 본 회사는 이사회의 결의로 고문 약간명을 둘 수 있다.

제6장 계 산

제34조(영업년도) 본 회사의 영업년도는 매년 ○월○일부터 ○월○일까지로 하여 결산한다.

제35조(이익배당) 이익배당금은 매 결산기 말일 현재의 주주명부에 기재된 주주 또는 등록질권자에게 이를 지급한다.

위 배당금은 지급개시일로부터 3년이내에 지급청구를 하지 아니한 때에는 그 청구권을 포기한 것으로 간주하고 이를 본 회사에 귀속시킨다.

제7장 해 산

제36조(해산사유) 본 회사는 다음 사유로 인하여 해산한다.

1. 제7조에서 정한 존립기간의 만료
2. 합병
3. 파산
4. 법원의 명령 또는 판결
5. 주주총회의 결의

제37조(해산의 결의) 해산의 결의는 발행주식 총수의 과반수에 해당하는 주식을 가진 주주의 출석으로 그 의결권의 3분의 2이상의 다수로써 하여야 한다.

제38조(회사계속) 회사가 존립기간의 만료, 주주총회의 결의에 의하여 해산한 경우에는 제37조의 규정에 의한 결의로 회사를 계속할 수 있다.

제39조(해산의 통지) 회사가 해산한 때에는 파산의 경우외에는 대표이사는 지체없이 주주에 대하여 그 통지를 한다.

제40조(합볍계약서와 그 승인의결) 회사가 합병을 함에는 합병계약서를 작성하여 주주총회의 승인을 얻어야 한다.

제8장 청 산

제41조(청산방법) 본 회사가 해산한 경우, 회사재산의 처분은 주주총회의 동의로써 정한 방법에 의한다.

제42조(청산인의 임면) 청산인의 선임 및 해임은 주주총회의 결의에 의한다.

제43조(잔여재산의 분배) 잔여재산은 각 주주가 가진 주식의 수에 따라 주주에게 분배한다.

부 칙

[유례] 현물출자가 있는 경우

제○조(현물출자) 본 회사의 설립당시 현물출자를 하는 자의 성명, 출자목적인 재산, 그 가격과 이에 대하여 부여하는 주식의 종류와 수는 다음과 같다.

1. 출자자

발기인 ○ ○ ○ ( ) 주민등록번호 : -

2. 출자재산

○○시도 ○○시군 ○○읍면 ○○리동 ○○번지

대 ○○㎡

위 지상 철근 콘크리트 3층 사무소

1층 ○○㎡

2층 ○○㎡

3층 ○○㎡

3. 출자재산의 평가액 : 금○○○원

4. 이에 부여하는 주식의 종류와 수 : 보통주식 ○○주

※ 위 성명 다음의 ( ) 내는 어업인인 경우 '어업인', 생산자단체인 경우 생산자단체명, '비어업인'인 경우 '비어업인'을 기재하고, 주민등록번호란에는 사업자인 경우 사업자등록번호를 기재

제44조(적용범위) 본 정관에 규정되지 않은 사항은 농어업 경영체 육성 및 지원에 관한 법률과 상법 및 기타 법령에 정한 규정에 따른다.

제45조(세부내규) 본 회사는 필요에 따라 주주총회의 결의로써 업무추진 및 경영상 필요한 회사 세부내규를 정할 수 있다.

제46조(최초의 영업년도) 본 회사의 제1기 영업년도는 본 회사 설립일로부터 20 년 월 일까지로 한다.

제47조(최초의 이사 및 감사의 임기) 본 회사의 최초의 이사와 감사의 임기는 그 취임후 최초의 정기주주총회의 종료일까지로 한다.

제48조(발기인의 성명과 주소) 본 회사 발기인의 성명과 주소는 이 정관 말미의 기재와 같다.

위 어업회사법인 ○○주식회사를 설립하기 위하여 본 정관을 작성하고 사원전원이 이에 기명 날인한다.

년 월 일

발기인 ○ ○ ○
시도 시군 읍면 리동 번지

발기인 ○ ○ ○
시도 시군 읍면 리동 번지

(이하 발기인 전원 기명 날인한다.)

[사례] 발기인 총회의사록

발기인총회의사록

20○○년 10월 1일 9시 ○○시 ○○구 ○○동 00-0에서 발기인총회를 개최하다.

주주 총 수 3명, 주식총수 10,000 주

출석 주주 수 3명, 인수 주식 수 10,000 주

발기인 대표 김성종은 위와 같이 법정수에 달하는 주주가 출석하였으므로 본 총회는 적법하게 성립됨을 알리고, 의사를 진행하기 전에 의장을 선임할 것을 구한바, 주주전원 만장일치로 발기인 대표를 의장으로 선임한 즉 동인은 그 취임을 승낙하고 의장석에 등단하여 개회를 선언하고 다음 의안의 심의를 구하다.

제1호 의안 : 정관 승인의 건

의장은 농어업·농어촌 및 식품산업 기본법 및 농어업경영체 육성 및 지원에 관한 법률의 규정에 근거하여 농림수산부에서 고시한 정관례를 기준으로 하여 정관을 작성하였음을 설명하고 승인가부를 물은 즉 전원일치 원안대로 승인하다.

제2호 의안 : 이사, 감사선임의 건

의장은 이사 및 감사의 선임 방법을 주주일동에게 물은 바, 무기명비밀투표로 선출하기로 전원 일치되어 즉시 투표를 한즉 다음과 같이 선출되다. 단, 감사의 선임은 상법 제409조 제2항 규정에 의하여 발행 주식의 총수의 100분의 3을 초과하는 수의 주식을 가진 주주는 그 초과하는 주식에 관하여는 의결권을 행사하지 아니하다.

사내이사 김 성 종

사내이사 ○ ○ ○

사내이사 ○ ○ ○

감 사 ○ ○ ○

위 피선자는 즉석에서 그 취임을 승낙하다.

제3호 의안 : 상법 제298조 소정사항 조사보고의 건

의장은 발기인 전원이 이사이므로 감사로 하여금 조사·보고를 하게 하여야 한다고 하자 전원 이의없이 감사를 검사인으로 선임할 것을 만장일치로 가결하다.

검사인 감사 김 형 구
위 사람은 즉석에서 이를 승낙하고 조사에 착수하다.

의장은 위 조사보고를 기다리기 위하여 잠시 휴회한 후 속회하다.

의장은 감사○ ○ ○으로 하여금 별첨 조사보고서와 같이 상법 제 313조 소정사항의 결과를 상세히 보고하게 한 즉, 전원 이의 없이 만장일치로 그를 승인 가결하다.

이상으로서 금일 총회의 목적인 의안이 전부 심의 종료하였으므로 의장은 폐회를 선언하다. (폐회시각은 9시 30분)

위 의사의 결의를 명확하게 하기 위하여 이 의사록을 작성하고 의장과 출석한 발기인이 다음에 기명날인하다.

20○○년 10월 1일

어업회사법인 ○○ 주식회사
○○시 ○○구 ○○동 00-0
의장 겸 사내이사 김 성 종 (인)
사내이사 ○ ○ ○ (인)
사내이사 ○ ○ ○ (인)

※ 발기인총회

○ 발기인총회의 의결권은 과반수로 한다. 주금의 납입과 현물출자의 이행이 완료된 때에는 발기인은 지체없이 의결권의 과반수로 이사와 감사를 선임하여야 한다. 발기인의 의결권은 그 인수주식의 1주에 대하여 1개로 한다(상법 제296조).

○ 개정상법은 자본금 총액이 10억원 미만인 회사를 설립하는 경우에는 감사 선임 여부를 회사의 임의적 선택사항으로 하고(상법 제409조 제4항), 감사를 선임하지 아니할 경우에는 주주총회가 이사의 업무 및 재산상태에 관하여 직접 감독・감시하도록 하였다(동조 제6항).

○ 의장은 이사로 선출되지 아니한 때에도 기명날인한다.

○ 회사등기시 유사상호가 있어서 설립등기를 못하는 경우에는 창립총회의사록의 정관승인

의 건에서 정관을 일부변경하여 결의하면 되고, 이 때 의사록의 인증문을 변경하여야 한다.

※ 이사의 임기

○ 이사의 임기는 3년을 초과하지 못한다(상383②). 그러나 정관으로 그 임기 중의 최종의 결산기에 관한 정기주주총회의 종결에 이르기까지 연장할 수 있다(상383③). 여기의 "임기 중의 최종의 결산기"라 함은 임기 중에 도래한 최종의 결산기로서 당해 결산기가 임기 중에 도래한 경우를 말한다.

※ 주식회사 설립등기 시 이사명칭 등기방법의 변경

○ 상법 제317조 제2항 제8호가 개정(2009. 2. 4 시행)됨에 따라 주식회사의 설립 시 이사명칭 등기방법이 변경되었다. 따라서 주식회사 설립등기 시 이사의 명칭을 사내이사, 사외이사, 기타비상무이사로 구분하여 등기하여야 한다.

○ 신청서에 첨부된 주주총회의사록 등에 사내이사, 사외이사, 기타 비상무 이사로 구분하여 선임한 사실이 기재되어 있어야 한다. 특히 사외이사, 기타 비상무 이사는 명확히 의사록에 나타나 있어야 한다. 등기신청서에 첨부된 이사선임 등의 의사록에 이사의 종류를 구분하지 않고 단순히 '이사'로 기재된 경우에는 "사내이사"로 수리될 수 있다.

※ 감사의 선임

○ 개정 상법은 소규모(자본금의 총액이 10억원 미만)인 회사를 설립하는 경우에 감사 선임을 회사가 자율적으로 할 수 있도록 하였다(상법 제409조 제4항). 감사를 선임하지 아니할 경우에는 주주총회가 이사의 업무 및 재산상태에 관하여 직접 감독·감시하도록 하였다(동조 제6항).

※ [유례] 발기인총회에서 정관 규정을 일부 변경하는 경우

○ 의장은 별지 정관안을 낭독하고 축조설명을 가한 후 승인 여부를 물은 바, 주주 ○ ○ ○ 로부터 정관 제 ○ 조(상호)를 당회사는 주식회사 ○ ○ 해운이라 부른다고 변경하기로 하고, 제 ○ 조 다음에 제 ○ 조로서 어떠한 내용의 규정을 삽입한후 제 ○ 조 이하의 조문 표시를 1조씩 다음 조문으로 바꾸어 표시하고, 나머지는 원안대로 하자는 취지의 발언이 있으므로 그의 찬부를 물은 바, 다른 주주 전원이 그에 찬성하므로 그를 가결 확정하다.

[유례] 이사, 감사 전원이 발기인인 경우 등

○ 의장은 상법 제313조 소정사항을 이사와 감사가 보고하여야 할 것이나, 이사, 감사가 모두 발기인이었던 관계로 그들이 상법 제313조 및 제298조에 해당하여 보고할 수 없으므로, 공증인으로 하여금 위 보고를 받기로 발기인 총회에서 결의하였으므로 선임된 공증인 ○ ○ ○으로 하여금 회사설립사항이 법령 또는 정관에 위반되는지 여부를 조사보고케 하니, 공증인은 별첨 조사보고서와 같이 보고한 즉 …중략 …그를 승인하다.

[유례] 이사 및 감사의 보수한도를 결정하는 경우

○ 20 ○ ○ 년도 임원보수지급한도액을 ○ 억원으로 할 것을 만장일치로 승인하고 집행은 이사회에 위임하다.

[사례] 이사회의사록

이사회의사록

20○○년 ○월 ○일 11:00시 ○○시 ○○구 ○○동 00-0 사무소에서 다음과 같이 이사회를 개최하다.

이사총수 3 명 출석이사수 3명
감사총수 1 명 출석감사수 1명

제1호 의안, 대표이사 선임의 건

이사 전원의 호선에 따라 이사 김성종을 임시의장으로 선출하다.

의장 김성종은 즉석에서 이를 승낙하고 의장석에 등단하여 개회를 선언한 후 발기인 총회의 종결에 이어 본 회사의 대표이사를 선임하여 줄 것을 물은즉 이사 전원 신중히 협의한 결과 다음 사람이 대표이사에 선임되어 동인은 즉석에서 그 취임을 승낙하다.

대표이사 김 성 종

위 피선자는 즉석에서 그 취임을 승낙하다.

제2호 의안 : 본점설치 장소 결정의 건

의장은 본 회사 본점을 다음 장소에 설치함이 적당한 뜻을 설명하고 그 가부를 물은즉 만장일치로 이의 없이 승인하다.

본 점 : ○○시 ○○구 ○○동 00-0

이상으로 금일 의안이 전부 심의 종료하였음을 고하고 11시 00분에 폐회를 선언하다.

위 결의를 명확히 하기 위하여 이 의사록을 작성하고 의장 및 출석한 이사 및 감사가 아래에 기명 날인하다.

20○○년 ○월 ○일

어업회사법인 ○○ 주식회사
대표이사 : 김 성 종
사내이사 : ○ ○ ○-이하생략-

※ 이사회의사록

○ 개정 상법은 "자본금의 액이 10억 원 미만인 회사는 이사의 수를 1인 또는 2인으로 할 수 있다(상383①)."고 개정하였다. 이사의 최소인원수는 정관으로 정할 수 있다.

○ 개정 상법 제383조는 제4항부터 제6항까지 신설하였는바, 소규모 회사로서 이사가 1인인 회사는 이사회의 권한을 이사와 주주총회에 부여하고 있다. 그러나 이사가 2인인 경우에 대하여는 달리 언급한 바 없으므로 이사 2인의 의견이 다른 경우 업무집행에 관한 의사결정을 할 수 없어, 이사회를 두어야 하나, 이러한 소규모 회사까지 상법상 이사회에 관한 규정을 적용하는 것은 적절하지 않으므로 자본 총액이 10억원 미만인 소규모 회사는 이사가 2인인 경우에도 이사회에 관한 규정의 적용을 배제하고(동조 제5항) 이사회의 권한을 이사(정관에 의하여 대표이사가 있는 경우에는 대표이사)와 주주총회에 부여하였다(동조 제4, 6항). 따라서 위 개정상법에 따르면 이사 2인의 경우에도 1인의 경우와 같이 이사회구성을 하지 않아도 된다.

○ 이사의 임기 : 이사의 임기는 3년을 초과하지 못한다(상383②). 그러나 정관으로 그 임기 중의 최종의 결산기에 관한 정기주주총회의 종결에 이르기까지 연장할 수 있다(상383③). 여기의 "임기 중의 최종의 결산기"라 함은 임기 중에 도래한 최종의 결산기로서 당해 결산기가 임기 중에 도래한 경우를 말한다.

※ 주식회사 설립등기 시 이사명칭 등기방법의 변경

○ 상법 제317조 제2항 제8호가 개정(2009. 2. 4 시행)됨에 따라 주식회사의 설립 시 이사명칭 등기방법이 변경되었다. 따라서 주식회사 설립등기 시 이사의 명칭을 사내이사, 사외이사, 기타비상무이사로 구분하여 등기하여야 한다.

○ 등기신청서에 첨부된 이사선임 등의 의사록에 이사의 종류를 구분하지 않고 단순히 '이사'로 선임한 사실이 기재된 경우에는 등기신청은 수리될 수 없다.

○ 신청서에 첨부된 주주총회의사록 등에 사내이사, 사외이사, 기타비상무이사로 구분하여 선임한 사실이 기재되어 있어야 한다. 특히 사외이사, 기타비상무이사는 명확히 의사록에 나타나 있어야 한다. 등기신청서에 첨부된 이사선임 등의 의사록에 이사의 종류를 구분하지 않고 단순히 '이사'로 선임한 사실이 기재된 경우에는 등기신청은 수리될 수 없으며, 사내이사로 신청서를 보정한 경우에만 수리될 수 있으며, 이 경우에도 사내이사로 등기된다.

○ 이사가 1인인 회사의 경우 1인 이사가 전적으로 주주총회의 감독을 받아 업무집행을 담당하고 회사를 대표하게 되므로(상법 제383조제4항) 당연히 사내이사이어야 하고, 등기 시에는 사내이사로 등기하여야 할 것이다.

※ 본점설치 장소 결정

○ 정관에 본점의 소재지가 지번까지 정해진 경우나 정관의 규정에 의하여 발기인총회나 창립총회에서 본점설치장소를 결정한 때에는 이사회에서 이를 결의할 필요가 없다.

[사례] 조사보고서

조사보고서

20○○년 10월 1일 어업회사법인 ○○ 주식회사의 발기인총회에서 본인은 검사인으로 선임되었으므로 상법 제298조 제1항의 규정에 의하여 조사한 결과는 다음과 같음.

조 사 사 항

1. 회사 설립시 발행하는 주식총수에 대한 인수와 정확여부
   본 회사가 발행할 주식의 총수는 40,000 주이며 설립시 발행하는 주식의 총수 10,000주(1주의 금액 금10,000원)인데 그 인수내역은 다음과 같다.
   발기인이 인수한 주수
   보통주식 5,000 주 우선주식 5,000 주 20○○년 10월 1일 인수완료

2. 인수 주식수에 대한 납입의 정확여부
   설립시에 발행하는 주식총수 10,000 주에 대하여 금100,000,000원의 납입금이 20○○년 10월 1일 납입이 완료되었음은 국민은행성내동지점이 발행한 잔고증명서에 의하여 명확함.

3. 현물출자 기타 조사사항
   회사가 부담할 설립비용이나 기타 현물출자를 하는 자와 상법 제290조 규정사항을 정관에 정한 바 없으므로 검사인을 선임할 필요가 없으므로 그에 대한 정확여부는 조사할 필요가 없었음.
4. 기타 설립에 관한 모든 사항이 법령 또는 정관의 규정에 위반하지 아니함이 인정된다.

이상 상법의 규정에 의하여 보고함.

20○○년 10월 1일

어업회사법인 ○○ 주식회사
○○시 ○○구 ○○동 00-0
검사인 감 사 김 형 구 (인)

※ 이사·감사의 조사·보고와 검사인의 선임청구

○ 이사와 감사는 취임후 지체없이 회사의 설립에 관한 모든 사항이 법령 또는 정관의

규정에 위반되지 아니하는지의 여부를 조사하여 발기인에게 보고하여야 한다(상298①).

○ 이사와 감사 중 발기인이었던 자, 현물출자자 또는 회사성립 후 양수할 재산의 계약당사자인 자는 위 조사·보고에 참가하지 못한다(상298②). 이사와 감사의 전원이 위 규정에 해당하는 때에는 이사는 공증인으로 하여금 이를 조사·보고를 하게 하여야 한다(상298③). 이 사례의 경우 유일한 발기인 3인이 이사이므로 감사를 검사인으로 하였다.

○ 정관으로 상법 제290조 각호의 사항을 정한 때에는 이사는 이에 관한 조사를 하게 하기 위하여 검사인의 선임을 법원에 청구하여야 한다. 다만, 상법 제299조의2의 경우에는 그러하지 아니하다(상298①).

○ 검사인은 상법 제290조 각호의 사항과 상법 제295조의 규정에 의한 현물출자의 이행을 조사하여 법원에 보고하여야 하고(상299①), 조사보고서를 작성한 후 지체없이 그 등본을 각 발기인에게 교부하여야 한다(상299②). 검사인의 조사보고서에 사실과 상위한 사항이 있는 때에는 발기인은 이에 대한 설명서를 법원에 제출할 수 있다.

○ 공증인의 변태설립사항 보고서를 첨부하는 경우는 변태설립사항이 상법 제 299조의2에 해당하는 경우로서 이 때에는 법원으로부터 송달받은 부본이어야 한다.

[사례] 검사인의 조사보고서(현물출자가 있는 경우)

검사인조사보고서

본인은 ○○지방법원 20○○파○○호 검사인선임신청사건에 있어서 어업회사법인 ○○ 주식회사의 검사인으로 선임되어 상법 제290조 소정사항을 조사하였므로 다음과 같이 보고함.

1. 조사방법과 그 경과

검사인은 이 사건 조사할 사항의 구체적 내용을 확인하기 위하여 우선 이 사건 검사인 선임신청서와 그 부속서류의 내용을 검토한 후, 20○○년 ○월 ○○일 이 사건 회사의 설립사무소에 임하여 발기인 대표 ○○○로부터 회사설립의 경과를 청취하고 회사설립에 관계되는 각종 서류를 제출받아 이를 면밀히 검토한 다음, 회사설립과정에서 이 사건 목적재산의 가액을 평가한 바 있는 감정평가사 ○○○의 감정평가의 경위를 청취하였음.

2. 조사사항 및 조사결과

(1) 발기인이 받을 특별이익에 관한 사항

정관 제○조에 의하면 발기인이 받을 특별이익으로서 각 발기인은 그가 가지는 주식 1주에 대하여 연 ○○원에 달할 때까지 다른 주식에 우선하여 배당

받을 수 있다는 취지의 규정이 있으나, 이는 발기인의 발기행위에 대한 특별공로를 이유로 한 것으로서 동인 등이 공로 및 대외적 신용 등을 고려한다면 당해 정관의 규정은 정당하다고 사료됨.

(2) 현물출자에 관한 사항

현물출자를 한 자는 발기인 ○○○이고 그 출자재산은 어떠한 재산으로서 감정평가사 ○○○가 평가한 그 가격은 정관에 기재된 평가액보다 훨씬 높은 시가 금○○○원 이상이므로 정관에 기재된 그 평가액 및 그에 부여하는 주식수는 정당한 것으로 사료되며, 현물출자재산은 이미 회사에 확실히 인도되었음이 출자자 작성의 재산인도증에 의해 명확히 인정됨.

(3) 회사성립후 양수재산에 관한 사항

회사성립후 양수키로 약정한 재산은 발기인 ○○○소유의 어떠한 재산으로서 이는

회사의 영업상 필요할 뿐만 아니라 그 가격도 적정하여 그에 관한 정관의 규정은 타당하다고 인정됨.

(4) 회사가 부담할 설립비용 및 발기인의 보수에 관한 사항

회사가 부담할 설립비용과 발기인의 보수내역은 별첨계산서와 같은 바, 그 부담 및 지출은 필요 적정하다고 사료됨.

3. 부속서류

(1) 정관사본 1통

(2) 현물출자재산인도증사본 1통

(3) 설립비용 등 계산서사본 1통

(4) 현물출자재산평가서사본 1통

위와 같이 보고함

20○○년 ○월 ○○일

어업회사법인 ○○ 주식회사

검사인 ○ ○ ○ (인)

[사례] 주금납입잔고증명서

주금납입잔고증명서
일 금 일억원정 (₩100,000,000원) 발행주식의 총수 10,000주 1주의 금액 금10,000원 위 금액은 귀 회사 설립시에 발행하는 주식총수에 대한 납입금으로서 20○○년 10월 1일 납입이 완료되어 현재 이를 보관중임을 증명합니다. 20○○년 10월 1일 주식회사 ○○ 은행 어업회사법인 ○○ 주식회사 발기인대표 귀하

※ 잔고증명서

○ 개정상법은 소규모(자본금 총액이 10억원 미만)인 주식회사를 발기설립하는 경우에는 주금납입금 보관증명서를 금융기관의 잔고증명서로 대체할 수 있도록 하였다(상법318③,상등법80조제11호). 따라서 기존에는 주식회사의 설립등기 및 신주발행으로 인한 변경등기시 주금납입금 보관증명서를 첨부하였으나 이제는 자본금 총액이 10억원 미만인 주식회사를 발기설립하는 경우에는 잔고증명서를 첨부하면 된다(상법 제318조제3항. 상업등기법 제81조제11호 및 제82조제5호). 한편, 모집설립의 경우에는 공정성 확보를 위하여 현재와 같은 주금납입금보관증명서 제도를 유지하고 있다.

○ 잔고증명은 주금이 입금되어 있는 법인대표 될 자의 통장원본을 금융기관에 제시하여야 한다.

[사례] 주식인수증

<table>
<tr><th colspan="2">주 식 인 수 증</th></tr>
<tr><td>상 호</td><td>어업회사법인 ○○ 주식회사</td></tr>
<tr><td>인수할 주식 수</td><td>보통주 5,000 주</td></tr>
<tr><td>금 액</td><td>금50,000,000원</td></tr>
<tr><td>1주의 금액</td><td>금10,000원</td></tr>
<tr><td colspan="2">위 주식을 발기인으로서 인수합니다.
20○○년 10월 1일

발 기 인 김 성 종 (인)

어업회사법인 ○○ 주식회사 발기인대표 귀하</td></tr>
</table>

※ 발기인의 주식인수

○ 주식회사의 자본은 주식에 의한 출자로써 형성되므로 발기인은 설립시에 발행하는 주식에 관하여 반드시1주 이상을 위 서면에 의하여 인수하여야 한다(상법 제293). 발기인 각자마다 주식인수증을 작성하여야 한다.

[사례] 주식인수증

<table>
<tr><td colspan="2">주 식 인 수 증</td></tr>
<tr><td>상 호</td><td>어업회사법인 ○○ 주식회사</td></tr>
<tr><td>인수할 주식 수</td><td>우선주식 2,500 주</td></tr>
<tr><td>금 액</td><td>금25,000,000원</td></tr>
<tr><td>1주의 금액</td><td>금10,000원</td></tr>
<tr><td colspan="2">위 주식을 발기인으로서 인수합니다.
20○○년 10월 1일
발 기 인 이 창 수 (인)
어업회사법인 ○○ 주식회사 발기인대표 귀하</td></tr>
</table>

※ 발기인의 주식인수

○ 주식회사의 자본은 주식에 의한 출자로써 형성되므로 발기인은 설립시에 발행하는 주식에 관하여 반드시1주 이상을 위 서면에 의하여 인수하여야 한다(상법 제293). 발기인 각자마다 주식인수증을 작성하여야 한다.

[사례] 주식인수증

<table>
<tr><td colspan="2">주 식 인 수 증</td></tr>
<tr><td>상 호</td><td>어업회사법인 ○○ 주식회사</td></tr>
<tr><td>인수할 주식 수</td><td>우선주식 2,500 주</td></tr>
<tr><td>금 액</td><td>금25,000,000원</td></tr>
<tr><td>1주의 금액</td><td>금10,000원</td></tr>
<tr><td colspan="2">위 주식을 발기인으로서 인수합니다.
20○○년 10월 1일

발 기 인 정 종 범 (인)

어업회사법인 ○○ 주식회사 발기인대표 귀하</td></tr>
</table>

※ 발기인의 주식인수

○ 주식회사의 자본은 주식에 의한 출자로써 형성되므로 발기인은 설립시에 발행하는 주식에 관하여 반드시1주 이상을 위 서면에 의하여 인수하여야 한다(상법 제293). 발기인 각자마다 주식인수증을 작성하여야 한다.

[사례] 주식발행사항동의서

주식발행사항 동의서

발기인 전원의 동의로서 회사 설립시 발행할 주식에 관한 사항을 다음과 같이 결정함.

다 음

1. 주식의 종류와 수 : 보통주식 5,000주,
   우선주식 5,000주
2. 주식의 발행가액 : 1주의 금액 10,000원
3. 주식의 총수와 주식금액 : 10,000주(보통주식 5,000주, 우선주식 5,000주)
   금 100,000,000원

위 동의사항을 확실히 하기 위하여 발기인 전원이 다음에 기명날인하다.

20○○년 ○월 ○○일

어업회사법인 ○○ 주식회사

발기인 ○ ○ ○(-)
○○시 ○○구 ○○동 ○○번지

발기인 ○ ○ ○(-)
○○시 ○○구 ○○동 ○○번지

발기인 ○ ○ ○(-)
○○시 ○○구 ○○동 ○○번지

※ 설립당시의 주식발행사항의 결정

○ 주식발행사항의 결정 : 회사가 발행할 주식의 총수, 1주의 금액, 회사의 설립시에 발행하는 주식의 총수는 반드시 정관으로 정하는 것이나(상법 제289①), 그 외의 주식발행에 관한

사항은 정관에 다른 규정이 없는 한 발기인이 정할 수 있다. 이러한 결정은 원칙적으로 발기인의 과반수결의에 의한다. 그러나 다음의 두 가지 사항만은 정관에 다른 규정이 없으면 발기인 전원의 동의로 정하여야 한다(상법 제291).

○ 주식의 종류와 수 : 정관에서 우선주식·후배주식(後配株式)·상환주식·전환주식·의결권 없는 주식 등 수종의 주식을 정하고 있는 경우에는 그 범위 내에서 어느 종류의 주식을 각 몇 주씩 발행할 것인가를 정하여야 한다. 그러나 정관에서 보통주식만을 발행할 것으로 정한 때에는 발기인이 따로 정할 사항은 없다.

○ 액면이상의 주식을 발행하는 때에는 그 수와 금액 : 설립시에는 주식의 액면미달발행은 인정되지 아니하나(상법 제330,417①), 액면이상의 발행은 허용된다. 이를 액면초과발행이라 한다. 설립시에 액면 초과발행을 하려는 경우, 정관을 작성할 당시에는 아직 그 금액을 확정하기 어려울 것이므로, 상법은 이를 그 이후의 상황에 따라 발기인 전원의 동의로 정할 수 있게 한 것이다.

[사례] 발기인총회 기간단축 동의서

발기인총회 기간단축 동의서

어업회사법인 ○○ 주식회사 발기인총회를 상법 제308조 및 제363조에 의거하여 소정의 기간을 단축하여 20○○년 ○월 ○○일 발기인사무소에서 개최함에 대하여 이의 없이 동의합니다.

20○○년 ○월 ○○일

주주 ○ ○ ○ (인)
주주 ○ ○ ○ (인)
주주 ○ ○ ○ (인)

※ 발기인총회의 소집

○ 발기인총회를 소집함에는 회일(會日)을 정하여 2주 전에 각 주식인수인에게 서면으로 통지를 발송하거나 주주의 동의를 받아 전자문서로 통지를 발송하여야 하는데(상법 제308②,363①), 발기인총회의 소집기간을 단축한 경우에는 주식인수인 전원이 이에 동의하였음을 증명하는 위 서면을 첨부하여야 한다(상등법79①). 다만 주식인수인 전원이 창립총회에 출석하였을 때에는 이 서면의 첨부는 필요 없다.

○ 자본금 총액이 10억원 미만인 회사는 주주 전원의 동의가 있을 경우에는 소집절차 없이 발기인총회를 개최할 수 있고, 서면에 의한 결의로써 발기인총회의 결의를 갈음할 수 있다. 결의의 목적사항에 대하여 주주 전원이 서면으로 동의를 한 때에는 서면에 의한 결의가 있는 것으로 본다(상법 제308②,363③).

[사례] 취임승낙서

<table>
<tr><td>

취 임 승 낙 서

본인은 20○○년 10월 1 일 어업회사법인 ○○ 주식회사의 발기인총회에서 사내이사로 선임되었으므로 그 취임을 승낙합니다.

20○○년 10월 1일

사내이사 김 성 종

어업회사법인 ○○ 주식회사 귀중

</td></tr>
</table>

※ 취임승낙서에는 인감을 날인하고 인감증명서를 첨부하여야 한다. 이사는 취임승낙서에 사내이사, 사외이사, 기타비상무이사로 구분하여 표시하도록 한다.

[사례] 주주명부

<table>
<tr><th colspan="5">주주명부</th></tr>
<tr><th>주 주</th><th>주소와 전자우편주소</th><th>인 수
주식수</th><th>1주금액</th><th>납 입 금 액</th></tr>
<tr><td>김 성 종</td><td>○○시 ○○구 ○○동 00-0
www.ldf21@yahoo.co.kr</td><td>5,000주</td><td>10,000원</td><td>금50,000,000원</td></tr>
<tr><td>○○○</td><td></td><td>2,500주</td><td>10,000원</td><td>금25,000,000원</td></tr>
<tr><td>○○○</td><td></td><td>2,500주</td><td>10,000원</td><td>금25,000,000원</td></tr>
<tr><td>합 계</td><td></td><td>10,000주</td><td></td><td>금100,000,000원</td></tr>
<tr><td colspan="5">위 주주명부는 본사에 비치된 주주명부와 대조하여 틀림이 없음을 증명합니다.
20○○년 10월 1일
상 호 어업회사법인 ○○ 주식회사
본 점 ○○시 ○○구 ○○동 00-0
대표이사 김 성 종</td></tr>
</table>

※ 전자주주명부제도

○ 회사는 정관에서 정하는 바에 따라 전자문서로 주주명부를 작성할 수 있다(상법 제352조의2①). 전자주주명부에는 상법 제352조제1항의 기재사항 외에 전자우편주소를 적어야 한다.

[사례] 인감신고서

인감 · 개인(改印) 신고서

(신고하는 인감날인란) (인감제출자에 관한 사항)

<table>
<tr><td colspan="2">상 호(명칭)</td><td>어업회사법인 ○○ 주식회사</td><td>등기번호</td><td></td></tr>
<tr><td colspan="2">본점(주사무소)</td><td colspan="3">○○시 ○○구 ○○동 00-0</td></tr>
<tr><td rowspan="3">인감제출자</td><td>자격/성명</td><td colspan="3">대표이사 김 성 종</td></tr>
<tr><td>주민등록번호</td><td colspan="3">123456-789123</td></tr>
<tr><td>주 소</td><td colspan="3">○○시 ○○구 ○○동 00-0</td></tr>
</table>

☐ 위와 같이 인감을 신고합니다.
☐ 위와 같이 개인(改印)하였음을 신고합니다.

20○○년 8월 27일 (개인인감 날인란)

신고인 본 인 성 명 (인)
대리인 성 명 (인)

지방법원 귀중

주 1. 개인인감 날인란에는 「인감증명법」에 의하여 신고한 인감을 날인하고 그 인감증명서(발행일로부터 3개월 이내의 것)를 첨부하여야 합니다. 개인(改印)신고의 경우, 개인인감을 날인하는 대신에 등기소에 신고한 유효한 종전 인감을 날인하여도 됩니다.
2. 인감·개인신고서에는 신고하는 인감을 날인한 인감대지를 첨부하여야 합니다.
3. 지배인이 인감을 신고하는 경우에는 인감제출자의 주소란에 지배인을 둔 장소를 기재하고, 「상업등기규칙」 제36조제4항의 보증서면(영업주가 등기소에 신고한 인감 날인)을 첨부하여야 합니다.

위 임 장

성 명 : 주민등록번호(-)
주 소 :

위의 사람에게, 위 인감신고 또는 개인신고에 관한 일체의 권한을 위임함.

200 년 월 일

인감(개인) 신고인 성 명 (인)

[사례] 인감대지

인 감 대 지

	  신고하는 인감날인란	상 호(명 칭) : 어업회사법인 ○○ 주식회사 자격 및 성명 : 대표이사 김 성 종 주민등록번호 : –

※ 인감의 제출방법

○ 대표의 권한이 있는 이사는 인감을 신고하여야 한다. 인감의 제출 또는 인감의 변경신고는, 인감(改印)신고서를 작성하여 관할 등기소에 제출하는 방식으로 한다. 인감(改印)신고서를 제출할 때에는 신고하는 인감을 찍은 인감대지(위 참조)3장을 만들어 함께 제출하여야 한다.

○ 인감은 가로·세로 2.4센티미터의 정사각형 안에 들어갈 수 있어야 한다(상업등기규칙 제36조제5항).

○ 인감(개인)신고서에는 발행일로부터 3개월 이내의 인감증명서를 첨부하여야 한다. 취임승락서에 인감증명법에 의한 인감을 첨부한 경우에는 그 인감을 원용 할 수 있다.

○ 인감대지의 자격란에는 인감신고자에 따라 대표이사(이사), 이사장, 지배인, 대리인, 상호사용자, 무능력자, 법정대리인 등으로 기재하고 성명을 기재한다.

※ 외국인의 경우

○ 인감증명제도가 있는 국가의 국민이 신고하는 경우에는 인감(改印)신고서에 본국 관공서에 신고한 인감을 날인하고 그 인감증명서를 제출한다.

○ 인감증명제도가 없는 국가의 국민이 신고하는 경우에는 인감(改印)신고서에 서명을 하고, 그 서명이 본인의 것이라는 취지의 본국 관공서의 증명이나 본국 공증인의 공증 또는 국내 공증인의 공증을 받아 제출한다.

※ 지배인 또는 대리인이 인감(改印)신고하는 경우

○ 지배인 또는 대리인이 인감(改印)신고하는 경우에는 영업주(개인 상인인 영업주를 말한다) 또는 법인의 대표자가 지배인 또는 대리인의 인감임이 틀림없음을 보증하는 서면을 제출하여야 하고, 그 보증서면에는 등기소에 제출한 영업주 또는 법인 대표자의 인감을 날인하여야 한다.

[사례] 인감카드 등 (재)발급신청서

인감카드 등 (재)발급신청서

(인감제출자에 관한 사항)

상호(명칭)		어업회사법인 ○○ 주식회사	등기번호	
본점(주사무소)		○○시 ○○구 ○○동 00-0		
인감 제출자	자격 / 성명	대표이사 김 성 종		
	주민등록번호			

발급사유	□ 최초발급 □ 카드분실 □ 카드훼손 □ 인감증명서발급기능 □ 기타 ( )		
매체구분	□ 인감카드 □ HSM USB	인감카드 비밀번호	

위와 같이 인감카드 등의 (재)발급을 신청합니다.

년 월 일

신청인 인감제출자 (본 인) 성 명 (인) (전화 :)
(대리인) 성 명 (인) (전화 :)

지방법원 등기소 귀중

접수번호		인감카드번호	

- 대법원수입증지를 붙이는 란 -

주 1. 인감카드 비밀번호란에는 (재)발급받아 사용할 인감카드의 비밀번호를 기재하며, 아라비아숫자 6자릿수를 기재하여야 합니다. 비밀번호는 인감카드와 함께 인감증명서의 발급을 신청할 권한이 있는 것으로 보게 되는 중요한 자료이므로 권한이 없는 사람이 알지 못하도록 주의하시기 바랍니다.

2. 인감카드의 재발급을 신청할 때에는「등기부 등・초본 등 수수료규칙」제5조의7에 의하여 5,000원 상당의 대법원수입증지를 이 란에 붙여야 합니다. 다만, 인감카드를 반납할 때에는 붙일 필요가 없습니다.

위 임 장

성 명 : 법무사 ○ ○ ○ 주민등록번호(123456 - 7891234)
주 소 : ○○시 ○○구 ○○동 00-0

위의 사람에게, 위 (재)발급신청서에 기재된 인감카드 등의 발급신청과 그 수령 등에 관한 일체의 권한을 위임함.

200 년 월 일

인감신고인 성 명 (인)

제3관 농업(어업)회사법인 주식회사 변경등기

제1, 본점이전등기

1. 서 설

"본점이전"의 등기란 회사의 영업을 총괄하는 영업소를 등기부상에 기재된 본점의 구체적인 소재장소를 이전한 경우에 하는 등기를 말하는데, 실제로 본점을 이전하지 않은 상태에서 이전일자를 미리 예정하여 본점이전의 등기를 하는 것은 허용되지 않는다.

본점이전의 등기는 동일한 최소행정구역 내에서 그 소재장소만을 이전한 경우와 다른 최소행정구역으로 이전한 경우로 구분할 수 있고, 또한 등기소의 관할을 기준으로 동일한 등기소의 관할구역 내에서의 본점을 이전하는 경우와 다른 등기소의 관할구역 내로 이전하는 경우로 구분할 수도 있다.

본점의 구체적인 이전장소나 이전일자에 관한 사항은 회사의 업무집행에 관한 사항으로 법률이나 정관에서 주주총회의 결의사항으로 규정되어 있지 않는 한, 이는 이사회의 권한으로 주주총회의 결의로 대신할 수 없다(상업등기선례 1-130, 2001. 11. 1. 등기 3402-740 질의회답).

2. 동일한 등기소 관할구역 내에서 본점을 이전하는 경우

가. 개 설

정관상 본점의 소재지로 최소행정구역만을 기재하고 있는 경우에 동일한 최소행정구역 내에서 본점의 소재장소만을 이전하는 때에는 이사회의 본점이전에 관한 결의로 본점을 이전할 수 있다(상법 제393조 1항). 하지만 정관상 본점의 소재지로 최소행정구역 외에 그 소재지번・동・호수까지 기재하고 있는 경우에는 동일한 등기소의 관할구역 내에서 본점을 이전하는 경우에도 정관의 변경이 필요하므로 주주총회의 특별결의로 정관을 변경한 후(상법 제433조 및 434조) 이사회 결의로 이전일자 등 본점이전과 관련된 업무집행에 관한 의사결정을 하여야 한다.

실무에서는 회사설립시 정관에는 본점소재지의 최소독립행정구역(특별시, 광역시)만 기재하고 구체적인 장소는 이사회결의로 정하고, 있어, 타관할로 이전하기 전에는 정관의 변경을 요하지 아니한다.

본점소재지는 독립된 행정구역(구획포함)으로서의 지번·동·호수 등이어야 하므로 당사자가 임의적으로 정한 건물명칭·호수 등은 등기사항이 아니고, 또한 동시에 복수의 행정구역을 본점소재지로 등기할 수는 없다. 그러나 추가된 지번·동·호수 등에 본점을 둔다는 취지라면 본점이전등기신청을 하여야 한다(등기선례 200402-12, 2004. 2. 6. 공탁법인 3402-37 질의회답).

나. 신청의 방법

(1) 개 설

다른 등기소의 관할구역 내로 본점을 이전한 경우에는 구소재지에서 하는 본점이전의 등기신청과 신소재지에서의 이전등기신청을 하여야 하나, 동일한 등기소 관할구역 내에서 본점을 이전하는 경우에는 신소재지에서의 이전등기만하면 된다.

본점이전의 등기는 회사를 대표하는 자가 상업등기법 제19조제1항에 따라 작성한 등기신청서를 등기소에 제출함으로서 한다(상업등기법 제17조 제2항). 회사를 대표하는 사원이 2인 이상인 경우에는 공동으로 이전등기를 신청하여야 한다.

신청인이 회사인 경우에는 그 상호, 본점 및 대표자의 성명이나 명칭과 주소(대표자가 법인인 경우에는 그 직무를 행할 자의 성명 및 주소를 포함한다)를 기재하여야 한다(상업등기법 제19조).

(2) 등기기간 및 기산점

본점이 실제로 이전한 일자를 기준으로 본점소재지에서는 2주 내, 지점소재지에서는 3주 내에 새로운 본점의 소재장소를 등기하여야 한다(상법 제317조 4항, 183조).

등기기간의 기산점은 주주총회나 이사회에서 결의한 일자가 아니라 실제로 본점을 이전하거나 지점을 설치한 일자가 될 것이나, 사전에 본점이전 및 지점설치를 한 다음에 이사회 결의가 있는 경우에는 그 이사회의 결의가 있는 날로부터 등기기간이 진행된다고 보아야 할 것이다(상업등기선례 1-133, 2003. 7. 9. 공탁법인 3402-164 질의회답).

(3) 본점에 지배인을 두고 있는 경우

본점에 지배인을 두고 있는 때에는 그 지배인을 둔 장소의 이전등기도 동시에 신청하여야 하는데, 이 경우에는 본점이전의 등기와 지배인을 둔 장소의 이전등기를 일괄하여 하나의 신청서로 신청하여야 한다(상업등기법 제55조 3항).

⑷ 첨부서면

(가) 통 칙

정관의 규정, 법원의 허가 또는 총주주나 종류주주 전원의 동의가 없으면 효력이 없거나 취소할 수 있는 사항의 등기에 관하여는 신청서에 정관, 법원의 허가서 또는 총주주나 종류주주 전원의 동의서를 첨부하여야 한다(상업등기법 제79조 제1항)

전자정부법에 규정된 행정정보공동이용의 절차에 따라 다른 행정기관의 행정정보를 공동으로 이용할 수 있는 경우에는 대법원규칙으로 정하는 바에 따라 등기신청에 필요한 서면 중 일부를 제출하지 아니할 수 있다(상업등기법 제19조 제5항).

(나) 의사록 등

첨부서면으로 원칙적으로 이사회의사록(청산중인 회사의 경우에는 청산인회의사록)을 첨부하여야 한다(상업등기법 제79조 2항). 다만 정관상 본점의 소재지가 그 소재지번・동・호수까지 기재되어 있을 경우에는 정관변경을 하여야 하므로 정관변경의 주주총회의사록을 제출하여야 한다(상업등기법 제79조 2항).

본점이전의 등기 시에는 인감의 제출자에 관한 사항에 변경이 생기지만 대표이사 등 회사의 대표자의 인감을 다시 제출할 필요가 없고(등기예규 제1306호 2바.1)), 본점이전과 동시에 인감 자체를 변경한 경우에만 개인신고서(改印申告書)를 제출하면 된다(등기예규 제1306호 2.다.1)).

⑸ 등록면허세 등

법인이 본점 또는 주 사무소를 다른 등기소 관할구역 내로 이전한 경우에는 구 소재지에서와 신 소재지에서 각각의 등록세를 납부하여야 하나, 신 소재지가 동일 등기소 관할 구역 내인 경우에는 등록면허세 75,000원(지방세법 제28조 제1항 4호)과 등록면허세의 20/100의 지방교육세만을 납부한다.

법인이 수 개의 등기사항을 하나의 신청서로써 일괄하여 신청하는 경우, 합산한 금액의 등록세를 납부하여야 한다(등기예규 제1038호). 즉, 본점이전의 등기의 신청과 동시에 본점에 둔 지배인의 지배인을 둔 장소의 이전의 등기를 일괄하여 하나의 신청서로 동시에 신청하는 경우에는 등록면허세(23,000원) 및 지방교육세(4,600원)를 합한 27,600원을 추가로 납부하여야 한다(등기예규 제1038호 1.). 다만 본점에 수인의 지배인을 둔 경우에도 지배인을 둔 장소의 이전등기를 일괄하여 신청하는 경우에는 1건의 등록면허세와 지방교육세를 납부하면 된다(예규 제1038호 7. 2문). 지배인이 수인인 경우라도 같다.

⑹ 대법원수입증지(수수료)

(가) 본점을 동일 등기소 관할구역내로 이전하는 경우 서면제출의 경우 본점이전등기의 신청수수료는 6천원이다. 다만, 본점소재지 이외에 지점소재지에서도 본점이전등기의 신청을 하여야 하는 경우에는 그 등기신청에 대하여 별도로 신청수수료 6천원을 납부하여야 한다(등기예규 제1403호).

수입증지는 법원구내 및 등기소 가까운 금융기관(농협, 신한은행)에서 구입할 수 있으며 등기신청서의 "을"지 즉, "신청등기소 및 등록면허세/수수료"란에 붙인다.

전자신청의 경우는 등기신청수수료는 2천원이고, 전자표준양식에 의하여 신청하는 경우 등기신청수수료는 4천원을 납부하여야 한다(등기예규 제1403호).

(나) 수개의 등기사항을 일괄하여 하나의 신청서로써 등기신청을 하는 경우에는 각 등기의 목적에 따른 소정의 신청수수료를 합산한 금액을 등기신청수수료로 납부하여야 한다(등기예규 제1403호).

(1) 변경등기의 경우

회사의 상호, 본점, 목적, 공고방법, 존립기간, 1주의 금액, 발행할 주식의 총수, 발행주식의 총수와 그 종류 및 각각의 수 등의 변경등기를 일괄하여 하나의 등기신청서로써 신청하는 경우에는 각각의 등기신청수수료를 합산한 금액을 납부하여야 한다. 다만, 수인의 이사, 대표이사, 감사 등 임원의 퇴임 또는 취임으로 인한 변경등기는 이를 일괄하여 하나의 임원변경등기신청으로 본다.

(2) 지배인선임 또는 지점설치등기의 경우

하나의 신청서로써 수인의 지배인선임등기를 신청하거나 수개의 지점설치등기를 신청하는 경우에는 이를 하나의 지배인선임등기 또는 지점설치등기신청으로 본다.

(3) 변경등기신청과 함께 지배인선임등기 등 변경등기 이외의 등기신청을 하나의 신청서로써 하는 경우에는 각각의 신청수수료를 합산한 금액을 등기신청수수료로 납부하여야 한다.

[사례] 농업(어업)회사법인 주식회사 본점이전등기(동일관할, 정관을 변경하지 아니하는 경우)

주식회사 본점이전등기신청

접수	년 월 일	처리인	접 수	조 사	기 입	교 합	각종통지
	제 호						

상 호	농업(어업)회사법인 ○○주식회사	등기번호	
구 본 점	○○시 ○○구 ○○동 00-0		
등 기 의 목 적	본점이전등기		
등 기 의 사 유	200○년 ○월 ○일 이사회결의에 의하여 200○년 ○월 ○일 본점을 다음 장소로 이전하였으므로 그 등기를 구함.		
본/지점 신청구분	1. 본점신청 □ 2. 지점신청 □ 3. 본·지점 일괄신청 □		
등 기 할 사 항			
신 본 점	○○시 ○○구 ○○동 00-0		
본점을 이전한 뜻과 그 연월일	본점이전 200○년 ○월 ○일		
지배인을 둔 장소를 이전한 뜻(본점에 지배인을 두고 있는 경우)	없음		
기 타			

<table>
<tr><td colspan="7">신청등기소 및 등록면허세/수수료</td></tr>
<tr><td rowspan="2">순번</td><td rowspan="2">신청등기소</td><td rowspan="2">구분</td><td>등록면허세</td><td rowspan="2">농어촌특별세</td><td rowspan="2">세액합계</td><td rowspan="2">등기신청수수료</td></tr>
<tr><td>지방교육세</td></tr>
<tr><td rowspan="2"></td><td rowspan="2"></td><td rowspan="2"></td><td>금 75,000원</td><td rowspan="2"></td><td rowspan="2">금 90,000원</td><td rowspan="2">금 6,000원</td></tr>
<tr><td>금 15,000원</td></tr>
<tr><td></td><td></td><td></td><td></td><td></td><td></td><td></td></tr>
<tr><td colspan="3" rowspan="2">합 계</td><td></td><td rowspan="2"></td><td rowspan="2"></td><td rowspan="2"></td></tr>
<tr><td></td></tr>
<tr><td colspan="4">등기신청수수료 은행수납번호</td><td colspan="3"></td></tr>
<tr><td colspan="7">첨 부 서 면</td></tr>
<tr><td colspan="4">1. 정관과 이사회의사록 통
1. 등록면허세영수필확인서 통
1. 위임장(대리인이 신청할 경우) 통</td><td colspan="3"><기 타></td></tr>
<tr><td colspan="7">년 월 일
신청인 상 호 농업(어업)회사법인 ○○주식회사
본 점 ○○시 ○○구 ○○동 00-0
대표이사 성 명 김 종 국 (인) (전화 :)
주 소
대리인 성 명 (인) (전화 :)
주 소

지방법원 등기소 귀중</td></tr>
</table>

<table>
<tr><td>- 신청서 작성요령 및 등기수입증지 첨부란 -
1. 해당란이 부족할 때에는 별지를 이용합니다.
1. 해당 등기신청과 관계없는 사항에 대하여는 “해당없음”으로 기재하거나 삭제하고, 필요한 사항은 추가 기재합니다.
1. 등기신청수수료 상당의 대법원등기수입증지를 이 난에 붙입니다.</td></tr>
</table>

(용지규격 21㎝× 29.7㎝)

[사례] 이사회의사록

이사회의사록

200○년 ○월 ○일 오전 10시 당사 회의실에서 다음 의안을 심의키 위하여 이사회를 개최하다.

이사 총수 3 명 출석 이사 수 3 명
감사 총수 1 명 출석 감사 수 1 명

대표이사 김종국은 의장석에 등단하여 위와 같이 법정수에 달하게 출석하였으므로 본 이사회는 적법하게 성립됨을 고하고 개회를 선언하다

의 안 : 본점 이전의 건

의장은 당회사의 본점을 이전하여야 할 필요성을 설명하고 이전장소와 그 이전일자를 정하여 줄 것을 말하자 다음과 같이 전원 만장일치로 승인가결하다.

1. 신 본 점 : ○○시 ○○구 ○○동 00-0
   이전년월일 : 20○년 ○월 ○일

의장은 이상으로서 의안 심의를 종료하고 폐회를 선언하다.(회의종료시각 10시 30분)

위 결의를 명확히 하기 위하여 이의사록을 작성하고 의장 및 출석한 이사, 감사가 다음에 기명날인하다.

200○년 ○월 ○일

농업(어업)회사법인 ○○주식회사
의장 대표이사 김 종 국
사내이사 이 ○ ○
사내이사 박 ○ ○
감 사 최 ○ ○

○ 이사회의 결의는 이사 과반수의 출석과 출석 이사의 과반수로 하여야 한다. 다만, 정관으로 그 비율을 높게 정할 수 있다(상법 제391①), 여기서 과반수란 2분의 1 이상이 아닌 2분의 1 초과를 의미하므로 예컨대 이사 총수가 6인인 경우 과반수 출석은 3인 이상이 아닌 4인 이상이 출석한 것을 말한다.

[사례] 위임장(등기소제출용)

위 임 장

법무사 정 동 진

서울 서초구 서초동 345-6

전화 : 123-4567

위 사람을 대리인으로 정하고 다음의 권한을 위임함.

다 음

1. 본회사의 본점 이전 등기신청서 제출 및 취하하는 일체의 행위

20○○년 12월 일

위임인 농업(어업)회사법인 ○○주식회사

○○시 ○○구 ○○동 00-0

대표이사 김 종 국

○ 이 위임장은 법무사에게 등기를 의뢰하는 경우 대리의 권한을 법무사에게 위임하는 서류로써 등기소에 제출하는 서류이다. 위임장에는 그 권한의 범위를 명확히 기재하여야 한다.

3. 다른 등기소 관할구역 내로 이전한 경우

가. 개 설

"본점이전"의 등기에 관한 의의에 대하여는 전술하였다. 다른 등기소 관할구역 내로 본점을 이전하는 경우에는 정관상 본점의 소재지가 최소행정구역만으로 기재되어 있든지 아니면 소재지번·동·호수까지 기재되어 있든지 간에 정관의 변경이 필요하다.

따라서 이 경우에는 정관상 본점의 소재지가 변경되어야 하므로 주주총회의 결의에 의하여 정관을 변경한 후 주주총회 의사록을 첨부하여 본점이전의 등기를 신청하여야 한다

나. 신청방법

(1) 동시신청

본점을 다른 등기소의 관할구역 내로 이전한 경우에 신소재지에서 하는 등기의 신청은 구소재지를 관할하는 등기소를 거쳐야 하고, 신소재지에서 하는 등기의 신청과 구소재지에서 하는 등기의 신청은 구소재지를 관할하는 등기소에 동시에 하여야 한다(상업등기법 제101조, 58조 1항 및 2항).

(2) 일괄신청

신소재지에서 하는 본점이전등기의 신청은 구소재지 관할 등기소에서 하는 본점이전등기의 신청서에 신소재지를 관할하는 등기소에 하는 등기의 신청에 관한 정보를 함께 기록하여 제출하는 방식으로 일괄신청하여야 한다(규칙 104조 1항 및 85조).

한편, 동일한 등기기록에 대한 여러 개의 등기신청은 일괄하여 하나의 신청서로 할 수 있지만(규칙 54조 1항 본문), 다른 등기소 관할구역으로 본점을 이전하는 등기를 신청하는 경우에는 원칙적으로 다른 변경등기신청과의 일괄신청이 허용되지 않는다(규칙 54조 1항 단서). 즉, 타 관할 본점이전등기와 동시에 다른 변경등기를 신청하는 경우에는 본점이전등기신청서 외에 별도의 변경등기신청서를 제출하여야 한다. 다만 앞서 동일한 등기소의 관할구역 내에서 본점을 이전한 경우에 언급한 바와 같이 본점에 둔 지배인의 지배인을 둔 장소의 이전등기를 동시에 신청하여야 하는 경우와 본점이전등기신청을 한 회사의 상호가 신소재지 관할등기소에서 상업등기법 제30조에 해당하여 본점이전등기를 할 수 없고, 구소재지 관할등기소에서도 상업등기법 제30조에 해당하여 상호변경등기를 할 수 없는 경우에는 본점이전등기신청과 지배인을 둔 장소의 이전등기 또는 상호변경등기신청을 일괄신청 하여야 한다(상업등기법 제55조 3항, 규칙 104조 1항 및 86조 1항, 1327호 4조 2항).

(3) 등기사항

(가) 개 설

본점이전등기를 신청하기 위한 서면(전자문서를 포함한다. 이하 "신청서"라 한다)에는 상업등기법 제19조에서 규정하는 사항을 적고, 신청인 또는 그 대표자(대표자가 법인인 경우에는 그 직무를 행할 자를 말한다)나 업무집행자(업무집행자가 법인인 경우에는 그 직무를 행할 자를 말한다) 또는 대리인이 기명날인(전자문서에 의한 신청시의 전자서명을 포함한다)하여야 한다.

다른 등기소의 관할구역 내로 본점을 이전하는 경우에는 구소재지 관할등기소에서 하는 등기의 신청서에 신소재지 관할등기소에서 하는 등기의 신청에 관한 정보를 함께 기록하여 제출하여야 한다(상업등기규칙 제104조 1항, 제85조).

신청서에 기재하여야 할 등기할 사항(상업등기법 제19조 1항 4호)과 관련해서는 구소재지에서의 등기신청서에는 '신본점으로 이전한 뜻과 그 연월일'을 기재하여야 하고, 신소재지에서 하는 등기의 신청에는 '신본점으로 이전한 뜻과 그 연월일'과 '이사, 대표이사, 감사 또는 감사위원회 위원의 취임연월일'을 기재하여야 한다(상업등기규칙 제97조, 예규 제1327호 12조 별지 양식 41-2호).

(나) 신청인

본점이전의 등기는 회사를 대표하는 자가 신청하여야 하고(상업등기법 제17조 제2항), 회사를 대표하는 자가 2인 이상인 경우에는 공동으로 이전등기를 신청하여야 한다.

회사를 대표하는 자가 법인인 경우에는 해당 직무를 행할 자의 성명, 주소 및 주민등록번호를 기재하여야 한다.

(4) 첨부서면

본점의 소재지는 정관의 절대적 기재사항에 해당하는데(상법 제289조 1항 6호), 본점을 다른 등기소의 관할구역 내로 이전하는 경우에는 정관상 본점의 소재지가 변경되어야 하므로 이러한 정관상 본점의 소재지가 변경된 사실을 증명하기 위하여 정관변경을 결의한 주주총회의사록을 첨부하여야 한다(상업등기법 제79조 2항). 다만 이 경우에 새로운 본점의 소재지가 기재된 정관을 첨부할 필요는 없다.

한편, 주주총회에서 정관상 본점의 소재지를 변경하였다고 하더라도 이전일자, 이전장소 등 본점이전과 관련된 업무집행에 관한 구체적인 의사결정은 이사회가 하여야 하므로 이사회의사록도 첨부하여야 한다(상업등기법 제79조 2항).

본점이전의 등기시에는 인감의 제출자에 관한 사항에 변경이 생기지만 대표이사 등 회사의 대표자의 인감을 다시 제출할 필요가 없고(등기예규 제1306호 2바.1)), 본점이전과 동시에 인감 자체를 변경한 경우에만 개인신고서(改印申告書)를 제출하면 된다(등기예규 제1306호 2.다.1)).

(5) 등록면허세

(가) 다른 등기소의 관할구역 내로 본점을 이전한 경우에는 우선 구소재지에서 하는 본점이전의 등기신청과 관련해서는 등록면허세 23,000원 및 지방교육세 4,600원을 납부하여야 한다(지방세법 제28조 1항 6호).

(나) 신소재지에서 하는 본점이전의 등기신청과 관련해서는 다음과 같이 등록면허세를 납부하여야 한다.

신소재지에서 하는 본점이전의 등기신청과 관련하여 등록면허세 75,000원과 지방교육세 15,000원을 납부하여야 한다.

본점의 구소재지가 대도시 내에 있던 회사가 대도시 외로 이전한 경우에는 신소재지에서 하는 본점이전의 등기신청에 대하여 등록면허세를 면제한다. 다만 이 경우 면제되는 등록면허세의 100분의 20에 해당하는 농어촌특별세를 등록면허세의 납세지에 납부하여야 한다(농어촌특별세법 2·3·5 내지 7조).

본점의 구소재지가 대도시 외에 있던 회사가 대도시 내로 본점을 이전한 경우에는 대도시 내에서 법인을 설립하는 것으로 보아 신소재지에서 하는 본점이전의 등기신청에 대하여 주식회사의 설립등기의 세율 즉, 자본금의 1,000분의 4의 3배에 해당하는 등록면허세와 등록면허세의 100분의 20에 해당하는 지방교육세를 납부하여야 한다(지방세법 제28조 2항).

(6) 등기신청수수료

(가) 구소재지에서 하는 본점이전의 등기신청과 관련해서는 6,000원의 등기신청수수료를 납부하여야 하고(수수료규칙 5조의3 2항 본문), 신소재지에서 하는 본점이전의 등기신청과 관련해서는 30,000원을 납부하여야 한다(수수료규칙 5조의3 1항 2호).

수입증지는 법원구내 및 등기소 가까운 금융기관(농협, 신한은행)에서 구입할 수 있으며 등기신청서의 "을"지 즉, "신청등기소 및 등록면허세/수수료"란에 붙인다.

전자신청의 경우는 등기신청수수료는 2천원이고, 전자표준양식에 의하여 신청하는 경우 등기신청수수료는 4천원을 납부하여야 한다(등기예규 제1403호 2011.10.11 개정).

(나) 수개의 등기사항을 일괄하여 하나의 신청서로써 등기신청을 하는 경우에는 각 등기의 목적에 따른 소정의 신청수수료를 합산한 금액을 등기신청수수료로 납부하여야 한다(등기예규 제1403호 2011.10.11 개정).

(1) 변경등기의 경우

회사의 상호, 본점, 목적, 공고방법, 존립기간, 1주의 금액, 발행할 주식의 총수, 발행주식의 총수와 그 종류 및 각각의 수 등의 변경등기를 일괄하여 하나의 등기신청서로써 신청하는 경우에는 각각의 등기신청수수료를 합산한 금액을 납부하여야 한다. 다만, 수인의 이사, 대표이사, 감사 등 임원의 퇴임 또는 취임으로 인한 변경등기는 이를 일괄하여 하나의 임원변경등기신청으로 본다.

(2) 지배인선임 또는 지점설치등기의 경우

하나의 신청서로써 수인의 지배인선임등기를 신청하거나 수개의 지점설치등기를 신청하는 경우에는 이를 하나의 지배인선임등기 또는 지점설치등기신청으로 본다.

(3) 변경등기신청과 함께 지배인선임등기 등 변경등기 이외의 등기신청을 하나의 신청서로써 하는 경우에는 각각의 신청수수료를 합산한 금액을 등기신청수수료로 납부하여야 한다.

[사례] 농업(어업)회사법인 주식회사 본점이전등기신청서(타 관할 이전)

농업(어업)회사법인 주식회사 본점이전등기신청

접수	년 월 일	처리인	접 수	조 사	기 입	교 합	각종통지
	제 호						

상 호	농업(어업)회사법인 ○○주식회사	등기번호	
본 점	○○시 ○○구 ○○동 ○○		
등 기 의 목 적	본점이전등기		
등 기 의 사 유	20○○년 ○월 ○일 임시주주총회결의에 의하여 20○○년 ○월 ○일 본점을 다음 장소로 이전하였으므로 그 등기를 구함.		
구 본점 관할등기소에 등기할 사항			
본점을 이전한 뜻과 그 연월일	신본점 : ○○도 ○○시 ○○동 456-7 20○○년 ○월 ○일 본점이전		
신 본점 관할등기소에 등기할 사항			
본점을 이전한 뜻과 그 연월일	20○○년 ○월 ○일 본점이전		
상호를 변경한 경우 변경후의 상호와 변경연월일	없음		
이사, 감사의 성명 및 주민등록번호, 취임연월일	사내이사 정순태 (000000-0000000) 20○○년 ○월 ○일 취임 사내이사 이경순 (000000-0000000) 20○○년 ○월 ○일 취임 사내이사 현진섭 (000000-0000000) 20○○년 ○월 ○일 취임 감 사 박문호 (000000-0000000) 20○○년 ○월 ○일 취임		
대표이사의 성명과 주소, 취임연월일	정 순 태 ○○시 ○○구 ○○동 ○○ 20○○년 ○월 ○일		

<table>
<tr><td colspan="8">신청등기소 및 등록면허세/수수료</td></tr>
<tr><td rowspan="2">순번</td><td rowspan="2">신청등기소</td><td rowspan="2">구분</td><td>등록면허세</td><td rowspan="2">농어촌특별세</td><td rowspan="2">세액합계</td><td rowspan="2">등기신청수수료</td></tr>
<tr><td>지방교육세</td></tr>
<tr><td rowspan="2"></td><td rowspan="2"></td><td rowspan="2">구본점</td><td>금 23,000원</td><td rowspan="2"></td><td rowspan="2">금 27,600원</td><td rowspan="2">금 6,000원</td></tr>
<tr><td>금 4,600원</td></tr>
<tr><td rowspan="2"></td><td rowspan="2"></td><td rowspan="2">신본점</td><td>면 제</td><td rowspan="2">금15,000원</td><td rowspan="2">금 15,000원</td><td rowspan="2">금 30,000원</td></tr>
<tr><td></td></tr>
<tr><td rowspan="2"></td><td rowspan="2"></td><td rowspan="2">정관변경</td><td>금 23,000원</td><td rowspan="2"></td><td rowspan="2">금 27,600원</td><td rowspan="2">금 6,000원</td></tr>
<tr><td>금 4,600원</td></tr>
<tr><td></td><td></td><td></td><td></td><td></td><td></td><td></td></tr>
<tr><td colspan="3" rowspan="2">합 계</td><td></td><td rowspan="2"></td><td rowspan="2"></td><td rowspan="2"></td></tr>
<tr><td></td></tr>
<tr><td colspan="4">등기신청수수료 은행수납번호</td><td colspan="3"></td></tr>
<tr><td colspan="7">첨 부 서 면</td></tr>
<tr><td colspan="4">1. 정관과 주주총회의사록 통
1. 이사회의사록 통
1. 등록면허세영수필확인서 통
1. 위임장(대리인이 신청할 경우) 통</td><td colspan="3"><기 타></td></tr>
<tr><td colspan="7">년 월 일

신청인 상 호 농업(어업)회사법인 ○○주식회사
본 점 ○○도 ○○시 ○○동 456-7
대표이사 성 명 정 순 태 (인) (전화 :)
주 소 ○○시 ○○구 ○○동 ○○
대리인 성 명 법무사 (인) (전화 :)
주 소 ○○시 ○○구 ○○동 ○○

○○지방법원 ○○등기소 귀중</td></tr>
</table>

- 신청서 작성요령 및 등기수입증지 첨부란 -

1. 해당란이 부족할 때에는 별지를 이용합니다.
1. 해당 등기신청과 관계없는 사항에 대하여는 "해당없음"으로 기재하거나 삭제하고, 필요한 사항은 추가 기재합니다.
1. 등기신청수수료 상당의 대법원등기수입증지를 이 난에 붙입니다.

(용지규격 21㎝× 29.7㎝)

[사례] 임시주주총회의사록

임시주주총회의사록

20○○년 12월 12일 오전 10시 본회사의 본점 사무실에서 출석 주주 전원의 동의로 상법 소정의 소집절차를 필하고 임시주주총회를 개최하다.

주식총수	35,000주	출석주주수	3 명
주주총수	4 명	그 소유주식수	28,000주

대표이사 정순태는 정관규정에 따라 의장석에 등단하여 위와 같이 법정수에 달하는 주주가 출석하였으므로 본 총회가 적법히 성립됨을 알리고 개회를 선언한 후 다음 의안을 부의하고 심의를 구하다.

의안 : 본점이전 및 정관변경의 건
의장은 당회사의 본점을 이전하여야 할 필요성을 설명하고 이에 수반하여 현행 정관 제3조를 다음과 같이 변경하여야 함을 물은즉 전원 만장일치로 승인가결하다.
1. 정관변경 : 제3조 (본점) 본회사의 본점은 경기도 광주시 시내에 둔다.

이상으로서 금일 의안 전부 심의 종료하였으므로 의장은 폐회를 선언하다.(회의종료 시각 10시 20분)

위 결의를 명확히 하기 위하여 출석한 의장과 이사 다음에 기명 날인하다.

200○년 12월 12일

농업(어업)회사법인 ○○주식회사
의장 대표이사 정 순 태
사내이사 -이하 생략-

※ 정관변경

○ 정관의 변경은 특별결의에 의한다. 특별결의는 주주총회 결의 방법의 하나로서 발행주식 총수의 3분의1 이상에 해당하는 주식을 가진 주주의 출석으로 그 의결권의 3분의 2이상의 다수로 결정하는 방법을 말한다(상법 제434).

[사례] 이사회의사록

이사회의사록

20○○년 12월 12일 오전 11시 본 회사 본점 회의실에서 이사 및 감사 전원의 동의로 상법 소정의 소집 절차를 생략하고 다음 의안을 심의키 위하여 이사회를 개최하다.

이사총수 4 명 출석이사수 3 명

감사총수 1 명 출석감사수 1 명

대표이사 정순태는 의장석에 등단하여 위와 같이 법정수에 달하게 출석하였으므로 본 이사회는 적법하게 성립됨을 고하고 개회를 선언하다.

의 안 : 본점 이전의 건

의장은 당회사의 본점을 이전하여야 할 필요성을 설명하고 그 장소와 이전일자를 정하여 중 것을 말하자 다음의 장소와 이전 일자를 전원 만장일치로 승인가결하다.

신 본 점 : ○○도 ○○시 ○○동 456-7

이전년월일 : 20○○년 12월 15일

이상으로서 금일의 의안전부 심의종료 하였으므로 의장은 폐회를 선언하다.(종료시각 11시 20분)

위 결의를 명확히 하기 위하여 의장과 출석한 이사 및 감사가 기명날인하다.

20○○년 12월 12일

농업(어업)회사법인 ○○주식회사

의장 대표이사 정순태

이하 출석 이사 전원 서명 날인

○ 이사회의 결의는 이사 과반수의 출석과 출석 이사의 과반수로 하여야 한다. 다만, 정관으로 그 비율을 높게 정할 수 있다(상법 제391①).

[사례] 주주명부

주 주 명 부

년 월 일 현재

주주명	주 소	인수주식수	1주의 금액	금 액	비 고
정 순 태	○○시 ○○구 ○○동 ○○ www.wer88@hanmail.com	00주	000	000	
신 동 석		00주	000	000	
김 명 수		00주	000	000	
합	계	000주		000	

위 주주명부는 본사에 비치된 주주명부와 대조하여 틀림이 없음을 증명합니다.

20○○년 1월 23일

회 사 명 : 농업(어업)회사법인 ○○주식회사 (법인인감날인)
소 재 지 : ○○도 ○○시 ○○동 456-7
대 표 이 사 : 정 순 태 (인)

※ 전자주주명부제도

○ 회사는 정관에서 정하는 바에 따라 전자문서로 주주명부를 작성할 수 있다(상법 제352조의2①). 전자주주명부에는 상법 제352조제1항의 기재사항 외에 전자우편주소를 적어야 한다.

○ 주주들이 서면 외에도 이메일 등 전자문서를 통해 주주제안권 및 임시주주총회 소집청구권을 행사할 수 있도록 했다. 전자투표제도를 도입함에 따라 일반 주주명부를 전자문서로 된 주주명부로 대체할 필요가 있어서 제도화한 것이다.

[사례] 농업(어업)회사법인 주식회사 본점이전등기(지점소재지에서 하는 등기신청)

농업(어업)회사법인 주식회사 본점이전등기신청

<table>
<tr><td rowspan="2">접수</td><td>년 월 일</td><td rowspan="2">처리인</td><td>접 수</td><td>조 사</td><td>기 입</td><td>교 합</td><td>각종통지</td></tr>
<tr><td>제 호</td><td></td><td></td><td></td><td></td><td></td></tr>
</table>

상호	농업(어업)회사법인 ○○주식회사	등기번호	
본점	○○시 ○○구 ○○동 ○○		
지점	○○시 ○○구 ○○동 ○○		
등기의 목적	본점이전등기		
등기의 사유	20○○년 ○월 ○일 임시주주총회결의에 의하여 200○○년 ○월 ○일 본점을 이전하고 본점소재지 관할 등기소에 등기를 하였으므로 이 지점소재지에서 그 등기를 구함.		
등기할사항			
신본점소재지	○○시 ○○구 ○○동 ○○		
이전연월일	20○○년 ○월 ○일 본점이전		
기타			

신청등기소 및 등록면허세/수수료						
순번	신청등기소	구분	등록면허세 지방교육세	농어촌특별세	세액합계	등기신청수수료
			금 23,000원 금 4,600원		금27,600원	금6,000원
합 계						
등기신청수수료 은행수납번호						

첨 부 서 면	
1. 등록면허세영수필확인서 통 1. 위임장(대리인이 신청할 경우) 통	<기 타>

년 월 일

신청인 상 호 농업(어업)회사법인 ○○주식회사

본 점 ○○시 ○○구 ○○동 ○○

대표이사 성 명 이 동 일 (인) (전화 :)

주 소 ○○시 ○○구 ○○동 ○○

대리인 성 명 이 법 무 (인) (전화 :)

주 소 ○○시 ○○구 ○○동 ○○

○○지방법원 ○○등기소 귀중

- 신청서 작성요령 및 등기수입증지 첩부란 -

1. 해당란이 부족할 때에는 별지를 이용합니다.
1. 해당 등기신청과 관계없는 사항에 대하여는 "해당없음"으로 기재하거나 삭제하고, 필요한 사항은 추가 기재합니다.
1. 등기신청수수료 상당의 대법원등기수입증지를 이 난에 붙입니다.

(용지규격 21㎝× 29.7㎝)

※ 본·지점 공통 등기사항의 경우, 본점소재지 등기소에서 먼저 등기를 마친 다음에 지점소재지 등기소에서 등기를 하게 되므로, 지점소재지 등기소에 등기를 신청할 경우에는 첨부서면의 제출을 면제함(상업등기법 제61조 제2항).

[사례] 농업(어업)회사법인 주식회사 변경등기신청서(본점주소경정, 신청착오)

농업(어업)회사법인 주식회사 변경등기신청

접수	년 월 일	처리인	접 수	조 사	기 입	교 합	각종통지
	제 호						

상 호	농업(어업)회사법인 ○○주식회사	등기번호	
본 점	○○시 ○○구 ○○동 ○○		
등기의목적	본점주소 경정등기		
등기의사유	본점 주소를 착오로 신청하였으므로 20○○년 ○월 ○일 이사회결의에 의하여 그 경정 등기를 구함.		
본/지점 신청구분	1. 본점신청 □ 2. 지점신청 □ 3. 본 · 지점 일괄신청 □		
등 기 할 사 항			
경정된 주소와 경정연월일	○○시 ○○구 ○○동 ○○ 20○○년 11월 27일 경정		
기 타			

<table>
<tr><td colspan="7">신청등기소 및 등록면허세/수수료</td></tr>
<tr><td rowspan="2">순번</td><td rowspan="2">신청등기소</td><td rowspan="2">구분</td><td>등록면허세</td><td rowspan="2">농어촌특별세</td><td rowspan="2">세액합계</td><td rowspan="2">등기신청수수료</td></tr>
<tr><td>지방교육세</td></tr>
<tr><td rowspan="2"></td><td rowspan="2"></td><td rowspan="2"></td><td>금 23,000원</td><td rowspan="2"></td><td rowspan="2">금27,600원</td><td rowspan="2">금6,000원</td></tr>
<tr><td>금 4,600원</td></tr>
<tr><td></td><td></td><td></td><td></td><td></td><td></td><td></td></tr>
<tr><td colspan="3" rowspan="2">합 계</td><td></td><td rowspan="2"></td><td rowspan="2"></td><td rowspan="2"></td></tr>
<tr><td></td></tr>
<tr><td colspan="4">등기신청수수료 은행수납번호</td><td colspan="3"></td></tr>
<tr><td colspan="7">첨 부 서 면</td></tr>
<tr><td colspan="4">1. 주주총회의사록 또는 이사회의사록 통
1. 등록면허세영수필확인서 통
1. 위임장(대리인이 신청할 경우) 통</td><td colspan="3"><기 타></td></tr>
<tr><td colspan="7">20○○년 ○월 ○일

신청인 상 호 농업(어업)회사법인 ○○주식회사
본 점 ○○시 ○○구 ○○동 ○○
대표이사 성 명 이 한 국 (인) (전화 : 123-4567)
주 소 ○○시 ○○구 ○○동 ○○
대리인 성 명 장 법 무 (인) (전화 : 234-5678)
주 소 ○○시 ○○구 ○○동 ○○
○○지방법원 ○○등기소 귀중</td></tr>
</table>

- 신청서 작성요령 및 등기수입증지 첨부란 -

1. 해당란이 부족할 때에는 별지를 이용합니다.
1. 해당 등기신청과 관계없는 사항에 대하여는 "해당없음"으로 기재하거나 삭제하고, 필요한 사항은 추가 기재합니다.
1. 등기신청수수료 상당의 대법원등기수입증지를 이 난에 붙입니다.

(용지규격 21㎝× 29.7㎝)

[사례] 이사회의사록

이사회의사록

20○○년 ○월 ○일 오전 11시 당사 회의실에서 다음 의안을 심의키 위하여 이사회를 개최하다.

이사 총수 3 명 출석 이사 수 3 명
감사 총수 1 명 출석 감사 수 1 명

대표이사 이한국은 의장석에 등단하여 위와 같이 법정수에 달하게 출석하였으므로 본 이사회는 적법하게 성립됨을 고하고 개회를 선언하다.

의 안 : 본점주소 경정의 건
의장은 본점의 주소를 신청착오로 잘못 등기하였음을 근거서류에 의하여 설명하고 이를 바로 잡을 것에 대하여 그 가부를 물은바, 전원 이의 없이 그를 찬성하여 만장일치로 승인 가결하다.
본점주소 : ○○시 ○○구 ○○동 ○○

의장은 이상으로서 의안 심의를 종료하고 폐회를 선언하다.(때는 오전 11시 20분)
위 결의를 명확히 하기 위하여 이의사록을 작성하고 의장 및 출석한 이사 감사가 다음에 기명날인하다.

20○○년 ○월 ○일
농업(어업)회사법인 ○○주식회사
의장 대표이사 이 한 국 (인)
사내이사 ○ ○ ○ (인)
사내이사 ○ ○ ○ (인)

※ 이사회의사록
○ 본점 소재 지번에 관하여 착오로 등기된 경우 이를 경정하고자 한다면, 이사회결의를 하여 경정등기를 하여야 한다(1999. 11. 30. 등기 3402-1085 질의회답).
○ 이사회의 결의는 이사 과반수의 출석과 출석 이사의 과반수로 하여야 한다. 다만, 정관으로 그 비율을 높게 정할 수 있다(상법 제391①).

[사례] 농업(어업)회사법인 주식회사 지점설치등기(회사설립 후, 이사회결의의 본점소재지에서)

농업(어업)회사법인 주식회사 지점설치등기신청

접수	년 월 일	처리인	접 수	조 사	기 입	교 합	각종통지
	제 호						

상 호	농업(어업)회사법인 ○○주식회사	등기번호	
본 점	○○시 ○○구 ○○동 ○○		
등기의목적	지점설치등기		
등기의사유	20○○년 12월 16일 이사회결의로 다음과 같이 지점을 설치하였으므로 그 등기를 구함.		
본/지점 신청구분	1. 본점신청 ☐ 2. 지점신청 ☐ 3. 본·지점 일괄신청 ☐		
등 기 할 사 항			
지점 명칭	1. 종로영업소 2. 서초영업소		
지점 소재지	1. ○○시 ○○구 ○○동 ○○ 2. ○○시 ○○구 ○○동 ○○		
설치연월일	20○○년 12월 16일 각 지점설치		
기 타			

<table>
<tr><td colspan="7">신청등기소 및 등록면허세/수수료</td></tr>
<tr><td rowspan="2">순번</td><td rowspan="2">신청등기소</td><td rowspan="2">구분</td><td>등록면허세</td><td rowspan="2">농어촌특별세</td><td rowspan="2">세액합계</td><td rowspan="2">등기신청수수료</td></tr>
<tr><td>지방교육세</td></tr>
<tr><td rowspan="2"></td><td rowspan="2"></td><td rowspan="2"></td><td>금 23,000원</td><td rowspan="2"></td><td rowspan="2">금27,600원</td><td rowspan="2">금6,000원</td></tr>
<tr><td>금 4,600원</td></tr>
<tr><td></td><td></td><td></td><td></td><td></td><td></td><td></td></tr>
<tr><td colspan="3" rowspan="2">합 계</td><td></td><td rowspan="2"></td><td rowspan="2"></td><td rowspan="2"></td></tr>
<tr><td></td></tr>
<tr><td colspan="4">등기신청수수료 은행수납번호</td><td colspan="3"></td></tr>
<tr><td colspan="7">첨 부 서 면</td></tr>
<tr><td colspan="4">1. 이사회의사록 통
1. 등록면허세영수필확인서 통
1. 위임장(대리인이 신청할 경우) 통</td><td colspan="3"><기 타></td></tr>
<tr><td colspan="7">20○○년 ○월 ○일
신청인 상 호 농업(어업)회사법인 ○○주식회사
본 점 ○○시 ○○구 ○○동 ○○
대표이사 성 명 오 대 규 (인) (전화 :)
주 소 ○○시 ○○구 ○○동 ○○
대리인 성 명 구 형 모 (인) (전화 :)
주 소 ○○시 ○○구 ○○동 ○○
○○지방법원 ○○등기소 귀중</td></tr>
</table>

- 신청서 작성요령 및 등기수입증지 첨부란 -
1. 해당란이 부족할 때에는 별지를 이용합니다. 1. 해당 등기신청과 관계없는 사항에 대하여는 "해당없음"으로 기재하거나 삭제하고, 필요한 사항은 추가 기재합니다. 1. 등기신청수수료 상당의 대법원등기수입증지를 이 난에 붙입니다.

(용지규격 21㎝× 29.7㎝)

○ 동일한 관할내에서 여러 개의 지점을 한 신청서에 신청할 경우에는 1건의 등록면허세를 납부한다.

○ 지점의 설치와 폐지는 이사회의 권한에 속하는 사항이나(상법 제 393), 정관에 지점의 소재지가 기재되어 있고 정관에 규정한 곳 이외의 곳에 지점을 설치할 경우에는 정관변경을 위한 주주총회를 거쳐야 하며, 특별결의사항이다.

[사례] 이사회의사록

이사회의사록

20○○년 12월 16일 오전 11시 당사 본점 회의실에서 참석이사 전원의 동의로 상법 제390조 제2항의 소집절차를 생략하고 다음의 안을 심의키 위하여 이사회를 개최하다.

이 사 총 수 13명 출석 이사수 11명
(감사위원회위원 3명, 출석감사위원회위원 3명)

의장 오대규는 의장석에 등단하여 위와 같이 법정수에 달하여 출석하였으므로 본 이사회는 적법하게 성립됨을 고하고 개회를 선언하다.

의안 : 영업소 신설에 관한 건

영업소 신설에 대한 업무 형편상 타당성을 설명하고 다음과 같이 영업소 신설하여 줄 것을 구한바, 전원 일치로 이의 없이 확정가결하다.

지 점 명	주 소	기 준 일
종로영업소	○○시 ○○구 ○○동 ○○	20○○. 12. 16.
서초영업소	○○시 ○○구 ○○동 ○○	20○○. 12. 16.

의장은 이상으로서 의안 심의를 종료하고 폐회를 선언하다.(폐회시각10:00)

20○○. 12. 16.

농업(어업)회사법인 ○○주식회사
대표이사 오 대 규
사내이사 오 석 철
사내이사 -이하 출석 이사 전원 서명 날인-

○ 이사회의 결의는 이사 과반수의 출석과 출석 이사의 과반수로 하여야 한다. 다만, 정관으로 그 비율을 높게 정할 수 있다(상법 제391①).

[사례] 위임장

위 임 장

법무사 구 형 모

○○시 ○○구 ○○동 ○○

전화 536-7575 팩스 536-5656

본인은 위 사람을 대리인으로 정하고 다음 사항을 위임함.

다 음

1. 당 회사 지점설치의 등기와 관련한 일체의 행위

20○○년 12월 16일

위임인 농업(어업)회사법인 ○○주식회사

○○시 ○○구 ○○동 ○○

대표이사 오 대 규

○○시 ○○구 ○○동 ○○

○ 이 위임장은 법무사에게 등기를 의뢰하는 경우 대리의 권한을 법무사에게 위임하는 서류로써 등기소에 제출하는 서류이다. 위임장에는 그 권한의 범위를 명확히 기재하여야 한다.

[사례] 농업(어업)회사법인 주식회사 지점이전등기(이사회결의, 본점소재지 에서의 경우)

농업(어업)회사법인 주식회사
지점이전등기신청

접수	년 월 일	처리인	접 수	조 사	기 입	교 합	각종통지
	제 호						

상 호	농업(어업)회사법인 ○○주식회사	등기번호	
본 점	○○시 ○○구 ○○동 ○○		
등기의목적	지점이전등기		
등기의사유	20○○. 1. 24. 이사회결의로 ○○시 ○○구 ○○동 ○○ 서울 동부지점을 다음 장소로 이전하였으므로 그 등기를 구함.		
본/지점 신청구분	1. 본점신청 □ 2. 지점신청 □ 2. 본·지점 일괄신청 □		
등 기 할 사 항			
지점 명칭	서울 동부지점		
지점 소재지	○○시 ○○구 ○○동 ○○		
이전연월일	20○○년 1월 24일		
기 타			

<table>
<tr><td colspan="7">신청등기소 및 등록면허세/수수료</td></tr>
<tr><td rowspan="2">순번</td><td rowspan="2">신청등기소</td><td rowspan="2">구분</td><td>등록면허세</td><td rowspan="2">농어촌특별세</td><td rowspan="2">세액합계</td><td rowspan="2">등기신청수수료</td></tr>
<tr><td>지방교육세</td></tr>
<tr><td rowspan="2"></td><td rowspan="2"></td><td rowspan="2"></td><td>금 23,000원</td><td rowspan="2"></td><td rowspan="2">금27,600원</td><td rowspan="2">금6,000원</td></tr>
<tr><td>금 4,600원</td></tr>
<tr><td></td><td></td><td></td><td></td><td></td><td></td><td></td></tr>
<tr><td colspan="3" rowspan="2">합 계</td><td></td><td rowspan="2"></td><td rowspan="2"></td><td rowspan="2"></td></tr>
<tr><td></td></tr>
<tr><td colspan="4">등기신청수수료 은행수납번호</td><td colspan="3"></td></tr>
<tr><td colspan="7">첨 부 서 면</td></tr>
<tr><td colspan="4">1. 이사회의사록 통
1. 등록면허세영수필확인서 통
1. 위임장(대리인이 신청할 경우) 통</td><td colspan="3"><기 타></td></tr>
</table>

20○○년 ○월 ○일

신청인 상 호 농업(어업)회사법인 ○○주식회사

본 점 ○○시 ○○구 ○○동 ○○

대표이사 성 명 박 동 수 (인) (전화 :)

주 소 ○○시 ○○구 ○○동 ○○

대리인 성 명 법무사 나 법 무 (인) (전화 :)

주 소 ○○시 ○○구 ○○동 ○○

○○지방법원 ○○등기소 귀중

- 신청서 작성요령 및 등기수입증지 첩부란 -

1. 해당란이 부족할 때에는 별지를 이용합니다.
1. 해당 등기신청과 관계없는 사항에 대하여는 "해당없음"으로 기재하거나 삭제하고, 필요한 사항은 추가 기재합니다.
1. 등기신청수수료 상당의 대법원등기수입증지를 이 난에 붙입니다.

(용지규격 21㎝× 29.7㎝)

※ 지점의 설치와 이전, 폐지는 이사회의 권한에 속하는 사항이나(상법 제393조), 정관에 지점의 소재지가 기재되어 있고 정관에 규정한 곳 이외의 곳에 지점을 설치할 경우에는 정관변경을 위한 주주총회를 거쳐야 하며, 특별결의사항이다.

※ 대도시외의 지점이 대도시내로 지점을 이전할 경우 등록면허세는 3배를 중과한다.

[사례] 이사회 의사록

이사회 의사록

20○○년 1월 24일 오전 10시 당사 회의실에서 이사회를 개최하다.

이사 총수 6명 감사 총수 1명

출석이사수 5명 출석감사수 1명

대표이사 박동수는 의장석에 등단하여 금일 이사회의 적법함을 알리고 개회를 선언하다. 이어 다음의 안을 부의하고 그 심의를 구하다.

의안 : 지점 이전의 건

의장은 당사의 사업상 지점 ○○시 ○○구 ○○동 ○○ 을 다음과 같이 이전할 필요가 있음을 설명하고 이에 대한 의견을 물은바, 출석 이사 전원동의로 원안을 승인 가결하다.

지점이전장소 : ○○시 ○○구 ○○동 ○○(서울 동부지점)

이상으로 금일 의안이 전부 심의 종료하였으므로 의장은 폐회를 선언하다.(회의종료시각 10시 30분)

위 결의를 명확히 하기 위하여 이 의사록을 작성하고 의장과 출석한 이사 다음에 기명 날인하다.

20○○. 1. 24.

농업(어업)회사법인 ○○주식회사

의장 대표이사 박 동 수 (인)

사내이사 서 준 동 (인)

사내이사 -이하 생략-

○ 이사회의 결의는 이사 과반수의 출석과 출석 이사의 과반수로 하여야 한다. 다만, 정관으로 그 비율을 높게 정할 수 있다(상법 제391①).

[사례] 농업(어업)회사법인 주식회사 지점이전등기(신 지점소재지에서의 경우)

농업(어업)회사법인 주식회사 지점이전등기신청

접수	년 월 일	처리인	접 수	조 사	기 입	교 합	각종통지
	제 호						

등 기 의 목 적		지점이전등기	등록번호	
등 기 의 사 유		20○○. 1. 24. 이사회결의로 서울시 종로구 고림동 123-4 종로지점을 다음 장소로 이전하였으므로 그 등기를 구함		
등 기 할 사 항				
상 호		농업(어업)회사법인 ○○주식회사		
본 점		○○시 ○○구 ○○동 ○○		
지점	명 칭	서울 동부지점		
	소재지	○○시 ○○구 ○○동 ○○		
공 고 방 법		○○시내에서 발행하는 일간 매일경제신문에 게재한다.		
대표이사의 성명, 주민등록번호 및 주소, 취임연월일		장 진 수 (000000-0000000) ○○시 ○○구 ○○동 ○○ 20○○. ○. ○. 취임		
회사성립연월일		20○○. 1. 24.		
지점이전연월일		20○○년 1월 24일 이전		
목 적		별지와 같음		
존 립 기 간 또는 해산사유		없음		
기 타		없음		

<table>
<tr><td colspan="7">신청등기소 및 등록면허세/수수료</td></tr>
<tr><td rowspan="2">순번</td><td rowspan="2">신청등기소</td><td rowspan="2">구분</td><td>등록면허세</td><td rowspan="2">농어촌특별세</td><td rowspan="2">세액합계</td><td rowspan="2">등기신청수수료</td></tr>
<tr><td>지방교육세</td></tr>
<tr><td rowspan="2"></td><td rowspan="2"></td><td rowspan="2"></td><td>금 23,000원</td><td rowspan="2"></td><td rowspan="2">금27,600원</td><td rowspan="2">금6,000원</td></tr>
<tr><td>금 4,600원</td></tr>
<tr><td></td><td></td><td></td><td></td><td></td><td></td><td></td></tr>
<tr><td colspan="3" rowspan="2">합 계</td><td></td><td rowspan="2"></td><td rowspan="2"></td><td rowspan="2"></td></tr>
<tr><td></td></tr>
<tr><td colspan="4">등기신청수수료 은행수납번호</td><td colspan="3"></td></tr>
<tr><td colspan="7">첨 부 서 면</td></tr>
<tr><td colspan="4">1. 등록면허세영수필확인서 통
1. 위임장(대리인이 신청할 경우) 통</td><td colspan="3"><기 타></td></tr>
<tr><td colspan="7">20○○년 ○월 ○일
신청인 상 호 농업(어업)회사법인 ○○주식회사
본 점 ○○시 ○○구 ○○동 ○○
대표이사 성 명 장 진 수 (인) (전화 : 123-4567)
주 소 ○○시 ○○구 ○○동 ○○
대리인 성 명 나 법 무 (인) (전화 : 234-5678)
주 소 ○○시 ○○구 ○○동 ○○
○○지방법원 ○○등기소 귀중</td></tr>
</table>

<table>
<tr><td>- 신청서 작성요령 및 등기수입증지 첨부란 -
1. 해당란이 부족할 때에는 별지를 이용합니다.
1. 해당 등기신청과 관계없는 사항에 대하여는 “해당없음”으로 기재하거나 삭제하고, 필요한 사항은 추가 기재합니다.
1. 등기신청수수료 상당의 대법원등기수입증지를 이 난에 붙입니다.</td></tr>
</table>

(용지규격 21㎝× 29.7㎝)

※ 본·지점 공통 등기사항의 경우, 본점소재지 등기소에서 먼저 등기를 마친 다음에 지점소재지 등기소에서 등기를 하게 되므로, 지점소재지 등기소에 등기를 신청할 경우에는 첨부서면은 제출하지 아니한다.

[사례] 농업(어업)회사법인 주식회사 지점폐지등기(본점소재지에서의 경우)

농업(어업)회사법인 주식회사 지점폐지등기신청

접수	년 월 일	처리인	접 수	조 사	기 입	교 합	각종통지
	제 호						

상 호	농업(어업)회사법인 ○○주식회사	등기번호	
본 점	○○시 ○○구 ○○동 ○○		
등 기 의 목 적	지점폐지등기		
등 기 의 사 유	20○○. 1. 24. 이사회결의로 다음의 지점을 폐지하였으므로 그 등기를 구함		
본/지점 신청구분	1. 본점신청 □ 2. 지점신청 □ 2. 본·지점 일괄신청 □		
등 기 할 사 항			
폐지할 지점의 명칭 및 소재지	강남지점 ○○시 ○○구 ○○동 ○○		
폐지연월일	20○○년 ○월 ○일		
기 타			

신청등기소 및 등록면허세/수수료						
순번	신청등기소	구분	등록면허세 지방교육세	농어촌특별세	세액합계	등기신청수수료
			금 23,000원 금 4,600원		금27,600원	금6,000원
합 계						
등기신청수수료 은행수납번호						

첨 부 서 면	
1. 이사회의사록 통 1. 등록면허세영수필확인서 통 1. 위임장(대리인이 신청할 경우) 통	<기 타>

20○○년 ○월 ○일

신청인 상 호 농업(어업)회사법인 ○○주식회사

본 점 ○○시 ○○구 ○○동 ○○

대표이사 성 명 홍 성 태 (인) (전화 : 123-4567)

주 소 ○○시 ○○구 ○○동 ○○

대리인 성 명 법무사 나 법 무 (인) (전화 : 234-5678)

주 소 ○○시 ○○구 ○○동 ○○

○○지방법원 ○○등기소 귀중

- 신청서 작성요령 및 등기수입증지 첨부란 -

1. 해당란이 부족할 때에는 별지를 이용합니다.
1. 해당 등기신청과 관계없는 사항에 대하여는 "해당없음"으로 기재하거나 삭제하고, 필요한 사항은 추가 기재합니다.
1. 등기신청수수료 상당의 대법원등기수입증지를 이 난에 붙입니다.

(용지규격 21㎝× 29.7㎝)

※ 지점의 설치와 이전, 폐지는 이사회의 권한에 속하는 사항이나(상법 제 393), 정관에 지점의 소재지가 기재되어 있고 정관에 규정한 곳 이외의 곳에 지점을 설치할 경우에는 정관변경을 위한 주주총회를 거쳐야 하며, 특별결의사항이다.

[사례] 이사회의사록

이사회의사록

20○○년 6월 27일 11시 당사 회의실에서 다음 의안을 심의키 위하여 이사회를 개최하다.

이사 총 수 3 명 출석 이사 수 3 명
감사 총 수 1 명 출석 감사 수 1 명

대표이사 홍성태는 의장석에 등단하여 위와 같이 법정수에 달하게 출석하였으므로 본 이사회는 적법하게 성립됨을 고하고 개회를 선언하다.
이어 의장은 다음 의안을 부의하고 심의를 구하다.

의안 : 지점 폐지에 관한 건
의장은 본 회사 운영상 지점 폐지에 대한 타당성을 설명하고 다음의 지점을 폐지할 것을 구한바, 전원 일치로 이의 없이 확정가결하다.
지점명칭 및 폐지지점 : 강남지점, ○○시 ○○구 ○○동 ○○
폐지년월일 : 20○○년 ○월 ○일

이상으로서 금일의 의안이 전부 심의종료 되었으므로 의장은 폐회를 선언하다.(종료시각 11시 30분)
위 결의를 명확히 하기 위하여 이 의사록을 작성하고 의장과 출석한 이사 감사가 다음에 기명 날인하다.

20○○년 ○월 ○일

농업(어업)회사법인 ○○주식회사
의 장 대표이사 홍 성 태 (인)
사내이사 -이하 생략 -

○ 이사회의 결의는 이사 과반수의 출석과 출석 이사의 과반수로 하여야 한다. 다만, 정관으로 그 비율을 높게 정할 수 있다(상법 제391①).

[사례] 농업(어업)회사법인 주식회사 변경등기신청서(이사 2인 중임)

농업(어업)회사법인 주식회사 변경등기신청

접수	년 월 일	처리인	접 수	조 사	기 입	교 합	각종통지
	제 호						

상 호	농업(어업)회사법인 ○○주식회사	등기번호	제234567호
본 점	○○시 ○○구 ○○동 ○○		
등기의목적	이사 중임 등기		
등기의사유	본 회사의 사내이사 우희성, 사내이사 이영선은 20○○년 ○월 ○일 임기만료이나 동일 임시주주총회결의에 의하여 이사에 재 선임되어 같은 날 이사에 중임하였으므로 그 등기를 구함.		
본/지점 신청구분	1. 본점신청 □ 2. 지점신청 □ 3. 본·지점 일괄신청 □		
등 기 할 사 항			
대표이사 · 이사 · 감사 등의 퇴임 · 취임 등과 그 연월일	사내이사 우희성(000000-0000000)(20○○년 ○월 ○인 중임) 사내이사 이영선(000000-0000000)(20○○년 ○월 ○일 중임)		
기 타			

신청등기소 및 등록면허세/수수료						
순번	신청등기소	구분	등록면허세 / 지방교육세	농어촌특별세	세액합계	등기신청수수료
			금 23,000원 / 금 4,600원		금27,600원	금6,000원
합 계						
등기신청수수료 은행수납번호						

첨 부 서 면	
1. 주주총회의사록 또는 이사회 의사록(해임, 선임 등의 경우) 통 1. 사임서(인감증명서포함) 통 1. 취임승낙서(인감증명서 포함) 통 1. 주민등록표등본(선임한 경우) 통	1. 인감신고서(대표이사선임의 경우) 통 1. 등록면허세영수필확인서 통 1. 위임장(대리인이 신청할 경우) 통 <기 타>

년 월 일

신청인 상 호 농업(어업)회사법인 ○○주식회사
본 점 ○○시 ○○구 ○○동 ○○
대표이사 성 명 김 치 국 (인) (전화 : 555-1234)
주 소 ○○시 ○○구 ○○동 ○○
대리인 성 명 법무사 정 동 진 (인) (전화 : 123-4567)
주 소 ○○시 ○○구 ○○동 ○○

○○지방법원 ○○등기소 귀중

- 신청서 작성요령 및 등기수입증지 첨부란 -

1. 해당란이 부족할 때에는 별지를 이용합니다.
1. 해당 등기신청과 관계없는 사항에 대하여는 "해당없음"으로 기재하거나 삭제하고, 필요한 사항은 추가 기재합니다.
1. 등기신청수수료 상당의 대법원등기수입증지를 이 난에 붙입니다.

(용지규격 21㎝× 29.7㎝)

[사례] 임시주주총회의사록

임시주주총회의사록

1. 일　　　시 : 20○○년 ○월 ○일 오전 11시
1. 장　　　소 : ○○시 ○○구 ○○동 ○○ 본점 회의실
1. 출석한 상황 :

총 주주수	4명	총주식수	20,000주
출석주주수	4명	이의주식수	20,000주

대표이사 김치국은 정관규정에 따라 의장석에 착석하여 위와 같이 법정원수에 달하게 출석하였으므로 본 총회가 적법히 성립됨을 알리고 개회를 선언한 후 다음 의안을 부의하고 심의를 구하다.

제1호 의안 이사 재선임의 건

의장은 본 회사의 사내이사 우희성, 사내이사 이영선은 금일 임기만료이나 회사의 사업운영 형편상 그 유임이 불가피함을 설명하고, 재선임 여부를 자문한 즉 출석주주 전원 만장일치로 다음 사람 등의 이사 재선임을 승인가결하다.

사내이사　우희성

사내이사　이영선

위 피선자 등은 즉석에서 그 중임을 승낙하다.

이상으로서 금일의 의안 전부를 심의 종료하였으므로 의장은 폐회(오전 11시 30분)를 선언하다.

위 결의를 명확히 하기 위하여 이 의사록을 작성하고 의장과 출석한 이사 아래에 각 기명날인하다.

20○○년 ○월 ○일

농업(어업)회사법인 ○○주식회사

의 장 대표이사 김 치 국 (인)

사내이사 우 희 성 (인)

사내이사 ○ ○ ○ (인)

○ 이사ㆍ감사는 주주총회의 보통결의 즉, 출석한 주주의 의결권의 과반수와 발행주식총수의 1/4이상의 수로써 선임하고(상법 제382①,368①), 보통결의 요건은 예외적으로 정관의

규정에 따라서 출석정족수를 두거나 의결정족수를 가중할 수 있다(상법 제368①).

[사례] 중임승낙서

> **중 임 승 낙 서**
>
> 본인은 20○○년 ○월 ○일 귀 회사 임시주주총회에서 결의에 의하여 이사로 재선임되었으므로 그 중임을 승낙합니다.
>
> 20○○년 ○월 ○일
>
> 사내이사 우 희 성 (인)
>
> 농업(어업)회사법인 ○○주식회사 귀중

○ 중임승낙을 증명하는 서면에는 인감증명법에 따라 신고한 인감을 날인하고 그 인감증명서를 첨부하여야 하는바, 중임하는 경우에는 그 자가 등기소에 제출한 인감의 날인으로 갈음할 수 있다(상업등기규칙 제84조 제2항).

○ "이사의 임기는 3년으로 하되 그 임기가 임기 내에 도래하는 최종의 결산기에 관한 정기주주총회 종결 전에 만료되는 때에는 이사의 임기는 그 총회 종결시까지 연장한다."는 취지의 정관 규정에 의하여 1996. 1. 12.자로 임기가 만료되는 이사의 임기가 정기주주총회종결일인 1996. 3. 25.까지 연장되었고, 그 총회에서 동일인이 다시 이사로 선임되어 '1996. 3. 25.'을 중임일로 하는 중임등기가 경료된 후, 임기 중인 1999. 3. 10.자 정기주주총회에서 동일인이 다시 이사로 선임되었다면 특별한 사정이 없는 한 중임등기를 신청할 수 있을 것이고, 이 경우 중임일은 먼저 중임된 이사의 임기만료일의 다음날인 '1999. 3. 26.'로 하여야 할 것이다(상업등기선례 1-157 1999. 5. 11. 등기 3402-506 질의회답).

[사례] 농업(어업)회사법인 주식회사 변경등기신청서(이사 1인 임기만료로 퇴임하고 선임)

농업(어업)회사법인 주식회사 변경등기신청

접수	년 월 일	처리인	접 수	조 사	기 입	교 합	각종통지
	제 호						

상 호	농업(어업)회사법인 ○○주식회사	등기번호	제345678호
본 점	○○시 ○○구 ○○동 ○○		
등기의목적	이사 변경 등기		
등기의사유	본 회사의 사내이사 권두칠은 20○○년 ○월 ○일 임기만료로 퇴임하고 같은 날 임시주주총회에서 다음 사람이 이사로 선임되어, 같은날 취임하였으므로 그 등기를 구함.		
본/지점 신청구분	1. 본점신청 □ 2. 지점신청 □ 3. 본・지점 일괄신청 □		
등 기 할 사 항			
대표이사 · 이사 · 감사 등의 퇴임 · 취임 등과 그 연월일	1) 사내이사 권두칠 (20○○년 ○월 ○일 퇴임) 2) 사내이사 김종필(000000-0000000)(20○○년 ○월 ○일 취임)		
기 타			

<table>
<tr><td colspan="7">신청등기소 및 등록면허세/수수료</td></tr>
<tr><td rowspan="2">순번</td><td rowspan="2">신청등기소</td><td rowspan="2">구분</td><td>등록면허세</td><td rowspan="2">농어촌특별세</td><td rowspan="2">세액합계</td><td rowspan="2">등기신청수수료</td></tr>
<tr><td>지방교육세</td></tr>
<tr><td rowspan="2"></td><td rowspan="2"></td><td rowspan="2"></td><td>금 23,000원</td><td rowspan="2"></td><td rowspan="2">금27,600원</td><td rowspan="2">금6,000원</td></tr>
<tr><td>금 4,600원</td></tr>
<tr><td colspan="3" rowspan="2">합 계</td><td></td><td rowspan="2"></td><td rowspan="2"></td><td rowspan="2"></td></tr>
<tr><td></td></tr>
<tr><td colspan="4">등기신청수수료 은행수납번호</td><td colspan="3"></td></tr>
<tr><td colspan="7">첨 부 서 면</td></tr>
<tr><td colspan="4">1. 주주총회의사록 또는 이사회의사록(해임, 선임 등의 경우) 1통
1. 사임서(인감증명서포함) 통
1. 가족관계 등록사항별 증명서(사망한 경우) 통
1. 판결 또는 결정등본 및 확정증명원(재판에 의한 경우) 통</td><td colspan="3">1. 취임승낙서(인감증명서 포함) 1통
1. 주민등록표등본(선임한 경우) 1통
1. 정관(필요한 경우) 통
1. 인감신고서(대표이사선임의 경우) 통
1. 등록면허세영수필확인서 1통
1. 위임장(대리인이 신청할 경우) 1통
<기 타></td></tr>
<tr><td colspan="7">년 월 일

신청인 상 호 농업(어업)회사법인 ○○주식회사
본 점 ○○시 ○○구 ○○동 ○○
대표이사 성 명 이 택 수 (인) (전화 : 555-1234)
주 소 ○○시 ○○구 ○○동 ○○
대리인 성 명 법무사 정 동 진 (인) (전화 : 123-4567)
주 소 ○○시 ○○구 ○○동 ○○

○○지방법원 ○○등기소 귀중</td></tr>
</table>

- 신청서 작성요령 및 등기수입증지 첨부란 -

1. 해당란이 부족할 때에는 별지를 이용합니다.
1. 해당 등기신청과 관계없는 사항에 대하여는 "해당없음"으로 기재하거나 삭제하고, 필요한 사항은 추가 기재합니다.
1. 등기신청수수료 상당의 대법원등기수입증지를 이 난에 붙입니다.

(용지규격 21㎝× 29.7㎝)

[사례] 위임장(등기소 제출용)

위 임 장

법무사 정 동 진

○○시 ○○구 ○○동 ○○

전화 : 123-4567

위 사람을 대리인으로 정하고 다음 사항의 권한을 위임함.

다 음

1. 본 회사의 이사변경 등기 신청 및 취하에 관한 일체의 행위

20○○년 ○월 ○일

신청인 농업(어업)회사법인 ○○주식회사

○○시 ○○구 ○○동 ○○

대표이사 이 택 수

○○시 ○○구 ○○동 ○○

○ 이 위임장은 법무사에게 등기를 의뢰하는 경우 대리의 권한을 법무사에게 위임하는 서류로써 등기소에 제출하는 서류이다. 위임장에는 그 권한의 범위를 명확히 기재하여야 한다.

[사례] 임시주주총회의사록

임시주주총회의사록

20○○년 ○월 ○일 오전 ○시 본점 회의실에서 임시주주총회를 개최하다.

주식총수	10,000주	주주총수	4명
출석주주수	3명	이의주식수	9,000주

의장 대표이사 이택수는 정관규정에 따라 의장석에 등단하여 위와 같이 법정원수에 달하는 주주가 출석하였으므로 본 총회가 적법히 성립됨을 알리고 개회를 선언한 후 다음 의안을 부의하고 심의를 구하다.

제1호 의안 : 이사 선임의 건

의장은 사내이사 권두칠은 20○○년 ○월 ○일 임기만료로 퇴임하고 금일 총회에서 이사를 보선하여야 한다고 상세히 설명한바, 출석한 주주전원 일치되어 아래 사람을 이사로 선임하다.

사내이사 김종필

위 피선자는 즉시 그 취임을 승낙하다.

이상으로서 금일의 의안이 전부 심의 종료되었으므로 의장은 폐회를 선언하다.

(폐회시간 오전 11시 30분)

위 결의를 명확히 하기 위하여 이 의사록을 작성하고 의장과 출석한 이사가 아래에 기명날인하다.

20○○년 ○월 ○일

농업(어업)회사법인 ○○주식회사

의 장 대표이사 이 택 수 (인)

사내이사 ○ ○ ○ (인)

사내이사 ○ ○ ○ (인)

○ 이사는 주주총회의 보통결의 즉, 출석한 주주의 의결권의 과반수와 발행주식총수의 1/4이상의 수로써 선임하는데(상법 제382①), 보통결의 요건은 예외적으로 정관의 규정에

따라서 출석정족수를 두거나 의결정족수를 가중할 수 있다(상법 제368①).

[사례] 취임승낙서

취 임 승 낙 서

본인은 20○○년 ○월 ○일 귀 회사의 임시주주총회의 결의에 의하여 이사로 선임되었으므로 그 취임을 승낙합니다.

20○○년 ○월 ○일

사내이사 김 종 필 (인)

농업(어업)회사법인 ○○주식회사 귀중

※ 취임승낙서에는 취임임원은 인감을 날인하고 인감증명서를 첨부하여야 한다. 이사는 취임승낙서에 사내이사, 사외이사, 기타 비상무이사로 구분하여 표시하도록 한다. 취임승낙하는 임원이 여러 명인 경우 1장의 서면에 모두 작성할 수도 있다.

[사례] 주주명부

<table>
<tr><th colspan="5">주 주 명 부</th></tr>
<tr><td>주 주</td><td>주 소</td><td>인수주식수</td><td>1주금액</td><td>납 입 금 액</td></tr>
<tr><td>이택수</td><td>○○시 ○○구 ○○동 ○○
www.asd45@hanmail.com</td><td>○주</td><td>금 500원</td><td>금 0,000,000원</td></tr>
<tr><td>○○○</td><td>○○시 ○○구 ○○동 ○○
www.wer88@hanmail.com</td><td>○주</td><td>금 500원</td><td>금 0,000,000원</td></tr>
<tr><td>이하생략</td><td></td><td></td><td></td><td></td></tr>
<tr><td>합 계</td><td></td><td>○주</td><td></td><td>금 0,000,000원</td></tr>
<tr><td colspan="5">위 주주명부는 본사에 비치된 주주명부와 대조하여 틀림이 없음을 증명합니다.
20○○년 ○월 ○일</td></tr>
<tr><td>상 호</td><td colspan="4">농업(어업)회사법인 ○○주식회사</td></tr>
<tr><td>본 점</td><td colspan="4">○○시 ○○구 ○○동 ○○</td></tr>
<tr><td>대표이사</td><td colspan="4">이 택 수</td></tr>
</table>

※ 전자주주명부제도

○ 회사는 정관에서 정하는 바에 따라 전자문서로 주주명부를 작성할 수 있다(상법 제352조의2①). 전자주주명부에는 상법 제352조제1항의 기재사항 외에 전자우편주소를 적어야 한다.

○ 개정법은 기업경영의 IT화를 위하여 주주총회에 직접 참석하거나 대리인에게 투표를 위임하지 않더라도 전자서명 등 본인인증절차를 거쳐 인터넷으로 의결권을 행사하는 전자투표제도가 도입됐다(상법 제368조의4, 제382조의2).

[사례] 농업(어업)회사법인 주식회사 변경등기신청서(대표이사 임기만료, 이사회결의로 재선임)

농업(어업)회사법인 주식회사 변경등기신청

접수	년 월 일	처리인	접 수	조 사	기 입	교 합	각종통지
	제 호						

상 호	농업(어업)회사법인 ○○주식회사	등기번호	제223456호
본 점	○○시 ○○구 ○○동 ○○		
등기의목적	대표이사 중임 등기		
등기의사유	본 회사의 대표이사 김대성은 20○○년 ○월 ○일 임기만료이나 동일 이사회결의에 의하여 대표이사에 재 선임되어 같은 날 중임하였으므로 그 등기를 구함.		
본/지점 신청구분	1. 본점신청 □ 2. 지점신청 □ 3. 본·지점 일괄신청 □		
등 기 할 사 항			
대표이사 · 이사 · 감사 등의 퇴임 · 취임 등과 그 연월일	대표이사 김대성 (20○○년 ○월 ○일 중임) 501020-1234567 ○○시 ○○구 ○○동 ○○		
기 타			

<table>
<tr><td colspan="7">신청등기소 및 등록면허세/수수료</td></tr>
<tr><td rowspan="2">순번</td><td rowspan="2">신청등기소</td><td rowspan="2">구분</td><td>등록면허세</td><td rowspan="2">농어촌특별세</td><td rowspan="2">세액합계</td><td rowspan="2">등기신청수수료</td></tr>
<tr><td>지방교육세</td></tr>
<tr><td rowspan="2"></td><td rowspan="2"></td><td rowspan="2"></td><td>금 23,000원</td><td rowspan="2"></td><td rowspan="2">금27,600원</td><td rowspan="2">금6,000원</td></tr>
<tr><td>금 4,600원</td></tr>
<tr><td></td><td></td><td></td><td></td><td></td><td></td><td></td></tr>
<tr><td colspan="3" rowspan="2">합 계</td><td></td><td rowspan="2"></td><td rowspan="2"></td><td rowspan="2"></td></tr>
<tr><td></td></tr>
<tr><td colspan="4">등기신청수수료 은행수납번호</td><td colspan="3"></td></tr>
<tr><td colspan="7">첨 부 서 면</td></tr>
<tr><td colspan="4">1. 주주총회의사록 또는 이사회 의사록(해임, 선임 등의 경우) 통
1. 사임서(인감증명서포함) 통
1. 가족관계 등록사항별 증명서(사망한 경우) 통
1. 판결 또는 결정등본 및 확정증명원(재판에 의한 경우) 통</td><td colspan="3">1. 취임승낙서(인감증명서 포함) 1통
1. 주민등록표등본(선임한 경우) 1통
1. 정관(필요한 경우) 통
1. 인감신고서(대표이사 선임의 경우) 1통
1. 등록면허세영수필확인서 1통
1. 위임장(대리인이 신청할 경우) 1통
<기 타></td></tr>
<tr><td colspan="7">년 월 일

신청인 상 호 농업(어업)회사법인 ○○주식회사
본 점 ○○시 ○○구 ○○동 ○○
대표이사 성 명 김 대 성 (인) (전화 : 555-1234)
주 소 ○○시 ○○구 ○○동 ○○
대리인 성 명 법무사 정 동 진 (인) (전화 : 123-4567)
주 소 ○○시 ○○구 ○○동 ○○

○○지방법원 ○○등기소 귀중</td></tr>
</table>

- 신청서 작성요령 및 등기수입증지 첨부란 -
1. 해당란이 부족할 때에는 별지를 이용합니다. 1. 해당 등기신청과 관계없는 사항에 대하여는 "해당없음"으로 기재하거나 삭제하고, 필요한 사항은 추가 기재합니다. 1. 등기신청수수료 상당의 대법원등기수입증지를 이 난에 붙입니다.

(용지규격 21㎝× 29.7㎝)

※ 대표이사

○ 대표이사는 이사회의 결의로 선임되는 것이 원칙이다(상법 제389①본문). 이사 1~2인의 회사인 경우에는 주주총회결의로 선임한다(상법 제383④~⑥). 정관의 규정에 의하여 주주총회에서 대표이사를 선임한 때에는 주주총회 의사록 이외에 정관을 첨부하여야 한다.

○ 대표이사는 이사의 자격을 전제로 하므로 이사의 임기를 초과하지 못한다. 그리고 대표이사에게도 상법 제386조의 결원의 경우 후임자 취임시 까지 업무집행권을 가지는 규정이 준용된다. 대표이사의 자격이나 인원수에는 제한이 없다. 공동대표이사는 공동으로 업무를 집행하고 회사를 대표한다(상법 제389조). 대표이사는 이사의 자격 상실, 사임, 위임의 종료(민법 제690조), 이사회나 주주총회의 해임결의(상법 제382·385조) 등에 의하여 종임된다.

[사례] 위임장(등기소 제출용)

위 임 장

법무사 정 동 진

○○시 ○○구 ○○동 ○○

전화 : 123-4567

위 사람을 대리인으로 정하고 다음 사항의 권한을 위임함.

다 음

1. 본 회사의 대표이사 중임 등기 신청 및 취하에 관한 일체의 행위

20○○년 ○월 ○일

위임인 농업(어업)회사법인 ○○주식회사

○○시 ○○구 ○○동 ○○

대표이사 김 대 성

○○시 ○○구 ○○동 ○○

[사례] 이사회의사록

이사회의사록

20○○년 ○월 ○일 오전 11시 본사 회의실에서 이사 및 감사 전원 동의로 상법 제390조 제2항 소정의 소집절차를 생략하고 이사회를 개최하다.

이사 총수	3명	감사 총수	1명
출석 이사 수	3명	출석 감사 수	1명

대표이사 김대성은 의장석에 등단하여 위와 같이 출석하였으므로 본 회의는 적법하게 성립됨을 고하고 개회를 선언하다.

의안 대표이사 재선임의 건

의장은 본 회사의 대표이사 김대성은 20○○년 ○월 ○일 임기만료이나 회사의 사업운영 형편상 그 유임이 불가피함을 설명하고 그 승인을 구한 즉 출석이사 전원 만장일치로 재선임을 승인가결하다.

대표이사 김대성

위 피선자는 즉석에서 그 중임을 승낙하다.

이상으로서 금일 의안 전부를 심의 종료하였으므로 의장은 폐회를 선언하다. (폐회시간 오전 11시 30분)

위 결의를 명확히 하기 위하여 이 의사록을 작성하고 의장과 출석한 이사, 감사 아래에 각 기명날인하다.

20○○년 ○월 ○일

농업(어업)회사법인 ○○주식회사
의장 대표이사 김 대 성 (인)
사내이사 ○ ○ ○ (인)
감 사 ○ ○ ○ (인)

[사례] 중임승낙서

중 임 승 낙 서

본인은 20○○년 ○월 ○일 귀 회사 이사회에서 결의에 의하여 대표이사로 재 선임되었으므로 그 중임을 승낙합니다.

20○○년 ○월 ○일

대표이사 이 영 길 (인)

농업(어업)회사법인 ○○주식회사 귀중

○ 대표이사의 중임승낙을 증명하는 서면에는 인감증명법에 따라 신고한 인감을 날인하고 그 인감증명서를 첨부하여야 하는바, 중임하는 경우에는 그 자가 등기소에 제출한 인감의 날인으로 갈음할 수 있다(상업등기규칙 제84조 제2항).

[사례] 농업(어업)회사법인 주식회사 변경등기신청서(대표이사직 사임 및 보선)

농업(어업)회사법인 주식회사 변경등기신청

<table>
<tr><td rowspan="2">접수</td><td>년 월 일</td><td rowspan="2">처리인</td><td>접 수</td><td>조 사</td><td>기 입</td><td>교 합</td><td>각종통지</td></tr>
<tr><td>제 호</td><td></td><td></td><td></td><td></td><td></td></tr>
</table>

<table>
<tr><td>상 호</td><td>농업(어업)회사법인 ○○주식회사</td><td>등기번호</td><td>제85256호</td></tr>
<tr><td>본 점</td><td colspan="3">○○시 ○○구 ○○동 ○○</td></tr>
<tr><td>등기의목적</td><td colspan="3">임원 변경 등기</td></tr>
<tr><td>등기의사유</td><td colspan="3">20○○년 ○월 ○일 대표이사인 김영준은 대표이사직에서 사임하고 이사회에서 다음 사람이 대표이사로 선임되어 같은 날 취임하였으므로 다음 사항의 등기를 구함.</td></tr>
<tr><td>본/지점 신청구분</td><td colspan="3">1. 본점신청 □ 2. 지점신청 □ 3. 본·지점 일괄신청 □</td></tr>
<tr><td colspan="4">등 기 할 사 항</td></tr>
<tr><td>대표이사 · 이사 · 감사 등의 퇴임 · 취임 등과 그 연월일</td><td colspan="3">대표이사 김영준 (20○○년 ○월 ○일 사임)
대표이사 김광양 (000000-0000000) (20○○년 ○월 ○일 취임)
○○시 ○○구 ○○동 ○○</td></tr>
<tr><td>기 타</td><td colspan="3"></td></tr>
</table>

<table>
<tr><td colspan="7">신청등기소 및 등록면허세/수수료</td></tr>
<tr><td rowspan="2">순번</td><td rowspan="2">신청등기소</td><td rowspan="2">구분</td><td>등록면허세</td><td rowspan="2">농어촌특별세</td><td rowspan="2">세액합계</td><td rowspan="2">등기신청수수료</td></tr>
<tr><td>지방교육세</td></tr>
<tr><td rowspan="2"></td><td rowspan="2"></td><td rowspan="2"></td><td>금 23,000원</td><td rowspan="2"></td><td rowspan="2">금27,600원</td><td rowspan="2">금6,000원</td></tr>
<tr><td>금 4,600원</td></tr>
<tr><td></td><td></td><td></td><td></td><td></td><td></td><td></td></tr>
<tr><td colspan="3" rowspan="2">합 계</td><td></td><td rowspan="2"></td><td rowspan="2"></td><td rowspan="2"></td></tr>
<tr><td></td></tr>
<tr><td colspan="4">등기신청수수료 은행수납번호</td><td colspan="3"></td></tr>
<tr><td colspan="7">첨 부 서 면</td></tr>
<tr><td colspan="4">1. 주주총회의사록 또는 이사회 의사록(해임, 선임 등의 경우) 통
1. 사임서(인감증명서포함) 통
1. 가족관계 등록사항별 증명서(사망한 경우) 통
1. 판결 또는 결정등본 및 확정증명원(재판에 의한 경우) 통</td><td colspan="3">1. 취임승낙서(인감증명서 포함) 1통
1. 주민등록표등본(선임한 경우) 1통
1. 정관(필요한 경우) 통
1. 인감신고서(대표이사 선임의 경우) 1통
1. 등록면허세영수필확인서 1통
1. 위임장(대리인이 신청할 경우) 1통
<기 타></td></tr>
<tr><td colspan="7">년 월 일

신청인 상 호 농업(어업)회사법인 ○○주식회사
본 점 ○○시 ○○구 ○○동 ○○
대표이사 성 명 김 광 양 (인) (전화 : 555-1234)
주 소 ○○시 ○○구 ○○동 ○○
대리인 성 명 법무사 정 동 진 (인) (전화 : 123-4567)
주 소 ○○시 ○○구 ○○동 ○○

○○지방법원 ○○등기소 귀중</td></tr>
</table>

- 신청서 작성요령 및 등기수입증지 첩부란 -

1. 해당란이 부족할 때에는 별지를 이용합니다.
1. 해당 등기신청과 관계없는 사항에 대하여는 "해당없음"으로 기재하거나 삭제하고, 필요한 사항은 추가 기재합니다.
1. 등기신청수수료 상당의 대법원등기수입증지를 이 난에 붙입니다.

(용지규격 21㎝× 29.7㎝)

[사례] 이사회의사록

이사회의사록

20○○년 ○월 ○일 오전 11시 본사 회의실에서 다음과 같이 이사회를 개최하다.

이사 총수	3명	출석 이사 수	3명
감사 총수	1명	출석 감사 수	1명

제1호 의안 대표이사 보선의 건

의장은 본 회사 대표이사 김영준이 20○○년 ○월 ○일 사임하였으므로 이를 보선하기 위하여 그 선출방법을 물은바, 무기명 비밀투표로 선출하기로 전원 일치되어 즉시 투표한 결과 다음과 같이 선출되다.

대표이사 김광양

위 선출된 대표이사는 즉석에서 취임을 승낙하다.

이상으로서 금일 의안 전부를 심의 종료하였으므로 의장은 폐회를 선언하다.(회의종료시각 오전 11시 30분)

위 의사록의 안건, 경과요령, 그 결과, 반대하는 자와 그 반대이유를 명백히 하기 위하여 이 의사록을 작성하고 의장과 출석한 이사가 각 기명날인하다.

20○○년 ○월 ○일

농업(어업)회사법인 ○○주식회사
의장 대표이사 김 광 양 (인)
사내이사 김 영 준 (인)
사내이사 ○ ○ ○ (인)
사내이사 ○ ○ ○ (인)

※ 대표이사의 선임

○ 대표이사는 원칙적으로 이사회에서 선임하지만(상법 제389조), 정관에 의하여 주주총회에서 직접 선임할 수도 있다. 대표이사는 이사의 자격을 전제로 하므로 이사의 임기를

초과하지 못한다. 그리고 대표이사에게도 상법 제386조의 결원의 경우 후임자 취임시까지 업무집행권을 가지는 규정이 준용된다. 대표이사의 자격이나 인원수에는 제한이 없다. 공동대표이사는 공동으로 업무를 집행하고 회사를 대표한다(상법 제389조). 대표이사는 이사의 자격 상실, 사임, 위임의 종료(민법 제690조), 이사회나 주주총회의 해임결의(상법 제382·385조) 등에 의하여 종임된다.

[사례] 사임서

사 임 서

본인은 귀 회사의 대표이사인바, 금번 일신상의 사정에 의하여 그 직을 사임합니다.

20○○년 ○월 ○일

이사 김 영 준 (인)

농업(어업)회사법인 ○○주식회사 귀중

[사례] 취임승낙서

취 임 승 낙 서

본인은 귀 회사의 20○○년 ○월 ○일 이사회에서 결의에 의하여 대표이사에 선임되었으므로 그 취임을 승낙합니다.

20○○년 ○월 ○일

대표이사 김 광 양 (인)

농업(어업)회사법인 ○○주식회사 귀중

※ 취임승낙서에는 인감을 날인하고 인감증명서를 첨부하여야 한다.

[사례] 주주명부

주 주 명 부				
주 주	주 소	인수주식수	1주금액	납 입 금 액
김광양	○○시 ○○구 ○○동 ○○ www.rty99@hanmail.com	○주	금500원	금0,000,000원
○○○	○○시 ○○구 ○○동 ○○	○주	금500원	금0,000,000원
○○○	○○시 ○○구 ○○동 ○○	○주	금500원	금0,000,000원
합 계		○주		금0,000,000원
위 주주명부는 본사에 비치된 주주명부와 대조하여 틀림이 없음을 증명합니다. 20○○년 ○월 ○일				
상 호	농업(어업)회사법인 ○○주식회사			
본 점	○○시 ○○구 ○○동 ○○			
대표이사	김 광 양			

※ 전자주주명부제도

○ 회사는 정관에서 정하는 바에 따라 전자문서로 주주명부를 작성할 수 있다(상법 제352조의2①). 전자주주명부에는 상법 제352조제1항의 기재사항 외에 전자우편주소를 적어야 한다.

○ 개정법은 기업경영의 IT화를 위하여 주주총회에 직접 참석하거나 대리인에게 투표를 위임하지 않더라도 전자서명 등 본인인증절차를 거쳐 인터넷으로 의결권을 행사하는 전자투표제도가 도입됐다(상법 제368조의4, 제382조의2).

[사례] 인감신고서

인감 · 개인(改印) 신고서

(신고하는 인감날인란) (인감제출자에 관한 사항)

상호(명칭)	농업(어업)회사법인 ○○주식회사	등기번호	
본점(주사무소)	○○시 ○○구 ○○동 ○○		
인감제출자	자격/성명	대표이사 김 광 양	
	주민등록번호		
	주 소		

□ 위와 같이 인감을 신고합니다.
□ 위와 같이 개인(改印)하였음을 신고합니다.

년 월 일 (개인인감 날인란)

신고인 본 인 성 명 (인)
대리인 성 명 (인)

지방법원 등기소 귀중

주 1. 개인인감 날인란에는「인감증명법」에 의하여 신고한 인감을 날인하고 그 인감증명서(발행일로부터 3개월 이내의 것)를 첨부하여야 합니다. 개인(改印)신고의 경우, 개인인감을 날인하는 대신에 등기소에 신고한 유효한 종전 인감을 날인하여도 됩니다.
2. 인감 · 개인신고서에는 신고하는 인감을 날인한 인감대지를 첨부하여야 합니다.
3. 지배인이 인감을 신고하는 경우에는 인감제출자의 주소란에 지배인을 둔 장소를 기재하고,「상업등기규칙」 제36조제4항의 보증서면(영업주가 등기소에 신고한 인감 날인)을 첨부하여야 합니다.

위 임 장

성 명 : 주민등록번호(-)
주 소 :

위의 사람에게, 위 인감신고 또는 개인신고에 관한 일체의 권한을 위임함.

200 년 월 일

인감(개인) 신고인 성 명 (인)

[사례] 인감대지

인 감 대 지

<table>
<tr><td rowspan="3"></td><td rowspan="2"></td><td>상 호(명 칭) : 농업(어업)회사법인 ○○주식회사</td></tr>
<tr><td>자격 및 성명 : 공동대표이사 김 영 준</td></tr>
<tr><td>신고하는 인감날인란</td><td>주민등록번호 :   -</td></tr>
</table>

※ 인감의 제출방법

○ 대표이사는 인감을 신고하여야 한다. 인감의 제출 또는 인감의 변경신고는, 인감(개인)신고서를 작성하여 관할 등기소에 제출하는 방식으로 한다. 인감(개인)신고서를 제출할 때에는 신고하는 인감을 찍은 인감대지(위 참조) 3장을 만들어 함께 제출하여야 한다.

○ 인감은 가로·세로 2.4센티미터의 정사각형 안에 들어갈 수 있어야 한다(상업등기규칙 제36조제5항).

○ 인감(개인)신고서에는 발행일로부터 3개월 이내의 인감증명서를 첨부하여야 한다. 취임승락서에 인감증명법에 의한 인감을 첨부한 경우에는 그 인감을 원용 할 수 있다.

○ 인감대지의 자격란에는 인감신고자에 따라 대표이사(이사), 이사장, 지배인, 대리인, 상호사용자, 무능력자, 법정대리인 등으로 기재하고 성명을 기재한다.

※ 외국인의 경우

○ 인감증명제도가 있는 국가의 국민이 신고하는 경우에는 인감(개인)신고서에 본국 관공서에 신고한 인감을 날인하고 그 인감증명서를 제출한다.

○ 인감증명제도가 없는 국가의 국민이 신고하는 경우에는 인감(개인)신고서에 서명을 하고, 그 서명이 본인의 것이라는 취지의 본국 관공서의 증명이나 본국 공증인의 공증 또는 국내 공증인의 공증을 받아 제출한다.

※ 지배인 또는 대리인이 인감(개인)신고하는 경우

○ 지배인 또는 대리인이 인감(개인)신고하는 경우에는 영업주(개인 상인인 영업주를 말한다) 또는 법인의 대표자가 지배인 또는 대리인의 인감임이 틀림없음을 보증하는 서면을 제출하여야 하고, 그 보증서면에는 등기소에 제출한 영업주 또는 법인 대표자의 인감을 날인하여야 한다.

[사례] 인감카드 (재)발급신청서

인감카드 (재)발급신청서

(인감제출자에 관한 사항)

상호(명칭)		농업(어업)회사법인 ○○주식회사	등기번호	
본점(주사무소)		○○시 ○○구 ○○동 ○○		
인감 제출자	자격 / 성명	대표이사 김 광 양		
	주민등록번호			

인감카드 비밀번호		발급사유	□ 최초발급 □ 카드분실 □ 카드훼손 □ 기타( )

위와 같이 인감카드의 (재)발급을 신청합니다.

년 월 일

신청인 인감제출자 (본 인) 성 명 (인) (전화 :)

(대리인) 성 명 (인) (전화 :)

지방법원 등기소 귀중

접수번호		인감카드번호	

- 대법원수입증지를 붙이는 란 -

주 1. 인감카드 비밀번호란에는 (재)발급받아 사용할 인감카드의 비밀번호를 기재하며, 아라비아숫자 6자릿수를 기재하여야 합니다. 비밀번호는 인감카드와 함께 인감증명서의 발급을 신청할 권한이 있는 것으로 보게 되는 중요한 자료이므로 권한이 없는 사람이 알지 못하도록 주의하시기 바랍니다.

2. 인감카드의 재발급을 신청할 때에는 「등기부 등·초본 등 수수료규칙」 제5조의7에 의하여 5,000원 상당의 대법원수입증지를 이 란에 붙여야 합니다. 다만, 인감카드를 반납할 때에는 붙일 필요가 없습니다.

위 임 장

성 명 : 주민등록번호(-)

주 소 :

위의 사람에게, 위 (재)발급신청서에 기재된 인감카드 발급신청과 그 수령 등에 관한 일체의 권한을 위임함.

200 년 월 일

인감신고인 성 명 (인)

[사례] 농업(어업)회사법인 주식회사 변경등기신청서(공동대표규정설정 및 공동대표선임)

농업(어업)회사법인 주식회사 변경등기신청

접수	년 월 일	처리인	접 수	조 사	기 입	교 합	각종통지
	제 호						

상 호	농업(어업)회사법인 ○○주식회사	등기번호	제85456호
본 점	○○시 ○○구 ○○동 ○○		
등 기 의 목 적	공동대표규정설정 및 공동대표선임등기		
등 기 의 사 유	20○○년 ○월 ○일 이사회의 결의로 공동대표규정을 설정하고 같은 날 다음의 사람이 공동대표로 선임하였으므로 그 등기를 구함.		
본/지점 신청구분	1. 본점신청 □ 2. 지점신청 □ 3. 본·지점 일괄신청 □		
등 기 할 사 항			
공동대표규정설정과 그 연월일	20○○년 ○월 ○일 공동대표규정 설정		
대표이사 · 이사 · 감사 등의 퇴임 · 취임 등과 그 연월일	공동대표이사 김영준(000000-0000000) ○○시 ○○구 ○○동 ○○ 공동대표이사 한두찬(000000-0000000) ○○시 ○○구 ○○동 ○○ (20○○년 ○월 ○일 공동대표선임)		
기 타			

신청등기소 및 등록면허세/수수료						
순번	신청등기소	구분	등록면허세 지방교육세	농어촌특별세	세액합계	등기신청수수료
		규정설정	금 23,000원 금 4,600원		금27,600원	금6,000원
		대표선임	금 23,000원 금 4,600원		금27,600원	금6,000원
합 계						
등기신청수수료 은행수납번호						

첨 부 서 면	
1. 주주총회의사록 또는 이사회 의사록(해임, 선임 등의 경우) 2통	1. 취임승낙서(인감증명서 포함) 1통
1. 사임서(인감증명서포함) 통	1. 주민등록표등본(선임한 경우) 1통
1. 가족관계 등록사항별 증명서(사망한 경우) 통	1. 정관(필요한 경우) 1통
1. 판결 또는 결정등본 및 확정증명원(재판에 의한 경우) 통	1. 인감신고서(대표이사 선임의 경우) 1통
	1. 등록면허세영수필확인서 1통
	1. 위임장(대리인이 신청할 경우) 1통
	<기 타>

년 월 일

신청인 상 호 농업(어업)회사법인 ○○주식회사

본 점 ○○시 ○○구 ○○동 ○○

대표이사 성 명 공동대표이사 김영준

주 소 ○○시 ○○구 ○○동 ○○

공동대표이사 한두찬 (인) (전화 : 555-1234)

○○시 ○○구 ○○동 ○○

대리인 성 명 법무사 정 동 진 (인) (전화 : 123-4567)

주 소 ○○시 ○○구 ○○동 ○○

○○지방법원 ○○등기소 귀중

- 신청서 작성요령 및 등기수입증지 첨부란 -

1. 해당란이 부족할 때에는 별지를 이용합니다.
1. 해당 등기신청과 관계없는 사항에 대하여는 “해당없음”으로 기재하거나 삭제하고, 필요한 사항은 추가 기재합니다.
1. 등기신청수수료 상당의 대법원등기수입증지를 이 난에 붙입니다.

(용지규격 21㎝× 29.7㎝)

[사례] 주주총회의사록

임시주주총회의사록

20○○년 ○월 ○일 오전 11시 본점 회의실에서 임시주주총회를 개최하다.

총 주주수	4명	총주식수	20,000주
출석주주수	4명	이의주식수	20,000주

의장 대표이사 한두찬은 정관규정에 따라 의장석에 등단하여 위와 같이 법정수에 달하는 주주가 출석하였으므로 본 총회가 적법히 성립되었음을 알리고 개회를 선언한 후 다음 의안을 부의하고 심의를 구하다.

제1호 의안 정관일부 변경의 건

의장은 본 회사의 형편에 따라 정관규정을 다음과 같이 변경할 필요가 있다고 설명하고 그 가부를 물은바, 전원 이의 없이 찬성하여 만장일치로 승인 가결하다.

정 관

제3조(대표이사) 대표이사는 본 회사를 대표하고 대표이사가 수명일 때는 각자 회사를 대표하되 이사회의 결의로 공동대표 규정을 정할 수 있다.

이상으로서 금일의 의안이 전부 심의 종료되었으므로 의장은 폐회를 선언하다.

(폐회종료시각 오전 11시 30분)

위 결의를 명확히 하기 위하여 이 의사록을 작성하고 의장과 출석한 이사가 아래에 기명날인하다.

20○○년 ○월 ○일

농업(어업)회사법인 ○○주식회사

의장 공동대표이사 한 두 찬 (인)

공동대표이사 김 영 준 (인) -이하생략-

※ 정관의 변경은 특별결의에 의한다. 특별결의는 주주총회 결의 방법의 하나로서 발행주식 총수의 3분의1 이상에 해당하는 주식을 가진 주주의 출석으로 그 의결권의 3분의 2이상의 다수로 결정하는 방법을 말한다(상법 제434).

※ 주주총회를 개최하여 "수인 또는 공동대표이사를 둘 수 있다." 라고 정관을 개정한 다음, 이사회에서 선임된 이사를 대표이사로 선출한다. 등기가 나오면 세무서에 대표자변경신고를 한다.

[사례] 이사회의사록

이사회의사록

20○○년 ○월 ○일 오전 11시 본사 회의실에서 다음과 같이 이사회를 개최하다.

이사 총수	3명	출석 이사 수	3명
감사 총수	1명	출석 감사 수	1명

제1호 의안 공동대표규정설치의 건

의장은 본 회사의 정관으로 공동대표를 두기로 하였고 그 가부를 물은바, 전원 이의 없이 찬성하여 만장일치 승인 가결하다.

제2호 의안 공동대표 선임의 건

의장은 정관의 공동대표규정에 따라 공동대표의 선출방법을 물은바, 무기명 비밀투표로 선출하기로 전원 일치되어 즉시 투표한즉 다음 사람 등이 공동대표이사에 선임되다.

공동대표이사 한두찬

공동대표이사 김영준

위 피선자 등은 즉석에서 그 취임을 승낙하다.

이상으로서 금일 의안 전부를 심의 종료하였으므로 의장은 폐회를 선언하다.(회의종료시각 오전 11시 30분)

위 결의를 명확히 하기 위하여 이 의사록을 작성하고 의장과 출석한 이사 각 기명날인하다.

20○○년 ○월 ○일

농업(어업)회사법인 ○○주식회사

의장 공동대표이사 한 두 찬 (인)

공동대표이사 김 영 준 (인)

사내이사 ○ ○ ○ (인)

※ 공동대표의 선임

○ 대표이사의 자격이나 인원수에는 제한이 없다. 공동대표이사는 공동으로 업무를 집행하고 회사를 대표한다(상법 제389조).

○ 정관 규정에 반하지 않는 범위내에서 회사의 대표이사가 3인이 있는 경우에 이사회(또는 주주총회)의 결의로 3인 중 1인은 단독 대표이사로, 2인은 공동대표이사로 등기할 수 있다(등기예규 제532호 1984.06.23 제정).

[사례] 취임승낙서

취 임 승 낙 서
본인은 귀 회사의 20○○년 ○월 ○일 이사회에서 결의에 의하여 공동대표이사에 선임되었으므로 그 취임을 승낙합니다.
20○○년 ○월 ○일
대표이사 김 영 준 (인)
농업(어업)회사법인 ○○주식회사 귀중

※ 취임승낙서에는 각 취임임원은 인감을 날인하고 인감증명서를 첨부하여야 한다. 취임승낙하는 임원이 여러 명인 경우 1장의 서면에 모두 작성할 수도 있다.

[사례] 주주명부

주 주 명 부				
주 주	주 소	인수주식수	1주금액	납 입 금 액
한두찬	○○시 ○○구 ○○동 ○○ www.rty99@hanmail.com	○주	금500원	금0,000,000원
○○○	○○시 ○○구 ○○동 ○○	○주	금500원	금0,000,000원
…	이하 생략			
합 계		○주		금0,000,000원
위 주주명부는 본사에 비치된 주주명부와 대조하여 틀림이 없음을 증명합니다. 20○○년 ○월 ○일				
상 호	농업(어업)회사법인 ○○주식회사			
본 점	○○시 ○○구 ○○동 ○○			
공동대표이사	한두찬, 김영준			

※ 전자주주명부제도

○ 회사는 정관에서 정하는 바에 따라 전자문서로 주주명부를 작성할 수 있다(상법 제352조의2①). 전자주주명부에는 상법 제352조제1항의 기재사항 외에 전자우편주소를 적어야 한다.

[사례] 인감신고서

인감 · 개인(改印) 신고서

(신고하는 인감날인란) (인감제출자에 관한 사항)

상호(명칭)		농업(어업)회사법인 ○○주식회사	등기번호	
본점(주사무소)		○○시 ○○구 ○○동 ○○		
인감제출자	자격/성명	공동대표이사 김 영 준		
	주민등록번호			
	주 소			

□ 위와 같이 인감을 신고합니다.
□ 위와 같이 개인(改印)하였음을 신고합니다.

년 월 일 (개인인감 날인란)

신고인 본 인 성 명 (인)
대리인 성 명 (인)

지방법원 등기소 귀중

주 1. 개인인감 날인란에는 「인감증명법」에 의하여 신고한 인감을 날인하고 그 인감증명서(발행일로부터 3개월 이내의 것)를 첨부하여야 합니다. 개인(改印)신고의 경우, 개인인감을 날인하는 대신에 등기소에 신고한 유효한 종전 인감을 날인하여도 됩니다.
2. 인감 · 개인신고서에는 신고하는 인감을 날인한 인감대지를 첨부하여야 합니다.
3. 지배인이 인감을 신고하는 경우에는 인감제출자의 주소란에 지배인을 둔 장소를 기재하고, 「상업등기규칙」 제36조제4항의 보증서면(영업주가 등기소에 신고한 인감 날인)을 첨부하여야 합니다.

위 임 장

성 명 : 주민등록번호(-)
주 소 :

위의 사람에게, 위 인감신고 또는 개인신고에 관한 일체의 권한을 위임함.

200 년 월 일

인감(개인) 신고인 성 명 (인)

[사례] 인감대지

인 감 대 지

※	신고하는 인감날인란	상 호(명 칭) : 농업(어업)회사법인 ○○주식회사 자격 및 성명 : 공동대표이사 김 영 준 주민등록번호 : -

※ 인감의 제출방법

○ 대표이사는 인감을 신고하여야 한다. 인감의 제출 또는 인감의 변경신고는, 인감(개인)신고서를 작성하여 관할 등기소에 제출하는 방식으로 한다. 인감(개인)신고서를 제출할 때에는 신고하는 인감을 찍은 인감대지(위 참조) 3장을 만들어 함께 제출하여야 한다.

○ 인감은 가로·세로 2.4센티미터의 정사각형 안에 들어갈 수 있어야 한다(상업등기규칙 제36조제5항).

○ 인감(개인)신고서에는 발행일로부터 3개월 이내의 인감증명서를 첨부하여야 한다. 취임승락서에 인감증명법에 의한 인감을 첨부한 경우에는 그 인감을 원용 할 수 있다.

○ 인감대지의 자격란에는 인감신고자에 따라 대표이사(이사), 이사장, 지배인, 대리인, 상호사용자, 무능력자, 법정대리인 등으로 기재하고 성명을 기재한다.

※ 외국인의 경우

○ 인감증명제도가 있는 국가의 국민이 신고하는 경우에는 인감(개인)신고서에 본국 관공서에 신고한 인감을 날인하고 그 인감증명서를 제출한다.

○ 인감증명제도가 없는 국가의 국민이 신고하는 경우에는 인감(개인)신고서에 서명을 하고, 그 서명이 본인의 것이라는 취지의 본국 관공서의 증명이나 본국 공증인의 공증 또는 국내 공증인의 공증을 받아 제출한다.

※ 지배인 또는 대리인이 인감(개인)신고하는 경우

○ 지배인 또는 대리인이 인감(개인)신고하는 경우에는 영업주(개인 상인인 영업주를 말한다) 또는 법인의 대표자가 지배인 또는 대리인의 인감임이 틀림없음을 보증하는 서면을 제출하여야 하고, 그 보증서면에는 등기소에 제출한 영업주 또는 법인 대표자의 인감을 날인하여야 한다.

[사례] 인감카드 (재)발급신청서

인감카드 (재)발급신청서

(인감제출자에 관한 사항)

상호(명칭)		농업(어업)회사법인 ○○주식회사	등기번호	
본점(주사무소)		○○시 ○○구 ○○동 ○○		
인감 제출자	자격 / 성명	공동대표이사 김 영 준		
	주민등록번호			

인감카드 비밀번호		발급사유	□ 최초발급 □ 카드분실 □ 카드훼손 □ 기타(　　　　)

위와 같이 인감카드의 (재)발급을 신청합니다.

년　　월　　일

신청인 인감제출자 (본　인) 성　　　명　　　　(인)　(전화 :　　　　)
(대리인) 성　　　명　　　　(인)　(전화 :　　　　)

지방법원　　　　등기소 귀중

접수번호		인감카드번호	

- 대법원수입증지를 붙이는 란 -

주 1. 인감카드 비밀번호란에는 (재)발급받아 사용할 인감카드의 비밀번호를 기재하며, 아라비아숫자 6자릿수를 기재하여야 합니다. 비밀번호는 인감카드와 함께 인감증명서의 발급을 신청할 권한이 있는 것으로 보게 되는 중요한 자료이므로 권한이 없는 사람이 알지 못하도록 주의하시기 바랍니다.

2. 인감카드의 재발급을 신청할 때에는 「등기부 등·초본 등 수수료규칙」 제5조의7에 의하여 5,000원 상당의 대법원수입증지를 이 란에 붙여야 합니다. 다만, 인감카드를 반납할 때에는 붙일 필요가 없습니다.

위 임 장

성 명 :　　　　　　　　주민등록번호(　　　　-　　　　)
주 소 :

위의 사람에게, 위 (재)발급신청서에 기재된 인감카드 발급신청과 그 수령 등에 관한 일체의 권한을 위임함.

200　년　　월　　일
인감신고인 성 명　　　　　(인)

[사례] 농업(어업)회사법인 주식회사 변경등기신청서(행정구역변경으로 인한 대표이사 주소변경)

농업(어업)회사법인 주식회사 변경등기신청

<table>
<tr><td rowspan="2">접
수</td><td>년 월 일</td><td rowspan="2">처
리
인</td><td>접 수</td><td>조 사</td><td>기 입</td><td>교 합</td><td>각종통지</td></tr>
<tr><td>제 호</td><td></td><td></td><td></td><td></td><td></td></tr>
</table>

<table>
<tr><td>상 호</td><td>농업(어업)회사법인 ○○주식회사</td><td>등기번호</td><td>제357951호</td></tr>
<tr><td>본 점</td><td colspan="3">○○시 ○○구 ○○동 ○○</td></tr>
<tr><td>등기의목적</td><td colspan="3">대표이사 주소변경등기</td></tr>
<tr><td>등기의사유</td><td colspan="3">20○○년 ○월 ○일 행정구역변경으로 인하여 대표이사의 주소가 변경되었으므로 그 등기를 구함.</td></tr>
<tr><td>본/지점 신청구분</td><td colspan="3">1. 본점신청 □ 2. 지점신청 □ 3. 본·지점 일괄신청 □</td></tr>
<tr><td colspan="4">등 기 할 사 항</td></tr>
<tr><td>대표이사 · 이사 · 감사 등의 퇴임 · 취임 등과 그 연월일</td><td colspan="3">한 춘 광
○○시 ○○구 ○○동 ○○
(20○○년 ○월 ○일 변경)</td></tr>
<tr><td>기 타</td><td colspan="3"></td></tr>
</table>

신청등기소 및 등록면허세/수수료						
순번	신청등기소	구분	등록면허세 지방교육세	농어촌특별세	세액합계	등기신청수수료
			면제 		면제	면제
합　　계			 			
등기신청수수료 은행수납번호						

첨　부　서　면	
1. 주민등록표등본(선임한 경우)　　통 1. 등록면허세영수필확인서　　통 1. 위임장(대리인이 신청할 경우)　　통	<기 타>

년　월　일

신청인　상　호　농업(어업)회사법인 ○○주식회사

본　점　○○시 ○○구 ○○동 00-0

대표이사 성　명　한 춘 광　　(인)　(전화 : 555-1234)

주　소　○○시 ○○구 ○○동 ○○

대리인　성　명　법무사 정 동 진　　(인)　(전화 : 123-4567)

주　소　○○시 ○○구 ○○동 ○○

○○지방법원　○○등기소　귀중

- 신청서 작성요령 및 등기수입증지 첨부란 -

1. 해당란이 부족할 때에는 별지를 이용합니다.
1. 해당 등기신청과 관계없는 사항에 대하여는 "해당없음"으로 기재하거나 삭제하고, 필요한 사항은 추가 기재합니다.
1. 등기신청수수료 상당의 대법원등기수입증지를 이 난에 붙입니다.

(용지규격 21㎝× 29.7㎝)

[사례] 농업(어업)회사법인 주식회사 해산 및 청산인 선임등기신청

농업(어업)회사법인 주식회사 해산 및 청산인 선임등기신청

<table>
<tr><td rowspan="2">접수</td><td>년 월 일</td><td rowspan="2">처리인</td><td>접 수</td><td>조 사</td><td>기 입</td><td>교 합</td><td>각종통지</td></tr>
<tr><td>제 호</td><td></td><td></td><td></td><td></td><td></td></tr>
</table>

<table>
<tr><td>상 호</td><td>농업(어업)회사법인 ○○주식회사</td><td>등기번호</td><td></td></tr>
<tr><td>본 점</td><td colspan="3">○○시 ○○구 ○○동 ○○</td></tr>
<tr><td>등기의목적</td><td colspan="3">주식회사 해산 및 청산인선임등기</td></tr>
<tr><td>등기의사유</td><td colspan="3">1) 20○○년 ○월 14일 임시주주총회 결의에 의하여 해산하였으므로 그 등기를 구하고,
2) 20○○년 ○월 14일 청산인회결의로 이사였던 사람들이 20○○년 ○월 14일 청산인 및 대표 청산인에 취임하였으므로 다음 사항의 등기를 구함.</td></tr>
<tr><td>본/지점 신청구분</td><td colspan="3">1.본점신청☐ 2.지점신청☐ 3.본・지점 일괄신청☐</td></tr>
<tr><td colspan="4">등 기 할 사 항</td></tr>
<tr><td>해산연월일</td><td colspan="3">20○○년 ○월 ○일</td></tr>
<tr><td>해산사유</td><td colspan="3">20○○년 ○월 ○일 임시주주총회에서 해산 결의</td></tr>
<tr><td>청산인의성명・주민등록번호 ・주소 및 취임연월일(주소는 대표청산인을 정한 경우 제외)</td><td colspan="3">청산인 김 한 국(550627-1068314) 20○○. 11. 14 취임
청산인 곽 을 장(550705-1690913) 20○○. 11. 14 취임
청산인 김 팩 구(550405-2036112) 20○○. 11. 14 취임</td></tr>
<tr><td>대표청산인의 성명, 주소 및 취임연월일</td><td colspan="3">대표청산인 김 한 국
○○시 ○○구 ○○동 ○○
20○○년 ○월 31일 취임</td></tr>
<tr><td>기 타
(공동대표규정 등)</td><td colspan="3"></td></tr>
</table>

<table>
<tr><td colspan="7">신청등기소 및 등록면허세/수수료</td></tr>
<tr><td rowspan="2">순번</td><td rowspan="2">신청등기소</td><td rowspan="2">구분</td><td>등록면허세</td><td rowspan="2">농어촌특별세</td><td rowspan="2">세액합계</td><td rowspan="2">등기신청수수료</td></tr>
<tr><td>지방교육세</td></tr>
<tr><td rowspan="2"></td><td rowspan="2"></td><td rowspan="2">해산</td><td>금 23,000원</td><td rowspan="2"></td><td rowspan="2">금27,600원</td><td rowspan="2">금6,000원</td></tr>
<tr><td>금 4,600원</td></tr>
<tr><td rowspan="2"></td><td rowspan="2"></td><td rowspan="2">청산인</td><td>금 23,000원</td><td rowspan="2"></td><td rowspan="2">금27,600원</td><td rowspan="2">금6,000원</td></tr>
<tr><td>금 4,600원</td></tr>
<tr><td colspan="3" rowspan="2">합 계</td><td></td><td rowspan="2"></td><td rowspan="2"></td><td rowspan="2"></td></tr>
<tr><td></td></tr>
<tr><td colspan="4">등기신청수수료 은행수납번호</td><td colspan="3"></td></tr>
<tr><td colspan="7">첨 부 서 면</td></tr>
<tr><td colspan="4">1. 정 관 통
1. 주주총회의사록 통
1. 선임결정서등본 통
1. 취임승낙서(인감증명서포함) 통
1. 주민등록표등본 통
1. 인감신고서 통</td><td colspan="3">1. 청산인회의사록 통
1. 등록면허세영수필확인서 통
1. 위임장(대리인이 신청할 경우) 통
<기 타></td></tr>
<tr><td colspan="7">년 월 일
신청인 상 호 농업(어업)회사법인 ○○주식회사
본 점 ○○시 ○○구 ○○동 ○○
대표청산인 성 명 김 한 국 (인) (전화 :)
주 소 ○○시 ○○구 ○○동 ○○
대리인 성 명 법무사 (인) (전화 :)
주 소 ○○시 ○○구 ○○동 ○○
○○지방법원 ○○등기소 귀중</td></tr>
</table>

- 신청서 작성요령 및 등기수입증지 첨부란 -

1. 해당란이 부족할 때에는 별지를 이용합니다.
1. 해당 등기신청과 관계없는 사항에 대하여는 "해당없음"으로 기재하거나 삭제하고, 필요한 사항은 추가 기재합니다.
1. 등기신청수수료 상당의 대법원등기수입증지를 이 난에 붙입니다.

(용지규격 21㎝× 29.7㎝)

※ 회사의 해산

○ 회사의 해산이란 회사의 법인격 소멸을 가져오는 원인이 되는 법률요건 내지 법률사실을

말한다. 해산은 회사의 소멸을 위한 절차의 시작으로 그리고 청산은 마무리 과정이다. 따라서 회사가 해산하더라도 법인으로서의 실체가 즉시 소멸하는 것은 아니다.
해산사유가 합병, 분할, 분할합병, 파산의 경우를 제외하고는 해산회사도 여전히 청산의 목적 범위 내에서 존속하고 청산이 종결되어야만 비로소 그 법인격이 소멸한다. 이러한 처리과정을 청산절차라 하고 해산한 후 청산의 목적을 위하여 존속하는 회사를 청산회사라 한다.

○ 해산사유 : 존립기간의 만료 기타 정관으로 정한 사유의 발생, 합병, 파산, 법원의 명령 또는 판결, 주주총회의 결의, 주무관청의 영업인가의 취소로 해산한다.

※ 회사의 청산

○ 청산이란 회사가 해산후 그 재산적 권리의무를 정리한 후 회사의 법인격을 소멸시키는 것을 말하며, 청산절차는 해산한 회사의 일체의 법률관계를 종료하고 그 재산을 분배하는 것을 목적으로 하는 절차로써, 회사재산이 채무를 완제하고 남음이 있는 경우에 주주의 이익을 위하여 행하여진다. 청산은 채권의 추심, 채무의 변제 및 잔여재산의 분배 절차를 마치고 청산인이 결산보고서를 작성하여 주주총회의 승인을 얻은 때에 종료한다.

○ 청산인이란 청산회사를 대표하고 그 청산사무를 집행하는 청산회사의 상설기관을 말한다. 청산인은 현존사무의 종결, 채권의 추심과 채무의 변제, 재산의 환가처분, 잔여재산의 분배에 관한 직무를 행한다(상법 제254,542①). 감사는 청산인을 겸할 수 없다(상법 제411조).

○ 청산인에 관하여도 청산인회 및 대표청산인에 관한 제도가 있으므로(상법 제542), 청산인은 청산인회를 통하여 청산사무에 관여한다. 그러나 청산인의 원수(員數)에 관하여 정관에 다른 규정이 없는 한 1인이라도 무방하며, 이때에는 그가 청산인인 동시에 대표청산인으로서 직접 청산사무를 집행한다.

○ 정관에 청산인에 관한 정함이 있거나 주주총회 보통결의로 이사 이외의 자를 청산인으로 선임한 경우에는 그에 따른다(상법 제531단서). 정관의 규정이나 주주총회의 결의에 의하여 청산인을 선임하는 경우에는 그의 취임승낙이 필요하다(상등법66②).

○ 법원이 선임한 청산인을 제외하고 주주총회의 보통결의로 청산인을 해임할 수 있고, 또 청산인이 그 업무를 집행함에 현저하게 부적임하거나 중대한 임무에 위반한 행위가 있는 때에는 발행주식총수의 3/100 이상에 해당하는 주식을 가진 주주는 법원에 그 청산인의 해임을 청구할 수 있다(상법 제539).

[사례] 임시주주총회 의사록

임시주주총회 의사록

20○○. 11. 14. 오전 10시 당사 회의실에서 다음과 같이 임시주주총회를 개최하다.

주주의 총수 18명 발행주식총수 11,200 주

출석 주주수 11명 이의 주식수 7,600 주

대표이사인 의장 김한국은 정관규정에 따라 의장석에 등단하여 위와 같이 법정수에 달하는 주주가 출석하였으므로 본 총회가 적법히 성립되었음을 알리고 개회를 선언한 후 다음의 의안을 부의하고 심의를 구하다.

제1호 의안 회사 해산의 건

의장은 업계의 불황과 본 회사의 사업부진으로 이 상태가 계속되면 재기불능에 이를 것이므로 회사 채권자와 주주의 더 큰 손실을 막기 위하여 부득이 본 회사를 해산함이 타당함을 설명한 후 그 가부를 물은 바, 전원 이의없이 만장일치로 해산할 것을 승인 가결하다.

제2호 의안 청산인 선임의 건

의장은 해산에 수반하여 청산인 선임여부를 물은 바, 무기명비밀투표로 청인인 3명을 선임하기로 전원 일치되어 즉시 투표한 결과 다음 사람들이 청산인에 선출되다.

청산인 김 한 국 (550627-1068314)

청산인 곽 을 장 (550705-1690913)

청산인 김 팩 구 (550405-2036112)

위 피선자들은 즉석에서 취임을 승낙하다.

의장은 이상으로서 회의 목적인 의안 전부의 심의를 종료하였으므로 폐회한다고 선언하다.(회의종료시각 오전 11시 00분)

위 의사의 안건, 경과요령, 그 결과, 반대하는 자와 그 반대이유를 명백히 하기 위하여 이 의사록을 작성하고 의장과 출석한 이사가 기명날인하다.

20○○년 ○월 14일

농업(어업)회사법인 ○○주식회사

출석 이사 전원 서면날인

[사례] 청산인회의 의사록

청산인회의 의사록

20○○년 ○월 14일 오전 11시 30분 본 회사 본점 회의실에서 다음과 같이 청산인회를 개최하다.

청산인 총수 3명 감사의 수 1명
출석 청산인수 3명 출석 감사수 1명

제1호 의안 대표 청산인 보선의 건

의장인 청산인 김한국은 본 회사 대표청산인을 선출할 것을 물은 바, 무기명 비밀투표로 선출하기로 전원일치 되어 즉시 투표한 결과 다음과 같이 선출되다.

대표 청산인 김 한 국

위 선출된 청산인은 즉석에서 취임을 승낙하다.

의장은 이상으로서 회의 목적인 의안 전부의 심의를 종료하였으므로 폐회한다고 선언하다.(회의종료시각 오전 12시 00분)

위 의사의 안건, 경과요령, 그 결과, 반대하는 자와 그 반대이유를 명백히 하기 위하여 이 의사록을 작성하고 의장과 출석한 청산인과 감사가 기명날인하다.

20○○년 ○월 14일

농업(어업)회사법인 ○○주식회사
대표이사 김 한 국
사내이사 곽 을 장
감 사 이 헌 출

[사례] 취임승낙서

<table>
<tr><td>

취 임 승 낙 서

본인 등은 20○○. 11. 14. 주주총회에서 청산인으로 각 선임되었으므로 그 취임을 승낙합니다.

20○○. 11. 14.

청산인 김 한 국
청산인 곽 을 장
청산인 김 팩 구

농업(어업)회사법인 ○○주식회사 귀중

</td></tr>
</table>

[사례] 취임승낙서(대표청산인)

<table>
<tr><td>

취 임 승 낙 서

본인은 20○○. 11. 14. 이사회에서 대표청산인으로 선임되었으므로 그 취임을 승낙합니다.

20○○. 11. 14.

청산인 : 김 한 국

농업(어업)회사법인 ○○주식회사 귀중

</td></tr>
</table>

○ 취임승낙을 증명하는 서면에는 인감증명법에 따라 신고한 인감을 날인하고 그 인감증명서를 첨부하여야 한다.

[사례] 위임장(등기소제출용)

위 임 장

법무사 이 석 장
○○시 ○○구 ○○동 ○○
전화 245-6321

위 사람을 대리인으로 정하고 다음 사항의 권한을 위임함.

다 음

당 회사의 해산등기 및 청산인선임 등기 신청서를 제출하는 일체행위

20○○년 ○월 1일

위임인 농업(어업)회사법인 ○○주식회사
○○시 ○○구 ○○동 ○○
대표이사 김 한 국

[사례] 주주명부

<table>
<tr><td colspan="5">주 주 명 부</td></tr>
<tr><td>주 주</td><td>주 소</td><td>인수주식수</td><td>1주금액</td><td>납 입 금 액</td></tr>
<tr><td>김한국</td><td>○○시 ○○구 ○○동 ○○
www.oplj55@hanmali.com</td><td>○주</td><td>금 500원</td><td>금 0,000,000원</td></tr>
<tr><td>○○○</td><td>○○시 ○○구 ○○동 ○○</td><td>○주</td><td>금 500원</td><td>금 0,000,000원</td></tr>
<tr><td>…</td><td>이하 생략</td><td></td><td></td><td></td></tr>
<tr><td>합 계</td><td></td><td>○주</td><td></td><td>금 0,000,000원</td></tr>
<tr><td colspan="5">위 주주명부는 본사에 비치된 주주명부와 대조하여 틀림이 없음을 증명합니다.
20○○년 ○월 ○일</td></tr>
<tr><td>상 호</td><td colspan="4">농업(어업)회사법인 ○○주식회사</td></tr>
<tr><td>본 점</td><td colspan="4">○○시 ○○구 ○○동 ○○</td></tr>
<tr><td>대표이사</td><td colspan="4">김 한 국</td></tr>
</table>

[사례] 인감신고서

인감·개인(改印) 신고서

(신고하는 인감날인란) (인감제출자에 관한 사항)

상호(명칭)		농업(어업)회사법인 ○○주식회사	등기번호	
본점(주사무소)		○○시 ○○구 ○○동 ○○		
인감제출자	자격/성명	대표이사 김 영 준		
	주민등록번호			
	주 소			

□ 위와 같이 인감을 신고합니다.
□ 위와 같이 개인(改印)하였음을 신고합니다.

년 월 일 (개인인감 날인란)

신고인 본 인 성 명 (인)
대리인 성 명 (인)

지방법원 등기소 귀중

주 1. 개인인감 날인란에는 「인감증명법」에 의하여 신고한 인감을 날인하고 그 인감증명서(발행일로부터 3개월 이내의 것)를 첨부하여야 합니다. 개인(改印)신고의 경우, 개인인감을 날인하는 대신에 등기소에 신고한 유효한 종전 인감을 날인하여도 됩니다.
2. 인감·개인신고서에는 신고하는 인감을 날인한 인감대지를 첨부하여야 합니다.
3. 지배인이 인감을 신고하는 경우에는 인감제출자의 주소란에 지배인을 둔 장소를 기재하고, 「상업등기규칙」 제36조제4항의 보증서면(영업주가 등기소에 신고한 인감날인)을 첨부하여야 합니다.

위 임 장

성 명 : 주민등록번호(-)
주 소 :
위의 사람에게, 위 인감신고 또는 개인신고에 관한 일체의 권한을 위임함.

200 년 월 일

인감(개인) 신고인 성 명 (인)

[사례] 인감대지

인 감 대 지

<table>
<tr><td rowspan="3"></td><td rowspan="3">신고하는 인감날인란</td><td>상 호(명 칭) : 농업(어업)회사법인 ○○주식회사</td></tr>
<tr><td>자격 및 성명 : 대표이사 김 영 준</td></tr>
<tr><td>주민등록번호 : -</td></tr>
</table>

※ 인감의 제출방법

○ 대표이사는 인감을 신고하여야 한다. 인감의 제출 또는 인감의 변경신고는, 인감(개인)신고서를 작성하여 관할 등기소에 제출하는 방식으로 한다. 인감(개인)신고서를 제출할 때에는 신고하는 인감을 찍은 인감대지(위 참조) 3장을 만들어 함께 제출하여야 한다.

○ 인감은 가로·세로 2.4센티미터의 정사각형 안에 들어갈 수 있어야 한다(상업등기규칙 제36조제5항).

○ 인감(개인)신고서에는 발행일로부터 3개월 이내의 인감증명서를 첨부하여야 한다. 취임승락서에 인감증명법에 의한 인감을 첨부한 경우에는 그 인감을 원용 할 수 있다.

○ 인감대지의 자격란에는 인감신고자에 따라 대표이사(이사), 이사장, 지배인, 대리인, 상호사용자, 무능력자, 법정대리인 등으로 기재하고 성명을 기재한다.

※ 외국인의 경우

○ 인감증명제도가 있는 국가의 국민이 신고하는 경우에는 인감(개인)신고서에 본국 관공서에 신고한 인감을 날인하고 그 인감증명서를 제출한다.

○ 인감증명제도가 없는 국가의 국민이 신고하는 경우에는 인감(개인)신고서에 서명을 하고, 그 서명이 본인의 것이라는 취지의 본국 관공서의 증명이나 본국 공증인의 공증 또는 국내 공증인의 공증을 받아 제출한다.

※ 지배인 또는 대리인이 인감(개인)신고하는 경우

○ 지배인 또는 대리인이 인감(개인)신고하는 경우에는 영업주(개인 상인인 영업주를 말한다) 또는 법인의 대표자가 지배인 또는 대리인의 인감임이 틀림없음을 보증하는 서면을 제출하여야 하고, 그 보증서면에는 등기소에 제출한 영업주 또는 법인 대표자의 인감을 날인하여야 한다.

[사례] 인감카드 (재)발급신청서

인감카드 (재)발급신청서

(인감제출자에 관한 사항)

상호(명칭)		농업(어업)회사법인 ○○주식회사	등기번호	
본점(주사무소)		서울 ○○구 ○○동 123-4		
인감 제출자	자격 / 성명	대표이사 김 영 준		
	주민등록번호			

인감카드 비밀번호		발급사유	□ 최초발급 □ 카드분실 □ 카드훼손 □ 기타( )

위와 같이 인감카드의 (재)발급을 신청합니다.

년 월 일

신청인 인감제출자 (본 인) 성 명 (인) (전화 :)
(대리인) 성 명 (인) (전화 :)

지방법원 등기소 귀중

접수번호		인감카드번호	

- 대법원수입증지를 붙이는 란 -

주 1. 인감카드 비밀번호란에는 (재)발급받아 사용할 인감카드의 비밀번호를 기재하며, 아라비아숫자 6자릿수를 기재하여야 합니다. 비밀번호는 인감카드와 함께 인감증명서의 발급을 신청할 권한이 있는 것으로 보게 되는 중요한 자료이므로 권한이 없는 사람이 알지 못하도록 주의하시기 바랍니다.

2. 인감카드의 재발급을 신청할 때에는 「등기부 등・초본 등 수수료규칙」 제5조의7에 의하여 5,000원 상당의 대법원수입증지를 이 란에 붙여야 합니다. 다만, 인감카드를 반납할 때에는 붙일 필요가 없습니다.

위 임 장

성 명 : 주민등록번호(-)
주 소 :

위의 사람에게, 위 (재)발급신청서에 기재된 인감카드 발급신청과 그 수령 등에 관한 일체의 권한을 위임함.

200 년 월 일
인감신고인 성 명 (인)

[사례] 농업(어업)회사법인 주식회사 청산인 변경등기신청서

농업(어업)회사법인 주식회사 청산인 변경등기신청

접수	년 월 일	처리인	접 수	조 사	기 입	교 합	각종통지
	제 호						

상 호	농업(어업)회사법인 ○○주식회사	등기번호	
본 점	○○시 ○○구 ○○동 ○○		
등 기 의 목 적	주식회사 청산인 변경등기		
등 기 의 사 유	청산인 이동민은 20○○년 ○월 29일 사망하고 20○○년 월 일 다음사람이 청산인으로 선임되어 20○○년 ○월 31일 취임하였으므로 그 등기를 구함.		
본/지점 신청구분	1.본점신청□ 2.지점신청□ 3.본・지점 일괄신청□		
등 기 할 사 항			
청산인의 퇴임, 취임 등 변경된 사항과 그 연월일	청산인 한 막 동(560122-1029511) ○○시 ○○구 ○○동 ○○ 20○○년 ○월 31일 취임		
기 타			

신청등기소 및 등록면허세/수수료

순번	신청등기소	구분	등록면허세 / 지방교육세	농어촌특별세	세액합계	등기신청수수료
			금 23,000원 / 금 4,600원		금27,600원	금6,000원
합 계						
등기신청수수료 은행수납번호						

첨 부 서 면

1. 주주총회의사록 통	1. 취임승낙서(인감증명서 포함) 통
1. 청산인회의사록(대표청산인 변경) 통	1. 주민등록표등본 통
1. 청산인의 퇴임을 증명하는 서류(사임서,인감증명서포함, 가족관계 등록사항별증명서, 해임결의주주총회의사록 등) 통	1. 인감신고서 통
	1. 등록면허세영수필확인서 통
	1. 위임장(대리인이 신청할 경우) 통
	<기 타>

년 월 일

신청인 상 호 농업(어업)회사법인 ○○주식회사

본 점 ○○시 ○○구 ○○동 ○○

대표청산인 성 명 한 막 동 (인) (전화 :)

주 소 ○○시 ○○구 ○○동 ○○

대리인 성 명 (인) (전화 :)

주 소 ○○시 ○○구 ○○동 ○○

○○지방법원 ○○등기소 귀중

- 신청서 작성요령 및 등기수입증지 첨부란 -

1. 해당란이 부족할 때에는 별지를 이용합니다.
1. 해당 등기신청과 관계없는 사항에 대하여는 "해당없음"으로 기재하거나 삭제하고, 필요한 사항은 추가 기재합니다.
1. 등기신청수수료 상당의 대법원등기수입증지를 이 난에 붙입니다.

(용지규격 21㎝× 29.7㎝)

[사례] 청산인회의 의사록

청산인회의 의사록

20○○년 ○월 14일 오전 11시 30분 본 회사 본점 회의실에서 다음과 같이 청산인회를 개최하다.

청산인 총수 3명 감사의 수 1명
출석 청산인수 3명 출석 감사수 1명

제1호 의안 청산인 보선의 건

의장은 청산인 이동민은 20○○년 ○월 ○일 사망하고, 금일 총회에서 청산인을 보선하여야 한다고 상세히 설명한바, 출석한 주주전원 일치되어 아래 사람을 청산인으로 선임하다.

청산인 김 철 수

위 선출된 청산인은 즉석에서 취임을 승낙하다.

의장은 이상으로서 회의 목적인 의안 전부의 심의를 종료하였으므로 폐회한다고 선언하다.(회의종료시각 오전 12시 00분)

위 의사의 안건, 경과요령, 그 결과, 반대하는 자와 그 반대이유를 명백히 하기 위하여 이 의사록을 작성하고 의장과 출석한 청산인과 감사가 기명날인하다.

20○○년 ○월 14일

농업(어업)회사법인 ○○주식회사
○○시 ○○구 ○○동 ○○
대표청산인 한 막 동
청산인 강 동 길
청산인 김 철 수
청산인 이 헌 출

[사례] 취임승낙서

<table>
<tr><td>

취 임 승 낙 서

본인은 20○○. 11. 14. 주주총회에서 청산인으로 선임되었으므로 그 취임을 승낙합니다.

첨부서류 : 인감증명서 1부
주민등록등본 1부

20○○. 11. 14.

청산인 사내이사 김 철 수

농업(어업)회사법인 ○○주식회사 귀중

</td></tr>
</table>

[사례] 위임장(등기소제출용)

<table>
<tr><td>

위 임 장

법무사 이 석 장
○○시 ○○구 ○○동 ○○
전화 245-6321

위 사람을 대리인으로 정하고 다음 사항의 권한을 위임함.

다 음

당회사의 청산인변경등기 신청서를 제출하는 일체행위

20○○년 ○월 1일

위임인 농업(어업)회사법인 ○○주식회사
○○시 ○○구 ○○동 ○○
대표이사 한 막 동

</td></tr>
</table>

[사례] 주주명부

<table>
<tr><td colspan="5">주 주 명 부</td></tr>
<tr><td>주 주</td><td>주 소</td><td>인수주식수</td><td>1주금액</td><td>납 입 금 액</td></tr>
<tr><td>한 막 동</td><td>○○시 ○○구 ○○동 ○○
www.wer88@hanmail.com</td><td>○주</td><td>금 500원</td><td>금 0,000,000원</td></tr>
<tr><td>○○○</td><td>○○시 ○○구 ○○동 ○○</td><td>○주</td><td>금 500원</td><td>금 0,000,000원</td></tr>
<tr><td>…</td><td>이하 생략</td><td></td><td></td><td></td></tr>
<tr><td>합 계</td><td></td><td>○주</td><td></td><td>금 0,000,000원</td></tr>
<tr><td colspan="5">위 주주명부는 본사에 비치된 주주명부와 대조하여 틀림이 없음을 증명합니다.
20○○년 ○월 ○일</td></tr>
<tr><td>상 호</td><td colspan="4">농업(어업)회사법인 ○○주식회사</td></tr>
<tr><td>본 점</td><td colspan="4">○○시 ○○구 ○○동 ○○</td></tr>
<tr><td>대표이사</td><td colspan="4">한 막 동</td></tr>
</table>

※ 전자주주명부제도

○ 회사는 정관에서 정하는 바에 따라 전자문서로 주주명부를 작성할 수 있다(상법 제352조의2①). 전자주주명부에는 상법 제352조제1항의 기재사항 외에 전자우편주소를 적어야 한다.

○ 주주들이 서면 외에도 이메일 등 전자문서를 통해 주주제안권 및 임시주주총회 소집청구권을 행사할 수 있도록 했다. 전자투표제도를 도입함에 따라 일반 주주명부를 전자문서로 된 주주명부로 대체할 필요가 있어서 제도화한 것이다.

○ 주주명부는 종전의 경우 공증시 구비서류이다. 개정법에서는 본 총액이 10억원 미만인 소규모 회사의 경우에는 공증의무가 면제되었으므로 당연히 구비서류가 아니나 전자투표제의 도입에 따라 첨부서면으로 제출하여야 할 것이다.

[사례] 농업(어업)회사법인 주식회사 청산종결등기신청서

농업(어업)회사법인 주식회사 청산 종결등기신청

접수	년 월 일	처리인	접 수	조 사	기 입	교 합	각종통지
	제 호						

상 호	농업(어업)회사법인 ○○주식회사	등기번호	
본 점	○○시 ○○구 ○○동 ○○		
등 기 의 목 적	주식회사 청산종결등기		
등 기 의 사 유	20○○. 11. 9. 청산을 종결하고, 주주총회에서 그 결산보고서의 승인을 받았으므로 다음 사항의 등기를 구함		
본/지점 신청구분	1.본점신청□ 2.지점신청□ 3.본 · 지점 일괄신청□		
등 기 할 사 항			
청 산 종 결 연 월 일	20○○. 11. 9. 청산종결		
기 타			

<table>
<tr><td colspan="7">신청등기소 및 등록면허세/수수료</td></tr>
<tr><td rowspan="2">순번</td><td rowspan="2">신청등기소</td><td rowspan="2">구분</td><td>등록면허세</td><td rowspan="2">농어촌특별세</td><td rowspan="2">세액합계</td><td rowspan="2">등기신청수수료</td></tr>
<tr><td>지방교육세</td></tr>
<tr><td rowspan="2"></td><td rowspan="2"></td><td rowspan="2"></td><td>금 23,000원</td><td rowspan="2"></td><td rowspan="2">금27,600원</td><td rowspan="2">금6,000원</td></tr>
<tr><td>금 4,600원</td></tr>
<tr><td></td><td></td><td></td><td></td><td></td><td></td><td></td></tr>
<tr><td colspan="3" rowspan="2">합 계</td><td></td><td rowspan="2"></td><td rowspan="2"></td><td rowspan="2"></td></tr>
<tr><td></td></tr>
<tr><td colspan="4">등기신청수수료 은행수납번호</td><td colspan="3"></td></tr>
<tr><td colspan="7">첨 부 서 면</td></tr>
<tr><td colspan="4">1. 주주총회의사록 통
1. 등록면허세영수필확인서 통
1. 위임장(대리인이 신청할 경우) 통</td><td colspan="3"><기 타></td></tr>
<tr><td colspan="7">년 월 일
신청인 상 호 준평산업 주식회사
본 점 ○○시 ○○구 ○○동 ○○
대표청산인성 명 이 한 평 (인) (전화 :)
주 소
대리인 성 명 법무사 이 한 수 (인) (전화 :)
주 소 ○○시 ○○구 ○○동 ○○
○○지방법원 ○○등기소 귀중</td></tr>
</table>

<table>
<tr><td>- 신청서 작성요령 및 등기수입증지 첨부란 -
1. 해당란이 부족할 때에는 별지를 이용합니다.
1. 해당 등기신청과 관계없는 사항에 대하여는 "해당없음"으로 기재하거나 삭제하고, 필요한 사항은 추가 기재합니다.
1. 등기신청수수료 상당의 대법원등기수입증지를 이 난에 붙입니다.</td></tr>
</table>

(용지규격 21㎝× 29.7㎝)

※ 청산종결

○ 청산인의 현존사무의 종결, 재산의 환가처분, 잔여재산의 분배 등 채무를 모두 변제하고 잔여재산의 분배가 종료되면 청산은 종결되고 회사는 소멸하게 된다. 청산사무가 종결한

때에는 청산인은 지체없이 결산보고서를 작성하여, 이를 주주총회에 제출하여 승인을 얻어야 한다.

○ 청산종결의 등기는 청산절차가 종료된 후에 하는데, 회사의 법인격은 청산종결의 등기를 한 때가 아니라, 청산이 실제로 종료한 때에 완전히 소멸한다는 것이 통설과 판례의 입장이다.

○ 해산한 것으로 간주되는 휴면회사가 그 후 3년 이내에 주주총회의 특별결의에 의하여 회사를 계속하지 아니한 경우에는 3년이 경과한 때에 청산이 종결된 것으로 본다(상법 제520의2④).

○ 청산법인이 청산종결의 등기를 하였더라도, 채권채무가 남아있는 이상, 청산은 종료되지 아니한 것이므로, 그 한도에 있어서 청산법인은 당사자 능력을 가진다.

※ 등록면허세 등의 납부절차

○ 등록·교육세는 관할시, 군, 구청을 방문하여 등록면허세액신고서(등록면허세액신고서는 각 시, 군, 구청에 비치되어 있다)를 작성하고 납세고지서를 발부받아 납부하여야 하나, 정액등록면허세(임원변경 23,000원, 본점 또는 주사무소이전 75,000원, 지점 또는 분사무소의 설치 및 기타의 정액법인등기 23,000원)의 경우는 대법원사이트(www.iros.go.kr)에서 "정액등록면허세납부서작성"란을 이용하여 법인의 기본사항을 입력하여 출력한 납부서를 가지고 직접 금융기관에 납부할 수 있다.

등록면허세는 회사 본점 소재지를 관할하는 각 시·군·구의 시중은행에 납부할 수 있으며, 위 관할을 벗어나는 경우는 전국의 우체국과 농협에서 수납할 수 있다.

※ 등기신청수수료

○ 서면제출의 경우 등기신청수수료는 6,000원 전자신청의 경우 2,000원이다.

○ 대법원수입증지(6,000원)는 법원구내 및 등기소 가까운 금융기관(농협, 신한은행)에서 구입할 수 있으며 등기신청서의 "을"지 즉, "신청등기소 및 등록면허세/수수료"란에 붙인다.

[사례] 임시주주총회의사록

임시주주총회 의사록

20○○년 ○월 9일 11시 본 회사 본점사무실에서 임시주주총회를 개최하다.

주식총수 10,000주 주식총수 6명

출석주주수 6명 이의주식수 10,000주

청산인 이한평은 정관 규정에 따라 의장석에 등단하여 위와 같이 법정수에 달하게 출석하였으므로 본 총회는 적법하게 성립됨을 고하고 개회를 선언하다.

이어 다음 의안을 부의하고 심의를 구하다.

의 안 : 회사 청산결산보고서 승인의 건

의장은 본 회사의 청산종결에 이르기까지의 경과를 상세히 보고하고 별지 보고서를 낭독, 내용을 설명한 후 그의 승인을 구한바, 전원 이의없이 만장일치로 승인을 가결하다.

이상으로 금일의 의안을 전부 심의종료하였으므로 의장은 폐회를 선언하다.

때는 11시 30분

위 결의를 명확히 하기 위하여 이 의사록을 작성하고 출석한 의장 청산인이 다음에 기명날인하다.

20○○. 11. 9.

준평산업 주식회사

의장 청산인 이 한 평

[사례] 결산보고서

결산 보고서

본인, 농업(어업)회사법인 ○○주식회사 청산인은 청산 사무가 20○○. 11. 8.로 종결하였으므로 상법 제540조 제1항에 의하여 아래와 같이 20○○. 11. 9.에 열리는 임시주주총회에 준평산업 주식회사의 20○○. 11. 8자 결산보고서를 제출하여 그 승인을 요청하는 바입니다.

상법 제540조 2항에 의하여 주주총회에서의 결산보고서에 대한 승인으로 청산인의 모든 책임이 해제됨을 알려 드립니다.

첨 부

1. 20○○. 6. 30.자 대차대조표
2. 20○○. 1. 1.부터 20○○. 6. 30. 까지의 손익계산서
3. 주주에 대한 자본분배계획서

준평산업 주식회사
○○시 ○○구 ○○동 ○○
청산인 이 한 평

[사례] 주주에 대한 자본분배계획서

주주에 대한 자본분배 계획서

잔여재산 확정일 현재
총분배금액 : 1,834,561,600
자 본 금 : -50,000,000
1,784,561,600을
다음 각주주의 지분율대로 분배한다.

-다 음-

주 주 명	주민등록번호	출자지분율	자본분배금액
이 한 평	590326- 0000000	40%	713,824,640
이 한 명	551108- 0000000	42%	749,515,871
이 춘 풍	550415- 0000000	4.60%	82,089,834
이 상 명	451217- 0000000	6%	107,073,696
김 명 월	550629- 0000000	2.60%	46,398,602
이 한 우	550103- 0000000	4.80%	85,658,957
계		100%	1,784,561,600

20○○. 11. 9.

법인명 : 준평산업(주)
청산인 이 한 평

[사례] 대차대조표

대 차 대 조 표

제1기 20○○년 12월 31일 현재
제0기 20○○년 12월 31일 현재
회사명 : 농업(어업)회사법인 ○○주식회사 (단위 : 원)

과 목	제 1(당)기		제 0(전) 기	
	금 액		금 액	
자 산				
Ⅰ. 유 동 자 산		48,750,000		0
(1) 당 좌 자 산		48,750,000		0
가 지 급 금		48,750,000		0
(2) 재 고 자 산		0		0
Ⅱ. 고 정 자 산		1,250,000		0
(1) 투 자 자 산		0		0
(2) 유 형 자 산		0		0
(3) 무 형 자 산		1,250,000		0
창 업 비		1,250,000		0
자 산 총 계		50,000,000		0
부 채				
Ⅰ. 유 동 부 채		0		0
Ⅱ. 고 정 부 채		0		0
부 채 총 계		0		0
자 본				
Ⅰ. 자 본 금		50,000,000		0
자 본 금		50,000,000		0
Ⅱ. 자 본 잉 여 금		0		0
(1) 자 본 준 비 금		0		0
(2) 재 평 가 적 립 금		0		0
Ⅲ. 이 익 잉 여 금		0		0
차기이월이익잉여금		0		0
(당기 순 이익)				
당기 : 0원				
전기 : 0원				
Ⅳ. 자 본 조 정		0		0
자 본 총 계		50,000,000		0
부 채 와 자 본 총 계		50,000,000		0

[사례] 채권신고공고

채권신고공고

본 회사는 20○○. 10. 31. 임시주주총회에서 해산을 결의하고 20○○. 11. 17.에 해산등기를 완료하였는바 본 회사에 대하여 채권이 있는 분은 20○○. 1. 17.까지 그 채권액을 본 회사에 신고하여 주시기를 바라며 만약 위 기일내에 신고가 없으면 청산에서 제외합니다.

20○○년 ○월 18일

농업(어업)회사법인 ○○주식회사

○○시 ○○구 ○○동 ○○

대표청산인 이 한 평

위와 같이 20○○년 ○월 16일자, 17일자 매일경제신문에 게재하여 공고하였음

농업(어업)회사법인 ○○주식회사

○○시 ○○구 ○○동 ○○

대표청산인 이 한 평

[사례] 진술서

진 술 서

준평산업 주식회사의 청산종결에 대하여 채권자에게 채권신고를 20○○. 8. 31. 자 및 20○○. 9. 4. 자로 회사가 공고를 하여야 할 신문인 대한매일 신문에 공고를 하고, 채권자에게 개별 최고를 하였는바 20○○. 11. 7. 까지 신고를 제출하는 채권자가 전연 없었음을 이에 진술합니다.

20○○. 11. 9.

준평산업 주식회사

○○시 ○○구 ○○동 ○○

청산인 이 한 평

감 사 김 명 월

[사례] 위임장

위 임 장

법무사 이 한 수
○○시 ○○구 ○○동 ○○
전화 456-4569

본인은 위 사람을 대리인으로 정하고 다음 사항의 권한을 위임합니다.
또한 복대리인 선임권도 위임합니다.

다 음

1. 본 회사의 청산종결등기신청 및 이에 관련된 일체의 행위

200 년 월 일

위임인 농업(어업)회사법인 ○○주식회사
○○시 ○○구 ○○동 ○○
대표청산인 이 한 평

○ 이 위임장은 법무사에게 등기를 의뢰하는 경우 대리의 권한을 법무사에게 위임하는 서류로써 등기소에 제출하는 서류이다. 위임장에는 그 권한의 범위를 명확히 기재하여야 한다.

[사례] 주주명부

<table>
<tr><th colspan="5">주 주 명 부</th></tr>
<tr><td>주 주</td><td>주 소</td><td>인수주식수</td><td>1주금액</td><td>납 입 금 액</td></tr>
<tr><td>이한평</td><td>○○시 ○○구 ○○동 ○○
www.oplj55@hanmali.com</td><td>○주</td><td>금 500원</td><td>금 0,000,000원</td></tr>
<tr><td>○○○</td><td>○○시 ○○구 ○○동 ○○</td><td>○주</td><td>금 500원</td><td>금 0,000,000원</td></tr>
<tr><td>…</td><td>이하 생략</td><td></td><td></td><td></td></tr>
<tr><td></td><td></td><td></td><td></td><td></td></tr>
<tr><td></td><td></td><td></td><td></td><td></td></tr>
<tr><td></td><td></td><td></td><td></td><td></td></tr>
<tr><td>합 계</td><td></td><td>○주</td><td></td><td>금 0,000,000원</td></tr>
<tr><td colspan="5">위 주주명부는 본사에 비치된 주주명부와 대조하여 틀림이 없음을 증명합니다.
20○○년 ○월 ○일</td></tr>
<tr><td>상 호</td><td colspan="4">농업(어업)회사법인 ○○주식회사</td></tr>
<tr><td>본 점</td><td colspan="4">○○시 ○○구 ○○동 ○○</td></tr>
<tr><td>표이사</td><td colspan="4">이 한 평</td></tr>
</table>

○ 회사는 정관에서 정하는 바에 따라 전자문서로 주주명부를 작성할 수 있다(상법 제352조의2①). 전자주주명부에는 상법 제352조제1항의 기재사항 외에 전자우편주소를 적어야 한다.

[사례] 농업(어업)회사법인 주식회사 변경등기(유상증자, 구주주가 포기한 주식을 구주주 1인이 전부 인수한 경우)

농업(어업)회사법인 주식회사변경등기신청

<table>
<tr><td rowspan="2">접수</td><td>년 월 일</td><td rowspan="2">처리인</td><td>접 수</td><td>조 사</td><td>기 입</td><td>교 합</td><td>각종통지</td></tr>
<tr><td>제 호</td><td></td><td></td><td></td><td></td><td></td></tr>
</table>

<table>
<tr><td>상 호</td><td>농업(어업)회사법인 ○○주식회사</td><td>등기번호</td><td>123456</td></tr>
<tr><td>본 점</td><td colspan="3">○○시 ○○구 ○○동 ○○</td></tr>
<tr><td>등기의목적</td><td colspan="3">증자로 인한 신주발행 변경등기</td></tr>
<tr><td>등기의사유</td><td colspan="3">20○○년 ○월 8일 증자로 인하여 보통주식 15,000주를 발행하고 같은 날 그 납입이 완료되었으므로 주식에 관한 사항을 아래와 같이 변경함</td></tr>
<tr><td colspan="4">등 기 할 사 항</td></tr>
<tr><td>발행주식의 총수, 그 종류와 각종 주식의 내용과 수</td><td colspan="3">발행주식의 총수 20,000 주
보통주식 20,000 주</td></tr>
<tr><td>자본금의 액</td><td colspan="3">금200,000,000원
20○○년 ○월 9일 변경</td></tr>
<tr><td>기 타</td><td colspan="3"></td></tr>
</table>

<table>
<tr><td colspan="7">신청등기소 및 등록면허세/수수료</td></tr>
<tr><td rowspan="2">순번</td><td rowspan="2">신청등기소</td><td rowspan="2">구분</td><td>등록면허세</td><td rowspan="2">농어촌특별세</td><td rowspan="2">세액합계</td><td rowspan="2">등기신청수수료</td></tr>
<tr><td>지방교육세</td></tr>
<tr><td rowspan="2"></td><td rowspan="2"></td><td rowspan="2"></td><td>금 000원</td><td rowspan="2"></td><td rowspan="2">금000원</td><td rowspan="2">금 30,000원</td></tr>
<tr><td>금000원</td></tr>
<tr><td></td><td></td><td></td><td></td><td></td><td></td><td></td></tr>
<tr><td colspan="3" rowspan="2">합 계</td><td></td><td rowspan="2"></td><td rowspan="2"></td><td rowspan="2"></td></tr>
<tr><td></td></tr>
<tr><td colspan="4">등기신청수수료 은행수납번호</td><td colspan="3"></td></tr>
<tr><td colspan="7">첨 부 서 면</td></tr>
<tr><td colspan="4">1. 이사회의사록 또는 주주총회의사록 통
1. 주식의 인수를 증명하는 서면 통
1. 주식청약서 통
1. 주금납입보관증명서 통</td><td colspan="3">1. 등록면허세영수필확인서 통
1. 위임장(대리인이 신청할 경우) 통
<기 타></td></tr>
<tr><td colspan="7">20○○년 ○월 8일
신청인 상 호 농업(어업)회사법인 ○○주식회사
본 점 ○○시 ○○구 ○○동 ○○
대표이사 성 명 김 병 일 (인) (전화 : 123-4567)
주 소 ○○시 ○○구 ○○동 ○○
대리인 성 명 법무사 (인) (전화 : 234-5678)
주 소 ○○시 ○○구 ○○동 ○○

○○지방법원 ○○등기소 귀중</td></tr>
</table>

<table>
<tr><td>- 신청서 작성요령 및 등기수입증지 첨부란 -
1. 해당란이 부족할 때에는 별지를 이용합니다.
1. 해당 등기신청과 관계없는 사항에 대하여는 “해당없음”으로 기재하거나 삭제하고, 필요한 사항은 추가 기재합니다.
1. 등기신청수수료 상당의 대법원등기수입증지를 이 난에 붙입니다.</td></tr>
</table>

(용지규격 21㎝× 29.7㎝)

○ 자산총액이 증가한 경우 증가액의 1,000분의4에 해당하는 등록면허세를 납부하여야 한다(지방세법 제28조 제1항제6호). 등록면허세액이 75,000원 미만일 때에는 75,000원이 된다(지방세법 제28조 제1항 제6호 가.).

[사례] 이사회 의사록

이사회 의사록

농업(어업)회사법인 ○○주식회사

위 회사는 20○○년 ○월 ○일 오전 11:00 본점사무실에서 이사회를 개최하다.

이사총수 3명　　출석이사수 3명

감사총수 1명　　출석감사수 1명

제1호 의안 신주 발행의 건

의장은 본회사의 사업규모가 팽창하여 현재의 자본금으로서는 그 사업을 수행하기 어려운 형편이므로 신주식을 발행하여 자본을 증가할 필요가 있음을 설명하고, 그 가부를 물은바, 전원 이의없이 다음과 같이 신주식을 발행하기로 찬성하여 가결하다.

1. 신주식의 종류와 수 : 보통주식 15,000주
2. 신주식의 발행가액 : 1주 금 10,000원
3. 납입기일 : 20○○년 ○월 8일
4. 신주식의 인수방법 : 각 주주가 가진 주식수의 비율에 따라 신주식을 배정함을 원칙으로 하고, 인수권의 일부 또는 전부를 포기할 수 있으며, 이 경우 일반으로부터 공모하거나 다른 주주가 이를 인수할 수 있다.
5. 기타 : 신주발행에 관한 필요한 절차사항은 대표이사에게 일임한다.

의장은 이상으로서 의안전부의 심의를 종료하였으므로 폐회한다고 선언하다.(종료시각 12시)

위 결의를 명확히 하기 위하여 이 의사록을 작성하고 의장과 출석한 이사, 감사 다음에 기명날인하다.

20○○년 ○월 8일

농업(어업)회사법인 ○○주식회사

의장 대표이사 김 병 일

사내이사 정 영 주

감　　사 정 보 석

○ 신주발행은 상법에 다른 규정이 있거나 정관으로 주주총회에서 정하기로 규정한 경우를 제외하고는 발행예정주식총수의 범위 내에서 이사회가 결정한다(상법 제416).

○ 이사회의 결의는 이사 과반수의 출석과 출석 이사의 과반수로 하여야 한다. 다만, 정관으로 그 비율을 높게 정할 수 있다(상법 제391①), 감사가 불출석한 경우에도 출석한 이사들만으로 이사회를 개최하고 이사회의사록을 작성할 수 있다.

[사례] 기간단축동의서

기 간 단 축 동 의 서

본인 등은 농업(어업)회사법인 ○○주식회사의 주주로써 회사의 자본금을 증자하기 위하여 신주식을 발행함에 있어서 상법 제418조 및 제419조 규정한 신주인수권의 내용 및 배정일 지정 공고 및 실권예고부 최고기간을 단축하여 신주를 발행함에 대하여 이의 없이 동의합니다.

20○○년 ○월 8일

주주 김 병 일
주주 정 영 주
주주 정 일 환
주주 정 보 석

※ 기간단축동의서

○ 신주발행절차에서 상법 제418조 및 제419조의 규정에 의한 신주인수권의 내용 및 배정일 지정공고와 신주인수권자에 대한 실권예고부 최고기간을 단축한 경우에, 이를 증명하는 서면으로서 실무상 신주인수권포기서를 첨부하게 하는 경우도 있으나 이는 현행법상 첨부서면은 아니며, 위 사항이 총주주의 동의가 없으면 효력이 없거나 취소할 수 있는 사항에 해당될 경우에는 총주주가 동의하였음을 증명하는 서면(총주주의 동의서 또는 신주인수권을 행사하지 않은 주주의 기간단축동의서 등)을 첨부하여 변경등기를 신청하여야 한다(등기선례 200206-14, 2002. 6. 24. 등기 3402-344 질의회답).

[사례] 신주식인수포기서

신주식 인수포기서
20○○년 ○월 23일 이사회의 결의로 신주식 15,000주를 발행하기로 결의하였으나 본인 등은 배정신주식의 인수를 포기합니다. 20○○년 ○월 23일 주주 정 영 주 (인) 주주 정 일 환 (인) 주주 정 보 석 (인)

※ 신주식인수포기서

○ 주식회사의 신주발행에 있어서 신주인수권을 가진 주주의 일부가 신주인수권을 포기하여 발생한 실권주를 이사회의 결의로 다른 주주나 제3자에게 배정하여 납입이 이루어진 경우, 이에 따른 변경등기의 신청서의 첨부서면으로 실권주의 배정을 결정한 이사회의 의사록 외에 주주의 신주인수권포기서는 현행법상 첨부서면으로 하고 있지 않다(등기선례 200206-14, 2002. 6. 24. 등기 3402-344 질의회답).

[사례] 주식인수증

주 식 인 수 증	
상 호	농업(어업)회사법인 ○○주식회사
인수할 주식수	15,000주
위 총 액	금 150,000,000원
1 주 의 금 액	금 10,000원
위의 주식을 주주로서 인수합니다. 20○○년 ○월 8일 주식인수인 김 병 일 농업(어업)회사법인 ○○주식회사 귀중	

※ 신주의 인수

○ 기존주주(구 주주)가 그 소유주식의 비율내에서 주식을 인수하는 경우에는 주식인수증을 작성하여야 하고, 소유주식수의 비율을 초과하여 인수하고자하는 경우에는 그 초과부분

에 한하여는 원칙적으로 주식청약서를 작성하여야 한다. 그러나 실무에서는 구주주는 주식인수증으로, 구주주가 아닌 일반인의 경우는 주식청약서를 작성하고 있다.

○ 납입기일에 납입 또는 현물출자가 이행된 한도내의 발행주식에 대하여 신주발행의 효력이 생기고, 납입기일까지 납입 또는 현물출자의 이행을 하지 않은 신주인수인은 그 권리를 잃으며(상법 제423②), 이 경우 회사는 실권한 신주인수인에 대하여 손해의 배상을 청구할 수 있으며(상법 제423③), 실권한 주식에 대하여 회사는 주주를 다시 모집할 수 있다.

[사례] 잔고증명서

잔고증명서

금 일억오천만정(₩ 150,000,000)
신주식발행총수 15,000주
1주의 금액 금 10,000원

위 금액은 귀 회사의 신주식 15,000주에 대한 납입금으로서 20○○년 ○월 15일 납입이 완료되어 현재 이를 보관중임을 증명합니다.

20○○년 ○월 15일

증 명 인 ○ ○ 은행
○○시 ○○구 ○○동 ○○

농업(어업)회사법인 ○○주식회사 귀중

※ 잔고증명서

○ 개정 상업등기법 제82조 제5호는 신주발행의 결과 자본금 총액이 10억원 미만인 회사에 대하여는 은행이나 그 밖의 금융기관의 잔고증명서로 대체할 수 있도록 하였다.

○ 잔고증명은 주금이 입금되어 있는 법인대표 될 자의 통장원본과 위 잔고증명서 2부를 작성하여 금융기관에 제시한다.

[사례] (구)주주명부(증자 전)

(구) 주 주 명 부

년 월 일 현재

주주명	주소와 전자우편주소	소유주식수	회의출석	의결찬성	인증촉탁	비 고
김병일	○○시 ○○구 ○○동 ○○ www.asd45@hanmail.net	2,000				
정영주		1,000				
정일환		1,000				
정보석		1,000				
		총주식수	출석주식수	의결찬성 주식수		1주당 금액
		5,000				10,000

위 주주명부는 본사에 비치된 주주명부와 대조하여 틀림없음을 증명합니다.

20○○년 ○월 일

회 사 명 농업(어업)회사법인 ○○주식회사
소 재 지 ○○시 ○○구 ○○동 ○○
대표이사 김 병 일

○ 회사는 정관에서 정하는 바에 따라 전자문서로 주주명부를 작성할 수 있다(상법 제352조의2①). 전자주주명부에는 상법 제352조제1항의 기재사항 외에 전자우편주소를 적어야 한다.

[사례] (신)주주명부(증자 後)

(신) 주 주 명 부

년 월 일 현재

주주명	주소와 전자우편주소	소유주식수	회의출석	의결찬성	인증촉탁	비 고
김병일	○○시 ○○구 ○○동 ○○ www.asd45@hanmail.net	17,000				
정영주		1,000				
정일환		1,000				
정보석		1,000				
		총주식수	출석주식수	의결찬성 주식수		1주당 금액
		20,000				10,000

위 주주명부는 본사에 비치된 주주명부와 대조하여 틀림없음을 증명합니다.

20○○년 ○월 일

회 사 명 농업(어업)회사법인 ○○주식회사
소 재 지 ○○시 ○○구 ○○동 ○○
대표이사 김 병 일

[사례] 농업(어업)회사법인 주식회사 변경등기(유상증자, 구 주주 1인이 포기한 주식 일반으로부터 공모한 경우)

농업(어업)회사법인 주식회사 변경등기신청

<table>
<tr><td rowspan="2">접
수</td><td>년 월 일</td><td rowspan="2">처
리
인</td><td>접 수</td><td>조 사</td><td>기 입</td><td>교 합</td><td>각종통지</td></tr>
<tr><td>제 호</td><td></td><td></td><td></td><td></td><td></td></tr>
</table>

<table>
<tr><td>상 호</td><td>농업(어업)회사법인 ○○주식회사</td><td>등기번호</td><td>123456</td></tr>
<tr><td>본 점</td><td colspan="3">○○시 ○○구 ○○동 ○○</td></tr>
<tr><td>등 기 의 목 적</td><td colspan="3">신주발행으로 인한 발행주식의 총수와 그 종류 및 각각의 수 및 자본금의 액금 변경등기</td></tr>
<tr><td>등 기 의 사 유</td><td colspan="3">20○○년 ○월 20일 이사회에서 신주식 54,000주 발행 결의로 공고의 절차를 마치고 20○○년 ○월 7일 그 납입이 완료되어 동년 ○월 8일 다음 사항의 등기를 구함.</td></tr>
<tr><td colspan="4">등 기 할 사 항</td></tr>
<tr><td>발행주식의 총수, 그 종류와 각종 주식의 내용과 수</td><td colspan="3">보통주식 124,000 주</td></tr>
<tr><td>자본금의 액</td><td colspan="3">금620,000,000원
20○○년 ○월 8일 변경</td></tr>
<tr><td>기 타</td><td colspan="3"></td></tr>
</table>

신청등기소 및 등록면허세/수수료						
순번	신청등기소	구분	등록면허세 지방교육세	농어촌특별세	세액합계	등기신청수수료
			금 000원 금000원		금000원	금 30,000원
합 계						
등기신청수수료 은행수납번호						

첨 부 서 면	
1. 이사회의사록 또는 주주총회의사록 통	1. 구 주주명부 통
1. 주식의 인수를 증명하는 서면 통	1. 등록면허세영수필확인서 통
1. 주식청약서 통	1. 위임장(대리인이 신청할 경우) 통
1. 주금납입보관증명서 통	<기 타>

20○○년 ○월 8일

신청인 상 호 농업(어업)회사법인 ○○주식회사

본 점 ○○시 ○○구 ○○동 ○○

대표이사 성 명 한 강 수 (인) (전화 : 123-4567)

주 소 ○○시 ○○구 ○○동 ○○

대리인 성 명 법무사 김 철 수 (인) (전화 : 234-5678)

주 소 ○○시 ○○구 ○○동 ○○

○○지방법원 ○○등기소 귀중

- 신청서 작성요령 및 등기수입증지 첩부란 -

1. 해당란이 부족할 때에는 별지를 이용합니다.
1. 해당 등기신청과 관계없는 사항에 대하여는 “해당없음”으로 기재하거나 삭제하고, 필요한 사항은 추가 기재합니다.
1. 등기신청수수료 상당의 대법원등기수입증지를 이 난에 붙입니다.

(용지규격 21㎝× 29.7㎝)

○ 자산총액이 증가한 경우 증가액의 1,000분의4에 해당하는 등록면허세를 납부하여야 한다(지방세법 제28조). 대도시내 설립 또는 전입 후 5년내에는 그 3배를 가산한다. 등록면허세액이 75,000원 미만일 때에는 75,000원이 된다(지방세법 제28조 제1항 제6호 가.).

[사례] 이사회의사록

이사회의사록

20○○년 ○월 20일 서울시 송파구 잠실동 317-28 본점 회의실에서 다음 의안을 심의하기 위하여 이사회를 개최하다.

이사총수	2명	출석이사수	2명
감사총수	1명	출석감사수	1명

대표이사 한강수는 의장석에 등단하여 위와 같이 이사 감사 등이 출석하였으므로 본 이사회는 적법하게 성립됨을 알리고 개회를 선언한 후 다음 의안을 부의하고 그 심의를 구하다.

제1호 의안 신주식 발행의 건

의장은 당 회사는 영업 형편상 현재의 자본으로는 거대한 사업을 할 수가 없으므로 자본을 증가하여야 한다고 말하고, 그에 대한 자세한 설명을 마친 후 다음과 같이 신 주식을 발행할 것을 구한바, 이사 상호간 충분한 토의 끝에 다음과 같이 만장일치로 신주를 발행할 것을 승인 가결하다.

결 의 사 항

1. 신주식의 종류와 수 : 신주식수 54,000주 보통주식
1. 신주 1주의 금액 : 금 5,000원
1, 신주의 발행 방법 : 전액 액면가 발행
1. 납 입 기 일 : 20○○년 ○월 7일
1. 신주의 인수방법 : 20○○년 ○월 3일 구주주가 소유하는 주식 수에 따라 안분비례로 배정하고, 만약 구주주가 실권 또는 포기한 때에는 다른 구 주주들에게 인수케 하고, 그들도 인수하지 않을 때에는 일반인으로부터 주주를 모집하여 인수케 함.

1. 신 주식 배정일 : 20○○년 ○월 3일
1. 주주가 가지고 신주인수권은 양도할 수 있는 것에 관한 사항 : 양도할 수 있다.
1. 주주의 청구가 있을 때만 신주식인수권증서를 발행한다는 것과 그 청구기간 : 20○○년 ○월 25일
1. 기타 신주식 발행에 대한 부수적인 사항은 대표이사에게 일임되다.

이상으로 금일 의안전부를 심의 종료하였으므로 의장은 폐회를 선언하다.
(종료시각 11시 30분)

위 결의를 명확히 하기 위하여 이 의사록을 작성하고 의장과 출석한 이사 감사 등이 아래에 각 기명 날인하다.

20○○년 ○월 20일

농업(어업)회사법인 ○○주식회사
의장 대표이사 한 강 수
사내이사 김 일 동
감 사 한 동 석

○ 신주발행은 상법에 다른 규정이 있거나 정관으로 주주총회에서 정하기로 규정한 경우를 제외하고는 발행예정주식총수의 범위 내에서 이사회가 결정한다(상법 제416).
○ 이사회의 결의는 이사 과반수의 출석과 출석 이사의 과반수로 하여야 한다. 다만, 정관으로 그 비율을 높게 정할 수 있다(상법 제391①), 감사가 불출석한 경우에도 출석한 이사들만으로 이사회를 개최하고 이사회의사록을 작성할 수 있다.

[사례] 기간단축동의서

기 간 단 축 동 의 서

본인 등은 농업(어업)회사법인 ○○주식회사의 주주로써 회사의 자본금을 증자하기 위하여 신주식을 발행함에 있어서 상법 제418조 및 제419조 규정한 신주인수권의 내용 및 배정일 지정 공고 및 실권예고부 최고기간을 단축하여 신주를 발행함에 대하여 이의 없이 동의합니다.

20○○년 ○월 8일

주주 한 강 수
주주 김 일 동
주주 한 동 석
주주 김 철 수

※ 기간단축 동의서

○ 실권예고부 청약 최고기간을 단축한 경우에는 총주주동의서, 주식인수인이 생긴 후에 납입기일을 변경한 경우에는 주식인수인 전원의 동의서가 필요하다. 그러나 납입기일 전에 신주에 대한 납입이 완료되어 그 기일을 앞당겨 변경한 경우에는 첨부할 필요가 없다.

○ 신주발행절차에서 상법 제418조 및 제419조의 규정에 의한 신주인수권의 내용 및 배정일 지정공고와 신주인수권자에 대한 실권예고부 최고기간을 단축한 경우에, 이를 증명하는 서면으로서 실무상 신주인수권포기서를 첨부하게 하는 경우도 있으나 이는 현행법상 첨부서면은 아니며, 위 사항이 총주주의 동의가 없으면 효력이 없거나 취소할 수 있는 사항에 해당될 경우에는 총주주가 동의하였음을 증명하는 서면(총주주의 동의서 또는 신주인수권을 행사하지 않은 주주의 기간단축동의서 등)을 첨부하여 변경등기를 신청하여야 한다(등기선례 200206-14, 2002. 6. 24. 등기 3402-344 질의회답).

[사례] 신주식인수포기서

신주식 인수포기서

20○○년 ○월 23일 이사회의 결의로 신주식 54,000주를 발행하기로 결의하였으나 본인은 배정된 신주식의 인수를 포기합니다.

20○○년 ○월 23일

주주 한 동 석 (인)

※ 신주인수권포기서

○ 주식회사의 신주발행에 있어서 신주인수권을 가진 주주의 일부가 신주인수권을 포기하여 발생한 실권주를 이사회의 결의로 다른 주주나 제3자에게 배정하여 납입이 이루어진 경우, 이에 따른 변경등기의 신청서의 첨부서면으로 실권주의 배정을 결정한 이사회의 의사록 외에 주주의 신주인수권포기서는 현행법상 첨부서면으로 하고 있지 않다(등기선례 200206-14, 2002. 6. 24. 등기 3402-344 질의회답).

[사례] 주식인수증

주 식 인 수 증	
상 호	농업(어업)회사법인 ○○주식회사
인 수 할 주 식 수	15,000 주
금 액	금75,000,000원
일 주 의 금 액	1주 금5,000원

위 주식을 인수함.

20○○년 ○월 26일

인수인 주주 한 강 수

○○시 ○○구 ○○동 ○○

농업(어업)회사법인 ○○주식회사 대표이사 귀하

※ 신주의 인수

○ 기존주주(구주주)가 그 소유주식의 비율내에서 주식을 인수하는 경우에는 주식인수증을

작성하여야 하고, 소유주식수의 비율을 초과하여 인수하고자하는 경우에는 그 초과부분에 한하여는 원칙적으로 주식청약서를 작성하여야 한다. 그러나 실무에서는 구주주는 주식인수증으로, 구주주가 아닌 일반인의 경우는 주식청약서를 작성하고 있다.

○ 납입기일에 납입 또는 현물출자가 이행된 한도내의 발행주식에 대하여 신주발행의 효력이 생기고, 납입기일까지 납입 또는 현물출자의 이행을 하지 않은 신주인수인은 그 권리를 잃으며(상법 제423②), 이 경우 회사는 실권한 신주인수인에 대하여 손해의 배상을 청구할 수 있으며(상법 제423③), 실권한 주식에 대하여 회사는 주주를 다시 모집할 수 있다.

[사례] 주식인수증

<table>
<tr><td colspan="2" align="center">주 식 인 수 증</td></tr>
<tr><td>상 호</td><td>농업(어업)회사법인 ○○주식회사</td></tr>
<tr><td>인 수 할 주 식 수</td><td>15,000 주</td></tr>
<tr><td>금 액</td><td>금75,000,000원</td></tr>
<tr><td>일 주 의 금 액</td><td>1주 금5,000원</td></tr>
<tr><td colspan="2">위 주식을 인수함.

20○○년 ○월 26일

인수인 주주 김 일 동
○○시 ○○구 ○○동 ○○

농업(어업)회사법인 ○○주식회사 대표이사 귀하</td></tr>
</table>

[사례] 신주식청약서

신주식 청약서	
상　　　호	농업(어업)회사법인 ○○주식회사
인수할 주식 수	24,000주
금　　　액	금 120,000,000원
일주의 금액	금 5,000원
귀 회사정관과 이 청약서에 기재한 사항을 승낙하고 주식을 청약합니다. 20○○년 ○월 ○일 주식청약인 김 철 수 ○○시 ○○구 ○○동 ○○ 농업(어업)회사법인 ○○주식회사산업 귀중	

뒷면

상　　　호	농업(어업)회사법인 ○○주식회사
회사가 발행할 주식의 총수	200,000주
일 주 의 금 액	5,000원
신주의 종류와 수	신주식수 54,000주 보통주식
신주식의 발행가격	일주 금 5,000원
납 입 기 일	20○○년 ○월 7일
납입받을 금융기관과 납입장소	(주) ○○은행 ○○지점 서울시 송파구 잠실동 123-4
신주식의 인수방법	20○○년 ○월 3일 구주주가 소유하는 주식 수에 따라 안분비례로 배정하고, 만약 구주주가 실권 또는 포기한 때에는 다른 구 주주들에게 인수케 하고, 그들도 인수하지 않을 때에는 일반인으로부터 주주를 모집하여 인수케 함.
신주식의 발행결의 연월일	20○○년 ○월 20일

※ 구주주 한동석이 포기한 신주식을 일반인이 청약한 경우이다.

[사례] 위임장(등기소제출용)

위 임 장

법무사 조 철 호
서울 서초구 서초동 456-7
전화번호 02) 123-7894

위 사람을 대리인으로 정하고 다음 권한을 위임함

다 음

1. 본 회사의 신주발행으로 자본금을 증자함에 있어서의 변경등기 신청서의 작성 및 제출, 취하에 관한 일체의 행위

20○○. 12. .

신 청 인 주식회사 한 강
○○시 ○○구 ○○동 ○○
대표이사 ○ ○ ○

[사례] 잔고증명서

잔고증명서

금 이억칠천만원정(₩ 270,000,000)
신주식발행총수 54,000주
1주의 금액 금 5,000원

위 금액은 귀 회사의 신주식 발행총수 54,000주에 대한 납입금으로서 20○○년 ○월 15일 납입이 완료되어 현재 이를 보관중임을 증명합니다.

20○○년 ○월 15일

증 명 인 ○ ○ 은행
○○시 ○○구 ○○동 ○○

농업(어업)회사법인 ○○주식회사 귀중

○ 개정 상업등기법 제82조 제5호는 신주발행의 결과 자본금 총액이 10억원 미만인 회사에

대하여는 은행이나 그 밖의 금융기관의 잔고증명서로 대체할 수 있도록 하였다.

○ 잔고증명은 주금이 입금되어 있는 법인대표 될 자의 통장원본과 위 잔고증명서 2부를 작성하여 금융기관에 제시한다.

[사례] (구)주주명부

(구) 주 주 명 부

년 월 일 현재

주주명	주소와 전자우편주소	인수주식수	1주의 금액	금 액	비 고
한강수	○○시 ○○구 ○○동 ○○ www.asd45@hanmail.net	35,000주	5,000	175,000,000	
김일동		32,500주	5,000	162,500,000	
한동석		2,500주	5,000	12,500,000	
합 계		70,000주		350,000,000	

위 주주명부는 본사에 비치된 주주명부와 대조하여 틀림이 없음을 증명합니다.

20○○년 ○월 23일

회 사 명 : 농업(어업)회사법인 ○○주식회사 (법인인감날인)
소 재 지 : ○○시 ○○구 ○○동 ○○
대 표 이 사 : ○ ○ ○

※ 전자주주명부제도

○ 회사는 정관에서 정하는 바에 따라 전자문서로 주주명부를 작성할 수 있다(상법 제352조의2①). 전자주주명부에는 상법 제352조제1항의 기재사항 외에 전자우편주소를 적어야 한다.

○ 개정법은 기업경영의 IT화를 위하여 주주총회에 직접 참석하거나 대리인에게 투표를 위임하지 않더라도 전자서명 등 본인인증절차를 거쳐 인터넷으로 의결권을 행사하는 전자투표제도가 도입됐다(상법 제368조의4, 제382조의2). 이와 함께 주주들이 서면 외에도 이메일 등 전자문서를 통해 주주제안권 및 임시주주총회 소집청구권을 행사할 수

있도록 했다. 전자투표제도를 도입함에 따라 일반 주주명부를 전자문서로 된 주주명부로 대체할 필요가 있어서 제도화한 것이다.

○ 주주명부는 종전의 경우 공증시 구비서류이다. 개정법에서는 자본금총액이 10억원 미만인 소규모 회사의 경우에는 공증의무가 면제되었으므로 당연히 구비서류가 아니나 전자투표제의 도입에 따라 첨부서면으로 제출하여야 할 것이다.

[사례] (신)주주명부

(신) 주 주 명 부

년 월 일 현재

주주명	주소와 전자우편주소	인수주식수	1주의 금액	금 액	비 고
한강수	○○시 ○○구 ○○동 ○○ www.asd45@hanmail.net	50,000주	5,000	250,000,000	
김일동		47,500주	5,000	237,500,000	
한동석		2,500주	5,000	12,500,000	
김철수		24,000주	5,000	120,000,000	
합 계		124,000주		620,000,000	

위 주주명부는 본사에 비치된 주주명부와 대조하여 틀림이 없음을 증명합니다.

20○○년 ○월 23일

회 사 명 : 농업(어업)회사법인 ○○주식회사 (법인인감날인)
소 재 지 : ○○시 ○○구 ○○동 ○○
대 표 이 사 : ○ ○ ○

[사례] 농업(어업)회사법인 주식회사 변경등기(흡수합병, 존속회사)

합병으로 인한 농업(어업)회사법인 주식회사 변경등기신청

접수	년 월 일	처리인	접 수	조 사	기 입	교 합	각종통지
	제 호						

상 호	농업(어업)회사법인 ○○주식회사	등기번호	123456
본 점	○○시 ○○구 ○○동 ○○		
등 기 의 목 적	흡수합병으로 인한 변경등기		
등 기 의 사 유	20○○년 ○월 22일 임시주주총회에서 ○○시 ○○구 ○○동 ○○ 농업(어업)회사법인 ◇◇주식회사를 흡수합병하기로 결의하고 공고와 최고절차를 밟아 20○○년 ○월 15일 이사회의 결의와 공고로서 합병보고총회의 보고에 갈음하기로 하였으므로 그 등기를 구함.		
본/지점 신청구분	1. 본점신청 □ 2. 지점신청 □ 3. 본 · 지점 일괄신청 □		
등 기 할 사 항			
합병으로 인하여 소멸한 회사의 상호 및 본점과 합병한 취지	○○시 ○○구 ○○동 ○○ 농업(어업)회사법인 ◇◇주식회사를 합병 합병 연월일 20○○. . 12		
합병 후 존속회사가 발행할 주식의 총수(증가 변경의 경우)	3,000,000주		
합병 후 존속회사의 발행주식의 총수, 그 종류와 각종 주식의 내용과 수	보통주식 730,000주		
합병 후의 존속회사의 자본총액	금3,650,000,000원		
합병으로 인한 전환사채 또는 신주인수권부사채의승계사항(승계한 경우)	없음		
기 타			

<table>
<tr><th colspan="7">신청등기소 및 등록면허세/수수료</th></tr>
<tr><td rowspan="2">순번</td><td rowspan="2">신청등기소</td><td rowspan="2">구분</td><td>등록면허세</td><td rowspan="2">농어촌특별세</td><td rowspan="2">세액합계</td><td rowspan="2">등기신청수수료</td></tr>
<tr><td>지방교육세</td></tr>
<tr><td rowspan="2"></td><td rowspan="2"></td><td rowspan="2"></td><td>금 000원</td><td rowspan="2"></td><td rowspan="2">금000원</td><td rowspan="2">금 30,000원</td></tr>
<tr><td>금000원</td></tr>
<tr><td></td><td></td><td></td><td></td><td></td><td></td><td></td></tr>
<tr><td colspan="3" rowspan="2">합 계</td><td></td><td rowspan="2"></td><td rowspan="2"></td><td rowspan="2"></td></tr>
<tr><td></td></tr>
<tr><td colspan="4">등기신청수수료 은행수납번호</td><td colspan="3"></td></tr>
<tr><td colspan="3">과 세 표 준 액</td><td colspan="4">금 000 원</td></tr>
<tr><th colspan="7">첨 부 서 면</th></tr>
<tr><td colspan="4">1. 합병계약서 통
1. 합병승인의 주주(사원)총회의사록 통
1. 합병보고총회의 주주총회 의사록 또는 이사회의사록과 공고를 증명하는 서면 통
1. 공고 및 최고를 한 증명서 통</td><td colspan="3">1. 변제영수증 또는 이의없다는 진술서 통
1. 주권제출공고증명서 통
1. 등록면허세영수필확인서 통
1. 위임장(대리인이 신청할 경우) 통
<기 타></td></tr>
</table>

20○○년 ○월 ○일

신청인 상 호 농업(어업)회사법인 ○○주식회사

본 점 ○○시 ○○구 ○○동 ○○

대표이사 성 명 (인) (전화 : 123-4567)

주 소

대리인 성 명 (인) (전화 : 234-5678)

주 소

○○지방법원 ○○등기소 귀중

- 신청서 작성요령 및 등기수입증지 첩부란 -

1. 해당란이 부족할 때에는 별지를 이용합니다.
1. 해당 등기신청과 관계없는 사항에 대하여는 "해당없음"으로 기재하거나 삭제하고, 필요한 사항은 추가 기재합니다.
1. 등기신청수수료 상당의 대법원등기수입증지를 이 난에 붙입니다.

(용지규격 21㎝× 29.7㎝)

[사례] 임시주주총회의사록

임시주주총회의사록

1. 일 시 20○○년 ○월 22일 11시
1. 장 소 ○○시 ○○구 ○○동 ○○
1. 출석한 상황 주주총수 199명 주식총수 650,000주
출석주주수 28명 이의주식수 413,506주

대표이사 이한동은 정관규정에 따라 의장석에 등단하여 위와 같이 법정 정족수에 달하는 주주가 출석하였으므로 본 총회가 적법히 성립되었음을 알리고 개회를 선언한 후 다음의 의안을 부의하고 심의를 구하다.

제1호 의안 농업(어업)회사법인 ◇◇주식회사 흡수 합병 승인의 건

의장은 기업성장과 합리적 경영을 도모하기 위하여 본 회사가 농업(어업)회사법인 ◇◇주식회사를 흡수 합병코자 한다고 하고 이를 위해 양 회사 대표이사간에 체결한 별첨 합병계약서를 승인해 줄 것을 요청한바, 출석주주 전원은 이를 신중히 검토한 후 만장일치로 원안대로 승인 가결하다.

제2호 의안 정관일부 변경 승인의 건

의장은 당 회사의 영업상 형편에 의하여 정관 제1조(상호)를 "농업(어업)회사법인 ○○주식회사"을 "농업(어업)회사법인 ◇◇주식회사"로 변경하고자 한다고 설명하고 이를 승인해 줄 것을 요청한바, 출석주주들의 반대 의사로 인하여 부결되다.

의장은 이상으로서 총회 목적인 의안 전부의 심의를 종료하였으므로 폐회한다고 선언하다.(회의종료시간 12시)

위 의사의 경과요령과 결과를 명확히 하기 위하여 이 의사록을 작성하고 의장과 출석한 이사가 기명날인 또는 서명하다.

20○○년 ○월 22일

농업(어업)회사법인 ○○주식회사
의장 대표이사 이 한 동
사내이사 한 명 기
사내이사 이 상 수

※ 합병의 결의

○ 주식회사는 합병결의서를 작성하여 주주총회의 승인을 얻어야 하므로, 합병결의는 합병계약을 한 후에 하여야 한다(상법 제522①).
합병계약은 합병당사회사의 주주총회 승인결의를 정지조건으로 하는 본계약이므로, 그 효력은 합병당사회사의 주주총회의 승인결의가 있는 때에 발생한다. 즉, 합병은 당사회사 주주들의 이해관계에 중대한 영향을 미치므로 합병계약이 체결되면 각 당사회사의 합병결의가 있어야 한다. 인적회사의 경우는 총사원의 동의(상법 제230,269), 물적회사(주식회사와 유한회사)의 경우에는 주주총회(사원총회)의 특별결의가 있어야 한다(상법 제522③,598).

○ 주주총회의 특별결의 : 합병결의는 출석한 주주의 의결권이 2/3 이상의 수와 발행주식의 총수의 1/3 이상의 수로 한다(상법 제522③). 회사가 수종의 주식을 발행한 경우에 합병으로 인하여 어느 종류의 주주에게 손해를 미치게 될 경우에는 그 종류주주총회의 결의도 있어야 한다(상법 제436).

[사례] 합병계약서

합병계약서

농업(어업)회사법인 ○○주식회사(이하 "갑"이라 한다)와 농업(어업)회사법인 ◇◇주식회사(이하 "을"이라 한다)는 영업력을 강화하고 수익력을 제고하며 상업구조를 고도화함으로써 기업경영의 합리화를 도모하기 위하여 합병하기로 하고 다음과 같이 합병계약을 체결한다.

제1조(합병의 방법) "갑"과 "을"은 합병하여 "갑"은 존속하고 "을"은 해산한다.

제2조(발행할 주식의 총수) 1. 갑은 합병에 의하여 그 발행하는 주식의 총수를 80,000주로 한다.
2. 전항의 증가하는 주식은 전부 기명식 보통주식으로 하고 1주의 액면가격은 5,000원으로 한다.

제3조(신주의 발행 및 배정) 갑은 합병시 기명식 보통주식 80,000주를 발행하고 합병기일 현재 을의 주주명부에 기재된 주주에게 을의 보통주식 1주(액면가 5,000원)에 대하여 갑의 보통주식 1주(액면가 5,000원)의 비율로 배정한다.

제4조(증가할 자본금과 준비금) 갑은 합병으로 자본금 400,000,000원이 증가하는 것으로 하며, 준비금에 관하여는 제6조에서 정한 합병기일에 있어서의 을의 자본상태를 기준으로 하되, 관계법령이 성하는 바에 따라 갑과 을이 합의하에 산정하여 승계할 수 있다.

제5조(합병승인 주주총회) 갑과 을은 20○○년 ○월 22일 각각 주주총회를 소집하여 본 계약서의 승인 및 합병에 따라 필요한 사항에 대하여 결의하기로 한다.
단, 합병절차의 진행에 따라 필요한 때에는 갑과 을의 협의에 의하여 기일을 변경할 수 있다.

제6조(합병을 할날) 본 합병에 따른 합병을 할 날(합병기일)은 20○○년 ○월 1일로 한다. 다만, 합병절차의 진행에 따라 필요한 경우 갑과 을의 합의에 의하여 이를 변경할 수 있다.

제7조(자산, 부채 및 권리의무의 승계) ① 을은 합병기일 현재의 재산목록, 대차대조표, 기타 동일 현재의 계산서를 기초로 하여 그 자산, 부채 및 권리의무 일체를 합병기일에 갑에게 인계한다.

② 을은 본 계약 체결 이후 합병기일에 이르기까지 자산, 부채의 변동에 대하여 따로 계산서를 작성하여 그 내용을 갑에게 제시하여 확인을 받아야 한다.

제8조(선량한 관리자의 의무) 갑과 을은 계약체결 후 합병기일에 이르기까지 선량한 관리자의 주의의무로 업무를 집행하고 모든 재산을 관리 운영하여 하며, 그 관리 의무에 주요한 영향을 주는 행위를 하는 경우에는 미리 갑의 사전동의를 얻은 후 이를 실행하여야 한다.

제9조(을의 종업원에 대한 처우) 갑은 을의 종업원 전원을 갑의 종업원으로 승계하고 기타 사항에 대해서는 갑과 을이 협의하여 결정한다.

제10조(이사의 임기) 본 합병 전에 선임된 갑의 이사 및 감사의 임기는 본 합병으로 인하여 영향을 미치지 아니한다.

제11조(해산에 관한 사항) 을의 해산에 관한 비용은 을이 부담한다.

제12조(합병조건 변경 및 계약의 해제) 본 계약 체결 후 합병기일에 이르기까지 천재지변, 기타의 사유로 인하여 갑 또는 을의 재산 및 경영상태에 중요한 변동이 발생하거나, 예측할 수 없는 중대한 하자가 발생한 때에는 합병조건을 변경하거나 본 계약을 해제할 수 있다.

제13조(계약의 효력) 본 계약은 제5조에 규정하는 갑과 을의 주주총회에서 승인을 얻었을 때 그 효력을 발생하고 법령이 정하는 관계 관청의 승인을 얻지 못한 때에는 그 효력을 상실한다.

제14조(계약에 정하지 않은 사항) 본 계약에 정한 내용 이외의 합병에 관한 필요사항은 본 계약의 취지에 따라 갑과 을이 합의하여 이를 결정하기로 한다.

본 계약의 성립을 증명하기 위하여 본 계약서 2통을 작성하고 갑과 을의 대표이사가 기명날인하여 각각 1통씩 보관한다.

20○○년 월 일

(갑) ○○시 ○○구 ○○동 ○○
농업(어업)회사법인 ○○주식회사
대표이사 이 한 동

(을) ○○시 ○○구 ○○동 ○○
농업(어업)회사법인 ◇◇주식회사
대표이사 지 정 광

※ 흡수합병계약서의 법정기재사항(상법 제523)

○ 존속하는 회사가 합병으로 인하여 그 발행할 주식의 총수를 증가하는 때에는 그 증가할 주식의 총수, 종류와 수에 관한 사항
존속회사가 소멸회사 주주들에게 주식을 배정하기 위하여 합병신주를 발행하는 경우에 그 수는 존속회사의 발행예정주식총수(授權株式總數)의 범위 내이어야 하는데, 수권주식수가 부족하면 그 수를 증가하여야 한다. 그런데 수권주식총수는 정관의 절대적 기재사항이고 이를 변경하기 위해서는 정관변경절차를 밟아야 하지만, 합병계약서에 이를 기재하여 주주총회의 승인을 받으면, 별도의 정관변경절차를 밟을 필요가 없다.

○ 존속하는 회사의 증가할 자본과 준비금의 총액에 관한 사항
회사의 합병이 해산회사의 전 재산의 포괄승계를 가져오지만, 자본이나 준비금은 장부상 및 계산상의 추상적 액수이기 때문에 존속회사의 증가할 자본액은 합병당사회사의 영업상황과 재산상태에 따라 정하여진다. 따라서 합병으로 인하여 소멸회사로부터 승계하여 증가되는 자본과 준비금의 액수를 구체적으로 기재하여 주주총회의 승인을 받도록 한 것이다. 증가할 존속회사의 자본액은 소멸회사의 순자산액의 범위 내이어야 한다. 무증자 합병의 경우에는 증가할 자본액은 '0'이 된다.

○ 존속회사가 합병당시에 발행하는 신주와 그 배정에 관한 사항
합병시 발행하는 신주의 액면총액은 소멸회사로부터 승계하는 순자산액을 초과할 수 없다. 그리고 신주의 배정비율(합병비율)은 합병당사회사 재산의 공정한 평가를 기준으로 결정되어야 하고, 이것이 공정하지 못하면 합병무효의 원인이 된다.

○ 합병교부금을 정한 때에는 그에 관한 사항

합병교부금은 합병당사회사의 재산상태 등이 일정한 비율에 의한 주식 배정을 곤란하게 하여 그 조정을 위하여, 또는 합병절차의 진행 중에 소멸회사의 결산기가 도래하여 이익배당을 하기 위하여 존속회사가 소멸회사 주주에게 교부하는 금전이다. 단주의 경우를 제외하고 주식을 전혀 배정하지 않고 합병교부금만 교부하는 것은 허용되지 않는다. 합병교부금의 규모에 관하여 상법에 규정이 없어 해석상 단주가 발생하는 경우에 한한다는 견해가 있으나, 현행법상 소규모합병의 경우에는 존속회사의 대차대조표상 손자산액의 100분의 2까지는 가능하다.

○ 당사회사의 합병승인을 할 총회의 기일

합병계약서에 자기회사의 총회기일 뿐만 아니라 다른 당사회사의 기일도 기재하여야 하는 데 반드시 같은 날일 필요는 없다. 그리고 주주총회는 복잡한 절차를 거쳐서 소집되기 때문에 반드시 확정일을 정하여 기재하여야 하는 것은 아니다. 예컨대 ○월 ○○일까지 또는 ○월 중순까지 총회를 개최한다는 식의 정함도 가능하다.

○ 합병을 한 날(합병기일)

합병의 효력은 합병등기를 한 때 발생하나 합병등기 이전에 사실상 모든 합병절차가 완료되어 소멸회사의 개별재산, 장부 기타 일체의 영업이 존속회사에 인도되고 합병신주도 배정된다. 이처럼 당사회사가 실질적으로 합쳐지는 날로써 당사회사사이에 합의된 날이 합병기일이다. 합병기일은 합병등기일보다 앞서야 하며, 이날은 합병의 효력이 발생하는 날인 합병등기일과 구별된다.

○ 존속회사가 합병시 정관을 변경하기로 정한 때에는 그에 관한 사항

합병과 동시에 존속회사의 정관을 변경하려면 합병에 관한 보고총회에서 처리하면 될 것이나, 이 보고총회는 이사회의 공고로 갈음할 수 있으므로 이런 경우에 대비하여 존속회사의 정관변경사항을 합병계약서에 기재하여 당사회사의 주주총회에서 승인을 받도록 한 것이다.

○ 소규모합병의 경우에는 주주총회의 승인을 받지 아니하고 합병한다는 뜻(상법 제527의3 ②)

○ 각 회사가 합병으로 인하여 이익의 배당 또는 중간배당의 규정(상법 제462의3①)에 의하여 금전으로 이익배당을 할 때에는 그 한도액

○ 합병으로 인하여 존속하는 회사에 취임할 이사와 감사 또는 감사위원회의 위원을 정한 때에는 그 성명 및 주민등록번호

[사례] 임시주주총회의사록

임시주주총회의사록

1. 일　　시　20○○년　○월　22일　11시
1. 장　　소　당 회사 본점 회의실
1. 출석한 상황　주주총수　6명　주식총수　80,000주
　　　　　　　출석주주수　6명　이의주식수　80,000주

대표이사 지정광은 정관규정에 따라 의장석에 등단하여 위와 같이 법정 정족수에 달하는 주주가 출석하였으므로 본 총회가 적법히 성립되었음을 알리고 개회를 선언한 후 다음의 의안을 부의하고 심의를 구하다.

의안 : 농업(어업)회사법인 ○○주식회사와의 합병계약 승인의 건

의장은 더욱 치열해지는 경영환경하에서 기업의 성장과 합리적 경영을 도모하기 위하여 본 회사가 농업(어업)회사법인 ○○주식회사와 합병코자 한다고 하고 이를 위해 양 회사 대표이사간에 체결한 별첨 합병계약서를 승인해 줄 것을 요청한 바 출석주주 전원은 이를 신중히 검토한 후 만장일치로 원안대로 승인 가결하다.

의장은 이상으로서 총회 목적인 의안 전부의 심의를 종료하였으므로 폐회한다고 선언하다.(회의종료시간 12시)

위 의사의 경과요령과 결과를 명확히 하기 위하여 이 의사록을 작성하고 의장과 출석한 이사가 기명날인 또는 서명하다.

20○○년　○월　22일

농업(어업)회사법인 ◇◇주식회사
의장 대표이사　지 정 광
사내이사　유 장 연
사내이사　-이하 생략-

[사례] 합병계약서

합 병 계 약 서

농업(어업)회사법인 ○○주식회사(이하 "갑"이라 한다)와 농업(어업)회사법인 ◇◇주식회사(이하 "을"이라 한다)는 영업력을 강화하고 수익력을 제고하며 상업구조를 고도화함으로써 기업경영의 합리화를 도모하기 위하여 합병하기로 하고 다음과 같이 합병계약을 체결한다.

제1조(합병의 방법) "갑"과 "을"은 합병하여 "갑"은 존속하고 "을"은 해산한다.

제2조(발행할 주식의 총수) 1. 갑은 합병에 의하여 그 발행하는 주식의 총수를 80,000주로 한다.

2. 전항의 증가하는 주식은 전부 기명식 보통주식으로 하고 1주의 액면가격은 5,000원으로 한다.

제3조(신주의 발행 및 배정) 갑은 합병시 기명식 보통주식 80,000주를 발행하고 합병기일 현재 을의 주주명부에 기재된 주주에게 을의 보통주식 1주(액면가 5,000원)에 대하여 갑의 보통주식 1주(액면가 5,000원)의 비율로 배정한다.

제4조(증가할 자본금과 준비금) 갑은 합병으로 자본금 400,000,000원이 증가하는 것으로 하며, 준비금에 관하여는 제6조에서 정한 합병기일에 있어서의 을의 자본상태를 기준으로 하되, 관계법령이 정하는 바에 따라 갑과 을이 합의하에 산정하여 승계할 수 있다.

제5조(합병승인 주주총회) 갑과 을은 20○○년 ○월 22일 각각 주주총회를 소집하여 본 계약서의 승인 및 합병에 따라 필요한 사항에 대하여 결의하기로 한다. 단, 합병절차의 진행에 따라 필요한 때에는 갑과 을의 협의에 의하여 기일을 변경할 수 있다.

제6조(합병을 할 날)본 합병에 따른 합병을 할 날(합병기일)은 20○○년 ○월 1일로 한다. 다만, 합병절차의 진행에 따라 필요한 경우 갑과 을의 합의에 의하여 이를 변경할 수 있다.

제7조(자산, 부채 및 권리의무의 승계) ① 을은 합병기일 현재의 재산목록, 대차대조표, 기타 동일 현재의 계산서를 기초로 하여 그 자산, 부채 및 권리의무 일체를 합병기일에 갑에게 인계한다.

② 을은 본 계약 체결 이후 합병기일에 이르기까지 자산, 부채의 변동에 대하여 따로 계산서를 작성하여 그 내용을 갑에게 제시하여 확인을 받아야 한다.

제8조(선량한 관리자의 의무) 갑과 을은 계약체결 후 합병기일에 이르기까지 선량한 관리자의 주의의무로 업무를 집행하고 모든 재산을 관리 운영하여 하며, 그 관리 의무에 주요한 영향을 주는 행위를 하는 경우에는 미리 갑의 사전동의를 얻은 후 이를 실행하여야 한다.

제9조(을의 종업원에 대한 처우) 갑은 을의 종업원 전원을 갑의 종업원으로 승계하고 기타 사항에 대해서는 갑과 을이 협의하여 결정한다.

제10조(이사의 임기) 본 합병 전에 선임된 갑의 이사 및 감사의 임기는 본 합병으로 인하여 영향을 미치지 아니한다.

제11조(해산에 관한 사항) 을의 해산에 관한 비용은 을이 부담한다.

제12조(합병조건 변경 및 계약의 해제) 본 계약 체결 후 합병기일에 이르기까지 천재지변, 기타의 사유로 인하여 갑 또는 을의 재산 및 경영상태에 중요한 변동이 발생하거나, 예측할 수 없는 중대한 하자가 발생한 때에는 합병조건을 변경하거나 본 계약을 해제할 수 있다.

제13조(계약의효력) 본 계약은 제5조에 규정하는 갑과 을의 주주총회에서 승인을 얻었을 때 그 효력을 발생하고 법령이 정하는 관계 관청의 승인을 얻지 못한 때에는 그 효력을 상실한다.

제14조(계약에 정하지 않은 사항) 본 계약에 정한 내용 이외의 합병에 관한 필요사항은 본 계약의 취지에 따라 갑과 을이 합의하여 이를 결정하기로 한다.

본 계약의 성립을 증명하기 위하여 본 계약서 2통을 작성하고 갑과 을의 대표이사가 기명날인하여 각각 1통씩 보관한다.

20○○년 월 일

(갑) ○○시 ○○구 ○○동 ○○
농업(어업)회사법인 ○○주식회사
대표이사 이 한 동

(을) ○○시 ○○구 ○○동 ○○
농업(어업)회사법인 ◇◇주식회사
대표이사 지 정 광

[사례] 이사회의사록(합병경과보고 및 공고)

이사회 의사록

20○○년 ○월 15일 10시 본점회의실에서(이사, 감사 전원의 동의로 상법 제390조 제2항, 소정의 소집절차를 생략하고)다음과 같이 이사회를 개최하다.

이사총수 5명, 출석이사수 5명
감사총수 1명, 출석감사수 1명

제1호 의안 합병경과보고 및 공고의 건

대표이사 이한동은 20○○년 ○월 22일 주주총회에서 농업(어업)회사법인 ◇◇주식회사와의 합병계약서 승인을 얻고 그에 따라 양 회사에서 각기 소정의 절차를 완료하였는바, 상법 제526조의 규정에 의하여 주주총회의 보고에 갈음하여 이사회의 결의와 공고로서 갈음하고자 한다고 보고한 후 그 승인을 구한바 전원 이의없이 그를 승인 가결하다.

의장은 이상으로서 회의 목적인 의안 전부의 심의를 종료하였으므로 폐회한다고 선언하다(회의종료시각 11시00분).

위 의사의 경과요령과 결과를 명확히 하기 위하여 이 의사록을 작성하고 의장과 출석한 이사와 감사가 기명날인 또는 서명하다.

20○○년 ○월 15일

농업(어업)회사법인 ○○주식회사
대표이사 이 한 동
사내이사 한 명 기
사내이사 지 정 광
사내이사 조 우 장

○ 이사회의 결의는 이사 과반수의 출석과 출석 이사의 과반수로 하여야 한다. 다만, 정관으로 그 비율을 높게 정할 수 있다(상법 제391①), 감사가 불출석한 경우에도 출석한 이사들만으로 이사회를 개최하고 이사회의사록을 작성할 수 있다.

[사례] 합병 및 주권제출공고

합병 및 주권제출공고

20○○년 ○월 15일 개최된 하기 양사의 주주총회에서 양회사는 합병하고(갑)은 그 권리, 의무 일체를 승계하여 존속하며(을) 회사는 해산하기로 결의하였으므로 이 합병에 이의가 있는 채권자 및 주주는 본 공고일부터 1월 이내에 각 관계 회사에 이의 및 주권을 제출하여 주시기 바라오며, 위 기간 내에 이의가 없으면 합병등에 이의없이 승인한 것으로 간주함을 공고합니다.

20○○년 ○월 17일

농업(어업)회사법인 ○○주식회사
○○시 ○○구 ○○동 ○○
대표이사 이 한 동
농업(어업)회사법인 ◇◇주식회사
○○시 ○○구 ○○동 ○○
대표이사 지 정 광

위와 같이 공고하였음을 증명합니다.

20○○년 ○월 17일

농업(어업)회사법인 ○○주식회사
○○시 ○○구 ○○동 ○○
대표이사 이 한 동
농업(어업)회사법인 ◇◇주식회사
○○시 ○○구 ○○동 ○○
대표이사 지 정 광

※ 주식병합과 주권제출의 공고

○ 흡수합병의 경우에 소멸회사의 주주는 존속회사의 주식을 배정 받게 되는데, 그 배정비율이 1대 1인 때에는 특별한 절차를 밟을 필요가 없지만 배정비율이 다를 때에는 소멸회사의 주식에 관하여 주식의 병합 또는 분할절차가 필요하다. 이 절차에 대하여는 자본감소의 경우의 주식병합에 관한 규정(상법 제440내지444)이 준용된다. 즉 회사는 1개월 이상의

기간을 정하여 주식의 병합 또는 분할의 뜻과 그 기간 내에 주권을 회사에 제출할 것을 공고하고, 주주명부에 기재된 주주와 질권자에 대하여는 각 별로 통지를 하여야 한다(상법 제440). 이 때 구주권을 회사에 제출할 수 없는 자가 있는 때에는 그 자의 청구에 의하여 3월이상의 기간을 정하여 이해관계인에 대하여 그 주권에 대한 이의가 있으면 그 기간 내에 이의를 제출 할 뜻을 공고하고 그 기간이 경과한 후에 신주권을 청구자에게 교부할 수 있다(상법 제442).

○ 이 주권제출공고는 소멸회사의 주식에 관하여 행하여지는 것이므로 소멸회사의 공고방법에 의하여야 한다.

[사례] 진술서

<table>
<tr><td>

진 술 서

본 회사는 20○○년 ○월 29일자로 매일경제신문에 공고를 하고 채권자에게는 개별통지를 하였으나 20○○년 ○월 30일까지 이의를 제출하는 채권자가 전혀 없으므로 이에 진술합니다.

20○○년 ○월 20일

농업(어업)회사법인 ○○주식회사
○○시 ○○구 ○○동 ○○
대표이사 이 한 동

</td></tr>
</table>

※ 이의제출의 공고, 최고

○ 합병당사회사는 회사채권자들에게 통상의 합병시(상법 제522)에는 주주총회의 승인결의가 있는 날로부터, 간이합병(상법 제527의2), 소규모합병(상법 제527의3)시에는 이사회의 결의가 있는 날로부터 2주간 내에 채권자들에게 합병에 이의가 있으면 1월 이상의 기간내에 이의를 제출할 것을 관보 또는 회사가 공고하는 방법에 의하여 공고하고 또 알고 있는 채권자에 대하여는 각별로 이를 최고하여야 한다. 흡수합병의 경우에 채권자에 대한 공고와 최고기간 중이라도 합병 후 존속하는 회사에 대한 상호변경등기를 한 후 합병의 등기를 신청할 수 있다. 그러나 금융기관이 합병하고자 할 때에는 10일 이상의 기간을 정하여 채권자에게 이의를 제출할 것을 2이상의 일간신문에 공고할 수 있고, 이 경우 개별채권자에 대한 최고는 생략할 수 있다(금융5③). 이러한 공고를 정관에서 정한 공고방법과 다른 방법으로 한 경우에는 공고로써 효력이 발생하지 않는다.

○ 위 기간 내에 이의를 제출하지 않은 때에는 합병을 승인한 것으로 보며, 이의를 제출한 채권자에게는 변제하거나 상당한 담보를 제공하거나 이를 목적으로 상당한 재산을 신탁

회사에 신탁하여야 한다.

[사례] 진술서

진 술 서

본 회사는 20○○년 ○월 29일자로 매일경제신문에 공고를 하고 채권자에게는 개별통지를 하였으나 20○○년 ○월 30일까지 이의를 제출하는 채권자가 전혀 없으므로 이에 진술합니다.

20○○년 ○월 20일

농업(어업)회사법인 ◇◇주식회사
○○시 ○○구 ○○동 ○○
대표이사 지 정 광

[사례] 확인서

확 인 서

본 회사 등은 20○○년 ○월 29일자로 매일경제신문에 공고를 하였음을 확인합니다.

20○○년 ○월 20일

농업(어업)회사법인 ○○주식회사
○○시 ○○구 ○○동 ○○
대표이사 이 한 동

농업(어업)회사법인 ◇◇주식회사
○○시 ○○구 ○○동 ○○
대표이사 지 정 광

[사례] 진술서(공증용)

진 술 서	
법 인 명	농업(어업)회사법인 ○○주식회사
소 재 지	○○시 ○○구 ○○동 ○○
회의의 종류	주주총회( ) 이사회( )
소 집 일 시	20○○년 ○월 ○일
소 집 장 소	본점 회의실

본인은 백영공증인합동사무소에서 위 법인의 의사록의 인증을 촉탁함에 있어서 위 법인의 대표이사로서 위 회의가 적법하게 소집되었으며, 결의의 절차와 내용이 진실에 부합함을 진술합니다.

20○○년 ○월 ○일

진술인 농업(어업)회사법인 ○○주식회사
○○시 ○○구 ○○동 ○○
대표이사 ○ ○ ○ (인)

[사례] 위임장(공증용)

위 임 장

법무사 정 동 진
○○시 ○○구 ○○동 ○○
전화 : 123-4567

위 사람을 본인의 대리인으로 정하여 백영공증인합동사무소에서 다음 사서증서 인증을 촉탁하는 일체의 권한을 위임합니다.

다 음

1. 주주총회의사록

20○○년 ○월 ○일

위임인 ○ ○ ○ (인)
○○시 ○○구 ○○동 ○○

위임인 ○ ○ ○ (인)
○○시 ○○구 ○○동 ○○

위임인 ○ ○ ○ (인)
○○시 ○○구 ○○동 ○○

※ 공증준비서류 : 주주총회의사록, 이사회의사록, 주주명부, 진술서 각 3부와 정관사본, 법인인감증명서 및 등기부등본 각1부를 준비하고, 주주총회의사록 또는 이사회의사록에 날인한 이사는 공증용 위임장에 인감을 날인하고 개인임감증명을 첨부하여야 한다.

[사례] 농업(어업)회사법인 주식회사 해산등기(전 사례의 흡수합병으로 인한 소멸회사)

합병으로 인한 농업(어업)회사법인 주식회사 해산등기신청

접수	년 월 일	처리인	접 수	조 사	기 입	교 합	각종통지
	제 호						

상 호	농업(어업)회사법인 ◇◇주식회사	등기번호	123456
본 점	○○시 ○○구 ○○동 ○○		
등 기 의 목 적	합병으로 인한 주식회사 해산등기		
등 기 의 사 유	20○○년 ○월 22일 임시주주총회에서 ○○시 ○○구 ○○동 ○○ 농업(어업)회사법인 ○○주식회사에 흡수합병하여 해산할 것을 결의하고 공고와 최고의 절차를 밟아 20○○년 ○월 15일 합병절차를 종료하였으므로 다음 등기를 구함.		
본/지점 신청구분	1. 본점신청 □ 2. 지점신청 □ 3. 본 · 지점 일괄신청 □		
등 기 할 사 항			
합병으로 인한 해산 연 월 일	20○○년 ○월 15일		
해 산 사 유	○○시 ○○구 ○○동 ○○ 농업(어업)회사법인 ○○주식회사와 합병하고 해산		
기 타			

신청등기소 및 등록면허세/수수료

순번	신청등기소	구분	등록면허세 지방교육세	농어촌특별세	세액합계	등기신청수수료
			금 23,000원 금 4,600원		금27,600원	금6,000원
합 계						
등기신청수수료 은행수납번호						

첨 부 서 면

1. 등록면허세영수필확인서 통 1. 위임장(대리인이 신청할 경우) 통	<기 타 >

20○○년 ○월 ○일

신 청 인 상 호 농업(어업)회사법인 ◇◇주식회사
본 점 ○○시 ○○구 ○○동 ○○
대표이사 성 명 (인) (전화 :)
주 소 ○○시 ○○구 ○○동 ○○
대 리 인 성 명 (인) (전화 :)
주 소

○○지방법원 ○○등기소 귀중

- 신청서 작성요령 및 등기수입증지 첨부란 -

1. 해당란이 부족할 때에는 별지를 이용합니다.
1. 해당 등기신청과 관계없는 사항에 대하여는 "해당없음"으로 기재하거나 삭제하고, 필요한 사항은 추가 기재합니다.
1. 등기신청수수료 상당의 대법원등기수입증지를 이 난에 붙입니다.

(용지규격 21㎝× 29.7㎝)

※ 존속회사의 변경등기와 소멸회사의 해산등기는 동시에 신청하여야 하고, 소멸회사와 존속회사의 본점관할 등기소가 다를 경우에는 소멸회사의 해산등기신청은 존속회사 본점소재지 관할 등기소를 거쳐야 한다(상등법101,72①②). 소멸회사의 해산등기는 합병 후 존속 또는 설립하는 회사의 대표자가 소멸회사를 대표하여 신청한다.

제4관 농업회사법인 유한회사 설립

1. 의 의

가. 개 념

"유한회사"란 상행위 기타 영리를 목적으로 하여 설립된 사단으로서, 전사원의 책임이 출자금액을 한도로 하고(상법 제553조), 채권자의 담보가 되는 것은 회사재산 뿐이고, 회사재산을 확보하기 위하여 자본제도가 법정되어 있는 점은 주식회사와 비슷하다. 그러나 사원의 구성이 폐쇄적이고 사원 상호간의 관계에 대하여는 자치에 맡기고 있는 점이 주식회사와 다르다.

그리고 유한회사의 사원(유한책임)은 간접·유한책임을 부담하나, 합자회사의 유한책임사원은 직접·유한책임을 부담하는 점에서 다르다.

나. 주식회사와의 차이점

(1) 조직의 단순성

조직이 주식회사와 비교하여 간단·단순하다. 즉 이사는 1인이라도 되고(상법 제561조), 그 임기에는 제한이 없으며 이사회제도가 법정되어 있지 않다. 감사는 임의기관으로서 이를 두지 아니하여도 되고(상법 제568조), 감사위원회제도는 인정되지 아니한다. 자본증가절차도 간단하고(상법 제586조), 사원의 의결권의 수(상법 제575조)·이익배당과 잔여재산의 분배의 기준(상법 제580조)도 정관으로 정할 수 있다. 회사의 설립과 자본의 증가시에 사원의 공모가 인정되지 아니한다(상법 제543,589조).

(2) 설립의 용이

유한회사도 사원에 의한 정관의 작성, 사원의 출자, 설립등기에 의하여 성립한다. 그러나 주식회사와 달리 모집설립과 같은 방법은 인정되지 않으며(상법 제543조), 발기설립과 비슷한 방법만이 인정된다. 그리고 변태설립사항에 대한 검사인의 조사제도는 필요 없다.

2. 설립절차

가. 정관의 기재사항

(1) 절대적 기재사항

정관에는 절대적 기재사항으로 ① 목적, ② 상호, ③ 사원의 성명과 주소, ④ 자본금의 액, ⑤ 출자 1좌의 금액, ⑥ 각 사원의 출자좌수, ⑦ 본점의 소재지 등을 기재하여야 한다(상법 제543②). 유한회사사원의 자격에는 제한이 없으므로, 자연인 및 회사 기타 법인도 사원이 될 수 있다.

자본금의 총액은 구 상법에서 1천만 원 이상이어야 하던 것을 폐지하였고(상법 제545조), 출좌 1좌의 금액은 5천원 이상이던 것을 100원 이상으로 하였다(상법 제546조).

(2) 상대적 기재사항

상대적 기재사항으로는 설립시의 ① 변태설립사항(상법 제544조)으로서 현물출자・재산인수・설립비용에 관한 사항이 있고 기타, ② 지분양도요건의 가중(상법 제556①), ③ 감사의 선임(상법 제568①), ④ 총회의 보통결의요건의 완화(상법 제574조), ⑤ 1좌 1의결권원칙의 예외(상법 제575조①단서), ⑥ 각 사원에 대한 회계장부열람권(상법 제581②), ⑦ 이익배당기준의 예외(상법 제580조), ⑧ 법정 이외의 해산사유(상법 제609①), ⑨ 잔여재산분배기준의 예외(상법 제612조) 등이 있다.

(3) 임의적 기재사항

이밖에 정관에는 강행법규나 선량한 풍속과 사회질서 및 유한회사의 본질에 반하지 않는 범위내에서 필요한 사항을 기재할 수 있다. 그 예를 들면 ① 이사・감사의 원수 및 임기, ② 임원의 자격, ③ 정기총회의 개최시기, ④ 회사의 영업연도・총회의 개최일 등이 있다.

나. 이사 및 감사의 선임

(1) 이사의 선임

유한회사의 이사는 회사를 대표하고 업무를 집행하는 필요상설기관이다. 주식회사와 달리 업무집행기관이 이사회와 대표이사로 분화되어 있지 않다. 각 이사는 단독으로 기관의 지위를 구성하므로, 이사회의 구성원에 불과한 주식회사의 이사와는 다르다. 유한회사는 발기인이 없으므로 정관으로 이사를 둘 수 있으며(상법 제543,547조), 정관으로 초대이사를 정하지 않은 때에는 회사설립 전에 사원총회를 열어 선임하고(상법 제547조), 설립 후에는 사원총회에서 선임한다(상법 제567,382조). 이사의 임기에는 아무러 규정이 없으므로, 해임되지 않는 한 이사의 권리・의무가 있다. 그리고 이사의 수에도 제한이 없다. 이사의 자격에도 아무런 제한이 없으나, 감사는 이사를 겸할 수 없다(상법 제570,411조).

⑵ 감사의 선임

유한회사에서 감사는 정관에 의하여 둘 수 있는 임의기관이다. 최초의 감사는 정관으로 정함이 없는 때에는 사원총회에서 선임한다. 감사의 선임이 있는 경우에는 그를 등기한다(상법 제549조).

⑶ 임기

상법의 유한회사의 이사와 감사에 관한 임기의 규정은 없다.

다. 출자의 이행

유한회사는 정관의 작성에 의하여 사원이 될 자와 출자의 인수가 확정되며, 이사는 사원으로 하여금 출자전액의 납입 또는 현물출자의 목적인 재산 전부의 금여를 시켜야 한다(상법 제548①). 납입의 해태에 대하여는 주식회사와 같은 실권절차가 없으므로, 납입의 실현은 강제집행의 방법에 의할 수 밖에 없다. 그리고 현물출자가 있는 경우에도 검사인의 검사절차가 요구되지 않는다. 주식회사와는 달리 출자의 납입잘소에 대한 규정은 없다. 따라서 주식회사의 경우와 달리 출자의 납입은 반드시 은행 기타 금융기관에 할 필요는 없다.

라. 등기사항

유한회사의 설립등기사항은 다음과 같다(상법 제549조).

① 목적·상호·본점의 소재지, 지점을 둔 때에는 그 소재지

② 자본금의 액과 출자 1좌의 금액

③ 이사의 성명·주민등록번호(주민등록이 없는 자는 생년월일) 및 주소. 다만, 회사를 대표할 이사를 정한 때에는 그 외의 이사의 주소를 제외한다.

④ 회사를 대표할 이사를 정한 때에는 그 성명.

⑤ 수인의 이사가 공동으로 회사를 대표할 것을 정한 때에는 그 규정

⑥ 존립기간 또는 해산사유를 정한 때에는 그 기간과 사유

⑦ 감사가 있는 때에는 그 성명·주민등록번호(주민등록이 없는 자는 생년월일)

마. 첨부서면

유한회사의 설립등기신청서의 첨부서면은 다음과 같다(상등법104조).

① 정관

② 출자전액납입 또는 현물출자의 목적인 재산전부의 급여가 있음을 증명하는 서면

③ 이사를 사원총회에서 선임한 때에는 그 의사록(상등법103②)

주식회사는 발기인총회규정과 의사록서명날인규정이 별도로 있으나(상법 제297조), 유한회사는 발기인총회규정이 없고 사원총회규정만 있고 의사록 작성에 관하여 주주총회의사록 작성 규정을 준용하므로(상법 제547, 578, 373준용), 사원총회의사록에는 이사가 기명날인 또는 서명하여야 한다.

④ 이사의 취임승낙을 증명하는 서면.

⑤ 대표이사를 이사 호선으로 선임한 때에는 이사 과반수의 결의가 있었음을 증명하는 서면(상등법103②)과 그취임승낙을 증명하는 서면(상등법104조). 취임승낙을 증명하는 서면에는 이사전원에 대하여 인감증명법에 의하여 작성된 인감증명을 첨부하여야 한다(상등규84,105,104조).

⑥ 주민등록번호(주민등록이 없는 자는 생년월일)를 증명하는 서면(법인특규2②).

⑦ 감사를 둔 때에는 감사의 취임승낙을 증명하는 서면

⑧ 기타 위임장, 등록면허세납부영수필확인서 등

바. 등기기간 등

출자 전액의 납입 또는 현물출자의 이행이 있는 날로부터 본점소재지에서는 2주간, 지점소재지에서는 본점소재지에서 등기를 한 후 2주간 내에 등기를 하여야 한다(상법 제549,181조). 다만, 지점소재지에서는 「법인등기 등기사항에 관한 특례법」 제3조 및 동 시행규칙 제3조에서 정한 사항만을 등기한다. 설립등기는 회사를 대표할 자가 신청한다(상등법104①). 설립등기를 함으로써 유한회사가 성립한다.

사. 등록면허세 등

농업법인 및 어업법인의 설립등기에 대하여는 등록면허세를 2012년 12월 31일까지 면제한다(지방세특례제한법 제11조 제1항). 농어촌특별세도 부과하지 아니한다(농어촌특별세법 제4조 제2호).

설립등기의 경우 대법원 수입증지 30,000원을 붙여야 한다. 대법원수입증지는 법원구내 및 등기소 가까운 금융기관(농협, 신한은행)에서 구입할 수 있다.

[사례] 농업회사법인 유한회사 설립등기

농업회사법인 유한회사 설립등기신청

접수	년 월 일	처리인	접 수	조 사	기 입	교 합	각종통지
	제 호						

등기의목적	농업회사법인 유한회사 설립
등기의사유	농어업경영체 육성 및 지원에 관한 법률의 규정에 의하여 농업회사법인 유한회사를 설립하기 위하여 20○○. 4. 19. 정관을 작성하고 설립절차를 종료하였으므로 다음 사항의 등기를 구함.
본/지점 신청구분	1. 본점신청 □ 2. 지점신청 □ 3. 본・지점 일괄신청 □
등 기 할 사 항	
상 호	농업회사법인 ○○유한회사
본 점	○○시 ○○군 ○○읍 ○○리 ○○
출자1좌의 금액	금 10,000원
자본금의 액	금 100,000,000원
목 적	별지와 같음
이사, 감사의 성명 및 주민등록번호	이 사 : ○○○(-) 이 사 : ○○○(-) 이 사 : ○○○(-) 감 사 : ○○○(-)
대표이사의 성명, 주민등록번호와 주소	대표이사 최 성 민 ○○시 ○○군 ○○읍 ○○리 ○○
지 점	없음
존립기간 또는 해산사유	본 회사의 존립기간은 회사 성립일로부터 만 ○○년으로 한다.

신청등기소 및 등록면허세/수수료						
순번	신청등기소	구분	등록면허세 지방교육세	농어촌특별세	세액합계	등기신청수수료
			금 000원[12)] 금000원		금000원	금 30,000원
합 계						
등기신청수수료 은행수납번호						
과 세 표 준 액			금 000 원			

첨 부 서 면	
1. 정관 통	1. 대표이사 인감신고서 통
1. 사원총회의사록 통	1. 등록면허세영수필확인서 통
1. 출자금납입증명서 통	1. 위임장(대리인이 신청할 경우) 통
1. 현물출자재산인도증 통	1. 법인인감카드발급신청서 통
1. 이사과반수동의서 통	<기 타>
1. 임원취임승낙서(인감증명서포함) 통	

20○○년 ○월 ○일

신청인 상 호 농업회사법인 ○○유한회사

본 점 ○○시 ○○군 ○○읍 ○○리 ○○

대표이사 성 명 최 성 민 (인) (전화 : 234-5678)

주 소 ○○시 ○○군 ○○읍 ○○리 ○○

대리인 성 명 변호사 한 동 덕 (인) (전화 : 345-6789)

주 소 ○○시 ○○군 ○○읍 ○○리 ○○

○○지방법원 ○○등기소 귀중

- 신청서 작성요령 및 등기수입증지 첩부란 -

1. 해당란이 부족할 때에는 별지를 이용합니다.
1. 해당 등기신청과 관계없는 사항에 대하여는 "해당없음"으로 기재하거나 삭제하고, 필요한 사항은 추가 기재합니다.
1. 등기신청수수료 상당의 대법원등기수입증지를 이 난에 붙입니다.

(용지규격 21㎝× 29.7㎝)

12) 농업법인 및 어업법인의 설립등기에 대하여는 등록면허세를 면제하고(지방세특례제한법 제11조, 제12조), 농어촌특별세도 부과하지 아니한다(농어촌특별세법 제4조 제2호).

[별지]

본 회사는 기업적 농업경영을 통하여 생산성을 향상시키거나 생산된 농산물을 유통·가공·판매함으로써 농업의 부가가치를 높이고 노동력의 부족 등으로 농업경영이 곤란한 농업인의 농작업의 전부 또는 일부를 대행하여 영농의 편의를 도모함을 목적으로 다음 각호의 사업을 한다.
1. 농산물의 유통·가공·판매
2. 농작업의 전부 또는 일부 대행
3. 영농에 필요한 자재의 생산공급
4. 영농에 필요한 종묘생산 및 종균배양사업
5. 농산물의 매취·비축사업
6. 농업기계, 기타장비의 임대·수리·보관사업
7. 소규모 관개시설의 수탁·관리사업
8. 위 각호에 부수하는 일체의 사업

[사례] 위임장

위 임 장

법무사 정 민 재
ㅇㅇ시 ㅇㅇ군 ㅇㅇ읍 ㅇㅇ리 ㅇㅇ
전화 111-5689

위 사람을 대리인으로 정하고 다음의 권한을 위임함.

다 음

본 회사의 설립등기 신청서의 작성 및 제출, 취하에 관한 일체의 행위

20ㅇㅇ년 9월 22일

위임인 농업회사법인 ㅇㅇ유한회사
ㅇㅇ시 ㅇㅇ군 ㅇㅇ읍 ㅇㅇ리 ㅇㅇ
대표이사 최 성 민

[사례] 농업회사법인 유한회사정관13)

정 관

제1장 총 칙

제1조(상호) 본 회사는 농어업 경영체 육성 및 지원에 관한 법률 제19조에 의하여 설립된 회사로서 그 명칭은 농업회사법인○○유한회사라 칭한다.

※ 유한회사의 상호중에는 "유한회사"라는 문자를 사용해야 하는 점 이외에는 별다른 제한이 없으나 동일한 시·군내에서 동종영업을 위하여 타인이 등기한 것과 동일 또는 유사한 상호로는 등기할 수 없음에 유의해야 한다.

제2조(목적) 본 회사는 기업적 농업경영을 통하여 생산성을 향상시키거나 생산된 농산물을 유통·가공·판매함으로써 농업의 부가가치를 높이고 노동력의 부족 등으로 농업경영이 곤란한 농업인의 농작업의 전부 또는 일부를 대행하여 영농의 편의를 도모함을 목적으로 한다.

제3조(사업) ①본 회사는 생산성 향상을 위한 기업적 농업경영과 ○○사업을 주사업으로 한다.

② 본 회사는 다음 각호의 사업을 부대사업으로 한다.

1. 농산물의 유통·가공·판매
2. 농작업의 전부 또는 일부 대행
3. 영농에 필요한 자재의 생산공급
4. 영농에 필요한 종묘생산 및 종균배양사업
5. 농산물의 매취·비축사업
6. 농업기계, 기타장비의 임대·수리·보관사업
7. 소규모 관개시설의 수탁·관리사업

※ 제2조의 목적과 부합되는 사업이면 수개의 사업을 목적으로 해도 무방하나 그 영업내용을 명확히 알 수 있도록 구체적으로 기재해야 하며 막연히 "물품도매업" 등과 같이 추상적으로 기재해서는 안된다. 또한, 제1항의 ○○내에는 농업경영 외의 사업

13) 이 정관은 "농어업 경영체 육성 및 지원에 관한 법률 시행령 제20조"의 규정에 의거 농수산부장관이 고시(농림수산식품부 고시 제2009-282호)한 농업회사법인 유한회사정관이다.

으로서 회사가 역점을 두는 사업을 기재한다.

제4조(본점의 소재지 및 지점의 설치) ① 본 회사의 본점은 ○○시도 ○○시·군에 둔다

② 본 회사는 필요한 경우에는 총사원의 결의로 지점, 영업소, 출장소를 둘 수 있다.

※ 그 소재장소의 지번까지 확정해야 하는 것은 아니고 최소행정구역까지만 정해도 무방하다. 그리고 지점은 정관의 절대적 기재사항이 아니므로 이의 기재여부는 회사의 임의에 속한다.

제5조(공고방법) 본 회사의 공고사항은 ○○시도에서 발간되는 ○○신문에 게재한다.

제6조(자본금의 액) 본 회사의 자본금의 액은 금○○만원으로 한다.[14]

제7조(존립기간) 본 회사의 존립기간은 회사 성립일로부터 만 ○○년으로 한다.(註5)

※ 이는 정하지 아니할 수도 있으며 이를 정한 경우에 한하여 정관에 기재 한다.

제2장 사원과 출자

제8조(사원의 자격) 본 회사의 사업은 농업인, 농산물의 생산자단체로 하되, 제9조에서 정한 출자한도 내에서 출자한 비농업인도 사원이 될 수 있다.

제9조(비농업인의 출자한도) 농업인, 농산물의 생산자단체가 아닌자가 출자하는 출자액의 합계는 본 회사의 총출자액의 10분의 9을 초과할 수 없다.

※ 농산물 생산자 단체는 농어업·농어촌 및 식품산업 기본법 시행령 제4조에서 정한 생산자 단체를 말한다.

제10조(출자의 좌수 및 1좌의 금액) 본 회사의 자본은 이를 0000좌로 나누고, 1좌의 금액은 ○○○○○원으로 한다.

제11조(사원의 성명, 주소 및 출자좌수) 사원의 성명, 주소 및 그 출자 좌수는 다음

14) 자본금의 총액은 구 상법에서 1천만 원 이상이어야 하던 것을 폐지하였고(상법 제545조), 출좌 1좌의 금액은 5천원 이상이던 것을 100원 이상으로 하였다(상법 제546조).

과 같다.

2,000좌 성명 ○ ○ ○ ( ) 주민등록번호 : -
○○시도 ○○시군 ○○읍면 ○○리동 ○○번지

2,000좌 성명 ○ ○ ○ ( ) 주민등록번호 : -
○○시도 ○○시군 ○○읍면 ○○리동 ○○번지

1,000좌 성명 ○ ○ ○ ( ) 주민등록번호 : -
○○시도 ○○시군 ○○읍면 ○○리동 ○○번지

[유례] 사원의 성명, 주소 및 그 출자좌수는 말미 기재와 같다.

※ 위 성명 다음의 ( ) 내는 농업인인 경우 '농업인', 생산자단체인 경우 생산자단체명, '비농업인'인 경우 '비농업인'을 기재하고, 주민등록번호란에는 사업자인 경우 사업자등록번호를 기재

제12조(지분의 양도제한) ①사원은 사원총회의 결의가 있는 때에 한하여 그 지분의 전부 또는 일부를 타인에게 양도할 수 있다.

②전항과 관련 비농업인 사원에게 양도하여 비농업인의 총출자액이 제9조에서 규정한 제한을 초과하는 경우에는 그 양도는 효력이 없다.

③상속 또는 유증에 의하여 비농업인의 총출자액이 제9조에서 규정한 한도를 초과할 경우에는 그 초과지분을 지체없이 농업인에게 양도하여야 한다.

제3장 사원총회

제13조(사원총회) 본 회사의 사원총회는 정기총회와 임시총회로 하고, 정기총회는 매년 3월과 9월에 개최하며 임시총회는 필요에 따라 수시로 개최할 수 있다.

제14조(총회의 소집) 사원총회는 대표이사가 회의일자 5일전까지 회의일자와 회의목적·사항 등을 각 사원에게 통지하여 이를 소집한다.

제15조(결의방법) 사원총회의 결의는 법령에 다른 규정이 없는 경우에는 총사원의 의결권의 과반수를 가지는 사원이 출석하고 그 의결권의 과반수로써 한다.

제16조(의결권) 각 사원은 출자 1좌에 대하여 1개의 의결권을 가진다.

제17조(의장) 사원총회의 의장은 대표이사가 되고 대표이사가 유고인 때에는 미리 정한 순서에 따라 다른 이사가 그 직무를 대행한다.

제4장 임 원

제18조(임원) 본 회사는 이사 3인과 감사 1인을 두되 이사중 2인이상은 농업인이어야 한다.

※ 이사는 1인이상 반드시 두어야 하나 감사는 그를 두지 아니할 수도 있다. 그리하여 필수기관은 아니지만 임의기관으로서 이사회를 두기로 한 때에는 회의체의 성질상 이사의 수는 3인이어야 할 것이다.

제19조(선임) 이사와 감사는 사원인 자 중에서 사원총회에서 이를 선임한다.

제20조(임기) 이사의 임기는 2년, 감사의 임기는 1년으로 한다.

제21조(대표이사) 본 회사는 대표이사 1인을 둔다. (註9) 단, 대표이사는 사원총회에서 선임한다.

※ 대표이사는 수인으로 정할 수도 있는 바, 그 경우 특히 수인이 공동으로 회사를 대표하도록 정한 때에는 정관에 기재해야 한다.

제22조(업무집행과 회사대표) 본 회사의 업무집행은 이사 과반수로서 결정하고 회사의 대표는 대표이사가 행한다.

제23조(지배인의 임면) ①회사의 영업전반에 걸쳐 포괄적인 대리권을 갖고 보조하기 위한 지배인(혹은 지점장, 영업부장)을 둘 수 있다.

②지배인의 선임 및 해임은 사원과반수의 동의로 결정한다.

제5장 계 산

제24조(영업연도) 본 회사의 영업연도는 매년 ○월 ○일로부터 ○월 ○일까지로 한다.

제25조(이익배당) 본 회사의 이익배당금은 매 결산기 말일 현재의 사원에게 그 출자좌수의 비율에 따라 배당한다.

제26조(장부의 열람) 본 회사의 사원은 언제든지 이유를 붙인 서면으로서 회계에 관한 장부 및 기타 서류의 열람 또는 등사를 청구할 수 있다.

제6장 해 산

제27조(해산사유) 본 회사는 다음 사유로 인하여 해산한다.

1. 존립기간의 만료
2. 사원총회의 결의
3. 사원의 1인으로 된 때
4. 합 병
5. 파 산
6. 법원의 명령 또는 판결

※ 이는 상법 제227조 및 제609조 제1항의 사유로서 정하지 아니할 수도 있으며 정관에 정한 경우에 한하여 이를 기재한다.

제28조(청산인) 본 회사가 해산한 경우에는 해산당시의 대표이사가 청산인이 된다.

제29조(잔여재산분배) 잔여재산은 각 사원의 출자액의 비율에 따라 분배하되 농지는 농업인 사원에게 분배한다.

부 칙

제30조(재산인수) 회사성립후 양수할 것을 약정한 계산, 그 가격 및 양도인의 성명은 다음과 같다.

1. 양도인의 성명 ○ ○ ○ ( ) 주민등록번호 : -

시도 시군 읍면 리동 번지

2. 재 산 ○○○○○○
3. 가 격 금○○○원

※ 위 성명 다음의 ( ) 내는 농업인인 경우 '농업인', 생산자단체인 경우 생산자단체명, '비농업인'인 경우 '비농업인'을 기재하고, 주민등록번호란에는 사업자인 경우 사업자등록번호를 기재

제31조(현물출자) 본 회사의 설립당시 현물출자를 하는 자의 성명과 그 목적 재산의 종류·수량·가격과 이에 대하여 부여하는 출자좌수는 다음과 같다.

1. 현물출자자의 성명

 사원 ○ ○ ○ ( ) 주민등록번호 : -

2. 출자목적 및 재산 ○○○○○○
3. 출자자산의 가격 금○○○원
4. 이에 대하여 부여하는 출자좌수 ○좌

※ 위 성명 다음의 ( ) 내는 농업인인 경우 '농업인', 생산자단체인 경우 생산자단체명, '비농업인'인 경우 '비농업인'을 기재하고, 주민등록번호란에는 사업자인 경우 사업자등록번호를 기재

제32조(적용범위) 본 정관에 규정되지 않은 사항은 농어업 경영체 육성 및 지원에 관한 법률과 상법 및 기타 법령에 정한 규정에 따른다.

제33조(세부내규) 회사는 필요에 따라 사원총회의 결의로써 업무추진 및 경영상 필요한 회사 세부내부를 정할 수 있다.

위 농업회사법인○○유한회사를 설립하기 위하여 본 정관을 작성하고 사원전원이 이에 기명 날인한다.

년 월 일

농업회사법인○○유한회사
사원 ○ ○ ○
(이하 사원전원이 기명날인)

[사례] 사원총회의사록

사원총회의사록

20○○년 9월 22일 11시 ○○시 ○○군 ○○읍 ○○리 ○○ 창립사무소에서 회사 성립전의 사원총회를 개최하다.

사원총수	15명	이의출좌자수	10,000좌
출석사원총수	15명	이의출좌자수	10,000좌

출석사원 전원에 의하여 의장으로 추대된 사원 최성민은 의장석에 등단하여, 위와 같이 법정수에 달하는 사원이 출석하여 본 총회가 적법히 성립되었음을 알리고 개회를 선언한 후 다음의 안의 심의를 구하다.

제1호 의안 : 정관 승인의 건

의장은 농어업·농어촌 및 식품산업 기본법 및 농어업경영체 육성 및 지원에 관한 법률의 규정에 근거하여 농림수산부에서 고시한 정관례를 기준으로 하여 정관을 작성하였음을 설명하고 승인가부를 물은 즉 전원일치 원안대로 승인하다.

제2호 의안 임원선임의 건

의장은 초대이사의 선임 방법을 물은바, 출석사원 전원은 무기명 비밀투표로 선임키로 합의되어 그에 따라 누표한 결과 다음과 같이 선출되다.

이 사 : ○○○(-)

이 사 : ○○○(-)

이 사 : ○○○(-)

감 사 : ○○○(-)

위 피선자는 각자 즉석에서 그 취임을 승낙하다.

제3호 의안 대표이사 선임의 건

의장은 대표이사 선출방법을 물은바 무기명 비밀투표로 선출키로 전원 일치되어 투표를 실시한 결과 다음과 같이 선출되다.

대표이사 최 성 민

위 피선자는 즉석에서 취임을 승낙하다.

제4호 의안 본점 설치장소 결정의 건

의장은 정관에 본점을 ○○시에 둔다고만 정해져 있으므로, 그 설치장소를 결정하여 달라는 취지를 말한바, 전원 이의 없이 다음과 같이 본점 설치장소를 결정하다.

본점 : ○○시 ○○군 ○○읍 ○○리 ○○

의장은 이상으로서 의안전부의 심의를 종료하였으므로 폐회한다고 선언하다.(회의종료시각 11시 30분)

위 결의를 명확히 하기 위하여 이의사록을 작성하고 의장과 출석한 이사가 다음과 같이 기명날인하다.

20○○년 9월 22일

농업회사법인 ○○유한회사

○○시 ○○군 ○○읍 ○○리 ○○

의장 겸 대표이사 최 성 민

이 사 : ○○○

이 사 : ○○○

[사례] 취임승낙서

취 임 승 낙 서

본인 등은 20○○. 9. 22. 사원총회에서 각 이사·감사로 선임되었으므로 그 취임을 승낙함.

20○○. 9. 22.

이 사 : ○○○(-)
이 사 : ○○○(-)
이 사 : ○○○(-)
감 사 : ○○○(-)

농업회사법인 ○○유한회사 귀중

[사례] 취임승낙서

취 임 승 낙 서

본인은 20○○. 9. 22. 사원총회에서 대표이사로 선임되었으므로 그 취임을 승낙함.

20○○. 9. 22.

대표이사 최 성 민 (인)

농업회사법인 ○○유한회사 귀중

[사례] 출자금납입금영수증

출 자 금 납 입 금 영 수 증

1. 출자 1좌 금10,000원

1 현금출자 금10,000,000원정

위 금액을 출자 1,000좌에 대한 납입금으로서 정히 영수함

20○○년 9월 22일

농업회사법인 ○○유한회사

○○시 ○○군 ○○읍 ○○리 ○○

대표이사 최 성 민 (인)

사원 ○○○ 귀하

위와 같이 납입되었음을 확인함

감사 ○○○ (인)

[사례] 현물출자재산인수증

현물출자재산인수증

1. 현물출자 목적재산의 표시

부동산
○○시도 ○○시군 ○○읍면 ○○리동 ○○번지
대 ○○○○㎡
위 지상
목조 기와지붕 2층 사무실
건평 1층 ○○㎡
2층 ○○㎡

1 출자자산의 가격 금○○○원
1. 이에 대하여 부여하는 출자좌수 1,000좌

위 금액을 출자 1,000좌에 대한 납입금으로서 정히 영수함

20○○년 9월 22일

농업회사법인 ○○유한회사
○○시 ○○군 ○○읍 ○○리 ○○
대표이사 최 성 민 (인)

사원 ○○○ 귀하

위와 같이 납입되었음을 확인함

감사 ○○○ (인)

[사례] 주식 및 출자자명부

주식 및 출자자명부						
년 월 일 현재						
직 책	사원명	주 소	출자좌수	1좌의 금액	금 액	비 고
대표이사	최 성 민	○○시 ○○군 ○○읍 ○○리 ○○ www.oiu47@hanmail.com	1,000좌	10,000	10,000,000	
이 사	유 병 규		1,000좌	10,000	10,000,000	
사 원						
사 원						
이하생략						
합 계			10,000좌		100,000,000	

위 사원명부는 본사에 비치된 주식 및 출자자명부와 대조하여 틀림이 없음을 증명합니다.

20○○년 ○월 23일

회 사 명 : 농업회사법인 ○○유한회사
소 재 지 : ○○시 ○○군 ○○읍 ○○리 ○○
대 표 이 사 : ○ ○ ○

○ 회사는 정관에서 정하는 바에 따라 전자문서로 사원명부를 작성할 수 있다(상352조의2①). 전자사원명부에는 상법 제352조제1항의 기재사항 외에 전자우편주소를 적어야 한다.

○ 개정법은 기업경영의 IT화를 위하여 사원총회에 직접 참석하거나 대리인에게 투표를 위임하지 않더라도 전자서명 등 본인인증절차를 거쳐 인터넷으로 의결권을 행사하는 전자투표제도가 도입됐다(상법 제368조의4, 제382조의2).

[사례] 인감신고서

인감 · 개인(改印) 신고서

(신고하는 인감날인란) (인감제출자에 관한 사항)

상 호(명칭)		농업회사법인 ○○유한회사	등기번호	
본점(주사무소)		○○시 ○○군 ○○읍 ○○리 ○○		
인감제출자	자격/성명	대표이사 최 성 민		
	주민등록번호	0000000-0000000		
	주 소	○○시 ○○군 ○○읍 ○○리 ○○		

□ 위와 같이 인감을 신고합니다.
□ 위와 같이 개인(改印)하였음을 신고합니다.

20○○년 월 일 (개인인감 날인란)

신고인 본 인 성 명 (인)
대리인 성 명 (인)

지방법원 등기소 귀중

주 1. 개인인감 날인란에는 「인감증명법」에 의하여 신고한 인감을 날인하고 그 인감증명서(발행일로부터 3개월 이내의 것)를 첨부하여야 합니다. 개인(改印)신고의 경우, 개인인감을 날인하는 대신에 등기소에 신고한 유효한 종전 인감을 날인하여도 됩니다.
2. 인감·개인신고서에는 신고하는 인감을 날인한 인감대지를 첨부하여야 합니다.
3. 지배인이 인감을 신고하는 경우에는 인감제출자의 주소란에 지배인을 둔 장소를 기재하고, 「상업등기규칙」 제36조제4항의 보증서면(영업주가 등기소에 신고한 인감 날인)을 첨부하여야 합니다.

위 임 장

성 명 : 주민등록번호(-)
주 소 :

위의 사람에게, 위 인감신고 또는 개인신고에 관한 일체의 권한을 위임함.

200 년 월 일

인감(改印) 신고인 성 명 (인)

[사례] 인감대지

인 감 대 지

	신고하는 인감날인란	상 호(명 칭) : 농업회사법인 ○○유한회사 자격 및 성명 : 대표이사 최 성 민 주민등록번호 : -

○ 대표이사는 인감을 신고하여야 한다. 인감의 제출 또는 인감의 변경신고는, 인감(改印)신고서를 작성하여 관할 등기소에 제출하는 방식으로 한다. 인감(改印)신고서를 제출할 때에는 신고하는 인감을 찍은 인감대지(위 참조)3장을 만들어 함께 제출하여야 한다.

○ 인감은 가로·세로 2.4센티미터의 정사각형 안에 들어갈 수 있어야 한다(상업등기규칙 제36조제5항).

○ 인감(改印)신고서에는 발행일로부터 3개월 이내의 인감증명서를 첨부하여야 한다. 취임승낙서에 인감증명법에 의한 인감을 첨부한 경우에는 그 인감을 원용 할 수 있다.

○ 인감대지의 자격란에는 인감신고자에 따라 대표이사(이사), 이사장, 지배인, 대리인, 상호사용자, 무능력자, 법정대리인 등으로 기재하고 성명을 기재한다.

[사례] 인감카드 등 (재)발급신청서

인감카드 등 (재)발급신청서

(인감제출자에 관한 사항)

상호(명칭)		농업회사법인 ○○유한회사	등기번호	
본점(주사무소)		○○시 ○○군 ○○읍 ○○리 ○○		
인감 제출자	자격 / 성명	대표이사 최 성 민		
	주민등록번호			

발급사유		☐ 최초발급 ☐ 카드분실 ☐ 카드훼손 ☐ 인감증명서발급기능 ☐ 기타 ( )	
매체구분	☐ 인감카드 ☐ HSM USB	인감카드 비밀번호	

위와 같이 인감카드 등의 (재)발급을 신청합니다.

년 월 일

신청인 인감제출자 (본 인) 성 명 (인) (전화 :)
(대리인) 성 명 (인) (전화 :)

지방법원 등기소 귀중

접수번호		인감카드번호	

- 대법원수입증지를 붙이는 란 -

주 1. 인감카드 비밀번호란에는 (재)발급받아 사용할 인감카드의 비밀번호를 기재하며, 아라비아숫자 6자릿수를 기재하여야 합니다. 비밀번호는 인감카드와 함께 인감증명서의 발급을 신청할 권한이 있는 것으로 보게 되는 중요한 자료이므로 권한이 없는 사람이 알지 못하도록 주의하시기 바랍니다.

2. 인감카드의 재발급을 신청할 때에는 「등기부 등·초본 등 수수료규칙」 제5조의7에 의하여 5,000원 상당의 대법원수입증지를 이 란에 붙여야 합니다. 다만, 인감카드를 반납할 때에는 붙일 필요가 없습니다.

위 임 장

성 명 : 법무사 ○ ○ ○ 주민등록번호(123456 - 7891234)
주 소 : ○○시 ○○구 ○○동 00-0

위의 사람에게, 위 (재)발급신청서에 기재된 인감카드 등의 발급신청과 그 수령 등에 관한 일체의 권한을 위임함.

200 년 월 일

인감신고인 성 명 (인)

제5관 농업회사법인 합명회사 설립

1. 총 설

가. 합명회사의 특징

(1) 합명회사는 각 사원의 신용 기타 인적요소가 중시되는 전형적인 인적회사로써, 회사의 재산으로서 회사채무를 완제(完濟)할 수 없는 때에는 각 사원이 연대하여 변제할 무한책임을 지는 회사이다(상법 제212①). 즉 합명회사의 사원은 회사채무에 대하여 직접・연대・무한책임을 부담한다. 여기의 연대는 사원과 회사간의 연대가 아니라 사원 상호간의 연대를 의미한다.

(2) 합명회사의 설립절차는 극히 간단하여 사원으로 되고자 하는 2인 이상의 자가 정관을 작성하고, 이에 기명날인 또는 서명하여 본점소재지에서 설립등기를 함으로써 성립한다(상법 제178,172조). 합명회사의 원시정관은 공증인의 인증을 받지 않아도 효력이 발생한다.

(3) 합명회사의 내부관계를 규율하는 규정은 거래의 안전보호를 위하여 대부분 강행규정이다. 따라서 내부관계에 관한 것은 정관, 상법의 규정(임의법규), 민법의 조합에 관한 규정의 순으로 적용되고(상법 제195조), 외부관계에는 상법의 규정(강행법규), 정관, 민법의 조합규정의 순으로 적용된다.

나. 사원의 자격과 업무집행

(1) 합명회사의 사원은 반드시 출자를 하여야 하며(상법 제179,195,민703조), 정관의 규정으로도 이를 배제할 수 없다.

출자의 종류는 재산뿐만 아니라 신용・노무도 가능하고(상법 제195,222,민703②), 출자의무는 사원의 자격취득과 동시에 발생하고 사원자격의 상실로 소멸하며, 출자의무는 회사의 설립 또는 입사시에 즉시 이행할 필요는 없고 상계도 가능하다. 다만, 청산인은 회사의 현존재산이 그 채무를 완제함에 부족한 때에는 변제기에 불구하고 각 사원에 대하여 출자를 청구할 수 있다(상법 제258조).

(2) 회사는 다른 회사의 무한책임사원이 되지 못하므로(상법 제173조), 무한책임사원만으로 구성되는 합명회사의 사원이 될 수 없고, 자연인만이 사원이 될 수 있다. 자연인은

무능력자(미성년자・한정치산자)도 법정대리인의 허락을 얻은 때에는 사원이 될 수 있다(상법 제7조). 각 사원은 회사의 업무를 집행하고 회사를 대표하는 것이 원칙이나, 정관으로 업무집행사원을 정할 수 있고, 정관 또는 총사원의 동의로 업무집행사원 중 특히 회사를 대표할 자를 정할 수도 있다(상법 제200①,201②,207조).

(3) 업무집행은 정관 또는 상법에 규정이 없으면 총사원의 과반수로 결정하고 특히 업무집행사원을 정한 때에는 이들의 과반수로 결정한다(상법 제195조). 사원의 의결권은 주식회사와 달리 정관에 다른 규정이 없는 한 1인이 1의결권을 갖는 두수주의(頭數主義 : 一人一議決權主義)에 의한다. 그러나 정관에 의하여 출자의 가액에 따라 의결권을 인정할 수 있다. 회사는 사원이 아닌 자에게 업무집행을 맡길 수 없고, 합명회사의 사원은 개성이 중요하므로 주식회사와 달리 의결권의 대리행사는 인정되지 않는다.

(4) 업무집행사원이 1인인 경우에도 업무집행권한상실선고가 가능한가에 관하여 판례는 사원이 업무를 집행함에 현저하게 부적임하거나 중대한 업무에 위반한 행위가 있는 경우(상법 제205조)에도 법원은 권한상실선고를 할 수 없다고 한다. 업무집행사원에 대한 권한상실선고의 판결이 확정된 경우에는 본점과 지점에 등기하여야 한다(상법 제205②).

(5) 합명회사의 업무집행권이 없는 사원은 회사의 업무와 재산상태를 검사할 수 있는데(상법 제195,민710조), 이 업무감시권은 정관의 규정으로도 박탈할 수 없다는 것이 통설이다. 합명회사의 사원은 무한책임을 지므로 경업금지의무를 부담하며(상법 제198조), 다른 사원의 과반수결의가 있는 때에 한하여 자기거래를 할 수 있는 자기거래제한이 있다(상법 제199조).

(6) 합명회사는 물적회사의 경우와 달리 상법에는 사원총회 규정이 없다. 따라서 사원의 의사결정을 요하는 경우에도 서면결의가 인정될 뿐만 아니라 적당한 방법으로 사원의 의사를 파악할 수 있으면 된다.

2. 설립절차

가. 정관의 작성

(1) 의의

합명회사는 정관의 작성에 의하여 회사의 실체가 형성된다. 정관에는 법정사항을 기재하고 총사원이 기명날인 또는 서명하여야 한다. 합명회사는 주식회사와는 달리 원시정관도 공증인의 인증을 요하지 않는다. 회사의 설립 후에 정관을 변경함에는 총사원의 동의가 있어야 한다(상법 제204조).

(2) 기재사항

(가) 절대적 기재사항

정관의 절대적 기재사항은 정관에 기재할 것을 요구하는 최소한도의 사항으로 그 중 하나의 기재라도 누락되는 때에는 정관은 물론 회사설립 자체도 무효가 되는 사항이다(상법 제179조).

이에 해당하는 것으로는 ① 목적, ② 상호, ③ 사원의 성명·주민등록번호 및 주소, ④ 사원의 출자의 목적과 그 가격 또는 평가의 표준(출자의 목적은 동산, 부동산, 금전, 채권, 유가증권 기타의 재산권은 물론 신용·노무도 포함된다), ⑤ 본점의 소재지(소재지의 표시는 최소행정구역으로 표시하여도 족하다), ⑥ 정관의 작성연월일 등이 있다.

(나) 상대적 기재사항

정관의 상대적 기재사항은 정관에 기재하지 않아도 그 효력에는 영향이 없지만 정관에 기재하지 않으면 회사의 법률관계로서 그 효력이 생기지 않는 사항을 말한다. 이에 해당하는 사항으로 ① 일부사원의 업무집행권의 제한(상법 제200①), ② 회사의 존립기간(상법 제227①), ③ 퇴사의 사유(상법 제218ⅰ), ④ 퇴사원의 지분환급의 제한(상법 제222단서), ⑤ 해산의 사유(상법 제227ⅰ), ⑥ 공동대표(상법 제208①), ⑦ 대표사원의 특징(상법 제207단서), ⑧ 임의청산(상법 제247①) 등이 있다.

(다) 임의적 기재사항

회사의 본질, 강행법규 또는 사회질서에 반하지 않는 한 어떠한 사항이라도 기재할 수 있다.

나. 설립등기

(1) 등기신청인 및 등기사항 등

회사를 대표하는 사원의 신청에 의하여 ① 목적, ② 상호, ③ 사원의 성명과 주민등록번호(주민등록이 없는 자는 생년월일), ④ 본점과 지점의 소재지, ⑤ 사원의 출자의 목적, 재산출자에 있어서는 그 가격과 이행한 부분, ⑥ 존립기간 또는 해산사유를 정한 때는 그 기간 또는 사유, ⑦ 회사를 대표할 사원을 정한 때에는 그 성명·주소, ⑧ 수인의 사원이 공동으로 회사를 대표할 것으로 정한 때에는 그 규정을 등기하여야 한다(상법 제180조). 상법은 합명회사의 설립등기에 대해서는 등기를 강제하고 있지 아니하므로 등기기간의 정함은 없다.

(2) 등록면허세 등

농업법인 및 어업법인의 설립등기에 대하여는 등록면허세를 2012년 12월 31일까지 면제한다(지방세특례제한법 제11조 제1항). 농어촌특별세도 부과하지 아니한다(농어촌특별세법 제4조 제2호).

설립등기의 경우 대법원 수입증지 30,000원을 붙여야 한다. 대법원수입증지는 법원구내 및 등기소 가까운 금융기관(농협, 신한은행)에서 구입할 수 있다.

[사례] 농업회사법인 합명회사 설립등기

농업회사법인 합명회사 설립등기신청

접수	년 월 일	처리인	접 수	조 사	기 입	교 합	각종통지
	제 호						

등기의목적	농업회사법인 합명회사 설립
등기의사유	농어업경영체 육성 및 지원에 관한 법률의 규정에 의하여 농업회사법인 합명회사를 설립하기 위하여 20○○. 4. 19. 정관을 작성하고 설립절차를 종료하였으므로 다음 사항의 등기를 구함.
본/지점 신청구분	1. 본점신청 □ 2. 지점신청 □ 3. 본·지점 일괄신청 □
등 기 할 사 항	
상 호	농업회사법인 ○○합명회사
본 점	○○시 ○○군 ○○읍 ○○리 ○○
목 적	본 회사는 기업적 농업경영을 통하여 생산성을 향상시키거나 생산된 농산물을 유통·가공·판매함으로써 농업의 부가가치를 높이고 노동력의 부족 등으로 농업경영이 곤란한 농업인의 농작업의 전부 또는 일부를 대행하여 영농의 편의를 도모함을 목적으로 다음 각호의 사업을 한다. 1. 농산물의 유통·가공·판매 2. 농작업의 전부 또는 일부대행 3. 영농에 필요한 자재의 생산공급 4. 영농에 필요한 종묘생산 및 종균배양사업 5. 농산물의 매취·비축사업 6. 농업기계 기타장비의 임대·수리·보관사업 7. 소규모 관개시설의 수탁·관리사업 8. 위 각호에 부수하는 일체의 사업

사원의 성명, 주민등록번호와 출자의 목적, 가격이행한 부분	1. 사 원 김 명 욱 (000000-0000000) 금 전 : 금 10,000,000원 전액이행 2. 사 원 유 재 현 (000000-0000000) 부동산 가격 금 ○○○○○원 ○○시도 ○○시군 ○○읍면 ○○리동 ○○번지 대 ○○○○㎡ 위 지상 목조 기와지붕 2층 사무실 건평 1층 ○○㎡ 2층 ○○㎡ 3. 사 원 김 우 종 (000000-0000000) 채권 금 ○○○○○원 단, ○○○에 대하여 가지고 있는 약속어음금 가격 금 ○○○○○원 4. 사 원 이 동 명 (000000-0000000) 노무 가격표준 1년 금○○○원 단, 회사를 위하여 ○○○을 하는 것 5. 사 원 김 이 정 (000000-0000000) 신용 평가표준 1년 금 ○○○원
대표사원의 성명과 주소	김 명 욱 ○○시 ○○군 ○○읍 ○○리 ○○
존립기간 또는 해산사유	존립기간 본 회사의 존립기간은 설립등기일로부터 만 ○○년간으로 한다. 해산사유 본 회사는 다음 사유로 인하여 해산한다. 1. 정관 제26조에서 정한 존립기간의 만료 2. 총사원의 동의 3. 사원이 1인으로 된 때 4. 합병 5. 파산 6. 법원의 명령 또는 판결
기 타 (공동대표규정 등)	

<table>
<tr><td colspan="7">신청등기소 및 등록면허세/수수료</td></tr>
<tr><td rowspan="2">순번</td><td rowspan="2">신청등기소</td><td rowspan="2">구분</td><td>등록면허세</td><td rowspan="2">농어촌특별세</td><td rowspan="2">세액합계</td><td rowspan="2">등기신청수수료</td></tr>
<tr><td>지방교육세</td></tr>
<tr><td rowspan="2"></td><td rowspan="2"></td><td rowspan="2"></td><td>금 000원</td><td rowspan="2"></td><td rowspan="2">금000원</td><td rowspan="2">금 30,000원</td></tr>
<tr><td>금000원</td></tr>
<tr><td colspan="3" rowspan="2">합 계</td><td></td><td rowspan="2"></td><td rowspan="2"></td><td rowspan="2"></td></tr>
<tr><td></td></tr>
<tr><td colspan="4">등기신청수수료 은행수납번호</td><td colspan="3"></td></tr>
<tr><td colspan="3">과 세 표 준 액</td><td colspan="4">금 000 원</td></tr>
<tr><td colspan="7">첨 부 서 면</td></tr>
<tr><td colspan="4">1. 정관 1통
1. 총사원동의서 1통
1. 재산출자에 관하여 이행 한 서면 각1통
1. 인도증(현물출자의 이행이 있는 경우) 1통
1. 대표사원취임승낙서 1통</td><td colspan="3">1. 대표사원의 인감신고서 1통
1. 등록면허세영수필확인서 1통
1. 위임장(대리인이 신청할 경우) 1통
1. 법인인감카드발급신청서 1통
<기 타></td></tr>
<tr><td colspan="7">20○○년 ○월 ○일
신청인 상 호 농업회사법인 ○○합명회사
본 점 ○○시 ○○군 ○○읍 ○○리 ○○
대표사원 성 명 김 명 욱 (인) (전화 :)
주 소 ○○시 ○○군 ○○읍 ○○리 ○○
대리인 성 명 법무사 ○ ○ ○ (인) (전화 :)
주 소 ○○시 ○○군 ○○읍 ○○리 ○○
○○지방법원 ○○등기소 귀중</td></tr>
</table>

<table>
<tr><td>- 신청서 작성요령 및 등기수입증지 첨부란 -
1. 해당란이 부족할 때에는 별지를 이용합니다.
1. 해당 등기신청과 관계없는 사항에 대하여는 "해당없음"으로 기재하거나 삭제하고, 필요한 사항은 추가 기재합니다.
1. 등기신청수수료 상당의 대법원등기수입증지를 이 난에 붙입니다.</td></tr>
</table>

(용지규격 21㎝× 29.7㎝)

○ 농업법인 및 어업법인의 설립등기에 대하여는 등록면허세를 2012년 12월 31일까지 면제한다(지방세특례제한법 제11조, 제12조). 농어촌특별세도 부과하지 아니한다(농어촌특별세법 제4조 제2호).

[사례] 위 임 장

위 임 장

법무사 정 민 재
○○시 ○○군 ○○읍 ○○리 ○○
전화 111-5689

위 사람을 대리인으로 정하고 다음 사항의 권한을 위임함.

다 음

당회사의 설립등기 신청 및 보완 취하하는 모든 행위.

20○○년 12월 일

위임인
농업회사법인 ○○합명회사
○○시 ○○군 ○○읍 ○○리 ○○
대표사원 김 명 욱

○ 이 위임장은 법무사에게 등기를 의뢰하는 경우 대리의 권한을 법무사에게 위임하는 서류로써 등기소에 제출하는 서류이다. 위임장에는 그 권한의 범위를 명확히 기재하여야 한다.

[사례] 농업회사법인 합명회사정관15)

정 관

제1장 총 칙

제1조(상호) 본 회사는 농어업 경영체 육성 및 지원에 관한 법률 제19조에 의하여 설립된 회사로서 그 명칭은 농업회사법인○○합명회사라 칭한다.

※ 합명회사의 상호중에는 "합명회사"라는 문자를 사용해야 하는 점 이외에는 별다른 제한이 없으나 동일한 시・군내에서 동종 영업을 위하여 타인이 등기한 상호나 어느 회사의 지점이나 출장소 등과 같이 회사의 독립성이 인정되지 않고 그 일부분임을 표시하는 듯한 상호로는 등기할 수 없음을 유의해야 한다.

제2조(목적) 본 회사는 기업적 농업경영을 통하여 생산성을 향상시키거나 생산된 농산물을 유통・가공・판매함으로써 농업의 부가가치를 높이고 노동력의 부족등으로 농업경영이 곤란한 농업인의 농작업의 전부 또는 일부를 대행하여 영농의 편의를 도모함을 목적으로 한다.

제3조(사업) ① 본 회사는 생산성 향상을 위한 기업적 농업경영과 ○○사업을 주사업으로 한다

② 본 회사는 다음 각호의 사업을 부대사업으로 한다.

1. 농산물의 유통・가공・판매
2. 농작업의 전부 또는 일부대행
3. 영농에 필요한 자재의 생산공급
4. 영농에 필요한 종묘생산 및 종균배양사업
5. 농산물의 매취・비축사업
6. 농업기계 기타장비의 임대・수리・보관사업
7. 소규모 관개시설의 수탁・관리사업

※ 제2조의 목적과 부합되는 사업이면 수개의 사업을 목적으로 해도 무방하나 그 영업내용을 명확히 알 수 있도록 구체적으로 기재해야 하며 막연히 "물품도매업" 등과

15) 이 정관은 "농어업 경영체 육성 및 지원에 관한 법률 시행령 제20조"의 규정에 의거 농수산부장관이 고시(농림수산식품부 고시 제2009-282호)한 농업회사법인 합명회사정관이다.

같이 추상적으로 기재해서는 안된다. 또한, 제1항의 ○○내에는 농업경영외의 사업으로서 회사가 역점을 두는 사업을 기재한다.

제4조(본점의 소재지 및 지점의 설치)

1. 본 회사의 본점은 ○○ 시·도 ○○시·군에 둔다.
2. 본 회사는 필요한 경우에는 총사원의 결의로 지점, 영업소, 출장소를 둘 수 있다.

※ 그 소재지번까지 기재하지 않고 최소행정구역까지만 기재해도 무방하며 지점의 소재지는 그를 설치할 경우에 한하여 기재한다.

제5조(공고방법) 본 회사의 공고사항은 ○○시·도에서 발간되는 ○○신문에 게재한다

제2장 사원과 출자

제6조(사원의 자격) 본 회사의 사원은 농업인으로 하되 제7조에서 정한 출자한도 내에서 출자한 비농업인도 사원이 될 수 있다.

제7조(비농업인의 출자한도) 농업인, 농산물의 생산자단체가 아닌자가 출자하는 출자액의 합계는 본 회사의 총출자액의 10분의 9을 초과할 수 없다.

제8조(사원의 성명, 주소 및 출자) 사원의 성명과 주소, 그 출장의 목적, 가격 또는 평가의 기준은 다음과 같다.

※ 사원의 성명, 주소 그 출자목적과 가격등을 구체적으로 기재해야 한다. 등기의 경우와는 달리 출자의 이행부분은 필요적 기재사항이 아니다. 출자 목적이란 출자의 대상을 말하는 것으로서 반드시 금액에 한하지는 않고 동산, 부동산, 채권, 유가증권등 기타 재산상의 출자는 물론 노무나 신용등 비재산상의 출자도 무방하다. 재산상의 출자인 경우에는 그 금액이나 가액도 기재해야 하나 노무나 신용등 비재산상의 출자인 경우에는 그를 기재할 필요없다.

1. 금○○○원

성명 ○ ○ ○ ( ) 주민등록번호 : -

시도 시군 읍면 리동 번지

1. ○○시도 ○○시군 ○○읍면 ○○리동 ○○번지
대 ○○○○㎡
위 지상
목조 기와지붕 2층 사무실
건평 1층 ○○㎡
2층 ○○㎡
가격 금 ○○○○○원
성명 ○ ○ ○ ( ) 주민등록번호 : -
○○시도 ○○시군 ○○읍면 ○○리동 ○○번지

1. 채권 금 ○○○○○원 단, ○○○에 대하여 가지고 있는 약속어음
금 가격 금 ○○○○○원
성명 ○ ○ ○ ( ) 주민등록번호 : -
○○시도 ○○시군 ○○읍면 ○○리동 ○○번지

1. 노무 단, 회사를 위하여 ○○○을 하는 것
가격표준 1년 금○○○원
성명 ○ ○ ○ ( ) 주민등록번호 : -
○○시도 ○○시군 ○○읍면 ○○리동 ○○번지

1. 신용
평가표준 1년 금 ○○○원
성명 ○ ○ ○ ( ) 주민등록번호 : -
○○시도 ○○시군 ○○읍면 ○○리동 ○○번지

※ 위 성명 다음의 ( ) 내는 농업인인 경우 '농업인', 생산자단체인 경우 생산자단체명을 기재하고, 주민등록번호란에는 생산자단체인 경우 '사업자등록번호를 기재

제9조(지분양도) ① 사원은 다른 사원 전원의 동의에 의하여 그 지분의 전부나 일부를 타인에게 양도할 수 있다.

② 전항의 경우 비농업인인 사원에게 양도하여 비농업인의 총출자액이 제7조에서 규정한 한도를 초과할 때에는 그 양도는 효력이 없다.

③ 상속 또는 유증에 의하여 비농업인의 총출자액이 제7조에서 규정한 한도를 초과할 경우에는 그 초과지분을 지체없이 농업인에게 양도하여야 한다.

제10조(경업금지) 사원은 다른 사원의 동의가 없으면 자기 또는 제3자를 위하여 회사의 영업부류에 속하는 거래를 하거나 동종영업을 목적으로 하는 다른 회사의 무한책임사원이나 이사가 될 수 없다.

제11조(자기거래) 사원은 다른 사원 과반수의 승낙이 없으면 자기 또는 제3자를 위하여 회사와 거래를 할 수 없다.

제3장 업무집행과 회사대표

제12조(업무집행과 대표사원) 본 회사는 사원 ○○○을(를) 업무집행 사원겸 대표사원으로 한다.

[유례] 1. 〈수인이 업무를 집행하고 회사를 대표하는 경우〉

본 회사는 사원 ○○○과(와) 사원○○○이 공동하여 업무를 집행하고 회사를 대표한다.

[유례] 2. 〈수인이 업무를 집행하고 그중 1인이 회사를 대표하는 경우〉

본 회사는 사원 ○○○, 사원 ○○○을(를) 업무집행사원으로 하고 사원 ○○○을(를)대표사원으로 한다.

※ 합명회사의 각 사원은 다른 규정이 없는 때에는 회사의 업무를 집행할 권리와 의무가 있다(상200조). 즉 각 사원은 별도로 선임행위를 거치지 않고 당연히 업무집행기관을 구성하고 다른 사원의 업무집행권한은 박탈된다(상201조1항)). 또한 정관으로 모든 사원 또는 수인의 사원이 공동으로만 업무를 집행하게 할 수 있다(상202조).

제13조(선임과 임기) 업무집행사원과 대표사원은 총사원의 동의로 선임하고 임기는 각 2년으로 한다.

제14조(통지의무) 업무를 집행하고 회사를 대표하는 사원은 다른 사원의 청구가 있

으면 언제든지 회사의 업무 및 재산상태를 그 사원에게 통지하여야 한다.

제15조(지배인의 임면) ① 회사의 영업전반에 걸쳐 포괄적인 대리권을 갖고 보조하기 위한 지배인(혹은 지점장, 영업부장)을 둘 수 있다.

② 지배인의 선임 및 해임은 사원 과반수의 동의로 결정한다.

제16조(권한상실) 업무를 집행하고 회사를 대표하는 사원에게 다음 사유가 있는 때에는 다른 사원은 과반수의 결의로써 법원에 그 권한상실신고를 청구할 수 있다.

1. 업무집행 또는 회사대표에 현저히 부적임한 때
2. 기타 중대한 의무위반이 있는 때

제4장 사원의 입사와 퇴사

제17조(입사) 총사원의 동의가 없으면 새로운 사원으로 입사할 수 없다.

제18조(퇴사) 각 사원은 부득이한 사유가 있는 때를 제외하고는 영업년도말에 한하여 퇴사할 수 있으며 이 경우 6개월전에 이를 예고하여야 한다.

제19조(퇴사사유) 사원은 지분압류가 있는 경우 외에 다음 사유로 인하여 퇴사한다.

1. 총사원의 동의
2. 사 망
3. 파 산
4. 금치산
5. 제 명

제20조(상속) 재산을 출자의 목적으로 한 사원이 사망한 때에는 그 상속인은 다른 사원 전원의 동의를 얻어 피상속인의 지분을 승계하여 사원이 될 수 있다.

[유례] ① 사원이 사망한 때에는 그 상속인이 피상속인의 지분을 승계하여 사원이 될 수 있다.

② 상속인은 상속개시를 안 날로부터 3월내에 그 승계여부를 회사에 통지해야 하고 위 기간내에 통지를 하지 아니한 때에는 승계하지 않는 뜻으로 본다.

제21조(제명) 사원에게 다음의 사유가 있는 때에는 다른 사원은 과반수의 결의로 법원에 그 사원의 제명선고를 청구할 수 있다.

1. 출자의무를 이해하지 아니한 때
2. 사원의 겸업금지의무에 위반한때
3. 회사의 업무집행과 회사대표에 관하여 부정한 행위가 있거나 권한없이 업무를 집행하거나 회사를 대표한 때

제22조(지분의 환급) ① 퇴사한 사원은 퇴사당시 회사재산에서 그 출자비율에 따라 그 지분을 환급 받을 수 있다. 다만, 노무 또는 신용을 출자의 목적으로 한 사원과 제명선고로 인하여 퇴사한 사원은 그 지분을 환급받지 못한다.
② 제1항의 경우 농지를 출자한 비농업인 사원이 퇴사한 경우에는 회사는 그에 상당하는 현금 등으로 그 지분을 환급할 수 있다.

제 5 장 계 산

제23조(영업연도) 본 회사의 영업연도는 매년 ○월 ○일부터 ○월 ○일까지로 한다.

제24조(계산서류의 승인) 업무집행사원은 매 영업연도말에 각 사원에게 다음 서류를 제출하고 그 승인을 받아야 한다.
1. 재산목록 및 사원별 출자내역
2. 대차대조표
3. 영업보고서
4. 손익계산서
5. 이익배당에 관한 의안

제25조(이익배당) ① 본 회사는 순익금으로 결손금을 채운 후가 아니면 어떠한 명목으로도 사원에게 이익배당을 할 수 없다.
② 각 사원의 이익배당비율은 그 출자액의 비율에 의한다.

제6장 해 산

제26조(존립기간) 본 회사의 존립기간은 설립등기일로부터 만 ○○년간으로 한다.
※ 이는 정하지 아니할 수도 있다.

제27조(해산사유) 본 회사는 다음 사유로 인하여 해산한다.

1. 제26조에서 정한 존립기간의 만료
2. 총사원의 동의
3. 사원이 1인으로 된 때
4. 합병
5. 파산
6. 법원의 명령 또는 판결

제28조(회사계속) ① 제27조 제1호와 제2호의 사유로 인하여 해산한 경우에는 사원의 전부 또는 일부의 동의로써 회사를 계속할 수 있다. 그러나 동의하지 아니한 사원은 퇴사한 것으로 본다.

② 제27조 제3호의 사유로 인하여 해산한 경우에는 새로운 사원을 가입시켜 회사를 계속할 수 있다.

제29조(합병) 본 회사가 합병을 함에는 총사원의 동의를 얻어야 한다.

제 7 장 청 산

제30조(청산방법) 본 회사가 해산한 경우, 회사재산의 처분은 총사원의 동의로써 정한 방법에 의한다.

제31조(청산인의 임면) 청산인의 선임 및 해임은 총사원 과반수의 결의에 의한다.

제32조(잔여재산분배) 잔여재산은 각 사원의 출자액의 비율에 따라 분배하되 농지는 농업인 사원에게 분배한다.

부 칙

제33조(적용범위) 본 정관에 규정되지 않은 사항은 농어업 경영체 육성 및 지원에 관한 법률과 상법 및 기타 법령에 정한 규정에 따른다.

제34조(세부내규) 본 회사는 필요에 따라 총사원의 결의로써 업무추진 및 경영상 필요한 회사 세부내규를 정할 수 있다.

위 농업회사법인 ○○합명회사를 설립하기 위하여 본 정관을 작성하고 각 사원이 이에 기명 날인한다.

년 월 일

농업회사법인 ○○합명회사
사원 ○ ○ ○
(이하 사원전원이 기명 날인한다.)

※ 주식회사나 유한회사의 정관과는 달리 공증인의 인증은 받지 않아도 된다.

[사례] 총사원동의서

총사원 동의서

총사원은 20○○. 4. 19. 결의에 의하여 다음사항을 동의한다.

1. 본회사의 구체적 소재장소를 다음과 같이 정한다.
   본 점 : ○○시 ○○군 ○○읍 ○○리 ○○

2. 본 회사를 대표할 사원으로 다음 사람을 선임한다.
   대표사원 김 명 욱
   ○○시 ○○군 ○○읍 ○○리 ○○

위 동의사실을 확실히 하기 위하여 총사원이 이에 기명날인하다.

200○. 4. 19.

농업회사법인 ○○합명회사
○○시 ○○군 ○○읍 ○○리 ○○
대표사원 ○○○ (인)
사 원 ○○○ (인)
사 원 ○○○ (인)
사 원 ○○○ (인)

[사례] 영수증

영 수 증
1. 금일천만원정(금10,000,000원정)
위 금액은 아래사원이 본 회사에 대하여 출자한 금 10,000,000원 전부를 이행한 것으로 이를 정히 영수합니다.
20○○. 4. 19.
농업회사법인 ○○합명회사 ○○시 ○○군 ○○읍 ○○리 ○○ 대표사원 ○○○ (인)
사 원 김 명 욱 귀하

[사례] 영수증

영 수 증
1. 금일천만원정 (금10,000,000원정) 단, ○○○에 대하여 가지고 있는 약속어음금 가격 금 ○○○○○원
위 금액은 아래사원이 본 회사에 대하여 출자한 금 10,000,000원 전부를 이행한 것으로 이를 정히 영수합니다.
20○○. 4. 19.
농업회사법인 ○○합명회사 ○○시 ○○군 ○○읍 ○○리 ○○ 대표사원 ○○○ (인)
사 원 김 우 종 귀하

[사례] 인도증

인 도 증

부동산

○○시 ○○군 ○○읍 ○○리 ○○번지
대 ○○○○㎡
위 지상
목조 기와지붕 2층 사무실
건평 1층 ○○㎡
2층 ○○㎡
가격 금 ○○○○○원

위 부동산을 귀 회사에 정히 인도합니다.

20○○. 4. 19.

사 원 유 재 현

농업회사법인 ○○합명회사 대표사원 귀하

위 부동산을 정히 인수하였음을 증명합니다.

20○○. 4. 19.

농업회사법인 ○○합명회사
○○시 ○○군 ○○읍 ○○리 ○○
대표사원 ○○○ (인)

[사례] 취임승낙서

취 임 승 낙 서

200○년 5월 31일 총사원의 동의로 본인을 회사의 대표사원으로 선임하였으므로 그 취임을 승낙함.

200○년 5월 31일

대표사원 김 명 욱

농업회사법인 ○○합명회사 귀중

[사례] 인감신고서

인감 · 개인(改印) 신고서

(신고하는 인감날인란) (인감제출자에 관한 사항)

상 호(명칭)		농업회사법인 ○○합명회사	등기번호	
본점(주사무소)		○○시 ○○군 ○○읍 ○○리 ○○		
인감제출자	자격/성명	대표사원 김 명 욱		
	주민등록번호	000000-0000000		
	주 소	○○시 ○○군 ○○읍 ○○리 ○○		

□ 위와 같이 인감을 신고합니다.
□ 위와 같이 개인(改印)하였음을 신고합니다.

20○○년 월 일 (개인인감 날인란)

신고인 본 인 성 명 (인)
대리인 성 명 (인)

지방법원 등기소 귀중

주 1. 개인인감 날인란에는「인감증명법」에 의하여 신고한 인감을 날인하고 그 인감증명서(발행일로부터 3개월 이내의 것)를 첨부하여야 합니다. 개인(改印)신고의 경우, 개인인감을 날인하는 대신에 등기소에 신고한 유효한 종전 인감을 날인하여도 됩니다.
2. 인감·개인신고서에는 신고하는 인감을 날인한 인감대지를 첨부하여야 합니다.
3. 지배인이 인감을 신고하는 경우에는 인감제출자의 주소란에 지배인을 둔 장소를 기재하고,「상업등기규칙」제36조제4항의 보증서면(영업주가 등기소에 신고한 인감 날인)을 첨부하여야 합니다.

위 임 장

성 명 : 주민등록번호(-)
주 소 :

위의 사람에게, 위 인감신고 또는 개인신고에 관한 일체의 권한을 위임함.

200 년 월 일

인감(개인) 신고인 성 명 (인)

[사례] 인감대지

인 감 대 지

	신고하는 인감날인란	상 호(명 칭) : 농업회사법인 ○○합명회사 자격 및 성명 : 대표사원 김 명 욱 주민등록번호 : -

※ 인감의 제출방법

○ 대표이사는 인감을 신고하여야 한다. 인감의 제출 또는 인감의 변경신고는, 인감(개인)신고서를 작성하여 관할 등기소에 제출하는 방식으로 한다. 인감(개인)신고서를 제출할 때에는 신고하는 인감을 찍은 인감대지(위 참조)3장을 만들어 함께 제출하여야 한다.

○ 인감은 가로·세로 2.4센티미터의 정사각형 안에 들어갈 수 있어야 한다(상업등기규칙 제36조제5항).

○ 인감(개인)신고서에는 발행일로부터 3개월 이내의 인감증명서를 첨부하여야 한다. 취임승낙서에 인감증명법에 의한 인감을 첨부한 경우에는 그 인감을 원용 할 수 있다.

○ 인감대지의 자격란에는 인감신고자에 따라 대표이사(이사), 이사장, 지배인, 대리인, 상호사용자, 무능력자, 법정대리인 등으로 기재하고 성명을 기재한다.

[사례] 인감카드 등 (재)발급신청서

인감카드 등 (재)발급신청서

(인감제출자에 관한 사항)

상호(명칭)		농업회사법인 ○○합명회사	등기번호	
본점(주사무소)		○○시 ○○군 ○○읍 ○○리 ○○		
인감 제출자	자격 / 성명	대표사원 김 명 욱		
	주민등록번호			

발급사유		□ 최초발급 □ 카드분실 □ 카드훼손 □ 인감증명서발급기능 □ 기타 ( )	
매체구분	□ 인감카드 □ HSM USB	인감카드 비밀번호	

위와 같이 인감카드 등의 (재)발급을 신청합니다.

년 월 일

신청인 인감제출자 (본 인) 성 명 (인) (전화 :)
(대리인) 성 명 (인) (전화 :)

지방법원 등기소 귀중

접수번호		인감카드번호	

- 대법원수입증지를 붙이는 란 -

주 1. 인감카드 비밀번호란에는 (재)발급받아 사용할 인감카드의 비밀번호를 기재하며, 아라비아숫자 6자릿수를 기재하여야 합니다. 비밀번호는 인감카드와 함께 인감증명서의 발급을 신청할 권한이 있는 것으로 보게 되는 중요한 자료이므로 권한이 없는 사람이 알지 못하도록 주의하시기 바랍니다.

2. 인감카드의 재발급을 신청할 때에는 「등기부 등·초본 등 수수료규칙」 제5조의7에 의하여 5,000원 상당의 대법원수입증지를 이 란에 붙여야 합니다. 다만, 인감카드를 반납할 때에는 붙일 필요가 없습니다.

위 임 장

성 명 : 법무사 ○ ○ ○ 주민등록번호(123456 - 7891234)
주 소 : ○○시 ○○구 ○○동 00-0

위의 사람에게, 위 (재)발급신청서에 기재된 인감카드 등의 발급신청과 그 수령 등에 관한 일체의 권한을 위임함.

200 년 월 일

인감신고인 성 명 (인)

제6관 농업회사법인 합자회사 설립

1. 총 설

합자회사는 무한책임사원과 유한책임사원 각 1인 이상으로 구성되는 회사이다. 유한책임사원은 그 출자가액을 한도로 회사채권자에 대하여 책임을 부담한다(상법 제279조). 이와 같은 책임의 유한성으로 인하여 유한책임사원은 회사의 업무를 집행하거나 회사를 대표할 권한이 없다(상법 제278조). 그러므로 회사의 유한책임사원이 정관 또는 총사원의 동의로써 회사의 대표자로 지정되어 그와 같은 등기까지 경료 되었다 하더라도 회사의 대표권을 가질 수 없다.

합자회사의 업무집행권이 있는 사원에 대한 권한상실선고는 유한책임사원의 청구에 의하여도 가능하다(상법 제269,205조). 합자회사의 무한책임사원은 경업피지의무와 자기거래제한 의무를 부담하나(상법 제269, 제198, 제199조), 유한책임사원은 이러한 의무가 없다고 해석된다.

합자회사는 구성원 중 유한책임사원이 있는 점을 제외하고는 합명회사와 같으므로, 합명회사에 관한 규정이 준용된다(상법 제259조).

2. 설립절차

가. 정관작성

합자회사는 무한책임사원이 될 자와 유한책임사원이 될 자 각 1인 이상이 정관을 작성하고 설립등기를 함으로써 성립한다. 무한책임사원은 자연인이어야 하지만(상법 제173조), 유한책임사원은 회사 기타 법인도 될 수 있다. 정관의 기재사항은 합명회사와 같지만 각 사원의 책임이 무한인가 또는 유한인가를 기재하여야 한다(상법 제270조). 그리고 유한책임사원은 신용 또는 노무를 출자의 목적으로 하지 못한다(상법 제272조).

나. 등기사항 등

합자회사의 설립등기에 있어서는 합명회사의 등기사항 외에 각 사원의 무한책임 또는 유한책임인 것을 등기하여야 한다(상법 제271조).

다. 등록면허세 등

농업법인 및 어업법인의 설립등기에 대하여는 등록면허세를 2012년 12월 31일까지 면제한다(지방세특례제한법 제11조 제1항). 농어촌특별세도 부과하지 아니한다(농어촌특별세법 제4조 제2호).

설립등기의 경우 대법원 수입증지 30,000원을 붙여야 한다. 대법원수입증지는 법원구내 및 등기소 가까운 금융기관(농협, 신한은행)에서 구입할 수 있다.

[사례] 농업회사법인 합자회사 설립등기

농업회사법인 합자회사 설립등기신청

접수	년 월 일	처리인	접 수	조 사	기 입	교 합	각종통지
	제 호						

등 기 의 목 적	농업회사법인 합자회사 설립
등 기 의 사 유	농어업경영체 육성 및 지원에 관한 법률의 규정에 의하여 합자회사를 설립하기 위하여 20○○년 7월 22일 정관을 작성하고 설립절차를 종료하였으므로 다음 사항의 등기를 구함.
본/지점 신청구분	1. 본점신청 □ 2. 지점신청 □ 3. 본·지점 일괄신청 □
등 기 할 사 항	
상 호	농업회사법인 ○○합자회사
본 점	○○시 ○○군 ○○읍 ○○리 ○○
목 적	본 회사는 기업적 농업경영을 통하여 생산성을 향상시키거나 생산된 농산물을 유통·가공·판매함으로써 농업의 부가가치를 높이고 노동력 부족 등으로 농업경영이 곤란한 농업인의 농작업의 전부 또는 일부를 대행하여 영농의 편의를 도모함을 목적으로 다음 각호의 사업을 한다. 1. 농산물의 유통·가공·판매 2. 농작업의 전부 또는 일부대행 3. 영농에 필요한 자재의 생산·공급 4. 영농에 필요한 종묘생산 및 종균배양사업 5. 농림수산물의 매취·비축사업 6. 농업기계 기타장비의 임대·수리·보관사업 7. 소규모 관개시설의 수탁·관리사업 8. 위 각호에 부수하는 일체의 사업

<table>
<tr><td>무한·유한책임사원의성명·주민등록번호 및 출자의 목적, 가격이행한 부분</td><td>무한책임사원 도 지 철 (000000-0000000)
금 30,000,000원
무한책임사원 유 진 수 (000000-0000000)
부동산 가격 금 ○○○○○원
○○시 ○○군 ○○면 ○○리 ○○
대 ○○○○㎡
위 지상
목조 기와지붕 貳층 사무실
건평 1층 ○○㎡
2층 ○○㎡
유한책임사원 지 요 한 (000000-0000000)
채권 금 ○○○○○원
단, ○○○에 대하여 가지고 있는 약속어음금
무한책임사원 강 동 수 (000000-0000000)
가격표준 1년 금 ○○○원
노무 단, 회사를 위하여 ○○○을 하는 것
유한책임사원 주 동 철 (000000-0000000)
신용 평가표준 1년 금 ○○○원</td></tr>
<tr><td>대표사원의 성명과 주소</td><td>무한책임사원 도 지 철
○○시 ○○군 ○○면 ○○리 ○○</td></tr>
<tr><td>지 점</td><td>없음</td></tr>
<tr><td>존 립 기 간 또는 해산사유</td><td>존립기간
존립기간은 설립등기일로부터 만 ○○년으로 한다.
해산사유
본 회사는 다음 사유로 인하여 해산한다.
1. 정관 제26조 소정 존립기간의 만료
2. 총사원의 동의
3. 무한책임사원 또는 유한책임사원 전원의 퇴사
4. 합병
5. 파산
6. 법원의 명령 또는 판결</td></tr>
<tr><td>기 타</td><td></td></tr>
</table>

신청등기소 및 등록면허세/수수료						
순번	신청등기소	구분	등록면허세 지방교육세	농어촌특별세	세액합계	등기신청수수료
			금 000원 금000원		금000원	금 30,000원
합 계						
등기신청수수료 은행수납번호						
과 세 표 준 액	금 000 원					

첨 부 서 면			
1. 정 관	통	1. 대표사원의 취임승낙서	통
1. 재산출자에 관하여 이행을 한 서면	통	1. 등록면허세영수필확인서	통
1. 총사원동의서	통	1. 위임장(대리인이 신청할 경우)	통
1. 사원의 주민등록표등본	통	1. 법인인감카드발급신청서	통
1. 대표사원의 인감신고서	통	<기타>	

20○○년 ○월 ○일

신청인 상 호 농업회사법인 ○○합자회사

본 점 ○○시 ○○군 ○○면 ○○리 ○○

대표사원 성 명 도 지 철 (인) (전화 : 123-4567)

주 소 ○○시 ○○군 ○○면 ○○리 ○○

대리인 성 명 법무사 ○ ○ ○ (인) (전화 : 234-5678)

주 소 ○○시 ○○군 ○○면 ○○리 ○○

○ ○지방법원 ○ ○등기소 귀중

- 신청서 작성요령 및 등기수입증지 첨부란 -

1. 해당란이 부족할 때에는 별지를 이용합니다.
1. 해당 등기신청과 관계없는 사항에 대하여는 "해당없음"으로 기재하거나 삭제하고, 필요한 사항은 추가 기재합니다.
1. 등기신청수수료 상당의 대법원등기수입증지를 이 난에 붙입니다.

(용지규격 21㎝× 29.7㎝)

○ 농업법인 및 어업법인의 설립등기에 대하여는 등록면허세를 2012년 12월 31일까지 면제한다(지방세특례제한법 제11조, 제12조). 농어촌특별세도 부과하지 아니한다(농어촌특별세법 제4조 제2호).

[사례] 위임장

위 임 장

법무사 정 민 재
○○시 ○○군 ○○면 ○○리 ○○
전화 234-5678

위 사람을 대리인으로 정하고 다음 사항의 권한을 위임함.

다 음

당회사의 설립등기 신청 및 보완 취하하는 모든 행위.

20○○년 12월 일

위임인 농업회사법인 ○○합자회사
○○시 ○○군 ○○면 ○○리 ○○
대표사원 도 지 철

○ 이 위임장은 법무사에게 등기를 의뢰하는 경우 대리의 권한을 법무사에게 위임하는 서류로써 등기소에 제출하는 서류이다. 위임장에는 그 권한의 범위를 명확히 기재하여야 한다.

[사례] 농업회사법인 합자회사정관16)

정 관

제1장 총 칙

제1조(상호) 본 회사는 농업·농촌 및 식품산업 기본법에 의하여 설립된 회사로서 그 명칭은 농업회사법인○○합자회사라 칭한다.

※ 합자회사의 상호중에는 "합자회사"라는 문자를 사용해야 하는 점 이외에는 별다른 제한이 없으나 동일한 시·군내에서 동종 영업을 위하여 타인이 등기한 상호나 어느 회사의 지점이나 출장소 등과 같이 회사의 독립성이 인정되지 않고 그 일부임을 표시하는 듯한 상호로는 등기할 수 없음을 류의해야 한다.

제2조(목적) 본 회사는 기업적 농업경영을 통하여 생산성을 향상시키거나 생산된 농산물을 유통·가공·판매함으로써 농업의 부가가치를 높이고 노동력 부족 등으로 농업경영이 곤란한 농업인의 농작업의 전부 또는 일부를 대행하여 영농의 편의를 도모함을 목적으로 한다.

제3조(사업) ① 본 회사는 생산성 향상을 위한 기업적 농업경영과 ○○사업을 주사업으로 한다.

② 본 회사는 다음 각호의 사업을 부대사업으로 한다.

1. 농산물의 유통·가공·판매
2. 농작업의 전부 또는 일부대행
3. 영농에 필요한 자재의 생산·공급
4. 영농에 필요한 종묘생산 및 종균배양사업
5. 농림수산물의 매취·비축사업
6. 농업기계 기타장비의 임대·수리·보관사업
7. 소규모 관개시설의 수탁·관리사업

※ 제2조의 목적과 부합되는 사업이면 수개의 사업을 목적으로 해도 무방하나 그 영업내용을 명확히 알 수 있도록 구체적으로 기재해야 하며 막연히 "물품도매업" 등과 같이 추상적으로 기재해서는 안된다. 또한, 제1항의 ○○내에는 농업경영외의 사업

---

16) 이 정관은 "농어업 경영체 육성 및 지원에 관한 법률 시행령 제20조"의 규정에 의거 농수산부장관이 고시(농림수산식품부 고시 제2009-282호)한 농업회사법인 합자회사정관이다.

으로서 회사가 역점을 두는 사업을 기재한다.

제4조(본점의 소재지 및 지점의 설치)

① 본 회사의 본점은 ○○시·도 ○○시·군에 둔다.

※ 그 소재지번까지 기재하지 않고 최소행정구역까지만 기재해도 무방하며 지점의 소재지는 그를 설치할 경우에 한하여 기재한다.

② 본 회사는 필요한 경우는 총사원의 결의로 지점, 영업소, 출장소를 둘 수 있다.

제5조(공고방법) 본 회사의 공고사항은 ○○시도에서 발간되는 ○○신문에 게재한다.

제2장 사원과 출자

제6조(사원의 자격) 본 회사의 사원은 농업인, 농산물의 생산자 단체로 하되 제7조에서 정한 출자한도내에서 출자한 비농업인도 사원이 될 수 있다. 단, 농산물의 생산자 단체 및 비농업인은 무한책임사원이 될 수 없다.

※ 농산물의 생산자단체는 농업·농촌 및 식품산업 기본법시행령 제4조에서 정한 생산자단체를 말한다.

제7조(비농업인의 출자한도) 농업인, 농산물의 생산자 단체가 아닌자가 출자하는 출자액의 합계는 본 회사의 총출자액의 4분의 3을 초과할 수 없다.

제8조(사원의 성명·주소 및 출자) 사원의 성명과 주소 및 책임과 그 출자의 목적, 가격 또는 그 평가의 표준은 다음과 같다.

※ 사원의 성명, 주소 그 출자목적과 가격 및 유한·무한의 책임 등을 기재해야 한다. 등기의 경우와는 달리 출자의 이행부분은 필요적 기재사항이 아니다. 출자목적이란 출자의 대상을 말하는 것으로서 반드시 금액에 한하지는 않고 동산, 부동산, 채권, 유가증권등 기타 재산상의 출자는 물론 노무나 신용등 비재산상의 출자도 무방하다. 다만, 유한책임사원은 비재산상의 출자는 할 수 없다. 재산상의 출자인 경우에는 그 금액이나 가액도 기재해야 하나 노무나 신용등 비재산상의 출자인 경우에는 그를 기재하지 아니해도 무방하다.

1. 금 ○○○원
무한책임사원 ○ ○ ○ ( ) 주민등록번호 : -
○○시도 ○○시군 ○○읍면 ○○리동 ○○번지

1. ○○시도 ○○시군 ○○읍면 ○○리동 ○○번지
대 ○○○○㎡
위 지상
목조 기와지붕 貳층 사무실
건평 1층 ○○㎡
2층 ○○㎡
가격 금 ○○○○○원
무한책임사원 ○ ○ ○ ( ) 주민등록번호 : -
○○시도 ○○시군 ○○읍면 ○○리동 ○○번지

1. 채권 금 ○○○○○원 단, ○○○에 대하여 가지고 있는 약속어음금
가격 금 ○○○○○원
유한책임사원 ○ ○ ○ ( ) 주민등록번호 : -
○○시도 ○○시군 ○○읍면 ○○리동 ○○번지

1. 노무 단, 회사를 위하여 ○○○을 하는 것
가격표준 1년 금 ○○○원
무한책임사원 ○ ○ ○ ( ) 주민등록번호 : -
○○시도 ○○시군 ○○읍면 ○○리동 ○○번지

1. 신용
평가표준 1년 금 ○○○원
무한책임사원 ○ ○ ○ ( ) 주민등록번호 : -
○○시도 ○○시군 ○○읍면 ○○리동 ○○번지

※ 위 성명 다음의 ( ) 내는 농업인인 경우 '농업인', 생산자단체인 경우 생산자단체명,

'비농업인'인 경우 '비농업인'을 기재하고, 주민등록번호란에는 사업자인 경우 사업자등록번호를 기재

제9조(지분양도) ① 사원은 무한책임사원 전원의 동의가 있으면 그 지분의 전부 또는 일부를 타인에게 양도할 수 있다.

② 전항의 경우 비농업인인 사원에게 양도하여 비농업인의 총출자액이 제7조에서 규정한 한도를 초과할 때에는 그 양도는 효력이 없다.

③ 상속 또는 유증에 의하여 비농업인의 총출자액이 제7조에서 규정한 한도를 초과할 경우에는 그 초과지분을 지체없이 농업인에게 양도하여야 한다.

제10조(유한책임사원의 경업의 자유) 유한책임 사원은 다른 사원의 동의없이 자기 또는 제3자의 계산으로 회사의 영업부류에 속하는 거래를 할 수 있고 동종영업을 목적으로 하는 다른 회사의 무한책임사원 또는 이사가 될 수 있다.

제11조(자기거래) 사원은 다른 사원 과반수의 승낙이 없으면 자기 또는 제3자를 위하여 회사와 거래를 할 수 없다.

제3장 업무집행과 회사대표

제12조(업무집행사원과 대표사원) 본 회사는 무한책임사원 ○○○을(를) 업무집행사원 겸 대표사원으로 한다.

[유례] 1. <수인이 업무를 집행하고 회사를 대표하는 경우>

본 회사는 무한책임사원 ○○○과(와) 동 ○○○이 공동하여 업무를 집행하고 회사를 대표한다.

[유례] 2. <수인이 업무를 집행하고 그중 1인이 회사를 대표하는 경우>

본 회사는 무한책임사원 ○○○과 동 ○○○을(를) 업무집행사원으로 하고 동 ○○○을(를) 대표사원으로 한다.

※ 유한책임사원은 회사의 업무집행이나 대표행위를 하지 못한다.

제13조(선임과 임기) 업무집행사원과 대표사원은 총사원의 동의로 선임하고 임기는 각 2년으로 한다.

제14조(통지의무) 업무를 집행하고 회사를 대표하는 사원은 다른 사원의 청구가 있으면 언제든지 회사의 업무 및 재산상태를 그 사원에게 통지해야 한다.

제15조(지배인의 임면) ① 회사의 영업전반에 걸쳐 포괄적인 대리권을 갖고 보조하기 위한 지배인(혹은 지점장, 영업부장)을 둘 수 있다.

② 지배인의 선임 및 해임은 무한책임사원 과반수의 동의로 결정한다.

제16조(권한상실) 업무를 집행하고 회사를 대표하는 사원에게 다음 사유가 있는 때에는 다른 사원은 과반수의 결의로서 법원에 그 권한상실신고를 청구할 수 있다.

1. 업무집행 또는 회사대표에 현저히 부적임한 때
2. 기타 중대한 의무위반이 있는 때

제4장 사원의 입사와 퇴사

제17조(입사) 총사원의 동의가 없으면 새로운 사원으로 입사할 수 없다.

제18조(퇴사) 각 사원은 부득이한 사유가 있는 때를 제외하고는 영업년도말에 한하여 퇴사할 수 있으며 이 경우 6개월 전에 이를 예고하여야 한다.

제19조(퇴사사유) 사원은 지분압류가 있는 경우 외에 다음 사유로 인하여 퇴사한다.

1. 총사원의 동의
2. 사망
3. 파산 또는 해산
4. 금치산
5. 제명

제20조(상속) 재산을 출자의 목적으로 한 사원이 사망한 때에는 그 상속인은 다른 사원 전원의 동의를 얻어 피상속인의 지분을 승계하여 사원이 될 수 있다.

[유례] ① 사원이 사망한 때에는 그 상속인이 피상속인의 지분을 승계하여 사원이 될 수 있다.

② 상속인은 상속개시를 안 날로부터 3월내에 그 승계여부를 회사에 통지해야 하고 위 기간내에 통지를 하지 아니한 때에는 승계하지 않는 뜻으로 본다.

제21조(제명) 사원에게 다음의 사유가 있는 때에는 다른 사원은 과반수의 결의로 법원에 그 사원의 제명선고를 청구할 수 있다.

1. 출자의무를 이행하지 아니한 때
2. 사원의 경업금지의무에 위반한때
3. 회사의 업무집행과 회사대표에 관하여 부정한 행위가 있거나 권한없이 업무를 집행하거나 회사를 대표한 때
4. 기타 중대한 의무를 위반한 때

제22조(지분의 환급) ① 퇴사한 사원은 퇴사당시 회사재산에서 그 출자비율에 따라 그 지분을 환급받을 수 있다. 다만, 노무 또는 신용을 출자의 목적으로 한 사원과 제명선고로 인하여 퇴사한 사원은 그 지분을 환급 받지 못한다.

② 제1항의 경우 농지를 출자한 비농업인 사원이 퇴사한 경우에는 회사는 그에 상당하는 현금 등으로 그 지분을 환급할 수 있다.

제 5 장 계 산

제23조(영업연도) 본 회사의 영업년도는 매년 ○월 ○일부터 ○월 ○일까지로 한다.

제24조(계산서류의 승인) 업무집행사원은 매 영업년도말에 각 사원에게 다음 서류를 제출하고 그 승인을 받아야 한다.

1. 재산목록 및 사원별 출자내역
2. 대차대조표
3. 영업보고서
4. 손익계산서
5. 이익배당에 관한 의안

제25조(이익배당) ① 본 회사는 순익금으로 결손금을 채운 후가 아니면 어떠한 명목으로도 사원에게 이익배당을 할 수 없다.

② 각 사원은 이익배당비율은 그 출자액의 비율에 의한다.

제 6 장 해 산

제26조(존립기간) 본 회사의 존립기간은 설립등기일로부터 만 ○○년으로 한다.
※ 존립기간은 정하지 아니할 수도 있다

제27조(해산사유) 본 회사는 다음 사유로 인하여 해산한다.
1. 제26조 소정 존립기간의 만료
2. 총사원의 동의
3. 무한책임사원 또는 유한책임사원 전원의 퇴사
4. 합병
5. 파산
6. 법원의 명령 또는 판결

제28조(회사계속) ① 제27조 제1호와 제2호의 사유로 인하여 해산한 경우에는 사원의 전부 또는 일부의 동의로써 회사를 계속할 수 있다. 그러나 동의하지 아니한 사원은 퇴사한 것으로 본다.
② 제27조 제3호의 사유로 인하여 해산한 경우에는 새로운 사원을 가입시켜 회사를 계속할 수 있다.

제29조(합병) 본 회사가 합병을 함에는 총사원의 동의를 얻어야 한다.

제 7 장 청 산
제30조(청산방법) 본 회사가 해산한 경우, 회사재산의 처분은 총사원의 동의로써 정한 방법에 의한다.

제31조(청산인의 임면) 청산인이 선임 및 해임은 총사원 과반수의 결의에 의한다.

제32조(잔여재산분배) 잔여재산은 각 사원의 출자액의 비율에 따라 분배하되 농지는 농업인 사원에게 분배한다.

부 칙
제33조(적용범위) 본 정관에 규정되지 않은 사항은 농업·농촌 및 식품산업 기본법

과 상법 및 기타 법령에 정한 규정에 따른다.

제34조(세부내규) 본 회사는 필요에 따라 총사원의 결의로써 업무추진 및 경영상 필요한 회사 세부내규를 정할 수 있다.

위 농업회사법인 ○○합자회사를 설립하기 위하여 본 정관을 작성하고 각 사원이 이에 기명 날인한다.

년 월 일

농업회사법인 ○○합자회사
무한책임사원 ○ ○ ○
(이하 무한책임사원과 유한책임사원 전원이 기명 날인한다)

※ 주식회사나 유한회사의 정관과는 달리 공증인의 인증은 받지 않아도 된다.

[사례] 총사원동의서

총사원 동의서

총사원은 20○○. 4. 19. 결의에 의하여 다음사항을 동의한다.

1. 본 회사의 구체적 소재장소를 다음과 같이 정한다.
   본 점 : ○○시 ○○군 ○○읍 ○○리 ○○

2. 본 회사를 대표할 사원으로 다음 사람을 선임한다.
   무한책임사원 도지철
   ○○시 ○○군 ○○읍 ○○리 ○○

위 동의사실을 확실히 하기 위하여 총사원이 이에 기명날인하다.

200○. 4. 19.

농업회사법인 ○○합자회사
○○시 ○○군 ○○읍 ○○리 ○○
대표사원 무한책임사원 도 지 철
무한책임사원 유 진 수
유한책임사원 지 요 한
무한책임사원 강 동 수
유한책임사원 주 동 철

[사례] 영수증

영 수 증

금 삼천만원(30,000,000원)

위 금액은 무한책임사원 도지철이 본 회사에 대하여 출자한 30,000,000원 전액을 이행한 것임을 정히 영수합니다.

200○년 7월 22일

농업회사법인 ○○합자회사

○○시 ○○군 ○○읍 ○○리 ○○

대표사원 무한책임사원 도 지 철

무한책임사원 도지철 귀하

[사례] 영수증

영 수 증

금 일천만원(10,000,000원)

위 금액은 유한책임사원 지요한이 본 회사에 대하여 출자한 금 10,000,000원 전액을 이행한 것임을 정히 영수합니다.

200○년 7월 22일

농업회사법인 ○○합자회사

○○시 ○○군 ○○읍 ○○리 ○○

대표사원 무한책임사원 도 지 철

유한책임사원 지요한 귀하

[사례] 인도증

인 도 증

부동산

가격 금 ○○○○○원

○○시 ○○군 ○○면 ○○리 ○○

대 ○○○○㎡

위 지상

목조 기와지붕 貳층 사무실

건평 1층 ○○㎡

2층 ○○㎡

위 부동산을 귀 회사에 정히 인도합니다.

20○○. 4. 19.

무한책임사원 유 진 수 (인)

농업회사법인 ○○합자회사 대표사원 귀하

위 부동산을 정히 인수하였음을 증명합니다.

20○○. 4. 19.

농업회사법인 ○○합자회사

○○시 ○○군 ○○읍 ○○리 ○○

대표사원 무한책임사원 도 지 철

[사례] 취임승낙서

취 임 승 낙 서

200○년 5월 31일 총사원의 동의로 본인을 회사의 대표사원으로 선임하였으므로 그 취임을 승낙함.

200○년 5월 31일

대표사원 도 지 철

농업회사법인 ○○합자회사 귀중

[사례] 인감신고서

인감 · 개인(改印) 신고서

(신고하는 인감날인란) (인감제출자에 관한 사항)

상 호(명칭)		농업회사법인 ○○합자회사	등기번호	
본점(주사무소)		○○시 ○○군 ○○읍 ○○리 ○○		
인감제출자	자격/성명	대표사원 도 지 철		
	주민등록번호	0000000-0000000		
	주 소	○○시 ○○군 ○○읍 ○○리 ○○		

□ 위와 같이 인감을 신고합니다.
□ 위와 같이 개인(改印)하였음을 신고합니다.

20○○년 월 일 (개인인감 날인란)

신고인 본 인 성 명 (인)
대리인 성 명 (인)

지방법원 등기소 귀중

주 1. 개인인감 날인란에는 「인감증명법」에 의하여 신고한 인감을 날인하고 그 인감증명서(발행일로부터 3개월 이내의 것)를 첨부하여야 합니다. 개인(改印)신고의 경우, 개인인감을 날인하는 대신에 등기소에 신고한 유효한 종전 인감을 날인하여도 됩니다.
2. 인감 · 개인신고서에는 신고하는 인감을 날인한 인감대지를 첨부하여야 합니다.
3. 지배인이 인감을 신고하는 경우에는 인감제출자의 주소란에 지배인을 둔 장소를 기재하고, 「상업등기규칙」 제36조제4항의 보증서면(영업주가 등기소에 신고한 인감 날인)을 첨부하여야 합니다.

위 임 장

성 명 : 주민등록번호(-)
주 소 :

위의 사람에게, 위 인감신고 또는 개인신고에 관한 일체의 권한을 위임함.

200 년 월 일

인감(개인) 신고인 성 명 (인)

[사례] 인감대지

인 감 대 지

		상 호(명 칭) : 농업회사법인 ○○합자회사
		자격 및 성명 : 대표사원 도 지 철
	신고하는 인감날인란	주민등록번호 :

○ 대표이사는 인감을 신고하여야 한다. 인감의 제출 또는 인감의 변경신고는, 인감(개인)신고서를 작성하여 관할 등기소에 제출하는 방식으로 한다. 인감(개인)신고서를 제출할 때에는 신고하는 인감을 찍은 인감대지(위 참조)3장을 만들어 함께 제출하여야 한다.

○ 인감은 가로·세로 2.4센티미터의 정사각형 안에 들어갈 수 있어야 한다(상업등기규칙 제36조제5항).

○ 인감(개인)신고서에는 발행일로부터 3개월 이내의 인감증명서를 첨부하여야 한다. 취임승락서에 인감증명법에 의한 인감을 첨부한 경우에는 그 인감을 원용 할 수 있다.

○ 인감대지의 자격란에는 인감신고자에 따라 대표이사(이사), 이사장, 지배인, 대리인, 상호사용자, 무능력자, 법정대리인 등으로 기재하고 성명을 기재한다.

[사례] 인감카드 등 (재)발급신청서

인감카드 등 (재)발급신청서

(인감제출자에 관한 사항)

상호(명칭)		농업회사법인 ○○합자회사	등기번호	
본점(주사무소)		○○시 ○○군 ○○읍 ○○리 ○○		
인감 제출자	자격 / 성명	대표이사 ○○○		
	주민등록번호			

발급사유	☐ 최초발급 ☐ 카드분실 ☐ 카드훼손 ☐ 인감증명서발급기능 ☐ 기타 (　　　　　　　　)		
매체구분	☐ 인감카드　　☐ HSM USB	인감카드 비밀번호	

위와 같이 인감카드 등의 (재)발급을 신청합니다.

년　　월　　일

신청인 인감제출자 (본 인) 성　　명　　(인)　(전화 :　　　　　)
(대리인) 성　　명　　(인)　(전화 :　　　　　)

지방법원　　　　등기소 귀중

접수번호		인감카드번호	

- 대법원수입증지를 붙이는 란 -

주 1. 인감카드 비밀번호란에는 (재)발급받아 사용할 인감카드의 비밀번호를 기재하며, 아라비아숫자 6자릿수를 기재하여야 합니다. 비밀번호는 인감카드와 함께 인감증명서의 발급을 신청할 권한이 있는 것으로 보게 되는 중요한 자료이므로 권한이 없는 사람이 알지 못하도록 주의하시기 바랍니다.

2. 인감카드의 재발급을 신청할 때에는 「등기부 등·초본 등 수수료규칙」 제5조의7에 의하여 5,000원 상당의 대법원수입증지를 이 란에 붙여야 합니다. 다만, 인감카드를 반납할 때에는 붙일 필요가 없습니다.

위 임 장

성 명 : 법무사 ○ ○ ○　　　　주민등록번호(123456 - 7891234)

주 소 : ○○시 ○○군 ○○읍 ○○리 ○○

위의 사람에게, 위 (재)발급신청서에 기재된 인감카드 등의 발급신청과 그 수령 등에 관한 일체의 권한을 위임함.

200　년　　월　　일

인감신고인 성 명　　　　　(인)

◇ 저자 : 조 순 구

- 약 력

- 연세대학교 법과대학 졸업
- 제 6 회 법무사시험합격
- 폴라리스 법학원 (민사법.형사법) 강의
- 현) 서초동 법무사

- 저 서-

- 법인등기
- 민사집행서식과 신청실무
- 소장.답변서.준비서면 민사소송절차해설.
- 민법상법인등기실무

특수법인등기실무 [I]

2012년 7월 20일 인쇄
2012년 7월 27일 발행
저 자 : 조순구
발행인 : 양갑수
발행처 : 법률&출판
서울시 서초구 서초동 1712-2 동용빌딩 104호
전화 :02-521-8199 팩스 :02-598-0332
등록번호 : 25100-2005-000110

저자와의
협의에 의해
인지생략

값 40,000원
ISBN 978-89-97476-11-4